教員採用試験 *Hyper* 実戦シリーズ❸

一般教養の過去問

時事通信出版局／編

●本書の特徴●

本書は，2024年度教員採用試験（2023年夏実施）の「一般教養」の実施問題を１冊に収録したものです。志望県の出題傾向をつかむと同時に，各自治体で実際に出題された問題を解くことで，応用力と実戦力を培ってください。また，「出題形式」「問題数」「パターン」「公開状況」「傾向＆対策」「出題領域」等を参考に，本書をより効果的に活用してください。

◆出題形式

各自治体の出題形式を，マークシート式・OCR式・選択式・記述式・論述式等に分類しました。

◆問 題 数

一般教養の大問の数と（　）内に解答数を示しています。

◆パターン

出題領域に沿って，出題傾向をパターン化しました。「５教科＋音楽・時事」「３教科（国英理）＋時事・環境」のように，各教科・領域について，「＋」の前後で「５教科（国語，英語，社会，数学，理科）＋音楽，美術，保体，家庭，時事，環境，ローカル，情報・科学」という形式で分類しています。

◆公開状況

問題・解答・配点の公開状況を示しています。

◆傾向＆対策

自治体の出題傾向を分析するとともに，どのような対策が必要かを簡潔に記しました。

◆出題領域

各領域の解答数を示しています。各領域に含まれる内容は下記の凡例を参照してください。

◆傾向問題

著作権上の理由やその他編集上の都合で，一部問題を割愛しているものがあります。そのような問題については，〔傾向〕と表示し，問題の概要が分かるようにまとめています。

【凡例】　出題領域は下記の内容に沿って分類しています。問題の中には分類しにくいものもありますが，目安の一つとして学習対策に役立ててください。

人文分野

国語：文章読解，漢字・熟語，筆順，ことわざ・故事成語，慣用句，敬語，文学史　など

英語：英文読解，英会話文，ことわざ・成句，熟語・文法，英単語・略語　など

音楽：西洋音楽史，日本音楽史，楽典，民族音楽，民謡　など

美術：西洋美術史，日本美術史，色彩，版画，モダンテクニック，用具　など

家庭：栄養・栄養素，賞味期限，繊維の特徴，洗濯，表示マーク　など

保健体育：競技のルール・歴史，体力，トレーニング，応急処置，薬の服用法　など

社会分野

歴史（日本史）：古代から近代（第一次世界大戦前まで）までの日本の歴史

歴史（世界史）：古代から近代（第一次世界大戦前まで）までの世界の歴史

歴史（現代史）：第一次世界大戦以降の歴史

地理（日本地誌）：日本の諸地域（自然・産業・資源），日本の気候　など
地理（世界地誌）：世界の諸地域（自然・産業・資源），首都，時差　など
地理（地理用語）：図法・読図，地形，気候，人口，産業・資源，貿易　など
公民（政治）：民主政治，日本国憲法，国会・内閣・裁判所，地方自治，国民福祉　など
公民（経済）：経済学説，市場経済，金融・財政，国民経済　など
公民（国際）：国際政治，国際連合，国際経済，略語　など
公民（倫理）：西洋思想，東洋思想，日本思想，人物・著作・業績，名言　など
環境・情報・科学：地球温暖化，オゾン層破壊，環境保全，国際会議・宣言，条約・法律，３Ｒ，５Ｒ，情報通信，先端医療，遺伝子工学，宇宙開発，エネルギー　など
時事問題：国内・国際情勢，文化，災害，新法，オリンピック，ノーベル賞　など
ローカル：自治体の歴史・地理，県勢，人物，景勝地，特産品，天然記念物　など

自然分野

数学：数と式の計算，方程式・不等式，関数，図形，確率・統計，命題・論理　など
物理：力，運動，仕事・仕事率，波動，電流と磁界　など
化学：質量保存の法則，物質の三態，物質の構造・変化・性質，薬品とその保管　など
生物：細胞・器官，細胞分裂，光合成，呼吸・消化，遺伝，動物のつくり，植物のつくり，食物連鎖，動植物の系統と分類，顕微鏡の使い方　など
地学：地球の構造，地震（震度，マグニチュード，地震波），火山，岩石，地層，化石，天気図，高気圧・低気圧，気団，太陽系の惑星，地球の自転・公転　など

CONTENTS　目次

北海道・札幌市……4　青森県……13　宮城県／仙台市……23　秋田県……27　山形県……36　栃木県……46　群馬県……55　埼玉県／さいたま市……64　千葉県・千葉市……75　神奈川県／横浜市／川崎市／相模原市……77　新潟県……92　新潟市……100　富山県……106　石川県……115　福井県……124　山梨県……132　長野県……142　静岡県／静岡市／浜松市……156　愛知県……162　名古屋市……172　三重県……177　滋賀県……187　京都市……193　大阪府／豊能地区／大阪市／堺市……202　兵庫県……215　神戸市……231　和歌山県……245　岡山市……256　山口県……266　香川県……268　高知県……280　福岡県／福岡市／北九州市……283　佐賀県……289　長崎県……294　大分県……299　鹿児島県……305　沖縄県……313

※　岩手県，福島県，茨城県，東京都，岐阜県，京都府，奈良県，島根県，岡山県，広島県・広島市，愛媛県，熊本県，熊本市，宮崎県は「一般教養」を実施していません。
※　鳥取県は，問題が非開示のため，掲載していません。
※　自治体によっては，編集上の都合により掲載を見合わせたものもあります。
※　政令指定都市と道府県において，募集を別に行うが問題は同じである自治体は「／」で，募集を合同で行う自治体は「・」で結んでいます。
※　選択肢の出題領域が複数にわたる場合は，それぞれの項目に加算するためグラフの数と異なります。

北海道・札幌市

実施日	2023(令和5)年6月18日	試験時間	60分(教職教養を含む)
出題形式	マークシート式	問題数	10題(解答数20)
パターン	5教科＋音楽・保体・環境・時事	公開状況	問題:公開　解答:公開　配点:公開

傾向＆対策 ●教職教養10題(解答数20), 一般教養10題(解答数20)という問題構成は10年以上変わらず。●国語は, 長文読解での漢字と内容一致の問題が頻出。英語も長文読解で, 空欄補充と内容一致の問題が定番。音楽・美術・家庭・保体は, 毎年ランダムに出題されていたが, 今年度は音楽と保体。音楽は「越天楽今様」と雅楽の知識について, 保体は薬物乱用について問われた。●数学は図形が頻出であるが, 今年はデータの分析が出題された。理科は, 昨年度同様2科目の出題。昨年度は化学・生物の出題だったが, 今年度は物理・地学が出題された。●時事問題は, 今年度は時事と環境の複合問題でSDGsについて問われた。時事問題は例年出題されているので, 新聞等で確認しておこう。

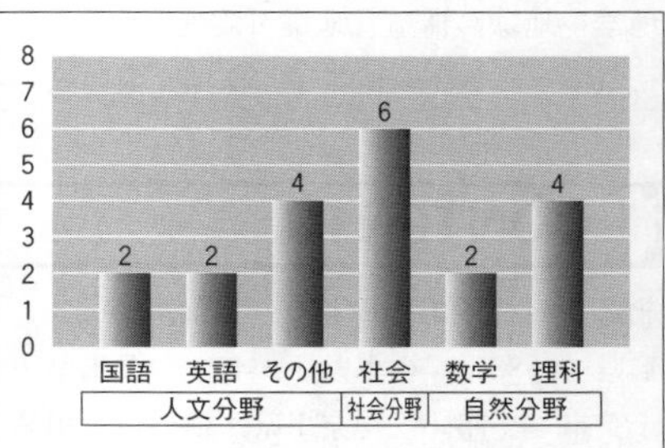

出題領域

人文分野	国語	2	英語	2	音楽	2
	美術		家庭		保健体育	2
社会分野	歴史(日本史)	1	歴史(世界史)	1	歴史(現代史)	
	地理(日本地誌)		地理(世界地誌)		地理(地理用語)	
	公民(政治)		公民(経済)	2	公民(国際)	
	公民(倫理)		環境・情報・科学	2	時事問題	2
	ローカル					
自然分野	数学	2	物理	2	化学	
	生物		地学	2		

表中の数字は, 解答数

※選択肢の出題領域が複数にわたる場合は, それぞれの項目に加算するためグラフの数とは異なる

全校種共通

☞解答＆解説 p.9

1　次の文を読んで，問１，問２に答えなさい。

SDGsとは，2001年に策定された［　1　］の後継として，2015年９月の国連サミットで加盟国の全会一致で採択された「持続可能な開発のための2030アジェンダ」に記載された，2030年までに持続可能でよりよい世界を目指す国際目標であり，［　2　］ことを誓っている。

問１　空欄１，空欄２に当てはまる適切な語句の組合せを選びなさい。

ア　１―パリ協定　　2―「心のバリアフリー」を体現する
イ　１―ミレニアム開発目標　　2―「心のバリアフリー」を体現する
ウ　１―モントリオール議定書　　2―地球上の「誰一人取り残さない」
エ　１―パリ協定　　2―地球上の「誰一人取り残さない」
オ　１―ミレニアム開発目標　　2―地球上の「誰一人取り残さない」

問２　下線部に関する記述として，適切なものの組合せを選びなさい。

① 日本は2016年に策定した「SDGs実施指針」を2019年に改定し，日本として特に注力すべき優先課題と主要原則を改めて提示した。
② 社会，経済，環境の３側面から捉えることのできる８のゴールと21のターゲットから構成され，すべての国において取り組むことが望ましいとされている。
③ すべての人に包摂的かつ公正な質の高い教育を確保し，生涯学習の機会を促進することをゴールの一つとしている。
④ 世界の消費と生産における資源効率を改善するため，先進国の経済成長を抑制することをゴールの一つとしている。
⑤ ジェンダー平等を達成し，すべての女性及び女児の能力強化（エンパワーメント）を行うことをゴールの一つとしている。

ア　①②③　　イ　①③⑤　　ウ　①④⑤　　エ　②③④　　オ　②④⑤

2　〔傾向〕菅野仁『友だち幻想　人と人の〈つながり〉を考える』の文を読んで，問いに答える問題（２問）。

問１　「まなざしをカイヒしてしまう」の下線部「カイヒ」の「カイ」と同じ漢字を含むものの組合せを選びなさい。

① 成功する可能性はカイムだ
② この建物はトウカイの恐れがある
③ キシカイセイの一手をうつ
④ 友人からの依頼をカイダクする
⑤ 前言をテッカイする

ア　①②　　イ　①④　　ウ　②③　　エ　③⑤　　オ　④⑤

問２　この文章の内容として，適切なものの組合せを選ぶ問題。

3　次のデータは，５店舗で調査して得られた，ある商品の価格である。問１，問２に答えなさい。ただし，xは自然数とする。

980，1000，1050，990，x（円）

問1　このデータの平均値が1008円であるとき，xの値として，正しいものを選びなさい。

ア　970　　イ　980　　ウ　1000　　エ　1010　　オ　1020

問2　このデータの中央値は，xの値によって何通り考えられるか，正しいものを選びなさい。

ア　3通り　　イ　6通り　　ウ　9通り　　エ　11通り　　オ　13通り

4　**次の年表を見て，問1，問2に答えなさい。**

1192年　源頼朝が朝廷から征夷大将軍に任じられる

1221年　承久の乱にて［ 1 ］が幕府軍に敗れる

1232年　執権の［ 2 ］が御成敗式目を制定する

1274年　元軍が九州北部に押し寄せ，幕府軍との戦いとなる

1333年　鎌倉幕府が滅びる

問1　空欄1，空欄2に当てはまる適切な語句の組合せを選びなさい。

ア　1―後白河上皇　　2―北条泰時

イ　1―後鳥羽上皇　　2―北条時宗

ウ　1―後鳥羽上皇　　2―北条泰時

エ　1―後醍醐天皇　　2―北条時宗

オ　1―後醍醐天皇　　2―北条泰時

問2　年表に示された期間（1192年～1333年）に起きたできごととして適切なものの組合せを選びなさい。

①　イタリア人のマルコ＝ポーロがユーラシアを旅し，その後，旅行記を口述した。

②　宋から帰国した道元が，越前（福井県）に永平寺を建立し，禅の普及に努めた。

③　唐の皇帝が律令という法律で国を治め，人々に土地を割り当てて，税や労役を課した。

④　チンギス＝ハンがモンゴルを統一し，モンゴル帝国を築いた。

⑤　ドイツのルターが，教皇や教会の権威を否定し，宗教改革の口火を切った。

ア　①②④　　イ　①③⑤　　ウ　①④⑤　　エ　②③④　　オ　②③⑤

5　**次の文を読んで，問1，問2に答えなさい。**

医薬品を医療の目的から外れて使用したり，医薬品でない薬物を不適切な目的で使用したりすることを薬物乱用という。薬物は脳に直接作用するため，心身に大きな害を及ぼすだけでなく，強い［ 1 ］があり，乱用をやめるのは非常に困難である。

薬物乱用の開始には，本人の知識や考え方，心理状態などの個人の要因が関係するほか，周囲の人からの誘いやインターネット上の情報などの［ 2 ］的環境の要因も関係する。

問1　空欄1，空欄2に当てはまる適切な語句の組合せを選びなさい。

ア　1―依存性　　2―社会

イ　1―依存性　　2―物理

ウ　1―依存性　　2―身体

エ　1―自立性　　2―社会

オ　1―自立性　　2―物理

問２　下線部に関する記述として，適切なものの組合せを選びなさい。

①　平成29年告示の「中学校学習指導要領」では，薬物乱用防止教室は，学校保健計画に位置付け，地域の実情に応じて開催に努めることとした。

②　薬物をやめても，脳には薬物の記憶が残るため，ストレスなどによって突然，幻覚や妄想などの病的な精神症状が再発することがあり，これをバーンアウトという。

③　乱用される薬物には，覚せい剤，大麻，向精神薬や有機溶剤などがあり，１回の使用でも乱用にあたる。

④　スポーツにおいて，禁止薬物の使用などの不正によって競技力を向上させ，競技の公平性を損なう行為をドーピングという。

⑤　薬物については，有害性や悪影響が深刻であるため，乱用だけでなく，密売・密輸を防ぐために法律が整備されたり，取り締まりが強化されたりしている。

ア　①②④　　イ　①②⑤　　ウ　①③④　　エ　②③⑤　　オ　③④⑤

6　**次の文を読んで，問１，問２に答えなさい。**

水中に入っている物体には，水面からの深さが深いほど大きな圧力がはたらいている。この水による圧力を水圧といい，あらゆる向きの面に対して［　1　］にはたらく。

また，この物体をつるしたばねばかりが示す値は，空気中にあるときよりも［　2　］。これは，水中でも重力の大きさは変わらないが，重力と反対向きに浮力という力がはたらいているためである。

問１　空欄１，空欄２に当てはまる適切な語句の組合せを選びなさい。

ア　１—上向き　　２—小さい

イ　１—垂直　　２—小さい

ウ　１—下向き　　２—小さい

エ　１—垂直　　２—大きい

オ　１—上向き　　２—大きい

問２　下線部に関する記述として，適切なものの組合せを選びなさい。「水中に入っている」とは，物体の一部または全体が水中にある状態をいう。

①　物体が浮くかどうかは，その物体と水の密度を比べることで確かめることができる。

②　水中に入っている物体の質量が大きいほど，浮力は大きい。

③　物体の全体が水中に入っているとき，浮力の大きさは深さによって変わる。

④　物体が水面に浮いて静止しているとき，重力と浮力の大きさはつり合っている。

⑤　水中に入っている物体の体積が大きいほど，浮力は大きい。

ア　①②③　　イ　①③⑤　　ウ　①④⑤　　エ　②③④　　オ　②④⑤

7　**次の文を読んで，問１，問２に答えなさい。**

資金が不足している人と余裕がある人の間でお金を融通することを金融といい，家計の［　1　］などを，資金を必要としている企業や家計へと融通して，生産活動や消費活動が滞りなく行われるようにしている。

金融には，企業などが株式や債券を発行することで出資者から借りる方法のほか，銀行などの金融機関を通じて資金を集める［　2　］という方法があり，金融機関や企業間の取引は世界中に広がっている。

問１　空欄１，空欄２に当てはまる語句の組合せを選びなさい。

ア　１―貯蓄　　　　２―直接金融
イ　１―サービス　　２―直接金融
ウ　１―商品　　　　２―間接金融
エ　１―サービス　　２―間接金融
オ　１―貯蓄　　　　２―間接金融

問２　下線部に関する記述として，適切なものの組合せを選びなさい。

①　日本銀行は，物価の変動を抑え，景気の変動を安定化させるため，一般の銀行との間で国債などを売買する金融政策を行っている。

②　外貨に対し円の価値が上がることを円安，逆に下がることを円高といい，円安や円高になるのは，商品の価格の変化と同様に，需要と供給の関係で決まる。

③　1980年代以降，国際的な金融が停滞し，大規模な金額のやりとりが国境を越えて行われなくなったことが，1997年のアジア通貨危機や，2008年の世界金融危機を引き起こした。

④　近年では，スマートフォンを利用した決済などの新しい金融テクノロジーが進み，貨幣や支払いの在り方が多様化している。

⑤　紙幣や硬貨といった現金通貨のほか，銀行にある預金そのものも通貨の一つであり，企業同士の取引では，主に預金通貨が使われている。

ア　①②③　　イ　①②④　　ウ　①④⑤　　エ　②③⑤　　オ　③④⑤

8　次の楽譜は，雅楽「越天楽」の旋律に歌詞が付けられた「越天楽今様」である。問１，問２に答えなさい。

1
はるの　やよいの　あけぼのに　よもの　やまべを　みわたせば
2
はなざかり　かも　しらくも　の――　かからぬ　みねこそ　なかりけれ

問１　空欄１，空欄２に当てはまる適切なものの組合せを選びなさい。

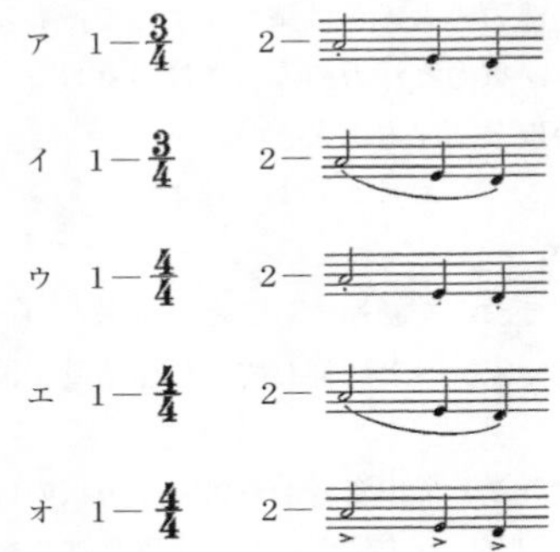
ア　1―3/4　2―
イ　1―3/4　2―
ウ　1―4/4　2―
エ　1―4/4　2―
オ　1―4/4　2―

問２　雅楽に関する記述として，適切なものの組合せを選びなさい。

① 雅楽は，約1300年の歴史をもつ日本の古典芸能である。

② 雅楽は，世界最古のオーケストラとも呼ばれ，指揮者が存在しない。

③ 宮内庁楽部の演奏する雅楽は，ユネスコ無形文化遺産保護条約に記載されている。

④ 雅楽は，観阿弥，世阿弥親子によって大成された伝統的な芸術の一つである。

⑤ 雅楽の種類のうち，「管弦」は舞を伴って演奏される。

ア ①②③　イ ①②④　ウ ①③⑤　エ ②④⑤　オ ③④⑤

9 **〔傾向〕“Frozen Man”（林功『アメリカの中学教科書で英語を学ぶ』所収）の文を読んで，問いに答える問題（２問）。**

問１　空欄（２カ所）に当てはまる適切な語句の組合せを選ぶ問題。

問２　この文章の内容として適切なものの組合せを選ぶ問題。

10 **次の文を読んで，問１，問２に答えなさい。**

太陽系は，太陽とそのまわりを公転し太陽からの光を反射して光る惑星や小惑星，太陽系外縁天体などからなる。太陽から最も離れた惑星である［ 1 ］と太陽との距離は，地球と太陽の距離の約30倍である。

また，太陽系の惑星は，主に岩石からできている地球型惑星と主に気体からできている木星型惑星の二つに分けられる。惑星のまわりに伴う［ 2 ］は，地球型惑星には，地球に一つと火星に二つしかないが，木星型惑星には多数ある。

問１　空欄１，空欄２に当てはまる適切な語句の組合せを選びなさい。

ア　１―天王星　２―衛星

イ　１―海王星　２―衛星

ウ　１―冥王星　２―衛星

エ　１―海王星　２―彗星

オ　１―冥王星　２―彗星

問２　下線部に関する記述として，適切なものの組合せを選びなさい。

① 水星は，厚い硫酸の雲と二酸化炭素の大気に覆われており，常に表面温度が高温である。

② 火星は地球のすぐ外側を公転している惑星で，直径は地球の約２倍である。

③ 木星は太陽系最大の惑星で，主成分は水素とヘリウムであり，縞模様やうずが見られる。

④ 土星は氷や岩石の粒でできた巨大な環をもつ惑星である。

⑤ 地球は，太陽系で唯一表面に液体の水がある惑星で，多様な生物が存在している。

ア ①②③　イ ①②④　ウ ①③⑤　エ ②④⑤　オ ③④⑤

解答＆解説

1 **解答** **問１―オ　問２―イ**

解説 問１　１　ア，エ：「パリ協定」は，2020年以降の気候変動問題に関する国際的な枠組み。　ウ：「モントリオール議定書」は，オゾン層保護を目的とした環境条約。　2　ア，イ：「心のバリアフリー」の体現は，「ユニバーサルデザイン2020行動計画」で示された目標。

問2　SDGs（Sustainable Development Goals）は「持続可能な開発目標」で，キーワードは「Leave No One Behind（誰一人取り残さない）」。世界共通の17の目標（ゴール）と169のターゲットを設定し，貧困や飢餓，暴力を撲滅し，地球環境を壊さずに経済を持続可能な形で発展させ，人権が守られている世界を実現することを目指している。17の目標は，1）貧困をなくそう，2）飢餓をゼロに，3）すべての人に健康と福祉を，4）質の高い教育をみんなに，5）ジェンダー平等を実現しよう，6）安全な水とトイレを世界中に，7）エネルギーをみんなに。そしてクリーンに，8）働きがいも経済成長も，9）産業と技術革新の基盤をつくろう，10）人や国の不平等をなくそう，11）住み続けられるまちづくりを，12）つくる責任，つかう責任，13）気候変動に具体的な対策を，14）海の豊かさを守ろう，15）陸の豊かさも守ろう，16）平和と公正をすべての人に，17）パートナーシップで目標を達成しよう。　④では「世界の消費と生産における資源効率を改善するため，先進国の経済成長を抑制する」とあるが，目標12）の「つくる責任，つかう責任」は持続可能な生産消費形態を確保することが目的で，開発途上国の開発状況や能力を勘案しつつ，先進国主導の下，すべての国々が対策を講じると定められている。よって，「先進国の経済成長を抑制する」は誤り。

2 解答 問1―エ

解説 問1　設問は「回避」。①：皆無　②：倒壊　③：起死回生　④：快諾　⑤：撤回

3 解答 問1―オ　　問2―エ

解説 問1　$1008 \times 5 = 5040$

$980 + 1000 + 1050 + 990 + x = 5040$　より，$x = 1020$

問2　現状でデータを小さい順に並べると，980，990，1000，1050となる。

中央値は5個のデータを小さい順に並べたときのちょうど真ん中の3番目になる。xの大きさによって変わるので

パターン1　x，980，990，1000，1050，

パターン2　980，x，990，1000，1050，

パターン3　980，990，x，1000，1050，

パターン4　980，990，1000，x，1050，

パターン5　980，990，1000，1050，x　であるため，中央値は，990かxか1000の3通り。

したがって，xは990円～1000円の間の自然数をとるから，

$1000 - 990 + 1 = 11$［通り］

4 解答 問1―ウ　　問2―ア

解説 問1　1：承久の乱を起こし失敗して隠岐に流されたのは後鳥羽上皇である。後白河天皇は保元の乱で兄の崇徳上皇を配流した後，5代にわたって院政を行った

天皇（上皇），後醍醐天皇は建武の新政を行った天皇である。　2：北条泰時は承久の乱の際に幕府軍総大将として勝利に貢献し，3代執権に就任後，御成敗式目を制定するなど執権政治の確立に努めた。北条時宗は蒙古襲来（文永・弘安の役）の際にモンゴル軍を撃退した8代執権である。

問2　③：唐は618～907年の間続いた中国の統一王朝である。日本の飛鳥時代初期～平安時代前期にあたり，その時代の日本は唐に大きな影響を受けた。　⑤：ルターが「95か条の論題」を発表して宗教改革の口火を切ったのは1517年である。宗教改革の反動として創設されたイエズス会の宣教師として，フランシスコ＝ザビエルが来日してキリスト教を伝えたのは1549年で，日本は戦国時代であった。

5 解答 問1―ア　　問2―オ

解説 問1　1　ア，イ，ウ：「依存性」には，アルコールやニコチン，薬物などに関連する「物質系」の依存と，ギャンブルなどの行動や習慣に関連する「非物質系」の依存がある。　2　ア，エ：社会的要因とは，インターネットやSNS，テレビのニュースなどで情報を目にし，また周囲の人から誘われるなど，薬物に触れる機会が身近にある状況にいること。

問2　③：「薬物の乱用」は1回だけと思って使い始めても，薬物の「依存」と「耐性」によって使用する量や回数が増えて，自分の意志ではやめることができなくなるので「乱用」にあたる。

①：薬物乱用防止教室は，「第五次薬物乱用防止五か年戦略（平成30年8月3日薬物乱用対策推進会議決定）」において，学校保健計画において位置付け，すべての中学校および高等学校において年1回は開催するとともに，地域の実情に応じて小学校においても開催に努めることとされている。①は中学校について「地域の実情に応じて開催に努める」としているので誤り。　②：説明はフラッシュバック（自然再燃）で，「バーンアウト」は「燃え尽き症候群」ともいい，それまで熱心に仕事に邁進していた人が突然やる気を失ってしまうこと。

6 解答 問1―イ　　問2―ウ

解説 問1　浮力は，液体の中で物体が上向きに押される力のことである。この上向きの力は「水中で物体のあらゆる面から垂直に力が働いている」「水深が深い場所ほど大きな力が生じている」ことにより，物体の左右面では力が釣り合い，上下面では常に下面が受ける力が大きく，結果的に物体全体に上向きの力が働いているように見える。

問2　浮力の大きさは，「液体に浸かる物体には，物体が押し出した液体の重量に等しい浮力が働く」というアルキメデスの法則に従い，浮力＝物体の重さ（重力の大きさ）－水中での物体の重さとなる。したがって，物体の密度と物体が液体に浸かっている部分の体積によって浮力の大きさが決まるため，同じサイズの物体でも，密度が低いものほど，水に浸かっている部分が大きいものほど浮力が大きくなる。また，物体が水中に完全に沈んだ場合は上下面の力の差が浮力となるため，物体をどの深さまで沈めても，浮力の値は変わらない。

7 解答 問1―オ　　問2―ウ

解説 問1　所得の一部を蓄えることを貯蓄という。また，家計・企業・政府の間で資金を融通しあうことを金融といい，企業や政府が株式・社債・公債などの有価証券を発行して必要な資金を金融市場から直接調達する方法を直接金融，企業や政府が金融機関からの借り入れで必要な資金を調達する方法を間接金融という。

問2　②：円高と円安の定義が逆である。外貨に対し円の価値が高くなることを円高，円の価値が安くなることを円安という。　③：金融の自由化やグローバル化は，国をまたいでの通貨危機，金融危機を引き起こしやすくする負の側面をもち，グローバルな市場経済化に一定の歯止めをかける必要性が議論されている。

8 解答 問1—エ　問2—ア

解説 問1　1の拍子は$\frac{4}{4}$である。$\frac{4}{4}$の下の4は「4分音符を1拍とする」ことを示し，上の4は「4拍子」であることを示している。楽譜を見ると，1小節に♩（4分音符）が4つ分入っていることから，$\frac{4}{4}$と判断できる。2の旋律は，歌詞が「の——」となっているところに注目をする。歌詞の一字を複数の音符で表現する時に，スラーを付けるのが記譜の決まりである。

問2　誤りの選択肢について解説する。

④：観阿弥，世阿弥親子によって大成された伝統的な芸術は能楽である。　⑤：雅楽の「管弦」は器楽曲である。三管両弦三鼓(さんかんりょうげんさんこ)で演奏される。なお，三管は篳篥(ひちりき)，笙(しょう)，龍笛(りゅうてき)である。両絃は楽箏(がくそう)，楽琵琶(がくびわ)である。三鼓は鞨鼓(かっこ)，太鼓(たいこ)，鉦鼓(しょうこ)である。

10 解答 問1—イ　問2—オ

解説 問1　惑星は太陽から近い順に水星→金星→地球→火星→木星→土星→天王星→海王星と並んでいる（冥王星は2006年に惑星の分類から除外された）。衛星とは惑星の周りを運行する天体であり，彗星は太陽の周りを回る，氷でできた天体である。

問2　①：金星に関する記述なので誤り。　②：火星の直径は地球の約半分であるため誤り。

青森県

実施日	2023（令和５）年７月22日	試験時間	60分（教職教養を含む）
出題形式	マークシート式	問題数	６題（解答数24）
パターン	５教科	公開状況	問題：公開　解答：公開

傾向＆対策　●教職教養６題（解答数30），一般教養６題（解答数24）で，例年より教職教養の題数のみが変更となった。一般教養は国語８，英語・社会・数学・理科が各４の解答数で推移している。●国語は，頻出の漢字，四字熟語の表記，敬語の用法，古文が出題された。英語は例年，会話文の空欄補充。●社会は，歴史・地理・公民の各科目から基礎的な問題が出題された。歴史は，今年度も世界史から出題。地理は地図を見て解答する問題が続いており，今年度は青森市と同じ緯度と経度を選ぶ問題だった。●数学は，頻出の図形と確率の問題が出題された。理科は，各科目から図表を見て答える問題が出された。●出題傾向がはっきりしていて，いずれの領域も基本的な問題である。基礎固めをしっかりして確実に得点できるようにしておきたい。

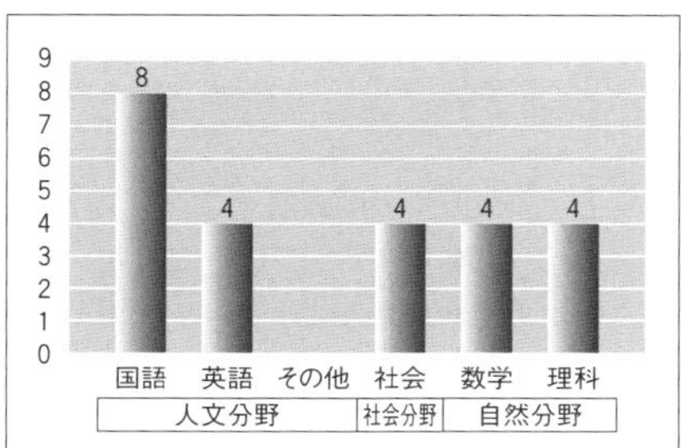

出題領域

人文分野	国語	8	英語	4	音楽	
	美術		家庭		保健体育	
社会分野	歴史（日本史）		歴史（世界史）	1	歴史（現代史）	
	地理（日本地誌）		地理（世界地誌）	1	地理（地理用語）	
	公民（政治）	1	公民（経済）	1	公民（国際）	
	公民（倫理）		環境・情報・科学		時事問題	
	ローカル					
自然分野	数学	4	物理	1	化学	1
	生物	1	地学	1		

表中の数字は，解答数

全校種共通

☞解答＆解説 p.19

1 **次の(1)〜(4)の文の下線部について，(1)，(2)は漢字を訓読みにした場合の正しい送り仮名を，(3)，(4)は正しい漢字を，それぞれ下の①〜④から1つ選び，マークしなさい。**

(1) 飼い猫のかわいらしい姿を見て，思わず顔が綻_____。

① ころびる　② ろびる　③ びる　④ る

(2) 学生時代はアルバイトに明け暮れ，芳_____成績ではなかった。

① んばしい　② ばしい　③ しい　④ い

(3) 数十年ぶりに再会を果たした旧友と，涙を流しながら熱いホウヨウを交わした。

① 包容　② 包擁　③ 抱容　④ 抱擁

(4) 決勝に残った両者の実力は，ハクチュウしている。

① 伯仲　② 拍仲　③ 迫衷　④ 薄衷

2 **次の(1)〜(4)に答えなさい。**

(1) 次の①〜④のうち，下線部の読みが他と異なるものを1つ選び，マークしなさい。

① 勢威をふるう　② 委細を承知する　③ 仏道に帰依する

④ 為政者を志す

(2) 四字熟語の漢字が正しいものを次の①〜④から1つ選び，マークしなさい。

① 慎謀遠慮　② 荒唐無稽　③ 森羅万生　④ 内憂外歓

(3) 次の文の（　　）に入る最も適切な言葉を下の①〜④から1つ選び，マークしなさい。

先生もこの図書館をよく（　　）のですね。

① ご利用する　② ご利用いたす　③ ご利用していただく

④ ご利用になる

(4) 次の文章を読んで，傍線部A，Bの主語の組み合わせとして適切なものを，①〜⑥から1つ選び，マークしなさい。

> 古今著聞集より「恵心僧都の妹安養の尼盗人に逢ひて奇特の事」
>
> 横川の恵心僧都の妹，安養の尼のもとに，強盗入りにけり。ものどもみなとりて出でにければ，尼うへは，紙ぶすまといふ物ばかり負ひきて，居られたりける（A）に，姉なる尼のもとに，小尼公とてありけるが，はしりまゐりてみければ，小袖をひとつとりおとしたりけるをとりて，「これを盗人とりおとして侍りけり。たてまつれ」とて，もちてきたりければ，尼うへのいはれけるは，「これもとりて後は，わが物とこそおもひつらめ。ぬしの心ゆかざらん物をば，いかがきける。盗人はいまだに遠くはよもゆかじ。とくとくもちておはしまして，とらせ給へ」とありければ，門のかたへはしりいでて，「やや」とよびかへして（B），「これをおとされにけり。たしかにたてまつらん」といひければ，盗人ども立ちどまりて，しばしあんじたるけしきにて，「あしくまゐりにけり」とて，とりたりける物どもをも，さながら返しおきて帰りにけりとなん。

① A：恵心僧都　B：安養の尼　② A：盗人　B：恵心僧都

青森県

③　A：恵心僧都　B：小尼公　　　④　A：安養の尼　B：小尼公
⑤　A：安養の尼　B：盗人　　　　⑥　A：小尼公　B：盗人

3　**次の(1)～(4)に答えなさい。**

(1)　次の略地図1中の①～④から青森市と同緯度の緯線を1つ，略地図2中の⑤～⑧から青森市と同経度の経線を1つ，合わせて2つ選び，マークしなさい。ただし，それぞれの略地図の縮尺は同一ではない。

略地図1

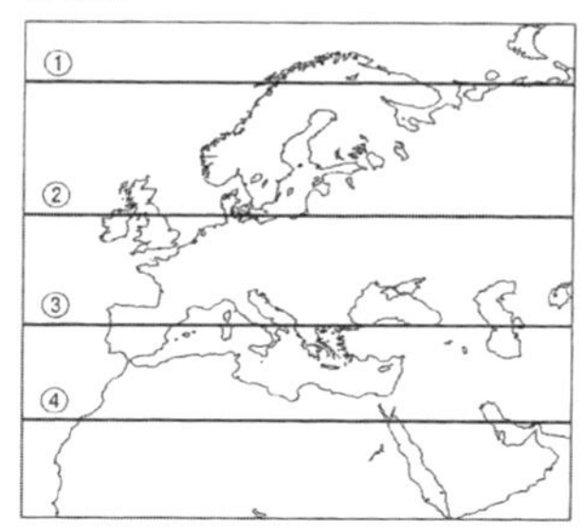

略地図2

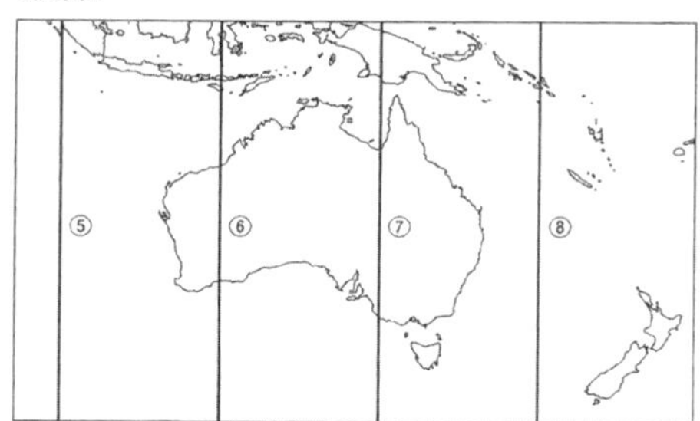

(2)　産業革命による影響として，適切でないものを次の①～④から1つ選び，マークしなさい。

①　工業都市では，工場のけむりや騒音などの公害，上下水道の不備による不衛生などの新しい問題も生まれた。

②　イギリス産の綿織物は，大西洋の三角貿易の商品にもなり，後にはアジアにも輸出された。

③　産業革命は，ほかの欧米諸国でも起こり，19世紀の末には各国で電気も普及するようになった。

④　工業の発達によって資本家と労働者が増えると，政治への参加を求め始めるようになった。

(3)　右の資料1は，ある市の人口と有権者数を表している。この市の住民が地方議員の解職を請求する場合の請求先と必要な署名数の組み合わせとして正しいものを，次の①～⑧から1つ選び，マークしなさい。

資料1

人　口	15万人
有権者数	12万人

①　選挙管理委員会　2400人　　②　選挙管理委員会　50000人　　③　首長　2400人
④　首長　50000人　　⑤　選挙管理委員会　3000人
⑥　選挙管理委員会　40000人　　⑦　首長　3000人　　⑧　首長　40000人

(4)　右の資料2は，需要曲線と供給曲線を表している。商品の需要量が供給量より多いときの価格と供給量の変化について最も適切なものを，次の①～④から1つ選び，マークしなさい。

資料2

(価格)
高い
安い
少ない　多い(数量)

①　価格は安くなり，供給量は減っていく。
②　価格は安くなり，供給量は増えていく。
③　価格は高くなり，供給量は減っていく。

④　価格は高くなり，供給量は増えていく。

4　**次の(1)〜(4)に答えなさい。**

(1)　右の図で，2点（−1，0），(0，2）を通る直線lと，2点（0，5），(5，0）を通る直線mの交点をAとし，それぞれの直線とy軸との交点をB，Cとする。座標軸の1目盛りを1cmとしたとき，△ABCの面積を次の①〜⑧から1つ選び，マークしなさい。

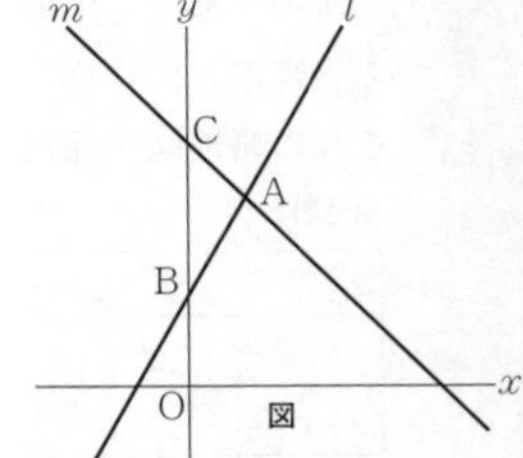

図

①　$\frac{1}{2}$cm²　②　$\frac{3}{2}$cm²　③　2cm²　④　$\frac{5}{2}$cm²

⑤　$\frac{7}{2}$cm²　⑥　6cm²　⑦　8cm²　⑧　12cm²

(2)　1から5までの数字が1つずつ書かれた5枚のカードがある。この5枚のカードをよく混ぜて，1枚ずつ続けて2枚取り出し，取り出した順に左から並べて2桁の整数をつくるとき，それが奇数になる確率を次の①〜⑧から1つ選び，マークしなさい。

①　$\frac{1}{2}$　②　$\frac{1}{3}$　③　$\frac{2}{3}$　④　$\frac{1}{4}$

⑤　$\frac{2}{5}$　⑥　$\frac{3}{5}$　⑦　$\frac{8}{25}$　⑧　$\frac{12}{25}$

(3)　右の図のように，横が縦より2cm長い長方形の紙がある。この紙の四すみから1辺が3cmの正方形を切り取り，ふたのない直方体の容器をつくると，その容積が51cm³になった。はじめの紙の縦の長さを次の①〜⑧から1つ選び，マークしなさい。

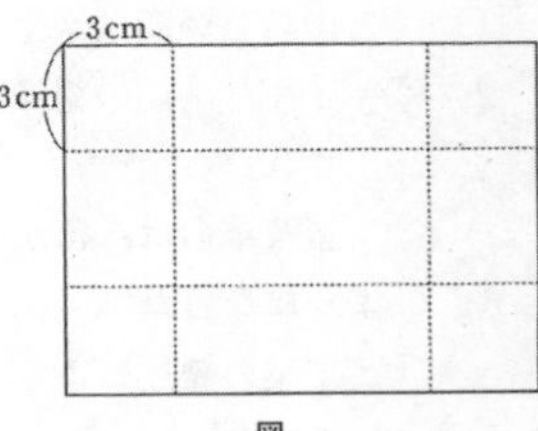

図

①　$5-6\sqrt{2}$cm　②　$3-3\sqrt{2}$cm
③　$5-3\sqrt{2}$cm　④　$10-3\sqrt{2}$cm
⑤　$3+3\sqrt{2}$cm　⑥　$5+3\sqrt{2}$cm
⑦　$5+6\sqrt{2}$cm　⑧　$10+3\sqrt{2}$cm

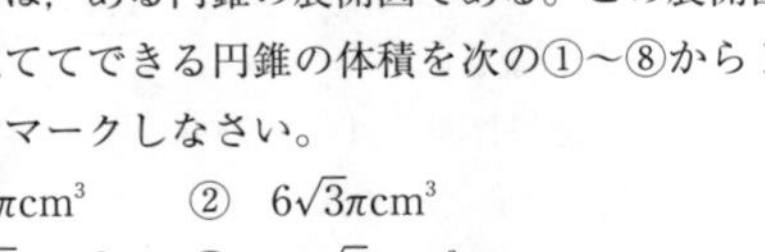

(4)　右の図は，ある円錐の展開図である。この展開図を組み立ててできる円錐の体積を次の①〜⑧から1つ選び，マークしなさい。

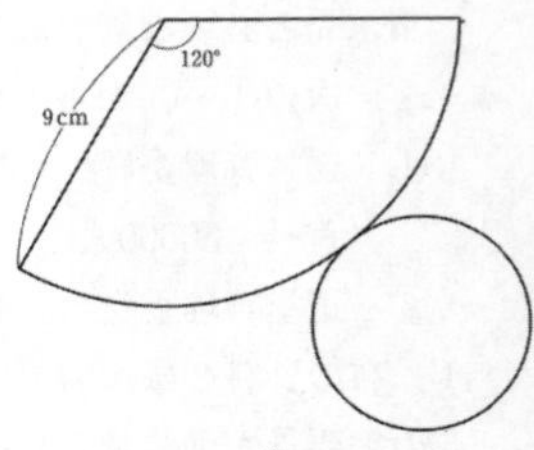

図

①　$6\sqrt{2}\pi$cm³　②　$6\sqrt{3}\pi$cm³
③　$18\sqrt{2}\pi$cm³　④　$18\sqrt{3}\pi$cm³
⑤　$27\sqrt{2}\pi$cm³　⑥　$27\sqrt{3}\pi$cm³
⑦　$54\sqrt{2}\pi$cm³　⑧　$54\sqrt{3}\pi$cm³

5　**次の(1)〜(4)に答えなさい。**

(1)　次の図は，水平面上を右向きに運動する球を0.2秒毎に記録した結果を模式的に表したものである。図中のとなり合う球の間隔を1区間とし，各区間の長さを測定すると表のようになった。次の文のア〜ウにあてはまる正しい答えの組み合わせとして最も適するものを，①〜⑧から1つ選び，マークしなさい。

青森県

図

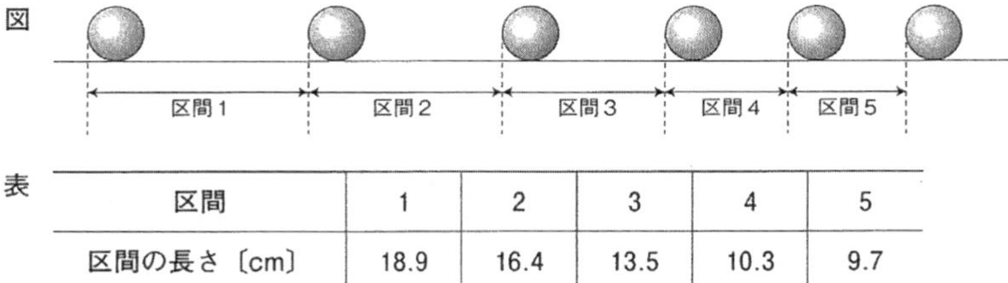

表

区間	1	2	3	4	5
区間の長さ〔cm〕	18.9	16.4	13.5	10.3	9.7

球には水平方向で（ ア ）向きの力がはたらいているため，速さはしだいに（ イ ）なった。また，区間1での球の平均の速さは（ ウ ）cm/sである。

	ア	イ	ウ		ア	イ	ウ
①	左	小さく	18.9	②	右	大きく	18.9
③	左	大きく	68.8	④	右	小さく	68.8
⑤	左	小さく	94.5	⑥	右	大きく	94.5
⑦	左	大きく	189.0	⑧	右	小さく	189.0

(2) 右の図は，地球が太陽の周りを公転している様子と，主な星座の位置関係を模式的に表したものである。青森県における太陽や星座の見え方について，次のア～ウの問いに対する正しい答えの組み合わせとして最も適するものを，下の①～⑧から1つ選び，マークしなさい。

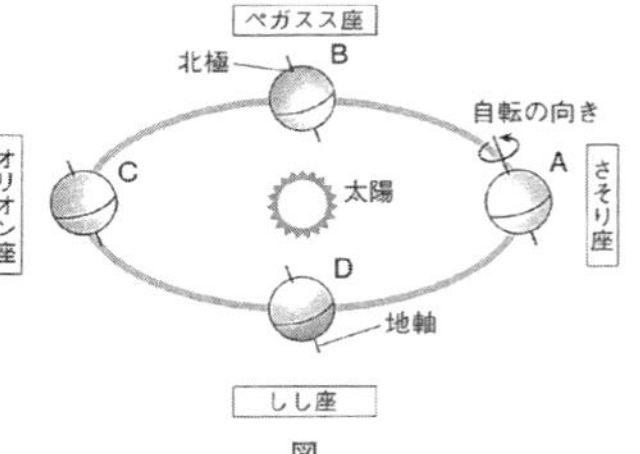

図

ア　太陽の南中高度が最も低い時の地球の位置は，A～Dのどれか。

イ　日没直後，南の空にオリオン座が見える地球の位置は，A～Dのどれか。

ウ　夏至の日の真夜中に，西の空に見える星座は何座か。

	ア	イ	ウ		ア	イ	ウ
①	A	B	さそり座	②	B	A	ペガスス座
③	C	D	オリオン座	④	D	C	しし座
⑤	A	B	ペガスス座	⑥	B	A	オリオン座
⑦	C	D	しし座	⑧	D	C	さそり座

(3) 右の表は，硝酸カリウムと塩化ナトリウムの溶解度を表している。次のア～ウの問いに対する正しい答えの組み合わせとして最も適するものを，次の①～⑧から1つ選び，マークしなさい。

水の温度〔℃〕	硝酸カリウム	塩化ナトリウム
0	13.3	37.6
10	22.0	37.7
20	31.6	37.8
40	63.9	38.3
60	109.2	39.0
80	168.8	40.0

表

ア　硝酸カリウムや塩化ナトリウムを溶かす水のような液体を何というか。

イ　10℃の水50gに，より多く溶けるのはどちらか。

ウ　60℃の水200gに硝酸カリウム100gを溶かした後，この水溶液を10℃まで冷やすと何gの硝酸カリウムが結晶として出てくるか。

	ア	イ	ウ		ア	イ	ウ
①	溶質	塩化ナトリウム	56.0 g	②	溶媒	塩化ナトリウム	56.0 g
③	溶質	塩化ナトリウム	78.0 g	④	溶媒	塩化ナトリウム	78.0 g
⑤	溶質	硝酸カリウム	56.0 g	⑥	溶媒	硝酸カリウム	56.0 g
⑦	溶質	硝酸カリウム	78.0 g	⑧	溶媒	硝酸カリウム	78.0 g

(4) 右の図は，ヒトの血液の循環を模式的に表したものである。次の文のア～ウにあてはまる正しい答えの組み合わせとして最も適するものを，下の①～⑧から１つ選び，マークしなさい。

養分を最も多く含む血液が流れている血管は（ ア ）であり，動脈血が流れている血管は（ イ ）である。また，細胞の生命活動によって出される二酸化炭素やアンモニアなどの不要な物質は，血液中の（ ウ ）という成分に溶けて運ばれる。

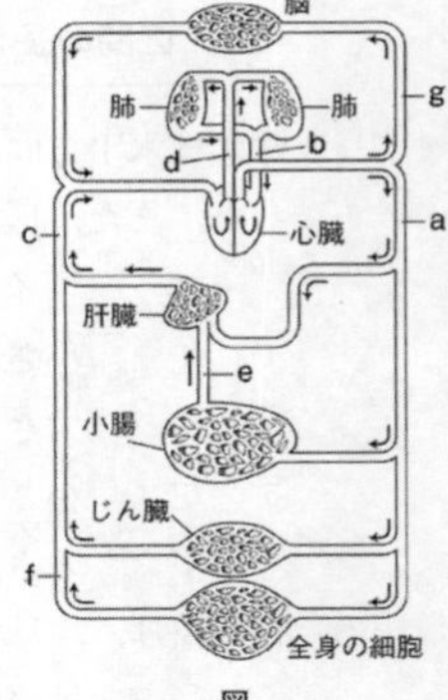

図

	ア	イ	ウ		ア	イ	ウ
①	c	c，d，f	ヘモグロビン	②	c	a，b，g	ヘモグロビン
③	c	c，d，f	血しょう	④	c	a，b，g	血しょう
⑤	e	c，d，f	ヘモグロビン	⑥	e	a，b，g	ヘモグロビン
⑦	e	c，d，f	血しょう	⑧	e	a，b，g	血しょう

6 **次の(1)～(4)の会話文において，ア～エに入る最も適切な英文を下の①～④から１つずつ選び，マークしなさい。**

(1) A：Dad, I'm trying to finish my Japanese homework, but I don't know this kanji.
B：Why don't you just look it up?
A：I know. I want to, but（ ア ）.
B：All right. We can go to the bookstore to get one tonight.
① my book is boring　② my computer is broken
③ I don't have time　④ I lost my dictionary

(2) A：What did you do yesterday?
B：（ イ ）at my grandpa's house.
A：Wow, you must have been very tired.
B：Yes, but he really likes flowers.
① I read the newspaper　② I took care of the garden
③ I played table tennis　④ I made some cookies

(3) A：Do you want to do something together next week?
B：Sure. I'm busy on the weekend, but any other day is OK.
A：All right. Why don't we（ ウ ）?
B：That sounds nice. I really need some exercise.

青森県

① play video games on Thursday　② play tennis on Sunday
③ go ice-skating on Thursday　④ take a dance class on Saturday

(4) A：Welcome to the Apple Airport Gift shop. May I help you?

B：Yes. I want to get a present for my daughter before I go home to Australia, but I only have $30 left.

A：Let's see. How about this (エ)?

B：That's perfect. My bag is full, so I wanted something small and easy to carry.

① large stuffed bear for $28　② special pencase for $30.50
③ stamp collection for $35　④ postcard set for $28.50

解答＆解説

1 解答 (1)—③　(2)—③　(3)—④　(4)—①

解説 (1) 送り仮名は活用語尾から送るのが原則。この場合上一段活用の「びる」。

(2) 語幹が「し」で終わる形容詞（美しい，珍しい，など）は「し」から送る。

(3) ④：「抱擁」は愛情を込めて抱きしめる意。
①：「包容」は包み入れる意。「包容力」はこちらの漢字。

(4) ①：「伯仲」の元の意味は「兄弟」。転じて似ていること，実力などが近いことを意味する。

2 解答 (1)—③　(2)—②　(3)—④　(4)—④

解説 (1) 読みはそれぞれ①：「せいい」，②：「いさい」，③：「きえ」，④：「いせいしゃ」。 仏教用語は独特な読み方をするものが多い。

(2) ②：「荒唐無稽」は言動がでたらめで、現実味がないこと。
①：「深謀遠慮」はずっと先のことまで深く考えて計画を練ること。 ③：「森羅万象」は宇宙間に存在するすべてのもの。 ④：「内憂外患」は国内の心配事と外国からもたらされる心配事。

(3) 尊敬語の④：「ご利用になる」を選ぶ。③は話し手に対する行為の場合は「ご利用いただく」となる。

(4) 「安養の尼」＝「尼うへ」。$_{A}$安養の尼は泥棒にみな取られてしまったので，紙ぶすまというものだけ着て$_{A}$座っていた。 $_{B}$小尼公は姉の安養の尼に小袖を泥棒に返すように言われたので，門から走り出て，「ちょっと」と$_{B}$呼び戻して。

3 解答 (1)—③・⑦　(2)—②　(3)—⑥　(4)—④

解説 (1) 青森市は，北緯約40度～41度。東経約141度。ほぼ同緯度は③，同経度は⑦。

(2) ②：イギリス産の絹織物は間違い。イギリス産業革命は，木綿工業からおこり，やがて各分野に広まり，世界各国に製品を輸出するイギリスは19世紀に世界の工場と呼ばれるに至った。

(3) 地方議会における首長・議員の解職請求（リコール）に必要な署名数は有権

青森県

者の３分の１以上で，請求先は選挙管理委員会である。なお，その後，住民投票に付し，過半数の同意があれば辞職する。請求先は選挙管理委員会，有権者の３分の１は40000人となるため，正解は⑥。

(4)　需要量が供給量より多くて超過需要になれば品不足が生じて価格は上がっていく，逆に供給量が需要量より多くて超過供給になれば，売れ残りが生じ損をするから売り手は価格を下げる。このように超過需要では価格が上がり超過供給では価格が下がる。これを需要供給の法則という。需要量が供給量より多いので価格は高くなり，供給量は増えていくため，正解は④。

4 **解答** (1)―②　(2)―⑥　(3)―⑥　(4)―③

解説 (1)　(−1，0)，(0，2)を通る直線lの方程式は，$y=2x+2$

(0，5)，(5，0)を通る直線mの方程式は，$y=-x+5$

２直線の交点を求めると，$2x+2=-x+5$より，$3x=3$　$\therefore x=1$

これを$y=-x+5$に代入して，$y=4$　　点Aは(1，4)

△ABCの底辺BC＝3，高さは点Aのx座標なので１

よって，面積は$3\times1\div2=\dfrac{3}{2}$[cm²]

(2)　出るカードの場合は，

12，[13]，14，[15]
[21]，[23]，24，[25]
[31]，32，34，[35]
[41]，42，[43]，[45]
[51]，52，[53]，54　の20通り，

この中で奇数は，上記の四角囲みの12通りなので，$\dfrac{12}{20}=\dfrac{3}{5}$

(3)　元の紙の縦をxとすると，横は$(x+2)$

底面の縦は$(x-6)$，横は$(x+2-6)=(x-4)$，できる直方体の容器の高さは３

容積を求める式は，$(x-6)(x-4)\times3$，これが51になるので，

$(x-6)(x-4)\times3=51$，整理して，$(x-6)(x-4)=17$

$x^2-10x+24-17=0$なので，$x^2-10x+7=0$　解の公式を用いると，

$$\frac{10\pm\sqrt{100-4\times7}}{2}=\frac{10\pm\sqrt{72}}{2}=\frac{10\pm6\sqrt{2}}{2}=5\pm3\sqrt{2}$$

題意より，$x>6$ だから$5+3\sqrt{2}$[cm]

(4)　底面の円周の長さは，$9\times2\times\pi\times\dfrac{120}{360}=6\pi$

底面の半径をxとすると，$2x\pi=6\pi$　よって，底面の半径は3cm，母線の長さが9cm　円錐の高さをhとして，三平方の定理を用いると，$9^2=3^2+h^2$ なので，

$h^2=81-9=72$　$h=6\sqrt{2}$　よって，求める体積は，$3\times3\times\pi\times6\sqrt{2}\times\dfrac{1}{3}=18\sqrt{2}\pi$[cm³]

5 **解答** (1)―⑤　(2)―⑦　(3)―②　(4)―⑧

解説 (1)　表より，区間の長さが次第に短くなっていることから，進行方向とは逆の左向きに力がはたらいており，速さは次第に小さくなっていると分かる。区間1では，球は0.2秒間に18.9cm移動しているので，球の速さは　18.9[cm]÷0.2[s]＝94.5[cm/s]

(2)　地軸の傾きより，Aが夏至，Bが秋分，Cが冬至，Dが春分の位置である。

　ア：太陽の南中高度が最も低いのは，冬であるのでC。　イ：太陽が西（右）に見えるときに南（正面）にオリオン座が見えるのは，Dである。　ウ：地球がAの位置にあるとき，太陽と反対側にいる人の西にあるのは，しし座である。

(3)　表の溶解度は，水100gのときの質量である。　ア：溶けているものを溶質，溶かしている液体を溶媒という。　イ：表より，10℃のときの溶解度が大きいのは塩化ナトリウムである。　ウ：60℃の水200gに溶ける硝酸カリウムの量は，表より109.22＝218.4[g]　　したがって，硝酸カリウム100gはすべて溶ける。この水溶液を10℃まで冷やすと，溶ける量は22.0×2＝44.0[g]になるので，結晶として出てくる硝酸カリウムは100－44.0＝56.0[g]である。

(4)　養分は主に小腸で吸収されるため，小腸から肝臓に向かう血管（門脈）が最も養分を多く含んでいる。また，動脈血は，酸素を多く含む血液のことである。したがって，肺から心臓に戻る肺静脈（b），心臓から脳へ行く血管（g）と大動脈（a）である。

6 **解答** (1)―④　(2)―②　(3)―③　(4)―④

解説 (1)　2回目の発言でBは「All right. We can go to the bookstore to get one tonight.」（分かりました。今晩本屋に行き，それを買いましょう）と言っているので，正解は④：「I lost my dictionary」（辞書をなくしました）だと分かる。

　①：「my book is boring」（私の本は退屈です），②：「my computer is broken」（私のコンピューターが壊れました），③：「I don't have time」（時間がありません）は文意に合わない。

(2)　2回目の発言でBは「Yes, but he really likes flowers.」（はい，疲れました。ですが，本当に花が好きなのです）と述べているので，正解は②：「I took care of the garden」（庭の手入れをしました）だと分かる。

　①：「I read the newspaper」（新聞を読みました），③：「I played table tennis」（卓球をしました），④：「I made some cookies」（クッキーを作りました）は文意に合わない。

(3)　最初の発言でBは「Sure, I'm busy on the weekend, but any other day is OK.」（もちろん。週末は忙しいですが，それ以外の日は大丈夫です）と述べているので，②：「play tennis on Sunday」（日曜日にテニスをする）と④：「take a dance class on Saturday」（土曜日にダンスの授業を受ける）は不正解だと分かる。2回目の発言でBは「That sounds nice. I really need some exercise.」（それはいいですね。本当に運動する必要があります）と述べているので，①：「play video games on Thursday」（木曜日にビデオゲームをする）は不正解だと分かる。したがって正解は③：「go ice-skating on Thursday」（木曜日にアイススケートに行く）である。

⑷　最初の発言でBは「I want to get a present for my daughter before I go home to Australia, but I only have $30 left.」（オーストラリアに戻る前に娘にプレゼントを買いたいのですが，30ドルしか残っていません）と述べているので，②：「special pencase for $30.50」（30ドル50セントの特別なペンケース）と③：「stamp collection for $35」（35ドルの切手のコレクション）は不正解だと分かる。2回目の発言でBは「That's perfect. My bag is full, so I wanted something small and easy to carry.」（それは完璧です。私のカバンはいっぱいなので，小さくて持ち運びやすいのがほしかったのです）と述べているので，①：「large stuffed bear for $28」（28ドルの大きな熊のぬいぐるみ）は不正解だと分かる。したがって正解は④：「postcard set for $28.50」（28ドル50セントの絵はがきセット）である。

青森県

宮城県／仙台市

実施日	2023(令和５)年７月22日	試験時間	60分（教職教養を含む）
出題形式	マークシート式	問題数	６題（解答数６）
パターン	５教科	公開状況	問題：公開　解答：公開　配点：公開

傾向＆対策

●教職教養を含めた全25題のうち，一般教養は６題と，昨年度の13題から７題減。●国語は四字熟語，長文読解などが出題。四字熟語は，４つの四字熟語の空欄に入る数字を合計したものを答えるという珍しい出題形式であった。今年度の英語は，英文の内容一致問題が出題された。●社会は，昨年度は幅広く出題されたが，今年度は地理の緯度と経度の問題の出題のみであった。●数学は，食塩水の問題。理科は，地学から地震についての問題が出題された。●以前出題されていた美術や保健体育などについて，今年度も出題はなかった。●一般教養が実施されて７年目となったが，明確な傾向をつかむまでには至っていない。５教科を中心に，芸術分野や時事問題にも対応できるようにしておこう。

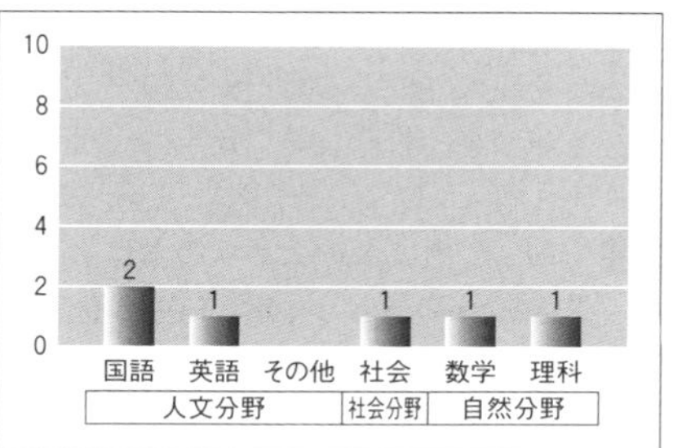

出題領域

人文分野	国語	2	英語	1	音楽	
	美術		家庭		保健体育	
社会分野	歴史(日本史)		歴史(世界史)		歴史(現代史)	
	地理(日本地誌)		地理(世界地誌)	1	地理(地理用語)	
	公民(政治)		公民(経済)		公民(国際)	
	公民(倫理)		環境・情報・科学		時事問題	
	ローカル					
自然分野	数学	1	物理		化学	
	生物		地学	1		

表中の数字は，解答数

全校種共通

☞解答＆解説 p.25

1 **次に示す四字熟語について，（ a ）～（ d ）には数字が入る。（ a ）～（ d ）に入る数をすべて足したとき，その答えとして正しいものを，あとの1～6のうちから1つ選びなさい。**

三寒（ a ）温　岡目（ b ）目　十人（ c ）色　千載（ d ）遇

1 12　2 16　3 23　4 115　5 122　6 1114

2 **〔傾向〕篠綾子『親子たい焼き　江戸菓子舗照月堂』の文章を読んで，下線部を説明したものとして最も適切なものを，あとの1～4のうちから1つ選ぶ問題（1問)。**

3 **次の文章は，緯度と経度について説明したものである。文章中の（ a ）～（ c ）にあてはまる語句の組合せとして正しいものを，あとの1～4のうちから1つ選びなさい。**

地球上の位置は，（ a ）度と（ b ）度を使って表すことができる。（ a ）度は赤道を0度としている。（ b ）度はイギリスのロンドンにある旧グリニッジ天文台を通る本初子午線を0度としている。

日本標準時は兵庫県の明石市を通る東（ b ）135度の（ b ）線を基準としているため，イギリスと日本の標準時に基づく時差は（ c ）である。

1　a 緯　b 経　c 9時間
2　a 経　b 緯　c 15時間
3　a 緯　b 経　c 15時間
4　a 経　b 緯　c 9時間

4 **10%の食塩水xgと6%の食塩水ygを混ぜて，7.2%の食塩水を100gつくった。このときxとyの値として正しいものを，次の1～4のうちから1つ選びなさい。**

1　$x=40$，$y=60$
2　$x=30$，$y=70$
3　$x=70$，$y=30$
4　$x=60$，$y=40$

5 **地震についての説明として正しいものを，次の1～4のうちから1つ選びなさい。**

1　地震が発生すると，地震波（P波，S波）が伝わっていく。S波を検知した段階で，緊急地震速報が発表される。
2　気象庁が独自でつくった震度階級を用いて地震の揺れの強さを震度で表している。震度は1～7の7階級で表す。
3　マグニチュードの値が1大きくなると地震がもつエネルギーは約32倍になるので，マグニチュードの値が2大きくなると地震がもつエネルギーは約64倍になる。
4　日本では地震の揺れの強さを震度で表し，地震そのものの大きさ（規模）をマグニチュードで表す。

6 **次の英文は，日本に留学している外国の学生がスピーチしたものです。その内容として最も適切なものを，あとの1～4のうちから1つ選びなさい。**

I'm going to talk about elementary schools in my country. Students use school buses or walk to school with their families. They eat lunch in a cafeteria. Some of them eat lunch from the school and some eat lunch brought from home. Cleaning staff clean the school. Students don't. The school year starts in September and ends in June.

1 Students don't walk to school alone.

2 All students eat the same food for lunch.

3 Students clean their schools.

4 Students have classes in July.

解答＆解説

1 解答 3

解説 四字熟語とその読み，意味は次の通り。「三寒四温」（さんかんしおん）は，三日ほど寒い日が続いた後に四日ほど暖かい日が続くというように徐々に春に近づく冬の気候のこと。「岡目八目」（おかめはちもく）は，傍観者にはことの見通しなどがよく見えるということ。「十人十色」（じゅうにんといろ）は，考え方，性格，好みなど人によって違うということ。「千載一遇」（せんざいいちぐう）は，千年に一度しか出会えないようなまれな機会。

3 解答 1

解説 a：赤道を０度として南北それぞれ90度ずつに分け，ある地点が赤道よりどのくらい北，あるいは南にあるかを表すものが緯度である。 b：ロンドンの旧グリニッジ天文台を通る本初子午線を０度として，東西それぞれ180度ずつに分け，ある地点が本初子午線からどのくらい東，あるいは西かを表すものが経度である。c：地球は西から東へ自転しており，24時間で１回転（360度回転）する。そのため経度15度（$360 \div 24 = 15$）ごとに１時間の時差が生じる。本初子午線と明石市の経度差は135度であるため，$135 \div 15 = 9$ となり，９時間の時差が生じることになる。

4 解答 2

解説 食塩水の重さについて式を立てると，$x + y = 100$…①，食塩の重さについて式を立てると，$x \times \frac{10}{100} + y \times \frac{6}{100} = 100 \times \frac{7.2}{100}$…② となる。②×100－①×６ より，$4x = 120$となり，$x = 30$ したがって，$y = 70$

5 解答 4

解説 誤りの選択肢について解説する。

１：Ｐ波の方がＳ波より速いため誤り。 ２：震度は0，1，2，3，4，5弱，5強，６弱，６強，７の10段階であるため誤り。 ３：マグニチュードは２大きくなるとエネルギーは32×32倍で約1000倍となるため誤り。

6 解答 1

解説 １：「Students don't walk to school alone.」（生徒は一人で徒歩で学校に来ない）

宮城県／仙台市

は２文目「Students use school buses or walk to school with their families.」（生徒はスクールバスを利用するか，家族と一緒に徒歩で学校に通う）と一致。

２：「All students eat the same food for lunch.」：（すべての生徒は昼食で同じ食べ物を食べる）は４文目「Some of them eat lunch from the school and some eat lunch brought from home.」（学校の食堂のランチを食べる生徒もいれば，自宅から持ってきたお弁当を食べる生徒もいる）と不一致。 ３：「Students clean their schools.」（生徒は自ら学校を掃除する）は５文目「Cleaning staff clean the school.」（清掃員が学校を掃除する）と不一致。 ４：「Students have classes in July.」（生徒は７月に授業がある）は６文目「The school year starts in September and ends in June.」（学校は９月に始まり，６月に終わる）と不一致。

秋田県

実施日	2023(令和5)年7月22日	試験時間	70分(教職教養を含む)
出題形式	マークシート式	問題数	7題(解答数30)
パターン	3教科(国英社)+環境・時事・ローカル	公開状況	問題:公開　解答:公開　配点:公開

傾向＆対策 例年，一般教養は時事問題として出題され，今年度は7題で解答数は30。例年出題される社説問題は英文1題で，他は時事に絡めた社会問題等から広く出題された。●英語は長文読解から内容一致と空欄補充問題。●時事問題は，例年非常に多く出題される。今年度は，生成AIやトルコ・シリア地震，教員の勤務実態調査，新型コロナウイルス感染症の5類移行，こども家庭庁発足など。ローカルも例年出題される。今年度は，洋上風力発電，「秋田県DX推進計画」が出題された。●英文の長文読解問題の対策と，受験前年以降に話題となった事項についての経緯や現況，今後の展望などを整理しておこう。また，県の取り組みなどをしっかりと確認しておこう。

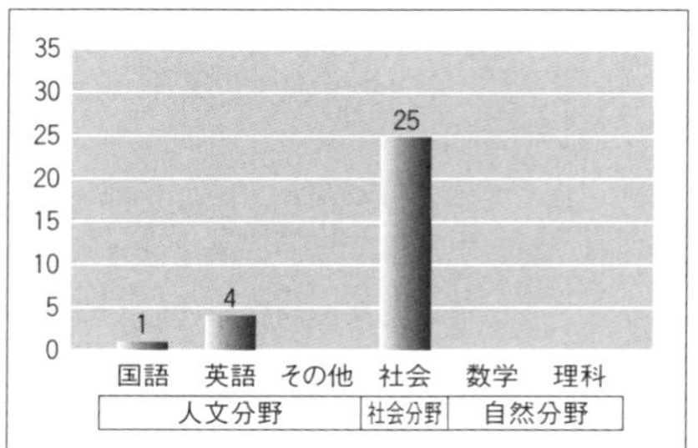

出題領域

人文分野	国語	1	英語	4	音楽	
	美術		家庭		保健体育	
社会分野	歴史(日本史)		歴史(世界史)		歴史(現代史)	
	地理(日本地誌)		地理(世界地誌)		地理(地理用語)	
	公民(政治)	2	公民(経済)	1	公民(国際)	
	公民(倫理)		環境・情報・科学	3	時事問題	16
	ローカル	3				
自然分野	数学		物理		化学	
	生物		地学			

表中の数字は，解答数

全校種共通

☞解答＆解説 p.32

1 次の(1)～(10)の問いに答えよ。

(1) 次の文章の[　　]にあてはまる語を，下の①～④から一つ選べ。

政府は，2023年5月11日のAI戦略会議で，「チャットGPT」などの[　　]技術の利用が急速に広がる中，著作権の侵害など弊害への懸念も指摘されているため，活用推進のあり方と同時に，規制やルール作りの検討を進める方針を示した。

① 模倣AI　② 類推AI　③ 生成AI　④ 予測AI

(2) 障害を抱えた息子との共生や反核といったテーマを追究する小説を執筆し，日本人で二人目のノーベル文学賞を受賞して，2023年3月に死去した作家を，次から一つ選べ。

① 小林秀雄　② 大江健三郎　③ 畑正憲　④ 石原慎太郎

(3) 次の文章の（ ア ），（ イ ）にあてはまる語の正しい組合せを，下の①～④から一つ選べ。

温室効果ガス排出量を実質ゼロにする（ ア ）へのシフトが時代の潮流となる中，秋田県では，2022年12月，大規模な（ イ ）としては国内初となる商業運転が始まった。

① ア グリーンツーリズム　イ 太陽光発電
② ア グリーンツーリズム　イ 洋上風力発電
③ ア カーボンニュートラル　イ 太陽光発電
④ ア カーボンニュートラル　イ 洋上風力発電

(4) 次の文章の[　　]にあてはまる語を，下の①～④から一つ選べ。

天文学に大きな功績を残した「ハッブル宇宙望遠鏡」の後継機としてNASAが中心となって開発した「[　　]宇宙望遠鏡」が，2022年7月から本格的に運用が開始され，鮮明な天体画像を地球へ送り届けている。

① ケプラー　② ジェームズ・ウェッブ
③ ナンシー・グレース・ローマン　④ ハーシェル

(5) 次の文章の[　　]にあてはまる人名を，下の①～④から一つ選べ。

政府は，2023年4月7日の閣議で，日本銀行の新しい総裁に[　　]氏を任命する人事を決定した。戦後初となる学者出身の総裁として，現在の大規模な金融緩和からの出口戦略を探る重責を担うことになる。

① 植田和男　② 白川方明　③ 福井俊彦　④ 黒田東彦

(6) 次の文章の[　　]にあてはまる国名を，下の①～④から一つ選べ。

2023年2月6日，日本政府は[　　]南部を震源とする地震を受け，行方不明者の捜索，救助を実施する国際緊急援助隊・救助チームの派遣を決めた。先発隊の18人は6日深夜，現地に向け羽田空港を出発した。

① トルコ　② ギリシア　③ イスラエル　④ イラン

(7) 次の文章の[　　]にあてはまる略語を，下の①～④から一つ選べ。

地球温暖化の加速による気候危機がかつてないほど深刻化している。国連の気候変動に関する政府間パネル（　　）は最新の報告書で，「この10年間の選択や対策が，数千年先まで影響を持つ」と強い言葉で警鐘を鳴らした。

① IPCC　② IAEA　③ IFCS　④ IBRD

(8) 次の文章の　　にあてはまる国名を，下の①～④から一つ選べ。

第二次世界大戦後，一貫して軍事的中立を維持してきた　　が，2023年４月，北大西洋条約機構（NATO）に正式加盟した。これで加盟国は31カ国となり，ロシアにとっては，ウクライナ侵攻でNATO拡大阻止を狙いながら，かえって拡大を招く結果となった。

① スウェーデン　② スイス　③ フィンランド　④ オーストリア

(9) 2023年３月，元パラスポーツ選手の国枝慎吾氏に国民栄誉賞が授与された。国枝氏が活躍した競技を，次から一つ選べ。

① 車いすマラソン　② 車いすバスケットボール
③ 車いすフェンシング　④ 車いすテニス

(10) 2023年３月に文化庁が移転した都市を，次から一つ選べ。

① 金沢市　② 奈良市　③ 京都市　④ 大阪市

2 **次の文章を読んで，(1)～(3)の問いに答えよ。**

文部科学省は2023年４月28日，６年ぶりとなる小中学校の教員を対象にした勤務実態調査の速報値を公表した。それによると，国が残業の上限としている月（ ア ）時間を超えるとみられる教員が中学校で77.1%，小学校では64.5%に上ったほか，「過労死ライン」とされる月（ イ ）時間に相当する可能性がある教員が中学校で36.6%，小学校で14.2%となった。

永岡文部科学大臣は(ウ)今回の調査を踏まえ，(エ)公立の義務教育諸学校等の教育職員の給与等に関する特別措置法（給特法）の見直しや働き方改革，教員やスタッフの体制の充実などについて，中央教育審議会に諮問した。

(1) （ ア ），（ イ ）にあてはまる数の正しい組合せを，次から一つ選べ。

① ア 45 イ 60　② ア 45 イ 80
③ ア 80 イ 100　④ ア 80 イ 120

(2) 下線部(ウ)の結果としてあてはまらないものを，次から一つ選べ。

① １日当たりの在校等時間は減少したものの，依然として長時間勤務が続いている。
② 平日の持ち帰り残業時間は，小中学校ともに増加した。
③ 中学校の部活動における１週間の平均活動日数は減少した。
④ 校長，副校長・教頭，教諭のうち，１日当たりの在校等時間が最も長かったのは教諭であった。

(3) 下線部(エ)の内容としてあてはまるものを，次から一つ選べ。

① 超過勤務時間に応じて超過勤務手当が支払われる。
② 給料月額の４%を一律に支給する代わりに超過勤務手当が支払われない。
③ 校長が認めた場合に限り超過勤務手当が支払われる。
④ 月の超過勤務手当の上限が定められている。

3 **次の文章を読んで，(1)～(3)の問いに答えよ。**

新型コロナウイルスの感染症法上の位置付けが，2023年５月８日から(ア)「５類」へと移行された。今後，法律に基づいた外出自粛の要請などはなくなるほか，感染対策は個人の判断に委ねられるなど，３年余り続く国のコロナ対策は大きな節目を迎えた。

また，流行状況の把握については，医療機関などが毎日すべての感染者数を報告する「全数把握」から(イ)「定点把握」へと変更された。

(1)　下線部(ア)の感染症としてあてはまらないものを，次から一つ選べ。

①　感染性胃腸炎　　②　麻しん　　③　結核　　④　風しん

(2)　下線部(イ)の説明として正しいものを，次から一つ選べ。

①　地域の基幹病院が重症化率の高い60歳以上の新規感染者数を毎日報告する。

②　国の医療機関が定期的に病床使用率とクラスターの状況を報告する。

③　指定された医療機関が１週間分の新規感染者数をまとめて報告する。

④　自治体ごとに定めた方法により新規感染者数や死亡者数を週に一度報告する。

(3)　５類移行後の感染症対策として誤っているものを，次から一つ選べ。

①　これまで無料であった検査や外来診療などの窓口負担分が自己負担となる。

②　療養期間の目安として発症翌日から５日間は外出を控えることが推奨されている。

③　2023年度においてはワクチンの無料接種は継続される。

④　感染者数の減少に伴い，外来診療が可能な医療機関の数を縮小する。

4　**次の文章を読んで，(1)～(3)の問いに答えよ。**

「秋田県DX推進計画」（2022年３月策定，2023年３月改定）では，計画の理念として，「デジタルデバイド解消，人に優しいデジタル化」の推進により，秋田県が目指す将来の姿である「（　ア　）」と，いつでも，どこでも，県民一人ひとりがそれぞれのニーズに合ったサービスを選ぶことができる社会の実現を目指している。

(1)　（　ア　）にあてはまる語を，次から一つ選べ。

①　高質な田舎　　②　生活創造社会　　③　スマートシティ

④　デジタル田園都市

(2)　下線部にあるDXは何を意味する造語か，次から一つ選べ。

①　Digital Transfer　　②　Digital Transformation

③　Digital Transaction　　④　Digital Transportation

(3)　下線部において，三つの重要な視点として掲げられていないものを，次から一つ選べ。

①　環境の持続可能性の確保　　②　人材育成

③　データ活用による価値の創出　　④　利用者ファースト

5　**次の文章は，Ｇ７広島サミットに向けた岸田内閣総理大臣のメッセージの一部（首相官邸HPより抜粋）である。(1)～(4)の問いに答えよ。**

今日国際社会は，コロナ禍に見舞われ，また，国際秩序を根幹から揺るがすロシアによるウクライナ侵略に直面し，歴史的な転換期を迎えつつあります。力による一方的な現状変更の試みや核兵器による威嚇，その使用を断固として拒否し，（　ア　）に基づく国際秩序を守り抜く。Ｇ７議長として，議論を牽引し，こうしたＧ７の強い意志を，歴史に残る重みを持って，力強く世界に示したいと考えています。

(1) G７とは何の略語か，次から一つ選べ。

① Group of Seven　② Global Seven

③ Government of Seven　④ Great Seven

(2) （ ア ）にあてはまる語を，次から一つ選べ。

① 情報の分析　② 法の支配　③ 集団的自衛権　④ 経済的自由主義

(3) G７広島サミットの招待国を，次から一つ選べ。

① フィリピン　② 韓国　③ 中国　④ マレーシア

(4) G７広島首脳コミュニケの前文で述べられていないものを，次から一つ選べ。

① 全ての者にとっての安全が損なわれない形での核兵器のない世界という究極の目標に向けて，軍縮・不拡散の取組を強化する。

② G７内及びその他の国々との協力を通じ，将来のクリーン・エネルギー経済への移行を推進する。

③ 我々が共有する民主的価値に沿った，信頼できる人工知能（AI）という共通のビジョンと目標を達成するために，包摂的なAIガバナンス及び相互運用性に関する国際的な議論を進める。

④ 強固で，持続可能な，かつ，均衡ある成長を達成するための我々の取組を強化することに対する３本の矢のアプローチ，すなわち相互補完的な財政，金融及び構造政策の重要な役割を再確認する。

6 **次の文章を読んで，(1)～(3)の問いに答えよ。**

2023年４月１日，子ども政策を社会の最重要課題に据えて取組を進めるため，内閣総理大臣直属の機関として，（ ア ）が発足した。内閣府や厚生労働省から一部の部局が移管され，児童手当の支給や妊娠から出産・子育てまでの一貫した支援，保育行政，それに児童虐待，いじめ，貧困対策など，子どもに関わる業務を幅広く担当する。

４月３日，発足式が東京都内で開かれ，岸田内閣総理大臣は挨拶で「子どもたちにとって何が最もよいことなのか。これを常に考えて，健やかで幸せに成長できるような社会を実現する。そうした『（ イ ）社会』の実現。これが，（ ア ）の使命です。」と述べた。

(1) （ ア ）にあてはまる語を，次から一つ選べ。

① こども庁　② こども福祉庁　③ こども家庭庁　④ こども総合政策庁

(2) （ イ ）にあてはまる語を，次から一つ選べ。

① こどもまんなか　② こどもあんしん

③ こどもファースト　④ こどもセーフティ

(3) 2023年４月１日に施行されたこども基本法の基本理念としてあてはまらないものを，次から一つ選べ。

① 全てのこどもについて，個人として尊重され，その基本的人権が保障されるとともに，差別的取扱いを受けることがないようにすること。

② 全てのこどもについて，その年齢及び発達の程度に応じて，その意見が尊重され，その最善の利益が優先して考慮されること。

③ 家庭や子育てに夢を持ち，子育てに伴う喜びを実感できる社会環境を整備するこ

と。

④　こどもの養育については，国が第一義的責任を有するとの認識の下，必要な養育環境を整備すること。

7　〔傾向〕The Japan Times Online　2023.3.17の英文を読んで，問いに答える問題（4問）。

(1)　空欄にあてはまる語を一つ選ぶ問題。

(2)　空欄にあてはまる語を一つ選ぶ問題。

(3)　空欄にあてはまる語を一つ選ぶ問題。

(4)　本文の内容に合っているものを一つ選ぶ問題。

解答＆解説

1　解答　(1)―③　(2)―②　(3)―④　(4)―②　(5)―①　(6)―①　(7)―①　(8)―③　(9)―④　(10)―③

解説　(1)「生成AI」とは，Generative AIとも呼ばれ，さまざまなコンテンツを生成できるAIのこと，生成AIはデータのパターンや関係を学習し，それに基づいて精度の高いオリジナルのコンテンツを生成できる。「チャットGPT」のGPTとは「Generative Pre-trained Transformer」の略で，インターネット上に存在する大量のデータを学習することで，自然な対話形式でAIが答えるチャットサービスのこと。

(2)　②：大江健三郎の代表作は『飼育』（芥川賞），『万延元年のフットボール』（谷崎潤一郎賞），『洪水はわが魂に及び』（野間文芸賞）など。日本人のノーベル文学賞受賞の一人目は1968年の川端康成。

(3)　ア：2020年10月，政府は2050年までに温室効果ガスの排出を全体としてゼロにする，「カーボンニュートラル」を目指すことを宣言した。「グリーンツーリズム」とは，緑豊かな農村地域において，その自然，文化，人々との交流を楽しむ，滞在型の余暇活動のこと。イ：秋田県では「再エネ海域利用法」に基づき，洋上風力発電導入に向けた取り組みを進め，能代市・三種町・男鹿市沖，由利本荘市沖，八峰町・能代市沖，男鹿市・潟上市・秋田市沖の4域が促進区域となっている。

(4)　②：ジェームズ・ウェッブ宇宙望遠鏡はNASAの第2代長官ジェームズ・E・ウェッブにちなんで命名。18枚の六角形セグメントに分割され，ハッブル宇宙望遠鏡のように地球の周回軌道を飛行するのではなく，地球から見て太陽とは反対側150万kmの空間に漂うように飛行するのが特徴。

(5)　誤りの選択肢について解説する。

②：白川方明氏は第30代日本銀行総裁（2008～13年）③：福井俊彦氏は第29代日本銀行総裁（2003～08年）④：黒田東彦氏は第31代日本銀行総裁（2013～23年）

(6)　設問の地震は「トルコ・シリア地震」で，地震の規模はマグニチュード7.5

と推定。また，23年9月8日には北アフリカのモロッコでマグニチュード6.8の地震が発生し，多くの死者を出している。

(7)　①：IPCC（Intergovernmental Panel on Climate Change）は，気候変動に関する政府間パネル。

②：IAEA（International Atomic Energy Agency）は，国際原子力機関。③：IFCS（Intergovernmental Forum on Chemical Safety）は，化学物質の安全性に関する政府間フォーラム。④：IBRD（International Bank for Reconstruction and Development）は，国際復興開発銀行。

(8)　誤りの選択肢について解説する。

①：2023年7月にトルコのエルドアン大統領がスウェーデンのNATO加盟手続きを進めることに同意したことで32番目の加盟国となる見通し。②：スイス，④：オーストリア，アイルランドは中立外交を標榜し，今のところ軍事機構であるNATOに加盟していない。

(9)　国枝慎吾氏は車いすテニスのプロ選手で，パラリンピックでは金メダルをシングルスで3個，ダブルスで1個獲得。2004年アテネから5大会連続でメダルを獲得したほか，年間グランドスラム（3冠）を計5回達成するなど世界ランキング1位のまま現役引退を表明。

(10)　文化庁の京都移転は，文化庁によると「京都府には現在，全国の国宝の約20%が集まる。文化財が豊かで伝統的な文化が蓄積した京都への移転は，文化行政の強化や国際発信力の向上，文化財を活用した観光の強化推進，文化の多様性の確保などの観点から意義は大きい」と説明する。

2 **解答** (1)―②　(2)―④　(3)―②

解説 (1)　ア：教員の時間外勤務を巡っては，2019年に文部科学省が，教員給与特別措置法を改正し，時間外勤務の上限を「月45時間」とする指針を定めた。イ：いわゆる「過労死ライン」とは，労働災害の認定にあたり，過重負荷の有無を判断する上で評価の目安となる労働時間で，直近2～6カ月の平均残業時間が月80時間以上を指すことが一般的。

(2)　④：1日当たりの在校等時間が最も長かったのは，教諭ではなく副校長・教頭であった。

(3)　②：給特法では，公立学校教員には，給料月額の4%分を「教職調整額」として支払う代わりに，残業代を出さないと定められている。

3 **解答** (1)―③　(2)―③　(3)―④

解説 (1)　③：結核は2類感染症で，患者（疑似症患者を含む）および無症状病原体保有者（ただし，治療を必要としない者は除く）は直ちに届け出る必要があるとされている。

(2)　③：「流行状況の把握」については5月8日から週1回，全国約5千の医療機関に年齢層や性別ごとの新規感染者数を報告してもらう「定点把握」に変更された。

(3)　5類移行後の感染症対策として，厚労省では幅広い医療機関による自律的な通常の対応，新たな医療機関に参画を促すとしている。よって，④：「外来診療が可能な医療機関の数を縮小する」は誤り。

4 **解答** (1)―① (2)―② (3)―①

解説 (1) 秋田県が目指すのは「都会のように人があふれ，ストレスに囲まれた社会ではありません。豊かな自然環境，澄んだ空気と水，人と人の温かなつながり，そしてその土台にしっかりと根付いた文化をもち，イノベーションを生み出せる"高質な田舎"で，豊かな緑の中に最先端の研究機関があったり，田舎ながらも世界中からお客が訪れるレストランがあったりするヨーロッパの落ち着いた農村」としている。よって(1)は①：高質な田舎となる。

(2) DXとは，②：Digital Transformationのこと。英語圏では「Trans」を「X」と略すことが一般的であるため，略語がDXとなっている。ＤＸとは，デジタル技術やデータを駆使し，社会や暮らし全体がより便利になるよう大胆に変革していく取り組みのこと。

(3) ①：「環境の持続可能性の確保」は，重要な視点として掲げられていない。

三つの重要な視点と「秋田県DX推進計画」における説明は以下の通り。

④：「利用者ファースト」→「人に優しいデジタル化」による県民一人ひとりに寄り添った豊かな社会の実現のため，提供者の視点ではなく，利用者の視点に立って何が必要かを考え，県民にとって利用しやすい取組を展開し，多様なサービスの価値の向上を図ります。

③：「データ活用による価値の創出」→データは新たな価値創造の源泉であるという認識を共有し，多様な主体によるデータの円滑な流通のほか，異分野のデータを結び付けることやその活用を促進することにより，新しい価値の創出やＥＢＰＭ等による行政の政策立案力の向上等を図ります。

②：「人材育成」→デジタル化やＤＸを推進していくためには，デジタル技術を利活用できるスキルやマインドを 持つ人材の育成が必要です。計画の推進に当たっては，デジタル人材の育成強化を図ります。

5 **解答** (1)―① (2)―② (3)―② (4)―④

解説 (1) G7はGroup of Sevenの略で，「先進国首脳会議」「先進７カ国首脳会議」のこと。日本，米国，英国，ドイツ，フランス，イタリア，カナダで構成される。

(2) 「法の支配」とは，一般に，全ての権力に対する法の優越を認める考え方。

(3) G7広島サミットの招待国は，②：韓国，G20（主要20カ国・地域）議長国のインド，インドネシア，オーストラリア，クック諸島，コモロ，ブラジル，ベトナム。

(4) ④：「強固で，持続可能な，かつ，均衡ある成長経路を迅速に達成するため，我々の経済政策による対応を協力して強化すること及びより強力な，かつ，均衡ある政策の組合せを用いることにコミット。３本の矢のアプローチ，すなわち相互補完的な財政，金融及び構造政策の重要な役割を再確認」は2016年の「伊勢志摩サミット」での首脳宣言の骨子の一つである。

6 **解答** (1)―③ (2)―① (3)―④

解説 (1)　③：こども家庭庁は，2023年4月1日発足。「こども」は平仮名表記であることに注意。

(2)　①：「こどもまんなか」とは，子どもや子育てをしている人の目線で，子どもにとって最善の取り組みを社会の真ん中に置こうというもの。

(3)　こども基本法では，子どもの養育については，家庭を基本として行われ，父母その他の保護者が第一義的責任を有するとの認識の下，これらの者に対して子どもの養育に関し十分な支援を行うとあり，国が第一義的責任を有するとした④は誤り。

山形県

実施日	2023(令和５)年７月22日	試験時間	80分（教職教養を含む）
出題形式	選択＋記述式	問題数	８題（解答数37）
パターン	５教科＋情報・時事・ローカル	公開状況	問題:公開　解答:公開　配点:公開

傾向&対策　●例年，一般教養の比重が大きく，今年度は教職教養６題（解答数24），一般教養８題（解答数37）。これまでの５教科に，ここ数年，時事問題とローカル問題も出題されている。●国語は，定番の現代文・古文の読解問題と漢字。英語は，会話文の空欄補充と長文読解が定番。●社会は歴史・地理・公民から出題された。例年通り，図や表を見て解答する問題が頻出である。時事問題は「MetaVerse」と「新紙幣の肖像画」。ローカル問題では，「OECD調査団の山形県来県」が取り上げられた。●数学は頻出の図形と式の計算など。理科は今年度，物理・化学・地学から出題。年度により出題科目が異なる。●５教科の基礎と時事・ローカル対策をしつつ，解答数の多さと時間配分を意識しておきたい。

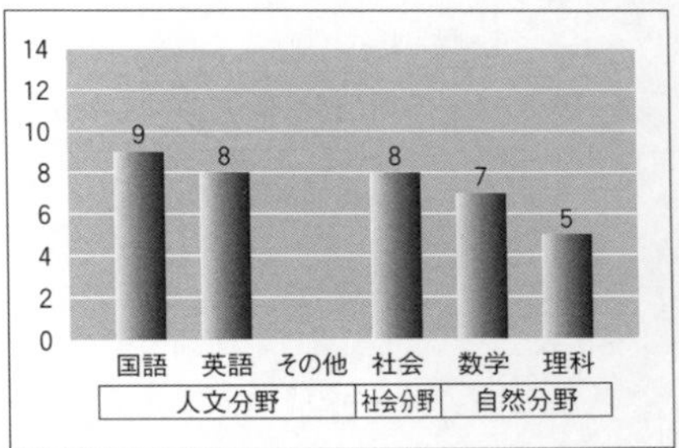

出題領域

分野	項目	数	項目	数	項目	数
人文分野	国語	9	英語	8	音楽	
	美術		家庭		保健体育	
社会分野	歴史(日本史)	2	歴史(世界史)	1	歴史(現代史)	
	地理(日本地誌)	1	地理(世界地誌)	1	地理(地理用語)	
	公民(政治)		公民(経済)	1	公民(国際)	
	公民(倫理)		環境·情報·科学	1	時事問題	2
	ローカル	1				
自然分野	数学	7	物理	2	化学	2
	生物		地学	1		

表中の数字は，解答数

※選択肢の出題領域が複数にわたる場合は，それぞれの項目に加算するためグラフの数とは異なる

全校種共通

☞解答＆解説 p.41

1 〔傾向〕山野弘樹『独学の思考法　地頭を鍛える「考える技術」』の文章を読んで，あとの問いに答える問題（5問）。

1　下線部(a)「シュウセイ」，(b)「イダく」のカタカナを漢字に直したとき，同じ漢字を用いるものを，ア～エの中からそれぞれ一つずつ選び，記号で答えなさい。

(a)　ア　シュウイツな作品　　　イ　シュウネンを燃やす
　　ウ　シュウガク旅行にいく　エ　エンシュウ率を求める

(b)　ア　新年のホウフを述べる　イ　ホウコク書を提出する
　　ウ　窓をカイホウする　　　エ　よく切れるホウチョウ

2　下線部（Ⅰ）の本文における意味として最も適切なものを，ア～エの中から一つ選ぶ問題。

3　下線部（Ⅱ）爽快と熟語の構成が同じものを，次のア～エの中から一つ選び，記号で答えなさい。

ア　真偽　　イ　必然　　ウ　読書　　エ　怠惰

4　空欄にあてはまる最も適切な語句を，ア～エの中から一つ選ぶ問題。

5　本文から読み取れる筆者の主張として最も適切なものを，ア～エの中から一つ選ぶ問題。

2 次の文章を読んで，あとの問いに答えなさい。

今日は，その事をなさんと思へど，あらぬ急ぎ①先づ出で来て，まぎれ暮し，②待つ人は障(さは)り有りて，頼めぬ人は来(きた)り，頼みたる方の事は違ひて，思ひよらぬ道ばかりはかなひぬ。わづらはしかりつる事はことなくて，やすかるべき事はいと心苦し。日々に過ぎ行くさま，かねて思ひつるには似ず。一年の中もかくの如し。一生の間も又しかなり。

かねてのあらまし，皆違ひゆくかと思ふに，おのづから違はぬ事もあれば，いよいよ物は定めがたし。③不定(ふぢやう)と心得ぬるのみ，実(まこと)にて違はず。（『徒然草』による）

1　下線部①「先づ」を，現代仮名遣いに直し，すべてひらがなで書きなさい。

2　下線部②の本文における意味として最も適切なものを，次のア～エの中から一つ選び，記号で答えなさい。

ア　待っている人は差し障りがあって来られず，期待していない人はやって来て

イ　待っている人は差し障りがあって来られず，前もって頼んでおいた人はやって来て

ウ　待っている人は差し障りがあってもやって来て，前もって頼んでおいた人もやって来て

エ　待っている人は差し障りがあってもやって来て，期待していない人もやって来て

3　下線部③のように作者が文章中で述べた理由の説明として最も適切なものを，次のア～エの中から一つ選び，記号で答えなさい。

ア　前もって予定した通りにすべての物事がうまくいくなどということは絶対にないと，今までの様々な人生経験を通じて自ら悟ったから。

イ　毎日の生活で繰り返される日常的な出来事でさえ全く予想できないのに，一年先

や自分の生涯をすべて予想することなど不可能であると理解したから。

ウ　他人というものは常にこちら側の思い通りに動くことなどはなく，結局は相手を信じた側が損をしてしまうということに気付いたから。

エ　予期していたことがすべてうまくいかないかと思うと，たまたま思った通りになることもあり，物事を予定すること自体が難しいと理解したから。

3　次の問いに答えなさい。

1　次の計算をしなさい。

(1) $\frac{3}{4}-\left(\frac{1}{3}-\frac{1}{2}\right)$　　(2) $(2+\sqrt{3})^2-(2-\sqrt{3})^2$　　(3) $8ab^2\times7a^2\div(-4b)$

2　関数$y=x^2-4x+7$においてxの変域が$0\leqq x\leqq3$のとき，yの最小値を求めなさい。

3　図1のように，正方形ABCDの頂点A上に，下記のような《きまり》で移動する点Pと点Qがある。

1～6の目がかいてある正六面体のさいころを2回投げて，1回目に出た目の数だけ点Pが移動し，2回目に出た目の数だけ点Qが移動する。点Pと点Qがそれぞれ移動したあと，同じ頂点に止まる確率を求めなさい。ただし，さいころはどの目が出ることも同様に確からしいものとする。

図1

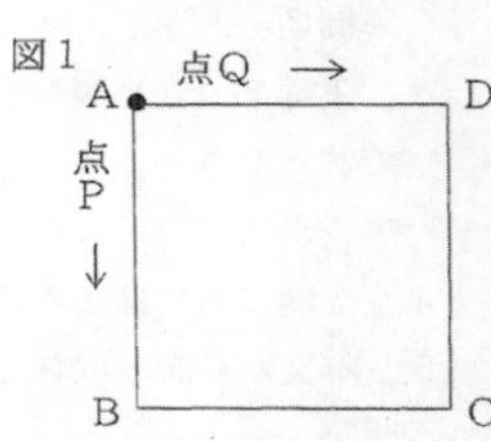

《きまり》

・点Pは，Aを出発してB→C→D→A→B→…と反時計回りの順に，さいころの出た目の数だけ次の頂点へ移動して止まる。

・点Qは，Aを出発してD→C→B→A→D→…と時計回りの順に，さいころの出た目の数だけ次の頂点へ移動して止まる。

4　連続する3つの自然数がある。それぞれの2乗の和が50であるとき，連続する3つの自然数のうち，最も小さい自然数を求めなさい。

5　図2の四角形ABCDは長方形であり，点Eは辺BC上の点で，BE：EC＝1：6である。また，点F，点Gはそれぞれ，DBとAE，DBとACとの交点である。

このとき，BF：FG：GDを最も簡単な整数の比で表しなさい。

図2

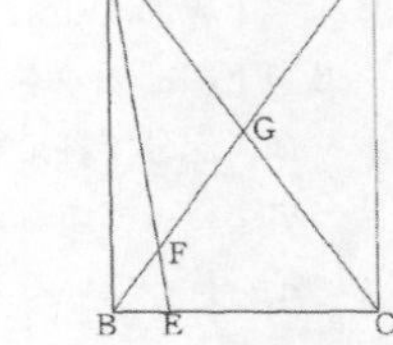

4　次の問いに答えなさい。

1　次の文章は，価格に関する説明である。文章中の空欄（ ① ）～（ ③ ）にあてはまる語句の組み合わせとして最も適切なものを，あとのア～エの中から一つ選び，記号で答えなさい。

商品には必ず価格がつけられている。消費者が価格を見て，買おうとする量を（ ① ）という。他方，生産者が商品を生産し，販売しようとする量を（ ② ）という。商品の価格は（ ① ）と（ ② ）の関係で変化し，これらが一致したときの価格を（ ③ ）価格という。

ア　①需要量　②供給量　③均衡　　イ　①需要量　②供給量　③統制

山形県

ウ　①供給量　②需要量　③均衡　　エ　①供給量　②需要量　③統制

2　右の表は，4つの国におけるエネルギー消費量と人口1人あたりのエネルギー消費量（2021年）を示したものである。表中のア～エの国は，日本，アメリカ，ブラジル，中国のいずれかである。日本に該当するものを，表中のア～エの中から一つ選び，記号で答えなさい。

表

国名	エネルギー消費量（エクサジュール）	人口1人当たりのエネルギー消費量（ギガジュール）
ア	157.65	109.1
イ	92.97	279.9
ウ	12.57	58.7
エ	17.74	140.8

（「Statistical Review of World Energy 2022」による）

3　次の問いに答えなさい。

(1)　1869年に，藩主が領地・領民を天皇に返し，新政府が全国の支配権を形式上その手におさめたことを何というか。最も適切な語句を，次のア～エの中から一つ選び，記号で答えなさい。

ア　廃藩置県　　イ　地租改正　　ウ　版籍奉還　　エ　殖産興業

(2)　右の資料は，日本に渡来し戒律を伝えた唐の僧侶で，唐招提寺をつくった人物の像である。この像の人物名を，次のア～エの中から一つ選び，記号で答えなさい。

資料

（山川出版社「詳説日本史」による）

ア　最澄

イ　鑑真

ウ　栄西

エ　行基

(3)　紀元前8世紀頃の古代ギリシアでは，山が多く土地がせまかったため，王による広い領域の支配は成り立たず，多くの都市国家が生まれた。この都市国家を何というか，カタカナで答えなさい。

5　**次の問いに答えなさい。**

1　図1のように，水平面からの傾角が30°のなめらかな斜面上に，質量300 gの物体が置かれている。次の問いに答えなさい。

図1

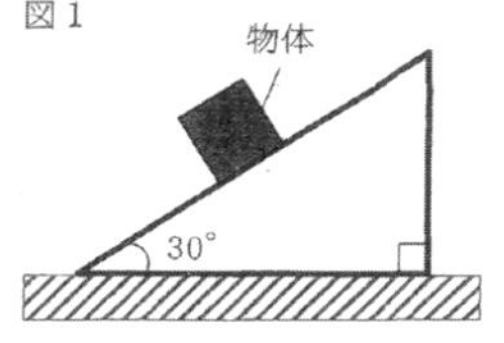

(1)　物体にはたらく斜面に平行な力の大きさは何Nか，求めなさい。ただし，100 gの物体にはたらく重力の大きさを1 Nとする。

(2)　斜面の傾きを大きくすると，物体に加わる垂直抗力の大きさはどうなるか。正しいものを次のア～ウの中から一つ選び，記号で答えなさい。

ア　小さくなる　　イ　変わらない　　ウ　大きくなる

2　図2のように，食塩水をしめらせたろ紙をスライドガラスの上に置き，両端を金属のクリップでとめ，青色リトマス紙をのせた。この青色リトマス紙の中央に塩酸をつけたところ赤色に変化した。電圧を加えると，その赤色に変化した部分がしだいに片方の電極の方へ広がった。

図2

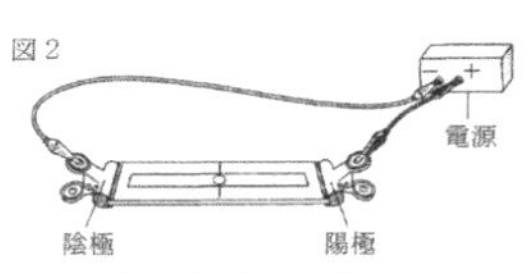

（大日本図書「理科の世界3」による）

この現象を説明した文として最も適切なものを，次のア～エの中から一つ選び，記号で答えなさい。

ア　酸性の性質を示すイオンはOH^-であり，赤色に変化した部分は陽極側に広がった。

イ　酸性の性質を示すイオンはOH^-であり，赤色に変化した部分は陰極側に広がった。

ウ　酸性の性質を示すイオンはH^+であり，赤色に変化した部分は陽極側に広がった。

エ　酸性の性質を示すイオンはH^+であり，赤色に変化した部分は陰極側に広がった。

3　図３は，光学顕微鏡を模式的に示したものである。図中の（A）～（C）の名称の組み合わせとして最も適切なものを，次のア～カの中から一つ選び，記号で答えなさい。

	（A）	（B）	（C）
ア	アーム	レボルバー	調節ねじ
イ	アーム	調節ねじ	しぼり
ウ	アーム	しぼり	レボルバー
エ	鏡　筒	しぼり	調節ねじ
オ	鏡　筒	レボルバー	しぼり
カ	鏡　筒	調節ねじ	レボルバー

図３

接眼レンズ
（A）
（B）
対物レンズ
（C）
ステージ
反射鏡
鏡台

（数研出版「生物基礎」による）

4　図４は，断層について模式的に示したものである。断層はずれの向きによって，横ずれ断層，正断層，逆断層に分けられる。

図４は，これらのうちのいずれに該当するか，次のア～エの中から最も適切なものを一つ選び，記号で答えなさい。

ア　右横ずれ断層

イ　左横ずれ断層

ウ　正断層

エ　逆断層

図４

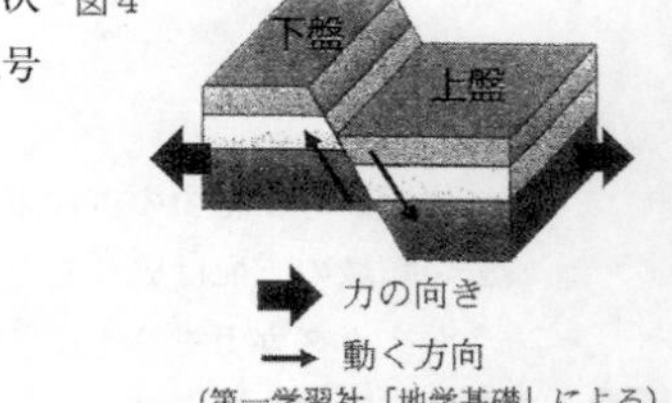

（第一学習社「地学基礎」による）

6　**次の１～４の対話文の空欄（ ① ）～（ ④ ）にあてはまる最も適切なものを，あとのア～エの中からそれぞれ一つずつ選び，記号で答えなさい。**

1　A：Can I help you?

B：My mother's birthday is coming soon. I am looking for a present for her.

A：Do you have anything (①)?

B：Hmmm, something green, I guess. Her favorite color is green.

ア　in no time　　イ　in order

ウ　in haste　　エ　in mind

2　A：I've read your report, but it's a bit difficult to understand it.

B：(②)?　Should I add more explanations?

A：I think so. You can add some pictures.

B：OK, I will try. Thank you for your advice!

ア　When will you read my report　　イ　How important is it

ウ　What do you mean　　エ　Can you understand that

3　A：What have you been doing?　You look so tired.

B：I've been reading books since 9 o'clock this morning. Believe it or not, I've already read 3 novels.

A：What?　3 novels? (③) you're exhausted.

ア　To my surprise　　イ　No wonder

ウ　As a matter of fact　　エ　Possibly

4　A：Does Tom know how to get here?　Why hasn't he arrived yet?

B：He has never been late before. You didn't tell him?

A：(④). I thought you were going to tell him.

B：I asked you to tell him, didn't I?

ア　Maybe yes　　イ　Usually I don't

ウ　Yes, I did　　エ　No, I didn't

7　**〔傾向〕足立恵子『英語で比べる「世界の常識」』の英文を読んで，問いに答える問題（2問）。**

1　英文中の空欄（ ① ）～（ ③ ）にあてはまる最も適切な語句を，ア～エの中から一つずつ選ぶ問題。

2　本文の内容に合う英文として最も適切なものを，ア～エの中から一つ選ぶ問題。

8　**次のA～Cの文中の空欄（ ① ）～（ ③ ）にあてはまる最も適切な語句を，あとのア～エの中からそれぞれ一つずつ選び，記号で答えなさい。**

A　次世代のWebサービスとして提唱されている「Web3.0」と関係が深いサービスの一つに（ ① ）がある。

ア　SNS　　イ　MetaVerse　　ウ　BBS　　エ　streaming

B　財務省は，2024年度上期をめどに紙幣のデザインを一新すると発表した。新しい一万円札の肖像画の人物は（ ② ）である。

ア　渋沢栄一　　イ　津田梅子　　ウ　北里柴三郎　　エ　聖徳太子

C　農村づくりに関する調査のため，令和5年1月に（ ③ ）の調査団が山形県に来県し，知事との面会や現地視察を行った。

ア　OPEC　　イ　OECD　　ウ　UNESCO　　エ　IMF

解答＆解説

1　解答　1　(a)―ウ　(b)―ア　3―エ

解説　1　(a)：「修正」。ア：秀逸　イ：執念　ウ：修学　エ：円周

(b)：「抱く」。ア：抱負　イ：報告　ウ：開放　エ：包丁

3　(Ⅱ)「爽快」は「爽やか」と「快い（こころよい）」の類義語で構成されている。エ：「怠惰」も「怠る（おこたる），怠ける（なまける）」と「惰る（おこたる）」の類義語で構成されている。

ア：「真偽」は対義語で構成。イ：「必然」は後ろの「然」が接尾語の構成。ウ：「読書」は後ろの「書」が前の動詞「読む」の目的語の構成。

山形県

2 **解答** 1　まず　2—ア　3—エ

解説 1 「ぢ，づ」を現代仮名遣いで表すときは「じ，ず」に置き換える。

2 「障り有りて」は，「差し支えがあって」。また，この場合の「頼む」は「あてにする」という意味。

3 下線部③は，「予定通りにはいかないと心得ることだけが間違いないことだ」という意味。ア：「皆違ひゆくかと思ふに，おのづから違はぬ事もあれば」（すべて違っているかというと，たまたまその通りになることもあるので）とあるので適切でない。イ：生涯を予想できないことが③の理由にはならない。ウ：「信じた側が損をしてしまう」ということは言っていない。

3 **解答** 1　(1) $\frac{11}{12}$　(2) $8\sqrt{3}$　(3) $-14a^3b$　2　3（x=2のとき）　3 $\frac{1}{4}$

4　3　5　BF：FG：GD＝1：3：4

解説 1 (1)（与式）$=\frac{3}{4}-\frac{2-3}{6}=\frac{3}{4}+\frac{1}{6}=\frac{9+2}{12}=\frac{11}{12}$

(2)（与式）$=(4+4\sqrt{3}+3)-(4-4\sqrt{3}+3)=8\sqrt{3}$

【別解】乗法公式を用いて変形する。

（与式）$=\{(2+\sqrt{3})+(2-\sqrt{3})\}\{(2+\sqrt{3})-(2-\sqrt{3})\}$
$=4\times2\sqrt{3}=8\sqrt{3}$

(3)（与式）$=\frac{8ab^2+7a^2}{-4b}=-14a^3b$

2 $y=x^2-4x+7=(x-2)^2+3$より頂点（2，3）と分かる。この関数は下に凸であり，xの変域が$0\leqq x\leqq3$であるから，頂点はxの変域に含まれる。

最小値は3（$x=2$のとき）

3 点P，Qの位置と，さいころの目を表にする。

	A	B	C	D
P	4	1, 5	2, 6	3
Q	4	3	2, 6	1, 5

それぞれの頂点に止まる確率を求めて足せばよいから，

$\frac{1}{6}\times\frac{1}{6}+\frac{2}{6}\times\frac{1}{6}+\frac{2}{6}\times\frac{2}{6}+\frac{1}{6}\times\frac{2}{6}=\frac{1+2+4+2}{36}=\frac{9}{36}=\frac{1}{4}$

4 最も小さい自然数をnとすると，$n^2+(n+1)^2+(n+2)^2=50$となる。これを解いて，$3n^2+6n+5=50$より，$n^2+2n-15=0$，$(n+5)(n-3)=0$　nは自然数より，$n=3$

5 △BFE∽△DFAであるから，BF：FD＝BE：DA＝1：7である。また，BG：GD＝1：1＝4：4で あるから，BF：FG：GD＝1：3：4となる。

4 **解答** 1—ア　2—エ　3　(1)—ウ　(2)—イ　(3)　ポリス

解説 1 ア：ある商品を買い手が買おうとする量を需要量という。なお，この場合の買い手とは，個人ではなく消費者全体であり，消費者全体が買おうとする量である。イ：ある商品を売り手が売ろうとする量を供給量という。この場合の売り手も個人ではなく生産者全体であり，生産者全体が売ろうとする量である。ウ：

山形県

需要が供給より多いと価格は上がり，価格が上がると需要は減り供給は増える。供給が需要より多いと価格は下がり，価格が下がると需要は増え，供給は減る。結局価格は需要と供給が一致する点に落ち着くことになり，そのような価格を均衡価格という。

2　経済発展の著しい中国ではエネルギー消費量が急速に増加しており，中国の一次エネルギー消費量は，2018年の時点ですでに世界のエネルギー需要の約４分の１を占め，国別順位（2021年）は１位である。２位はアメリカ合衆国だが，人口一人当たりのエネルギー消費量で見ると両者の順位は逆転する。以上のことから，表中のアは中国，イはアメリカ合衆国となり，残ったウとエが日本とブラジルとなる。人口一人当たりのエネルギー消費量がイのアメリカに次いで高いエが日本と考えられる。

3　(1)　ウ：諸藩主が版図（土地）と戸籍（人民）を天皇に返上した改革を版籍奉還という。

(2)　イ：鑑真は唐の僧で，日本への渡来を決意し，たびたび遭難して盲目になりながら６度目の753年に渡来を果たした。日本に戒律を伝え，東大寺に戒壇を設けて，聖武天皇に戒を授けた。戒律とは仏教信者が守るべき規則で，戒は心の規律，律は行動規範である。戒壇とは戒を授け，僧尼の資格を与える式壇である。また，後に唐招提寺を建てた。

(3)　古代ギリシアには1000以上のポリスが存在した。アテネやスパルタは強大なポリスであった。

5 解答　1　(1)　**1.5N**　(2)—**ア**　　2—**エ**　　3—**オ**　　4—**ウ**

解説　1(1)　傾斜30度なので斜面に平行な力は$\frac{300[\mathrm{g}]}{100[\mathrm{g/N}]}\times\sin30^\circ=1.5[\mathrm{N}]$

(2)　垂直抗力は斜面に垂直な力に等しく，$\frac{300[\mathrm{g}]}{100[\mathrm{g/N}]}\times\cos\theta$で表され，$\cos\theta$に比例する。$\cos\theta$は角度が大きくなるほど値は小さくなる。したがって，アとなる。

2　エ：酸性を示すイオンはH^+であり，電子は－極（陰極）から＋極（陽極）に流れ，陽イオンであるH^+は陰極に引き寄せられる。

3　光学顕微鏡の光は反射鏡→ステージのしぼり→対物レンズ→鏡筒→接眼レンズを通る。レボルバーを回すことで異なる倍率の対物レンズに変えることができる。

4　「縦ずれ断層」のうち，上盤側がずり下がる場合をウ：「正断層」，のし上がる場合をエ：「逆断層」と言う。一方，両側のブロックが水平方向に動くときは「横ずれ断層」と呼び，断層線に向かって相手側のブロックが右に動く場合をア：「右横ずれ断層」，左に動く場合をイ：「左横ずれ断層」と言う。

6 解答　1—**エ**　　2—**ウ**　　3—**イ**　　4—**エ**

解説　1　「have something in mind」で（何か考えがある）という意味の熟語。したがって，エ：「in mind」を入れると「Do you have anything in mind?」で（何か考えがありますか）となり，文意に合う。

ア：「in no time」は（すぐに），イ：「in order」は（順序正しく，整理整頓されていて），ウ：「in haste」は（急いで）という意味の熟語。

2 「I've read your report, but it's a bit difficult to understand it.」（あなたの報告を読みましたが，理解するのが少し難しいです）というAの発言に対して，Bは（ ② ）の後で「Should I add more explanations?」（もう少し説明を加えるべきですか）と返答している。その間を埋めるのに適切なのはウ：「What do you mean?」（具体的にどういう意味でしょうか）である。

ア：「When will you read my report?」（いつ私の報告書を読む予定ですか），イ：「How important is it?」（それはどの程度重要なのですか），エ：「Can you understand that?」（あなたはそれを理解できますか）は文意に合わない。

3 「I've been reading books since 9 o'clock this morning. Believe it or not, I've already read 3 novels.」（今朝9時からずっと本を読み続けています。信じられないかもしれないけれど，すでに小説を3冊読みました）というBの発言に対してAは「What? 3 novels?（ ③ ）you're exhausted.」（何ですって。小説3冊も。（ ③ ）へとへとに疲れています）と返答しているので，（ ③ ）に入る適切な語句はイ：「No wonder」である。「No wonder S V 〜」は（〜するのも当然だ）という意味の熟語。

ア：「to my surprise」（驚いたことに），ウ：「as a matter of fact」（実を言うと），エ：「possibly」（もしかすると）は文意に合わない。

4 「You didn't tell him?」（あなたは彼に伝えなかったのですか）というBの問いかけにAは（ ④ ）の後で「I thought you were going to tell him.」（あなたの方が彼に伝えると思っていました）と返答している。ということは，（ ④ ）は（いいえ，私は彼に伝えていません）という内容になるはず。したがって正解はエ：「No, I didn't.」（いいえ，私はしていません）となる。

山形県

8 **解答** A—イ B—ア C—イ

解説 A Web3.0はブロックチェーンを活用した新しいインターネットの概念で，「データの改ざんリスクが低い」「情報流出のリスクが低い」など「個人が個人情報を自立分散的に管理できる」といった特長がある。 イ：MetaVerseはインターネット上につくられる仮想の三次元空間で，利用者はアバターとよばれる分身を操作して空間内を移動し，他の参加者と交流できる。

ア：SNSはソーシャル・ネットワーキング・サービス（Social Networking Service）の略で，Web上で社会的ネットワークを構築可能にするサービスをいい，FacebookやLINE，X（旧Twitter）などがある。 ウ：BBS（電子掲示板：Bulletin Board System）はPCや携帯端末などを使ってインターネット上で不特定多数のユーザーと文字で情報交換するシステムまたは場のことだが，SNSが登場してからは需要が減少している。 エ：streamingはインターネット上の動画や音声などのデータを分割してダウンロードしながら同時に再生することで，長時間の動画やライブ配信など，サイズの大きなデータの再生に向いている。Web3.0とMetaVerseは相互に関連し，組み合わせて用いることで，大きな価値が生まれる可能性があるといわれている。

B　誤りの選択肢について解説する。

　イ：津田梅子は新五千円札，ウ：北里柴三郎は新千円札の肖像画に使われる。エ：聖徳太子は百円（1946～56年），千円（1950～65年），五千円（1957～86年），一万円（1958～86年）札などに肖像画が使われている。

C　2023（令和５）年１月，OECD（経済協力開発機構）の調査団が，農村地域の経済発展に必要な政策提言を行うためのルーラルイノベーション（農村部における革新）の事例を調べるために山形県に来県。ルーラルイノベーションの取り組みは，都市部で先行しているイノベーションを農村部でも起こすことで農村地域の持続的発展を目指すもの。調査団は，県が組織的に取り組む「農山漁村地域づくりプランナー」制度や，棚田を活かした地域づくりや保全活動，さらには酒蔵や温泉などの伝統産業，大学と地域の起業連携等について調査した。

栃木県

実施日	2023(令和５)年７月９日	試験時間	50分（教職教養を含む）
出題形式	マークシート式	問題数	７題（解答数35）
パターン	５教科	公開状況	問題：公開　解答：公開

傾向＆対策

●教職教養６題（解答数15），一般教養７題（解答数35）と，昨年度より３問増加。●国語は今年度も長文読解で，定番の漢字と空欄補充問題。英語も，ここ数年会話文の空欄補充問題が続いている。●社会は，歴史・地理・公民などから幅広く出題された。今年度は，ハザードマップ，歴史事項と関係の深い人物，経済の循環などが出された。●数学は図形が頻出。また，場合の数もよく出題されている。例年，計算問題が多いので，苦手な人は演習問題を多くこなすと同時に，時間配分も含め対策をとっておこう。理科は各科目から基礎的な問題が出題された。●問題の難度は高くないが，油断は禁物。解答数が多いことや計算問題があることも考慮して，基礎をしっかりと押さえておくことが必要。

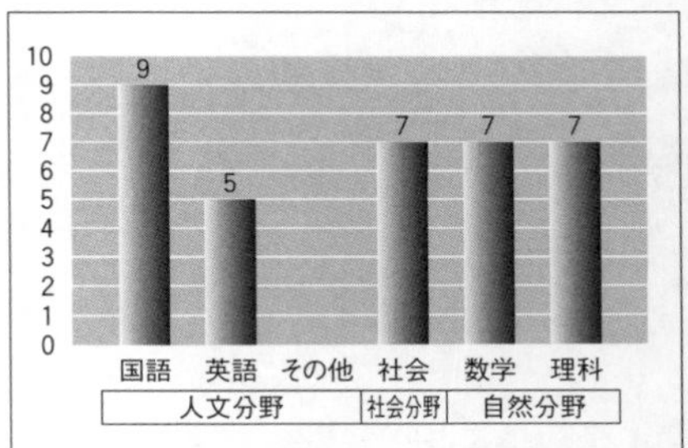

出題領域

人文分野	国語	9	英語	5	音楽	
	美術		家庭		保健体育	
社会分野	歴史(日本史)	2	歴史(世界史)	1	歴史(現代史)	
	地理(日本地誌)	1	地理(世界地誌)	1	地理(地理用語)	
	公民(政治)	1	公民(経済)	1	公民(国際)	
	公民(倫理)		環境・情報・科学		時事問題	
	ローカル					
自然分野	数学	7	物理	2	化学	2
	生物	2	地学	1		

表中の数字は，解答数

全校種共通

☞解答＆解説 p.50

1〔傾向〕**鈴木孝夫『ことばと文化』の文章を読んで，下の問いに答える問題（9問）。**

1　文章中の下線部(1)から(4)にあたる漢字を，それぞれのアからエのうちから一つ選べ。

(1)　現象の世界に私たちがトウ影している

ア　登　　イ　投　　ウ　到　　エ　統

(2)　温度の差にキすることができる

ア　期　　イ　寄　　ウ　帰　　エ　記

(3)　比較的明リョウな区別が存在する

ア　領　　イ　量　　ウ　陵　　エ　瞭

(4)　それぞれ違った名ショウを与えられている

ア　称　　イ　勝　　ウ　証　　エ　将

2　文章中の空欄（4カ所）にあてはまる最も適切な語句を，それぞれのアからエのうちから一つ選ぶ問題。

3　文章中の空欄（1カ所）にあてはまる最も適切な語句を，アからエのうちから一つ選ぶ問題。

2　**次の1，2の問いに答えよ。答えは，それぞれの問いのアからエのうちから一つ選べ。**

1　次の図は，ある自然災害についてのハザードマップを公開している自治体を示したものである。この自然災害として，最も適切なものはどれか。

ア　高潮　　イ　火山災害　　ウ　津波　　エ　土砂災害

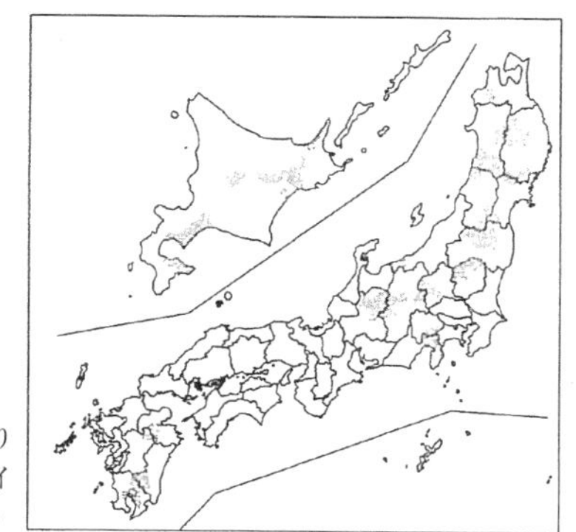

図（「国土交通省ウェブページ」により作成）（□ハザードマップをウェブサイトで公開している自治体（2022年時点））

2　7月に白夜がみられる国はどれか。

ア　アルゼンチン　　イ　エジプト　　ウ　ノルウェー　　エ　メキシコ

3　**次の1，2，3のことがらと最も関係の深い人物を，それぞれのアからエのうちから一つ選べ。**

1　御成敗式目の制定

〔ア　足利尊氏　　イ　平清盛　　ウ　北条泰時　　エ　豊臣秀吉〕

2　文明開化

〔ア　本居宣長　　イ　二宮尊徳　　ウ　新井白石　　エ　福沢諭吉〕

3　冷戦の終結

〔ア　スターリン　　イ　トルーマン　　ウ　チャーチル　　エ　ゴルバチョフ〕

4 **次の1，2の問いに答えよ。答えは，それぞれの問いのアからエのうちから最も適切なものを一つ選べ。**

1　次の文は，日本国憲法第94条の条文である。空欄[A]，[B]にあてはまる語の組合せとして正しいのはどれか。

地方公共団体は，その財産を管理し，事務を処理し，及び行政を執行する機能を有し，[A]の範囲内で[B]を制定することができる。

ア　A　法律　B　条例　　イ　A　条例　B　法律　　ウ　A　法律　B　政令
エ　A　政令　B　法律

2　次の文は，経済の循環について述べたものである。空欄[X]，[Y]，[Z]には，家計，企業，政府のいずれかが入る。空欄[X]，[Z]にあてはまる語の組合せとして最も適切なものはどれか。

[X]は，[Y]に対して，労働や資本，土地を提供し，その対価として，[Y]から賃金や利子・配当，地代などの所得を得る。[Y]は，財やサービスを生産・販売し，その対価を得る。[Z]は，[X]や[Y]から税金を集め，警察・外交・国防，公共投資や，補助金，国民に対する教育・医療・福祉サービスなどに使う。

ア　X　家計　Z　企業　　イ　X　家計　Z　政府　　ウ　X　政府　Z　家計
エ　X　政府　Z　企業

栃木県

5 **次の1から7の問いに答えよ。答えは，それぞれの問いのアからオのうちから一つ選べ。**

1　不等式$-2.97 < x < \sqrt{5}$を満たす整数xの個数を求めよ。

ア　3　　イ　4　　ウ　5　　エ　6　　オ　7

2　A，B，C，D，E，Fの6人の中から2人を選ぶときの選び方は何通りか。

ア　12通り　　イ　15通り　　ウ　18通り　　エ　30通り　　オ　36通り

3　右の図は，画用紙に1辺が10cmの立方体の展開図をかき，切り抜いたものである。点線部分を折り，縦1cm，横10cmのテープをすき間のないように辺と平行に貼り，立方体をつくる。このとき，使うテープは少なくとも何枚必要になるか。ただし，テープは切らずに使うものとする。

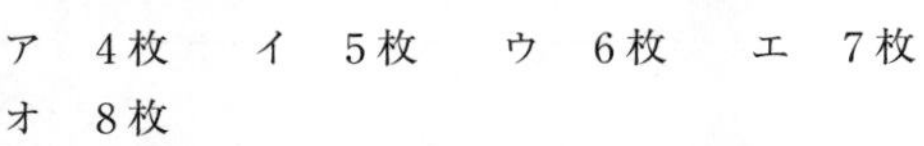

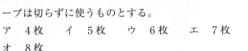

ア　4枚　　イ　5枚　　ウ　6枚　　エ　7枚
オ　8枚

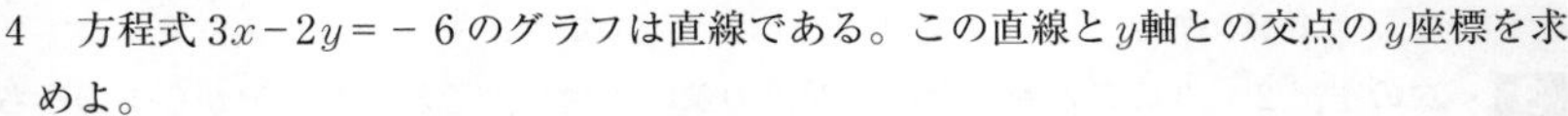

4　方程式$3x-2y=-6$のグラフは直線である。この直線とy軸との交点のy座標を求めよ。

ア　-3　　イ　-2　　ウ　0　　エ　2　　オ　3

5　重さの異なる5個のおもりA，B，C，D，Eがあり，これらはA，B，C，D，Eの順に20gずつ重くなっている。この5個のおもりの重さの合計が600gであるとき，Aの重さを求めよ。

ア　50g　　イ　60g　　ウ　70g　　エ　80g　　オ　90g

6　右の図は，線分AB上に点Cがあり，AB，AC，CBをそれぞれ直径として半円をかいたものである。AC＝2cm，CB＝4cmのとき，黒く塗られた部分の周りの長さを求めよ。

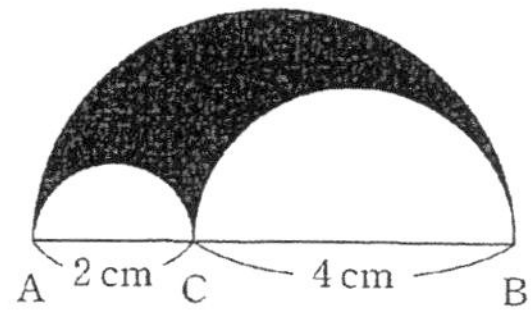

ア　2πcm　　イ　4πcm　　ウ　6πcm

エ　8πcm　　オ　12πcm

7　右の図のように黒色と白色のタイルを「黒→白→白」の順に繰り返し左から右に並べ，1行に5枚のタイルを並べたら，次の行に前の行の5枚目に続く色のタイルを左から並べる。1行目から100行目までタイルを並べ終えたとき，使用した黒色のタイルの枚数は何枚か。

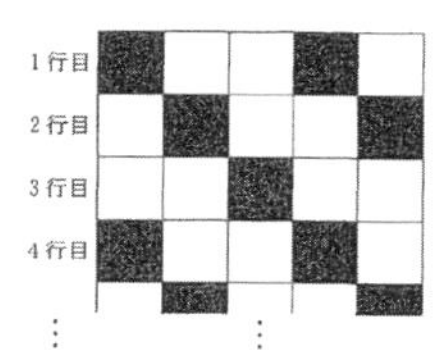

ア　167枚　　イ　169枚　　ウ　172枚　　エ　175枚

オ　180枚

6　**次の1から7の問いに答えよ。答えは，それぞれの問いのアからエのうちから一つ選べ。**

1　細胞内で呼吸を行う細胞小器官は，次のうちどれか。

ア　葉緑体　　イ　ミトコンドリア　　ウ　リボソーム　　エ　ゴルジ体

2　質量パーセント濃度が20％の食塩水200ｇに含まれている水の量は，次のうちどれか。

ア　10ｇ　　イ　40ｇ　　ウ　160ｇ　　エ　180ｇ

3　音の振動数の単位は，次のうちどれか。

ア　ニュートン　　イ　アンペア　　ウ　デシベル　　エ　ヘルツ

4　化合物は，次のうちどれか。

ア　水素　　イ　酸素　　ウ　二酸化炭素　　エ　窒素

5　昆虫の成長において，さなぎになる時期がなく，卵→幼虫→成虫の順に育つものは，次のうちどれか。

ア　テントウムシ　　イ　カマキリ　　ウ　アゲハチョウ　　エ　カブトムシ

6　月が右の図のように見えるとき，月の形の呼び方は，次のうちどれか。

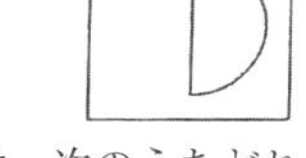

ア　上弦の月　　イ　下弦の月　　ウ　三日月　　エ　新月

7　直線上を一定の速さ10m/sで運動する物体が，5秒間に進む距離は，次のうちどれか。

ア　0.5m　　イ　5ｍ　　ウ　50m　　エ　500m

7　**次の1から5までの対話文の［　　］にあてはまる最も適切な文を，それぞれのアからエのうちから一つ選べ。**

1　A：Let's go out for lunch!　How about ramen?

　B：［　　］ I'd like to to eat steak today.

　A：OK.　Let's go.

ア　I hope you will like it.　　イ　I will follow your advice.

ウ　Thank you, but I'm really full.　　エ　Well, I'm bored of it.

栃木県

2　A：Hey Dad, my favorite TV drama's already begun!

B：[　　] It's 30 minutes behind schedule because of the baseball game.

A：OK, but I don't want to miss it anyway.

ア　Don't be late.　　イ　It's on me.

ウ　Don't worry.　　エ　That's true.

3　A：It's very humid in this room.　Would you mind if I open the windows?

B：[　　] Please go ahead.

A：Thank you.　Let some fresh air in.

ア　Don't do that.　　イ　Not at all.

ウ　Of course you would.　　エ　Yes, I would.

4　A：Oh, I can't find my wallet in my bag.　It seems I lost it on my way home last night.

B：Really? [　　]

A：I'm not sure, but maybe on the train.

ア　Do you have any idea where you lost it?

イ　Do you remember when you bought it?

ウ　How much money did you have in it?

エ　How often in a day do you usually use it?

5　A：Hello, Tomoko.　How's your new life in California?

B：[　　] and my neighborhood is very friendly and kind.

A：Sounds great!　I hope I can go to see you some day.

ア　I'm looking forward to seeing you next week,

イ　I'm getting used to a new environment,

ウ　I used to take a walk around my apartment,

エ　There are few good shops around my house,

解答＆解説

1 解答　1　(1)―イ　(2)―ウ　(3)―エ　(4)―ア

解説　1　(1)　イ：「投影」とは，影を投げかけているという意味。

(2)　ウ：「帰する」とは，そういう結果になるということ。

(3)　エ：「瞭」も「明るい」という意味。

(4)　ア：「称」は「となえる」という意味。

2 解答　1―イ　　2―ウ

解説　1　海岸・沿岸以外の分布がみられるので，ア：高潮，ウ：津波ではない。図の自然災害は，火山活動がみられる地域に分布している。主なものは，大雪山，十勝岳（千島火山帯），有珠山，岩手山，浅間山（那須火山帯），富士山（富士火山帯），雲仙岳（白山火山帯），阿蘇山，桜島（霧島火山帯）などの火山帯の地域である。したがって，解答はイ：火山災害である。

2　7月に白夜がみられる条件は，北半球の高緯度の国や地域である。したがって，解答は北半球で高緯度に位置するウ：ノルウェーとなる。

3 **解答** 1—ウ　　2—エ　　3—エ

解説 1　御成敗式目は，1232（貞永元）年に北条泰時が定めた幕府の基本法51カ条。貞永式目ともいう。頼朝以来の先例や武家社会の道理を基準とし，御家人の権利・義務や所領相続の規定が多い。　ウ：北条泰時（1183～1242）は，義時の子で三代執権。承久の乱で朝廷側の軍を破り初代六波羅探題になった。御成敗式目を制定するなど執権政治の確立に努めた。

ア：足利尊氏（1305～58）は，室町幕府の初代将軍。　イ：平清盛（1118～81）は，保元・平治の乱に勝って，勢力を強めた平氏の武将。　エ：豊臣秀吉（1537～98）は，尾張の国の農民の出身。本能寺の変ののち明智光秀を破り，柴田勝家ら織田信長の有力な武将をおさえて，1590年に天下統一を完成した。

2　文明開化とは，明治初期における旧習打破と欧米文化の移入に伴う近代化の風潮をいう。政府は資本主義化のため殖産興業・富国強兵の政策をとり，西洋の近代的技術・制度・思想・文化風俗を取り入れた。　エ：福沢諭吉（1834～1901）は，豊前国中津藩の出身。蘭学・英学をおさめ，幕末に欧米を視察する。1868（明治元）年慶應義塾をつくった。欧米の学問や思想の普及に努め，「学問のすすめ」を著した。著書「文明論之概略」では古今東西の文明発達の事例を挙げて個人の自主独立と国家の独立のためには西洋文明の摂取が急務であると説いた。

ア：本居宣長（1730～1801）は，江戸時代中期の国学の大成者。　イ：二宮尊徳（1787～1856）は，幕末の農政家。勤勉に働いて農村復興に努める。　ウ：新井白石（1657～1725）は，江戸時代中期の朱子学者，政治家。

3　冷戦とは，第二次世界大戦末期から，1989年末のマルタ会談に至るまでの自由主義陣営と社会主義陣営の対立のこと。マルタ会談で米ソ首脳により，冷戦終結が宣言された。マルタ会談は，1989年アメリカのブッシュ大統領と，ソ連のゴルバチョフ共産党書記長が冷戦終結に合意した会談。　エ：ゴルバチョフ（1931～2022）は，ソ連共産党最後の書記長。マルタ会談でアメリカのブッシュ大統領と冷戦終結に合意した。

ア：スターリン（1879～1953）は，ソ連共産党の指導者。1922年に書記長に就任。一国社会主義論を主張。　イ：トルーマン（1884～1972）は，アメリカ第33代大統領。　ウ：チャーチル（1874～1965）は，イギリス首相。第二次大戦後「鉄のカーテン」演説で反ソ政策を唱えた。

4 **解答** 1—ア　　2—イ

解説 1　日本国憲法第94条【地方公共団体の権能】　地方公共団体は，その財産を管理し，事務を処理し，及び行政を執行する権能を有し，法律の範囲内で条例を制定することができる。

2　一国の経済（国民経済）を構成する経済主体は，家計・企業・政府の三つでありそれぞれの関係は財・サービスや通貨の流れ（フロー循環）によって示される。

[家計］は企業に主に労働というサービスを提供し，賃金という所得を得て企業からさまざまな財を購入して消費・貯蓄する。

[企業］は家計から労働というサービスを購入して，財サービスを生産し家計に販売する。

[政府］は家計・企業から租税を徴収し，家計から労働サービスおよび企業から財を購入し，国防・教育などのさまざまな公共サービスや道路・港湾などの公共財を提供する。

5 **解答** 1—ウ　2—イ　3—エ　4—オ　5—エ　6—ウ　7—ア

解説 1　$\sqrt{5} \fallingdotseq 2.23\cdots$であるから，この不等式を満たす整数$x$は，$-2$，$-1$，0，1，2の5個である。

2　$6\times5\div2=15$[通り]

3　立方体の辺の数は12本であり，展開図からつながっている辺は5本である。したがって，$12-5=7$[本]　もしくは，展開図の実線は14本あるから，$14\div2=7$[本]

4　方程式$3x-2y=-6$に，$x=0$を代入すると，$y=3$となる。

5　5個のおもりをAを用いて表すと，A，A＋20，A＋40，A＋60，A＋80であるから，合計は5A＋200[g]となるので，5A＋200＝600　よって，A＝(600－200)÷5＝80[g]となる。

6　直径をACとする半円の弧の長さはπcm，直径をBCとする半円の弧の長さは2πcm，直径をABとする半円の弧の長さは3πcmであるから，$\pi+2\pi+3\pi=6\pi$[cm]となる。

7　1行目から100行目までにタイルは500枚あるから，$500\div3=166$あまり2となる。残りの2枚が黒色と白色になるので，黒色のタイルは167枚となる。

6 **解答** 1—イ　2—ウ　3—エ　4—ウ　5—イ　6—ア　7—ウ

解説 1　イ：ミトコンドリアは呼吸し，エネルギー源を生成する器官。

ア：葉緑体は光合成を行う器官。　ウ：リボソームはタンパク質を生成する器官。　エ：ゴルジ体はタンパク質を加工して輸送する器官。

2　ウ：$200[\mathrm{g}]\times\dfrac{80[\%]}{100}=160[\mathrm{g}]$　「水の量」が問われていることに注意する。

3　エ：ヘルツは音の振動数の単位。

ア：ニュートンは力の単位。　イ：アンペアは電流の単位。　ウ：デシベルは音の大きさの単位。

4　ウ：化合物は複数種の原子からなる純物質である。

ア：水素，イ：酸素，エ：窒素は1種類の原子からなる単体である。

5　昆虫の成長の様式にはア：テントウムシ，ウ：アゲハチョウ，エ：カブトムシのさなぎになる完全変態とイ：カマキリのさなぎになる期間がない不完全変態がある。

6　ア：上弦の月は右半分の月。

イ：下弦の月は左半分の月。　ウ：三日月は右側に細い月。　エ：新月の月は見えない。

7　ウ：10[m/s]×5[s]＝50[m]

7 **解答** 1—エ　2—ウ　3—イ　4—ア　5—イ

解説 1　「How about ramen?」（ラーメンを食べませんか）というAの問いかけにBは設問部□の後で「I'd like to eat steak today.」（今日はステーキを食べたい）と答えているので，Bはラーメンを食べることを否定したはず。したがって正解はエ：「Well, I'm bored of it.」（ラーメンは飽きました）である。

ア：「I hope you will like it.」（あなたがそれを気に入ってくれるといいのですが），イ：「I will follow your advice.」（あなたの助言に従います），ウ：「Thank you, but I'm really full.」（ありがとう，でも今はお腹いっぱいです）は文意に合わない。

2　「Hey Dad, my favorite TV drama's already begun!」（お父さん，私のお気に入りのテレビ番組がもう始まっています）という子どもAの発言にお父さんBは設問部□の後で「It's 30 minutes behind schedule because of the baseball game.」（野球の試合が長引いたため，予定より30分遅れて始まります）と答えているので，設問部□を埋めるのに適切な発言はウ：「Don't worry.」（心配しないで大丈夫です）となる。

ア：「Don't be late.」（遅れるな），イ：「It's on me.」（私のおごりです），エ：「That's true.」（それは本当です）は文意に合わない。

3　「Would you mind if I open the window?」は（窓を開けてもいいですか）という意味だが，直訳すると（もし私が窓を開けたらあなたは気にしますか）となるので，「Yes」と答えると（はい，気にします），「No」と答えると（いいえ，気にしません）となる。設問部□の後でBは「Please go ahead.」（どうぞ開けてください）と答えているので，設問部□は（気にしません）となるはず。したがって正解はイ：「Not at all.」（いいえ，全く気にしません）となる。

ア：「Don't do that.」（それをしてはいけません），ウ：「Of course you would.」（もちろんあなたは気にします），エ：「Yes, I would.」（はい，気にします）は文意に合わない。

4　「It seems I lost it on my way home last night.」（昨晩，帰宅途中で財布を無くしたかもしれません）と発言したAは設問部□の後で「I'm not sure, but maybe on the train.」（確かではありませんが，おそらく電車の中だと思います）と答えているので，設問部□でBは無くした場所を尋ねているはず。したがって正解はア：「Do you have any idea where you lost it?」（どこで無くしたか分かりますか）である。

イ：「Do you remember when you bought it?」（どこで買ったか覚えていますか），ウ：「How much money did you have in it?」（財布の中にいくらお金が入っていたのですか），エ：「How often in a day do you usually use it?」（通常，

栃木県

1日にどれくらい頻繁にそれを使うのですか）は文意に合わない。

5 「How's your new life in California?」（カリフォルニアでの新生活はどうですか）と問われたBは設問部［　］の後で「my neighborhood is very friendly and kind.」（ご近所の皆さんもとても親しみやすく親切です）と答えているので，設問部［　］は肯定的な返答になったはず。したがって正解はイ：「I'm getting used to a new environment.」（新しい環境に慣れつつあります）である。「get used to ～」は（～に慣れる）という意味の熟語。

ア：「I'm looking forward to seeing you next week.」（来週あなたにお会いするのを楽しみにしている），ウ：「I used to take a walk around my apartment.」（以前アパートの周りを散歩したものだ），エ：「There are few good shops around my house.」（家の近くにはよいお店がほとんどない）は文意に合わない。ア：「look forward to doing ～」は（～するのを楽しみにしている），ウ：「used to do」は（以前よく～したものだ）という意味の熟語。

群馬県

実施日	2023(令和5)年7月9日	試験時間	60分（教職教養を含む）
出題形式	マークシート式	問題数	6題（解答数27）
パターン	5教科＋音楽･美術	公開状況	問題：公開　解答：公開　配点：公開

傾向＆対策 ●教職教養3題（解答数9），一般教養6題（解答数27）で，昨年度と同様に一般教養の比重が大きくなっている。また，今年度も音楽と美術から出題された。●国語は，現代文の長文読解で，昨年度と同じく空欄補充と漢字，内容一致問題。英語も長文読解。空欄補充と内容一致は頻出である。●社会は例年通り，世界史，日本史，地理，公民（経済）と幅広い分野から出題されている。また，今年度は会話形式での出題が2題あった。●数学は式の計算と図形が定番で，理科は例年，各科目から1題ずつの出題。他に，「はやぶさ2」が到達した小惑星の名称が問われた。●今年度も，昨年度に引き続き，芸術分野からの出題が見られた。5教科の基礎固めと，時事問題対策もしておきたい。

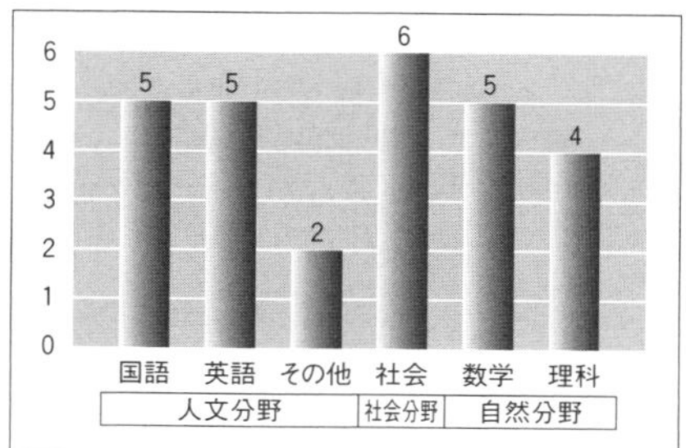

出題領域

人文分野	国語	5	英語	5	音楽	1
	美術	1	家庭		保健体育	
社会分野	歴史(日本史)	1	歴史(世界史)	1	歴史(現代史)	
	地理(日本地誌)	1	地理(世界地誌)		地理(地理用語)	
	公民(政治)		公民(経済)	1	公民(国際)	
	公民(倫理)		環境･情報･科学		時事問題	1
	ローカル					
自然分野	数学	5	物理	1	化学	1
	生物	1	地学	1		

表中の数字は，解答数

全校種共通

☞解答＆解説 p.60

1 〔傾向〕汐見稔幸『教えから学びへ　教育にとって一番大切なこと』の文章を読み，後の(1)～(5)の問いに答える問題（５問）。

(1) 下線部ａ「柳田國男」の著作はどれか。

①『金閣寺』　②『遠野物語』　③『蟹工船』　④『夜明け前』

⑤『智恵子抄』

(2) 下線部ｂ「人ｂカクを持った」と同じ漢字を使うものはどれか。

① カク式　② カク実　③ カク悟　④ カク命　⑤ カク張

(3) 下線部ｃ「語り婆」の昔語りを説明したものとして，最も適するものを選ぶ問題。

(4) 本文中のア～オのうち，次の段落が入る箇所として，最も適するものを選ぶ問題。

(5) 本文の内容として，最も適するものを選ぶ問題。

2 **次の(1)～(5)の問いに答えなさい。答えは①～⑤のうちから１つ選びなさい。**

(1) 次の会話文は，瀬奈さんと裕也さんの２人の生徒が会話している様子である。［Ａ］，［Ｂ］，［Ｃ］に当てはまる語句の組合せとして，正しいものはどれか。

会話文

瀬奈：冬休みはどんなことをして過ごしたの？

裕也：新潟県の上越市にある祖父母の家に泊まりに行ったんだ。ちょうど寒波が来て，一晩で１メートル近く雪が積もって驚いたよ。

瀬奈：こっち（群馬県高崎市）はずっと晴天だったけど，上越市ではそんなに雪が降ったんだね。よく天気予報で聞く，西高東低の冬型の気圧配置だったということかな。

裕也：そうなんだ。天気予報でも「強い冬型の気圧配置」と言っていたよ。教科書に「シベリア上空の冷たく［Ａ］空気が，［Ｂ］として［Ｃ］の対馬海流が流れる日本海上空を通過することで，日本海側の地域に多くの雪を降らす。」と書いてあったね。

瀬奈：日本海側の地域に雪を降らせた［Ｂ］は，水蒸気が少なくなるから，太平洋側では晴天になりやすいということだったね。

① Ａ：湿った　Ｂ：季節風　Ｃ：寒流

② Ａ：湿った　Ｂ：季節風　Ｃ：暖流

③ Ａ：乾いた　Ｂ：偏西風　Ｃ：暖流

④ Ａ：乾いた　Ｂ：季節風　Ｃ：暖流

⑤ Ａ：乾いた　Ｂ：偏西風　Ｃ：寒流

(2) 平安時代に建立された中尊寺金色堂について，その所在地と建立に関係の深い人物の組合せとして，正しいものはどれか。

	所在地	人物
①	岩手県	厩戸皇子
②	岩手県	藤原清衡

③	奈良県	厩戸皇子
④	奈良県	藤原清衡
⑤	奈良県	聖武天皇

(3) 次の文は十字軍について説明したものである。[A]と[B]に当てはまる語句の組合せとして，正しいものはどれか。

11世紀にイスラム教の国が聖地[A]を占領すると，[B]の呼びかけに応じた西ヨーロッパ諸国の王や貴族は十字軍を組織した。

① A：メッカ　B：マルティン＝ルター
② A：メッカ　B：ローマ教皇
③ A：メッカ　B：ナポレオン
④ A：エルサレム　B：ローマ教皇
⑤ A：エルサレム　B：ナポレオン

(4) 不景気のとき，政府が行う財政政策と中央銀行が行う金融政策の組合せとして，正しいものはどれか。

	財政政策	金融政策
①	公共投資を増やし，減税を実施する	資金の貸し出しを増やそうとする
②	公共投資を増やし，減税を実施する	資金の貸し出しを減らそうとする
③	公共投資を減らし，増税を実施する	資金の貸し出しを増やそうとする
④	公共投資を減らし，増税を実施する	資金の貸し出しを減らそうとする
⑤	公共投資を減らし，減税を実施する	資金の貸し出しを増やそうとする

(5) 次の会話文は，日本に住む高校生の二郎さんと，二郎さんの友人でカナダのバンクーバーに住む健介さんが，スマートフォンのメッセージアプリを使ってやりとりしている様子である。会話文の内容から考えた時，[A]に当てはまる経度として，最も適切なものはどれか。ただし，サマータイム（日の出時刻が早まる時期に時刻を1時間進める制度）は実施していないものとする。

会話文

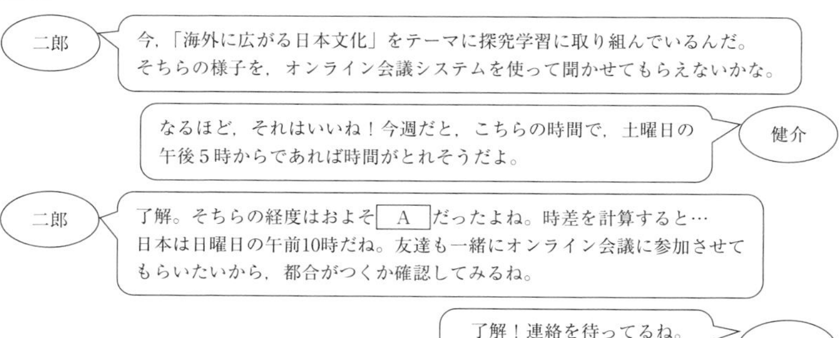

二郎
今，「海外に広がる日本文化」をテーマに探究学習に取り組んでいるんだ。そちらの様子を，オンライン会議システムを使って聞かせてもらえないかな。
健介
なるほど，それはいいね！今週だと，こちらの時間で，土曜日の午後5時からであれば時間がとれそうだよ。
二郎
了解。そちらの経度はおよそ[A]だったよね。時差を計算すると…日本は日曜日の午前10時だね。友達も一緒にオンライン会議に参加させてもらいたいから，都合がつくか確認してみるね。
健介
了解！連絡を待ってるね。

① 東経165度　② 東経15度　③ 西経75度　④ 西経90度
⑤ 西経120度

3 **次の(1)〜(5)の問いに答えなさい。答えは①〜⑤のうちから1つ選びなさい。**

(1) 1つのサイコロを3回振ったとき，偶数の目がちょうど2回出る確率は次のうちどれか。

① $\frac{2}{3}$　② $\frac{1}{4}$　③ $\frac{3}{4}$　④ $\frac{1}{8}$　⑤ $\frac{3}{8}$

(2) 右の図のように，点Oを中心とする円の円周を12等分したうちの2点をA，Bとしたとき，∠OABの大きさは次のうちどれか。

図

① 15°　② 20°　③ 30°　④ 35°　⑤ 45°

(3) $\sqrt{3}<n<\sqrt{19}$ を満たす整数nをすべて示したものは次のうちどれか。

① 3　② 2，3　③ 2，3，4　④ 3，4　⑤ 3，4，5

(4) 右の図のような，底面の半径が3cm，母線の長さが7cmである直円すいの側面積は次のうちどれか。ただし，円周率はπとする。

図

① 6πcm²　② 9πcm²　③ 14πcm²
④ 21πcm²　⑤ 49πcm²

(5) $y=\frac{a}{x}$（aは0でない定数）のグラフは，なめらかな2つの曲線になる。このグラフに関する説明のうち，正しいものは次のうちどれか。

① グラフは，原点を通る。
② グラフは，y軸と交わる。
③ 2つの曲線のうち，一方の曲線を平行移動させると他方の曲線と重なる。
④ 2つの曲線のうち，一方の曲線を原点を中心として180°だけ回転移動させると他方の曲線と重なる。
⑤ 2つの曲線のうち，一方の曲線をy軸に関して対称移動させると他方の曲線と重なる。

群馬県

4 **次の(1)〜(5)の問いに答えなさい。答えは①〜⑤のうちから1つ選びなさい。**

(1) 右の図のア〜エの4つの点にペンを立て，図のように鏡を置いた。図に×で示したA点から鏡を見たとき，ア〜エに置いたペンの中で，鏡に映って見えるものの組合せとして，正しいものはどれか。

図

① ア　イ　② ウ　エ　③ ア　ウ
④ イ　ウ　⑤ イ　エ

(2) 水を電気分解したとき，電気分解装置の陽極側と陰極側に発生した気体の体積の関係を表す式として，正しいものはどれか。

① 陽極：陰極＝2：1　② 陽極：陰極＝3：1　③ 陽極：陰極＝1：1
④ 陽極：陰極＝1：2　⑤ 陽極：陰極＝1：3

(3) 動物の細胞と植物の細胞のつくりを比較したとき，植物の細胞の特徴的なつくりの組合せとして，正しいものはどれか。

① 細胞壁・細胞膜　② 細胞膜・核　③ 葉緑体・核

④ 細胞壁・葉緑体　⑤ 細胞膜・葉緑体

(4) 次の表は，ある地点で発生した地震について，A～Cの3つの地点で観測した情報をまとめたものである。C地点の震源からの距離として，正しいものはどれか。

表

地点	震源からの距離	初期微動が始まった時刻	主要動が始まった時刻
A	16km	9時35分56秒	9時35分58秒
B	40km	9時35分59秒	9時36分04秒
C	(　　)	9時36分02秒	9時36分10秒

① 8km　② 56km　③ 64km　④ 72km　⑤ 80km

(5) 日本の小惑星探査機「はやぶさ2」が採取した石や砂に対する初期分析を行った結果，アミノ酸が数十種類見つかった。「はやぶさ2」が石や砂などを採取した小惑星の名前として，正しいものはどれか。

① リュウグウ　② パラス　③ ジュノー　④ ベスタ　⑤ イトカワ

5 **〔傾向〕Breaking News Englishの英文を読み，後の問いに答える問題（5問）。**

(1) 本文中の空欄（1カ所）に当てはまる語として，最も適するものを選ぶ問題。

(2) 本文中の空欄（1カ所）に当てはまる語として，最も適するものを選ぶ問題。

(3) 下線部（1カ所）の語に最も意味が近いものを選ぶ問題。

(4) この文章のタイトルとして，最も適するものを選ぶ問題。

(5) 本文の内容と一致する文として，最も適するものを選ぶ問題。

6 **次の(1)，(2)の問いに答えなさい。答えは①～⑤のうちから1つ選びなさい。**

(1) 西洋音楽における用語や記号のうち，強弱を示すものの組合せとして正しいものはどれか。

① *rit.*　D.S.　Allegro　*f*

② *dim.*　*mp*　Allegro　𝄐

③ *dim.*　*mp*　<　*f*

④ *dim.*　D.S.　<　*f*

⑤ *rit.*　*mp*　Allegro　𝄐

(2) 次の表は，アクリル絵の具，油絵の具，岩絵の具，ポスターカラーの4つの絵の具についてまとめたものである。表中の空欄（ア）～（エ）に当てはまる絵の具の組合せとして，最も適切なものはどれか。

絵の具	説明
（ア）	不透明なため，乾いてから違う色を重ねると下の色は見えなくなり，広い面もむらなく塗ることができる絵の具。
（イ）	色の素である顔料に植物の油を加えて練ったもので，15世紀頃にはヨーロッパなどで絵画の中心的な画材となった絵の具。
（ウ）	乾燥すると水に溶けなくなり，木・石・プラスチック・金属・コンクリートなど，様々なものに塗るのに適した絵の具。
（エ）	岩を細かく砕いてつくられ，にかわと混ぜて日本画で使われる伝統的な絵の具。

① (ア)アクリル絵の具 (イ)油絵の具 (ウ)岩絵の具 (エ)ポスターカラー
② (ア)油絵の具 (イ)ポスターカラー (ウ)岩絵の具 (エ)アクリル絵の具
③ (ア)ポスターカラー (イ)油絵の具 (ウ)アクリル絵の具 (エ)岩絵の具
④ (ア)ポスターカラー (イ)アクリル絵の具 (ウ)油絵の具 (エ)岩絵の具
⑤ (ア)アクリル絵の具 (イ)油絵の具 (ウ)ポスターカラー (エ)岩絵の具

解答＆解説

1 解答 (1)―② (2)―①

解説 (1) ②：「柳田國男」は民俗学者。著書『遠野物語』は岩手県遠野地方に伝わる民話・伝承などが記述され，日本民俗学の始まりとなった書。

他の選択肢の作者は次の通り。 ①：三島由紀夫 ③：小林多喜二 ④：島崎藤村 ⑤：高村光太郎

(2) 下線部bは「人格」。①：格式 ②：確実 ③：覚悟 ④：革命 ⑤：拡張

2 解答 (1)―④ (2)―④ (3)―④ (4)―① (5)―⑤

解説 (1) ④：日本の冬は，シベリア高気圧（シベリア気団）が発達し，低温で乾燥した北西季節風が日本列島に吹き込むため，厳しい寒さをもたらす。太平洋側は乾燥するが日本海側の一部では多量の降雪が見られる。

シベリア気団は，シベリアを発源地とする気団。多くは冬に発生し，寒冷乾燥である。日本海沿岸の北海道・東北・北陸などの多雪は，この気団と日本海を北流する暖流の対馬海流の影響による。

(2) ④：中尊寺金色堂は，1124年 藤原清衡が岩手県平泉に創建した阿弥陀堂。光堂ともいう。堂内には清衡・基衡・秀衡の３代の遺体がミイラとして残されている。

(3) ④：十字軍は，西欧キリスト教勢力が，イスラム支配下に入ったエルサレムを奪回するために起こした軍事遠征。11世紀末から13世紀にかけて，セルジューク・トルコに占領されたエルサレムを取り戻すためにキリスト教徒が派遣された。ローマ法王（教皇）の呼びかけに応じて行われたもので，計７回派遣された。目的は失敗に終わったが，この遠征は各地の都市や商業の発達，市民階層の成長と諸侯・騎士の没落を促した。

(4) ①：【財政政策】 経済安定化の機能は，ビルト・イン・スタビライザー（財政の自動安定化装置）とフィスカル・ポリシー（裁量的財政政策）の二つがある。景気が良くなり所得額が増えると，所得税額が大きく上昇し，消費の増加が抑えられるとともに，失業が減少するため社会保障関係の支出が減少し，総需要が抑制される。景気が下降すれば，逆に所得税額が大きく減少して消費の減少が抑えられ，社会保障関係の支出が増加し，総需要が増大する。

不況期は，累進税制による税負担の減少，社会保障費の増加，減税と公共事業を増やすなどの政策が行われる。

【金融政策】 中央銀行（日本銀行）は，金融政策を通じて金融市場の通貨量を調整し，景気や物価の安定をはかる。例えば，景気が悪いときは通貨の供給量を増やして金利を下げ（金融緩和），景気が過熱したときは供給量を減らして金利を上げようとする（金融引き締め）。その中心的な手段が公開市場操作（オープン・マーケット・オペレーション）である。すなわち，日銀は，市中金融機関との間で国債などを売買して通貨供給量を調整し，政策金利を誘導して景気の安定化を図ろうとする。

不況期は，預金準備率（市中銀行が日銀に預金の一定割合を支払準備金として預ける割合）を下げて通貨供給量を増やすことにより，資金の貸し出しを増やす。なお，金利の自由化に伴い，1996年からは公定歩合（日銀が市中銀行へ貸し出す際の金利）操作を金融政策の手段としては用いていない。

(5) ⑤：【時差】地球は１日（24時間）で１回自転（360°）回転する。したがって，ひとまわりで24時間（１日）の時差を生じ，これは経度15°で１時間の時差となる。（360［°］÷24＝15［°］）

【日付変更線】ほぼ経度180度の経線を日付変更線と決め，原則として，ここを東へ越えるときは日付を１日戻し，西へ越える時は１日進めることにしている。

バンクーバーは土曜日の午後５時，日本は日曜日の午前10時なので時差は17時間。日本は，135÷15＝９（ロンドン，グリニッジの本初子午線から９時間進んでいる）

17時間－９時間＝８時間（本初子午線から８時間遅れている）

バンクーバーは，15［°］×８＝120［°］（西経120度）

3 **解答** (1)―⑤　(2)―③　(3)―③　(4)―④　(5)―④

解説 (1) サイコロを１回振ると出る目は６通りであるから，３回振ると$6\times6\times6=216$［通り］。そのうち，３回振ったときに偶数の目がちょうど２回出るのは，偶数の目の出方が３通り。奇数の目の出方が３通りであり，どの回で奇数の目が出るかを考慮すると，$(3\times3\times3)\times3=81$［通り］。したがって，$\dfrac{81}{216}=\dfrac{3}{8}$

(2) $\angle AOB=120°$　$\triangle AOB$は$AO=BO$の二等辺三角形であるから，$\angle OAB=(180[°]-120[°])\times\dfrac{1}{2}=30[°]$

(3) 与えられた不等式を辺々２乗すると，$3<n^2<19$であるから，この不等式を満たす整数nは，$n^2=4,\ 9,\ 16$を満たす。したがって，$n=2,\ 3,\ 4$

(4) 側面のおうぎ形の中心角を$x°$とすると，おうぎ形の弧の長さは底面の円周の長さに等しいから，$14\pi\times\dfrac{x}{360}=6\pi$となる。よって$\dfrac{x}{360}=\dfrac{3}{7}$　したがって

$7^2\pi\times\dfrac{3}{7}=21\pi$

(5) $y=\dfrac{a}{x}$は，反比例のグラフであるから，x軸，y軸を漸近線として，原点対称

群馬県

のグラフとなる。

4 解答 (1)―② (2)―④ (3)―④ (4)―③ (5)―①

解説 (1) 光の入射角と反射角は等しいので，Aの地点から鏡で確認できる範囲は右図の通りである。したがって，②：ウ エとなる。

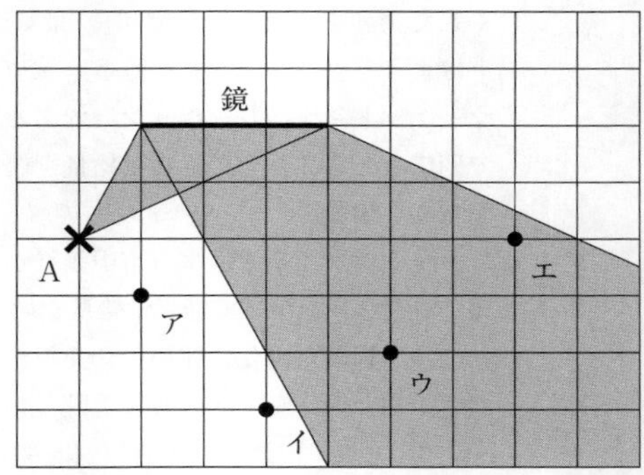

(2) 水を電気分解すると，陽極に酸素が，陰極に水素が生じ，その体積比は酸素：水素＝1：2となる。したがって，④の陽極：陰極＝1：2となる。

(3) 植物の細胞には動物の細胞にはない④：細胞壁・葉緑体という器官が存在する。

(4) 初期微動と主要動到着時刻の差と震源からの距離は比例関係にある。A地点では16kmで2秒，B地点では40kmで5秒の差があり，8km震源から離れると1秒差が増加する。C地点では8秒の差があるので，8×8＝64[km]であることが分かる。

(5) はやぶさの目的地はイトカワであり，はやぶさ2が向かった小惑星は①：リュウグウである。

6 解答 (1)―③ (2)―③

解説 (1) 問題に示されている8種類の記号それぞれの読み方と意味を記す。

強弱記号

記号	読み方	意味
f	フォルテ	強く
dim.	ディミヌエンド	だんだん弱く
mp	メッゾ・ピアノ	少し弱く
＜	クレシェンド	だんだん強く

速度記号

記号	読み方	意味
rit.	リタルダンド	だんだん遅く
Allegro	アレグロ	速く

奏法の記号

記号	読み方	意味
𝄐	フェルマータ	音符（または休符）をほどよくのばす

反復記号

記号	読み方	意味
D.S.	ダル・セーニョ	𝄋（セーニョ）へ戻る

(2)（イ）の説明文には「植物の油」，（エ）には「岩を細かく砕いて」とあり，それぞれ油絵の具，岩絵の具であることがわかる。アクリル絵の具とポスターカラーについては，アクリル絵の具は透明色と不透明色の両方があり，ポスターカラーは不透明色だけなので下地の色をしっかりと隠すことができるという特性を理解していれば，（ア）がポスターカラー，（ウ）がアクリル絵の具である。

埼玉県／さいたま市

実施日	2023（令和５）年７月９日	試験時間	60分（教職教養を含む）
出題形式	マークシート式	問題数	26題（解答数26）
パターン	５教科＋音楽・美術・時事	公開状況	問題：公開　解答：公開　配点：公開

傾向＆対策 ●教職教養18題，一般教養26題で，昨年度と同じ問題数。●国語は，作品と作者との組み合わせが定番で，国内外の作品が問われる。今年度は近代日本文学から。他にことわざや掛詞などについて出題された。英語も定番の「英文が何を説明しているか」を問う問題と，会話文の空欄補充が出題された。音楽，美術が２問ずつ出るのも例年通り。●社会は地理で図表の読み取りが７年続いている。歴史は日本史と世界史から。また，政治，経済も頻出。時事問題は第94回アカデミー賞から「ドライブ・マイ・カー」について問われた。●数学は頻出の図形と，関数のグラフなど。理科は各科目から基礎的な問題が１問ずつ出題された。●５教科の基礎固めと，時事問題対策・過去にも出題されたローカル対策が必須。

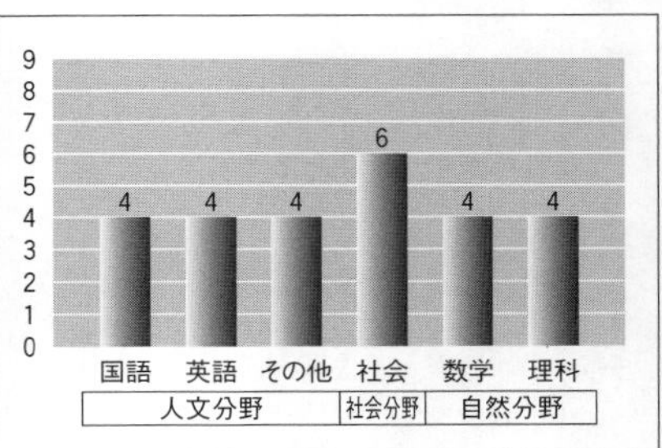

出題領域

分野	科目	数	科目	数	科目	数
人文分野	国語	4	英語	4	音楽	2
	美術	2	家庭		保健体育	
社会分野	歴史（日本史）	1	歴史（世界史）	1	歴史（現代史）	
	地理（日本地誌）	1	地理（世界地誌）		地理（地理用語）	
	公民（政治）		公民（経済）	2	公民（国際）	
	公民（倫理）		環境・情報・科学		時事問題	1
	ローカル					
自然分野	数学	4	物理	1	化学	1
	生物	1	地学	1		

表中の数字は，解答数

全校種共通

☞解答＆解説 p.70

1 「棚から牡丹餅」と反対の意味をもつことわざとして最も適切なものを，次の1～4の中から1つ選びなさい。

1　紺屋の明後日
2　蒔かぬ種は生えぬ
3　虎の威を借る狐
4　瓢箪から駒が出る

2 次の和歌の中で「掛詞」が使われていないものを，1～4の中から1つ選びなさい。

1　花の色は　移りにけりな　いたづらに　わが身世にふる　ながめせし間に
2　大江山　いく野の道の　遠ければ　まだふみもみず　天の橋立
3　あしびきの　山鳥の尾の　しだり尾の　ながながし夜を　ひとりかもねむ
4　立ち別れ　いなばの山のみねにおふる　まつとし聞かば　今帰り来む

3 次の文学作品と作者の組み合わせとして誤っているものを，1～4の中から1つ選びなさい。

1　『夜明け前』『破戒』　　志賀直哉
2　『伊豆の踊子』『雪国』　川端康成
3　『高瀬舟』『舞姫』　　　森　鷗外
4　『たけくらべ』『十三夜』　樋口一葉

4 熟語の読み方の中には，上の漢字を音読み，下の漢字を訓読みする「重箱読み」と呼ばれるものがあります。重箱読みするものを，次の1～4の中から1つ選びなさい。

1　台所
2　切符
3　野原
4　選挙

5 次の地図は，2021年時点における日本の主な発電所の所在地を示したものです。地図中の①と②にあたる発電所の組み合わせとして正しいものを，下の1～4の中から1つ選びなさい。

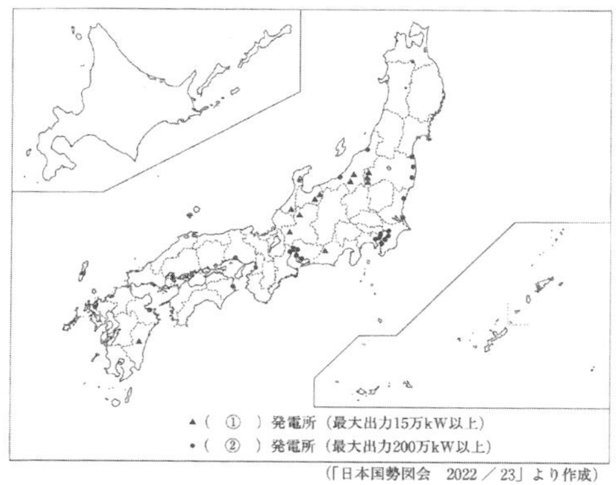

（「日本国勢図会　2022／23」より作成）

1　①水力　②原子力
2　①水力　②火力
3　①地熱　②火力
4　①地熱　②原子力

6　**鎌倉時代に関する次の①～④の文について，その正誤の組み合わせとして正しいものを，下の1～4の中から1つ選びなさい。**

①　後白河上皇の皇子である以仁王は，全国に平氏打倒のよびかけを発し，伊豆で源頼朝，木曽で源義経が挙兵した。

②　鎌倉幕府は，年貢の上納と引きかえに荘園の管理権を委ねた新補地頭や，地頭との間で荘園を折半して支配する本補地頭を任命した。

③　将軍と主従関係を結んだ武士を御家人という。幕府は，東国の武士社会で育まれた御恩と奉公という関係を基盤としながら公権力として成長をとげた。御家人の奉公の中心は軍事奉仕であった。

④　執権の北条泰時は，連署に叔父である時房をむかえ，有力御家人から11人を選んで評定衆を組織し，合議によって政務・裁判を行う新体制をきずいた。

1　①正　②誤　③正　④誤
2　①誤　②誤　③正　④正
3　①正　②正　③誤　④誤
4　①誤　②正　③誤　④正

埼玉県／さいたま市

7　**企業に関する説明として最も適切なものを，次の1～4の中から1つ選びなさい。**

1　銀行借入や社債発行などにより外部から調達した資本を他人資本とよび，企業の総資産額から総負債額を引いた残差である純資産を自己資本とよぶ。

2　現在，株式会社は株主の利益を確保することを目的とした企業経営を行うため，慈善事業などに支援をするといった「企業の社会的責任」は存在しない。

3　現代の企業は，長期的な利益をめざして公正かつ透明性の高い経営を行わなければならない。そのため，現代の企業は経営実態について積極的に情報公開することを求められており，このことをコンプライアンスという。

4　企業の種類は大きく私企業と公企業に分けられる。個人商店や農家などは私企業に分類され，株式会社などの法人はすべて公企業に分類される。

8　**$(2\sqrt{3}-3)(3+2\sqrt{3})$ を計算した結果として正しいものを，次の1～4の中から1つ選びなさい。**

1　-9　　2　-3　　3　3　　4　9

9　**正十五角形の1つの内角の大きさとして正しいものを，次の1～4の中から1つ選びなさい。**

1　150°　　2　156°　　3　160°　　4　162°

10　**次のグラフのように，放物線 $y=\frac{1}{2}x^2$ と直線 $y=-\frac{1}{2}x+3$ との交点をA，Bとし，直線と y 軸との交点をCとします。原点をOとするとき，△AOCと△BOCの面積の比として正しいものを，次の1～4の中から1つ選びなさい。**

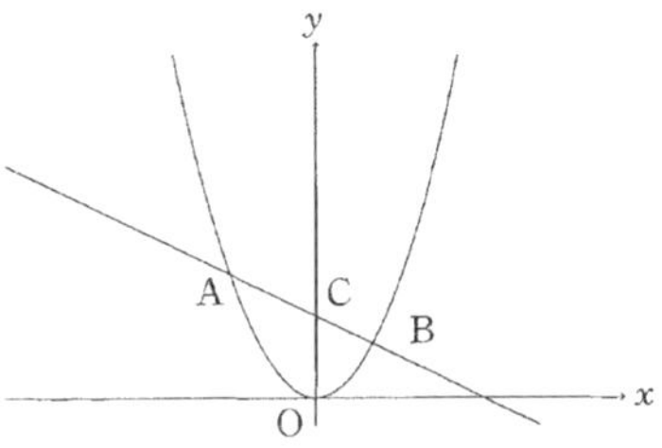

1　2：1　　2　3：2　　3　4：3　　4　5：4

11　1から10までの整数を1つずつ書いた10枚のカードの中から1枚引くとき，そのカードの数が2の倍数または3の倍数である確率として正しいものを，次の1～4の中から1つ選びなさい。ただし，どのカードを取り出すことも同様に確からしいものとします。

1　$\frac{3}{10}$　　2　$\frac{1}{2}$　　3　$\frac{7}{10}$　　4　$\frac{4}{5}$

12　電気抵抗20Ωの電熱線に2.0Aの電流を10秒間流すときに発生する熱量として正しいものを，次の1～4の中から1つ選びなさい。

1　40J　　2　80J　　3　400J　　4　800J

13　塩酸にBTB溶液を加えると何色に変化しますか。変化した後の水溶液の色として最も適切なものを，次の1～4の中から1つ選びなさい。

1　黄色
2　緑色
3　青色
4　赤色

14　次は，ヒトの血液とその循環について述べた文です。文中の［①］～［④］にあてはまる語句の組み合わせとして最も適切なものを，下の1～4の中から1つ選びなさい。

　二酸化炭素を多く含む［①］は心臓から［②］，肺，［③］を順に通って心臓に戻る。心臓に戻った血液は，酸素を多く含む［④］となっている。

1　①静脈血　②肺静脈　③肺動脈　④動脈血
2　①静脈血　②肺動脈　③肺静脈　④動脈血
3　①動脈血　②肺動脈　③肺静脈　④静脈血
4　①動脈血　②肺静脈　③肺動脈　④静脈血

15　火成岩に関する説明として最も適切なものを，次の1～4の中から1つ選びなさい。

1　火成岩は，カンラン石や輝石といった無色鉱物を多く含むと白っぽい色となる。
2　火山岩の種類には，玄武岩や流紋岩がある。深成岩の種類には，安山岩や閃緑岩がある。
3　火山岩と深成岩は，マグマが冷え固まるまでの時間がほぼ同じである。
4　同じくらいの大きさの鉱物がきっちりと組み合わさっていて，石基がないつくりを等粒状組織という。

16　曲名と作曲者の組み合わせとして最も適切なものを，次の1～4の中から1つ選びなさい。

	曲名	作曲者
1	行進曲《威風堂々》第１番	F.ショパン
2	バレエ音楽《火の鳥》	I.ストラヴィンスキー
3	ポロネーズ第６番〈英雄〉	G.ホルスト
4	管弦楽組曲《惑星》より〈木星〉	E.エルガー

17 拍のない自由なリズムの日本の民謡として最も適切なものを，次の１～４の中から１つ選びなさい。

1　河内音頭（大阪府民謡）
2　山中節（石川県民謡）
3　谷茶前（沖縄県民謡）
4　宮城長持歌（宮城県民謡）

18 次の作品の作者として正しいものを，下の１～４の中から１つ選びなさい。

1　青木　繁
2　黒田　清輝
3　高橋　由一
4　岸田　劉生

埼玉県／さいたま市

19 次は，色の三原色と混色について説明した文です。文中の［①］～［④］にあてはまる語句の組み合わせとして正しいものを，下の１～４の中から１つ選びなさい。

色光の三原色は［①］で構成され，これらを重ねると［②］なっていく。他方，絵の具などの色料の三原色は，［③］で構成され，これらを重ねていくと明度が［④］なっていく。

	①	②	③	④
1	レッド，グリーン，ブルー	明るく	シアン，マゼンタ，イエロー	低く
2	レッド，グリーン，ブルー	暗く	シアン，マゼンタ，イエロー	高く
3	シアン，マゼンタ，イエロー	明るく	レッド，グリーン，ブルー	低く
4	シアン，マゼンタ，イエロー	暗く	レッド，グリーン，ブルー	高く

20 次の英文の（　　）にあてはまる語として最も適切なものを，下の１～４の中から１つ選びなさい。

I have a friend (　　) father is a famous comedian in Japan.

1　who　　2　whose　　3　whom　　4　which

21 次のア～ウの英語で説明されている施設に該当しないものを，下の１～４の中から１つ選びなさい。

ア　a building or room where objects are kept and usually shown to the public because of their scientific, historical, and artistic interest

イ　a large shop which is divided into lots of sections, each of which sells a particular type of thing

ウ　a place where sick and injured people are looked after by doctors and nurses

1　駅　　2　デパート（百貨店）　　3　博物館　　4　病院

22 次の会話文の（　　）にあてはまる語句として最も適切なものを，下の１～４の中から１つ選びなさい。

A：He knows it's our wedding anniversary today but he's still going to play golf.

B：(　　) is he being so selfish?

1　What　　2　Where　　3　Which　　4　Why

23 次の会話文の（　　）にあてはまる文として最も適切なものを，下の１～４の中から１つ選びなさい。

A：You look so excited.　How come?

B：Look at this trophy.　Our science club was given an award.

A：Wow. (　　　) Congratulations!

B：Thank you.

A：What was the award for?

B：For this year's best science report.

1　Yes, you did.

2　That's wishful thinking.

3　That's fantastic!

4　This is serious business.

24 2022年８月30日に死去した，旧ソビエト社会主義共和国連邦（ソ連）の大統領であったミハイル・ゴルバチョフについての説明として適切でないものを，次の１～４の中から１つ選びなさい。

1　国内では「ペレストロイカ」（改革）に励み，外交にあっては，「ノーボエ・ムイシュレーニエ」（新思考）を旗印に新しい戦略を打ち出した。

2　ソ連共産党中央委員会の解散を勧告し，ソ連共産党の実質的な解体を宣言した。

3　大統領制を導入し，ロシア連邦の初代の大統領になった。

4　1990年にノーベル平和賞を受賞した。

25 次は，円高と円安について説明した文です。文中の［①］～［③］にあてはまる語句の組み合わせとして最も適切なものを，下の１～４の中から１つ選びなさい。

［①］において，［②］とは，円１単位で交換できる他通貨の単位数が相対的に少ない状態のことです。逆に，［③］とは，円１単位で交換できる他通貨の単位数が相対的に多い状態のことです。

例えば日本人が旅先のサンフランシスコで買い物をするため，１万円をドルに両替

埼玉県／さいたま市

するとします。１ドル＝125円であれば，１万を125で割った80ドルになります。しかし，１ドル＝100円であれば１万を100で割った100ドルになります。これらを比べると，１ドル＝100円の場合は，１ドル＝125円の場合と比べて，同じ金額の円についてより多くのドルを取得できるので，［③］ということになります。逆に，１ドル＝125円の場合は，１ドル＝100円の場合と比べて，同じ金額の円についてより少ないドルしか取得できないので，［②］ということになります。

1　①金融相場　②円高　③円安
2　①金融相場　②円安　③円高
3　①為替相場　②円高　③円安
4　①為替相場　②円安　③円高

26　**2022年，第94回アカデミー賞（映画芸術科学アカデミー主催）で国際長編映画賞を受賞した「ドライブ・マイ・カー」の監督名と原作者名の組み合わせとして正しいものを，次の１～４の中から１つ選びなさい。**

	監督名	原作者名
1	濱口　竜介	原田　マハ
2	濱口　竜介	村上　春樹
3	是枝　裕和	村上　春樹
4	是枝　裕和	原田　マハ

解答＆解説

1　解答　2

解説「棚から牡丹餅」は，たまたま運よく利益を得ること。２：「蒔かぬ種は生えぬ」は，しっかり準備をしなければ成果はないという意味なので反対となる。

他の選択肢の意味は次の通り。１：「紺屋の明後日（こうやのあさって）」＝あてにならないことの例え。　３：「虎の威を借る狐」＝知り合いなどの権力を用いていばる人の例え。　４：「瓢箪から駒が出る」＝意外なところから予想外の結果が出ることの例え。

2　解答　3

解説「掛詞」とは，同音異義語を利用して一つの言葉に二つの意味をもたせたもの。

他の選択肢の掛詞は次の通り。　１：「ふる」（「古る」と「降る」）「ながめ」（「眺め」と「長雨」）　２：「いく」（「生（野）」と「行く」）「ふみ」（「文」と「踏み」）　４：「いなば」（「往なば」と「因幡」）「まつ」（「松」と「待つ」）

3　解答　1

解説　１：『夜明け前』『破壊』の作者は島崎藤村。志賀直哉は『暗夜行路』『城の崎にて』などの作者。

4　解答　1

解説　１：「台所」は「台（音）所（訓）」となるため，重箱読み。

2：「切（訓）符（音）」 訓＋音は湯桶読み。 3：「野（訓）原（訓）」 4：「選（音）挙（音）」

5 解答 2

解説【発電所の立地条件】 水力発電所は，包蔵水量が豊富な河川で有効落差が得られる山間部や，大河川を中心に立地。火力発電所は，場所の制約が少なく，消費地である大都市にも多く立地。原子力発電所は，人口密度の低い河川沿いや，地方の臨海部に多く立地。地図中の，①の▲は，水力発電所，②の●は火力発電所である。

6 解答 2

解説 誤りの選択肢について解説する。

①：源頼朝によりさしむけられた源義経は，一ノ谷の戦い（兵庫県神戸市），さらに屋島の戦い（香川県），壇ノ浦の戦い（山口県）で平氏を滅亡させた。「木曽で源義経が挙兵した」は誤り。

②：鎌倉幕府は，没収した所領に地頭を任命した。これを新補地頭という。収入は先例に従うことになっていたが先例がなかったり給与がごく少なかったりした場合には新補率法が適用された。新補率法は，新補地頭に対する免田や加徴米徴収権の得分（収入）の法定率のこと。その内容は，田畑11町ごとに1町の免田と1段につき5升の加徴米の徴収権を与えるというものであった。なお新補地頭以外の旧来の地頭が本補地頭である。「地頭との間で荘園を折半して支配する本補地頭を任命した」は誤り。

7 解答 1

解説 誤りの選択肢について解説する。

2・3：企業は利益を上げなければ存続し続けることができない。しかし今日では利益の観点のみならず，社会的公正性や環境保全などの観点から，法令遵守（コンプライアンス）・人権擁護・労働環境・消費者保護・環境保護の面においても企業の成果を高め，さまざまなステークホルダーに対して責任を負うべきであるとする企業の社会的に責任（CSR）の考え方が重視されるようになった。 2：「企業の社会的責任は存在しない」は誤り。 3：「コンプライアンス」は法令順守の意味。昨今では，適用範囲の認識が拡大し，社内規定や社会倫理も遵守すべき対象となっている。 4：公企業は，国や地方公共団体が所有し，経営する企業。政府が経営する国営企業には，国有林野の現業がある。地方公共団体が経営するものとしては，水道，下水道，病院，交通，ガスなどがある。「株式会社などの法人はすべて公企業に分類される」は誤り。

8 解答 3

解説 $(\text{与式})=(2\sqrt{3}-3)(2\sqrt{3}+3)=(2\sqrt{3})^2-3^2=12-9=3$

9 解答 2

解説 $180[°]\times(15-2)\div15=2340[°]\div15=156[°]$

10 解答 2

解説 交点A，Bの座標を求める。$\frac{1}{2}x^2=-\frac{1}{2}x+3$より，$x^2+x-6=0$，$(x+3)(x-2)=0$となるから，$x=-3$，2となる。したがって，△AOC：△BOC＝|−3|：2＝3：2である。

11 **解答** 3

解説 2の倍数のカードは5枚，3の倍数のカードは3枚，2の倍数かつ3の倍数のカードは1枚であるから，2の倍数または3の倍数のカードは，5+3−1＝7[枚]。したがって，$\frac{7}{10}$，もしくは，2の倍数のカードを引く確率が$\frac{5}{10}$，3の倍数のカードを引く確率が$\frac{3}{10}$，2の倍数かつ3の倍数のカードを引く確率が$\frac{1}{10}$であるから，2の倍数または3の倍数のカードを引く確率は，$\frac{5}{10}+\frac{3}{10}-\frac{1}{10}=\frac{7}{10}$

12 **解答** 4

解説 電気抵抗にかかっている電圧は，2.0[A]×20[Ω]＝40[V]である。熱量は40[V]×2.0[A]×10[s]＝800[J]となる。

13 **解答** 1

解説 BTB溶液は酸性で黄色，中性で緑色，アルカリ性で青色を示す。塩酸は酸性のため，1：黄色となる。

14 **解答** 2

解説 心臓から押し出される血液が流れる血管が動脈，心臓へ戻っていく血液が流れる血管は静脈である。肺では二酸化炭素が多く含まれる血液である静脈血が，酸素が多く含まれている血液である動脈血に代わる。

15 **解答** 4

解説 誤りの選択肢について解説する。

1：カンラン石は有色鉱物なので誤り。 2：安山岩は火山岩であるので誤り。3：火山岩は地表付近で急激に冷えて固まり，深成岩は地中深くでゆっくり冷えて固まるため誤り。

16 **解答** 2

解説 2：「バレエ音楽≪火の鳥≫」は，ロシアの民話に基づくバレエ音楽で，ロシアの作曲家I.ストラヴィンスキーが作曲した。

1：「行進曲≪威風堂々≫」は，イギリスの作曲家E.エルガーの管弦楽作品。3：「ポロネーズ第6番〈英雄〉」は，ポーランドの作曲家F.ショパンのピアノ作品。 4：「管弦楽曲≪惑星≫より〈木星〉」は，イギリスの作曲家G.ホルストの作品。

17 **解答** 4

解説 4：「宮城長持歌(みやぎながもちうた)」は，昔の結婚式に向かう花嫁行列で歌われた祝い歌である。尺八の伴奏で，自由リズムで歌われるのを特徴とする。

1：「河内音頭(かわちおんど)」は，盆踊り歌で拍節的な民謡である。 2：「山中節」は，石川県のお座敷歌で，かつての加賀の北前船（きたまえぶね）の船頭が，仕事先の北海道などの民謡を覚えて歌ったことから始まったと言われる。歌はゆったりと歌われるが，三味線が拍節的に奏でられる。 3：「谷茶前（たんちゃめ）」は，軽快な踊りの付く沖縄の民謡で，拍節的である。

18 解答 3

解説 3：高橋由一（たかはしゆいち）は1828（文政11）年生まれで，早くから油絵技法を習得し，わが国初の洋画家といわれる。代表作の「鮭」は1877年ごろの作で，国の重要文化財に指定されている。

19 解答 1

解説 明度については，高くなると明るい色になり，低くなると暗い色になることを覚えておくとよい。

20 解答 2

解説 関係代名詞を問う問題。先行詞「a friend」（友人）とカッコ以降の文「father is a famous comedian in Japan.」（父親が日本で有名なコメディアンです）との関係を見ると，「友人」と「その友人の父親」となるので，所有格の関係代名詞2：「whose」が正解。

21 解答 1

解説 当てはまる選択肢について解説する。

ア：「a building or room where objects are kept and usually shown to the public because of their scientific, historical, and artistic interest」を訳すと（物が保管されていて，科学的，歴史的，芸術的関心から通常はそれらが人々に展示される建物や部屋）となるので，これに該当するのは3：博物館である。 イ：「a large shop which is divided into lots of sections, each of which sells a particular type of thing」を訳すと（様々な部分に分かれていて，その一つひとつがある特定の品物を販売する大きなお店）となるので，これに該当するのは2：デパート（百貨店）である。 ウ：「a place where sick and injured people are looked after doctors and nurses」を訳すと（病気やけがをした人が医者や看護師に治療を受ける場所）となるので，これに該当するのは4：病院である。

22 解答 4

解説 「He knows it's our wedding anniversary today but he's still going to play golf.」（彼は今日が私たちの結婚記念日であることを知っているけれど，ゴルフに行こうとしている）というAの発言に対してBは「(　　) is he being so selfish ?」（彼はそんなに自己中心的なのだろうか）と返答している。この会話を成立させるためにBの発言に加える疑問詞として適切なのは4：「Why」である。

23 解答 3

解説 「Our science club was given an award.」（私たちの科学部が受賞した）というBの発言に対してAは「Congratulations!」（おめでとう）と返答しているので，その発言の前にAが述べる言葉として適切なのは3：「That's fantastic!」（素晴らしい）である。

2：「That's wishful thinking!」（それは甘い考えだ），4：「This is serious business.」（これは深刻な問題だ）は文意に合わない。

24 解答 3

解説 3：1991年ロシア共和国初代大統領に就任したのはボリス・エリツィンである。

25 解答 4

解説 異なる通貨同士の交換比率のことを為替相場という。

1ドル100円から1ドル200円になった場合は円安ドル高の変化という。1ドル200円から1ドル100円になるとドルに対する円の価値が上がるのでこれを円高ドル安への変化という。為替相場は貿易収支と金利と投機によって左右される。

26 解答 2

解説「ドライブ・マイ・カー」は村上春樹の短編小説集「女のいない男たち」に収録された同名の短編を，「偶然と想像」でベルリン国際映画祭銀熊賞を受賞した濱口竜介監督・脚本により映画化。

千葉県・千葉市

実施日	2023(令和５)年７月９日	試験時間	30分(教職教養を含む)
出題形式	マークシート式	問題数	１題（解答数１）
パターン	時事	公開状況	問題:公開　解答:公開　配点:公開

傾向&対策 ●試験の構成が例年と変更となり，昨年度は全解答数22のうち教職教養が解答数18，一般教養が解答数４だったが，今年度は全解答数20のうち教職教養が解答数19，一般教養が解答数１となった。いずれにしても教職教養の比重が高い。●今年度の出題は時事問題のウイルスが原因である感染症を選ぶ問題のみであった。ちなみに昨年度は英語１題，時事問題３題であった。●過去には，国語の慣用表現の意味や文法が出題されたこともあるので，幅広く学習をしておきたい。英語は，近年話題になっている欧文略語の出題がここ数年続いていたが，過去に出題されていた長文読解の対策もしておきたい。読み物や記事的なものを中心に，内容を読み取る練習をしておこう。

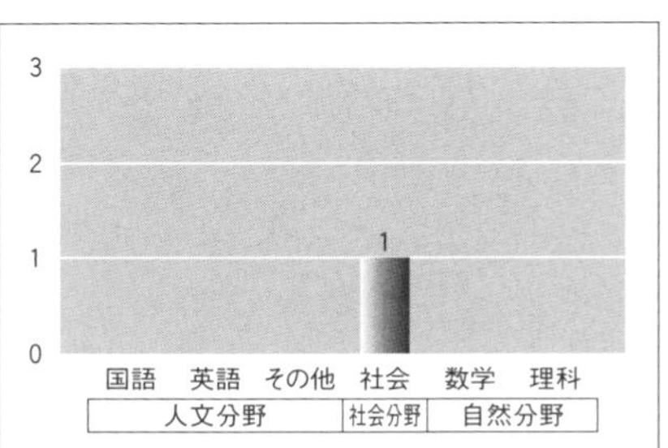

出題領域

人文分野	国語		英語		音楽	
	美術		家庭		保健体育	
社会分野	歴史(日本史)		歴史(世界史)		歴史(現代史)	
	地理(日本地誌)		地理(世界地誌)		地理(地理用語)	
	公民(政治)		公民(経済)		公民(国際)	
	公民(倫理)		環境・情報・科学		時事問題	1
	ローカル					
自然分野	数学		物理		化学	
	生物		地学			

表中の数字は，解答数

全校種共通

☞解答＆解説 p.76

1 2019年末に新型コロナウイルス感染症（COVID-19）による集団感染が発生してから，感染は瞬く間に世界中に広がり，パンデミック（世界的流行）を引き起こした。このような人類を脅かす感染症のパンデミックは過去にも度々起きているが，新型コロナウイルス感染症と同様にウイルスが原因である感染症として，最も適当なものを選びなさい。

① ペスト
② マラリア
③ 結核
④ コレラ
⑤ 天然痘

解答＆解説

1 解答 ⑤

解説 ⑤：天然痘は天然痘ウイルスを病原体とする感染症。

①：ペストはペスト菌による感染症。 ②：マラリアはハマダラカという蚊によって媒介される感染症。 ③：結核は結核菌による感染症。 ④：コレラはコレラ菌で汚染された水や食物を摂取することによる経口感染症。

神奈川県／横浜市／川崎市／相模原市

実施日	2023(令和５)年７月９日	試験時間	60分（教職教養を含む）
出題形式	マークシート式	問題数	24題（解答数24）
パターン	５教科＋音楽·美術·時事	公開状況	問題:公開　解答:公開　配点:公開

傾向＆対策

●一般教養は，昨年度に続き人文分野８題，社会分野８題，自然分野８題という構成となっている。●国語は，長文読解，古文読解が頻出。今年度は珍しく漢詩が出題され，四字熟語と慣用句の問題も出された。英語は，会話文の空欄補充と長文読解の内容一致の問題が頻出で，文法や慣用句の出題も多い。音楽・美術の出題も定番である。●社会は，昨年度と同様に歴史，地理，公民（政治）の問題が出題された。また，政治の問題で令和４年４月の成年年齢引き下げなど，時事的な問題も見られた。●数学は図形の証明問題の空欄補充と，確率や組み合わせが頻出。理科は例年，全科目から問われる。●出題傾向に大きな変化はないので，過去問題を活用して，どの分野もまんべんなく学習を進めたい。

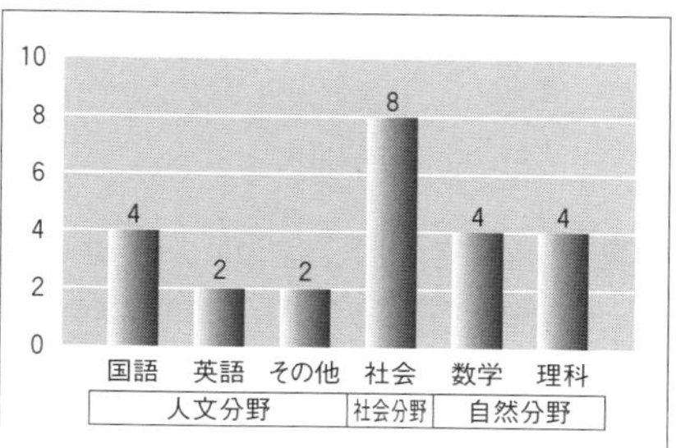

出題領域

人文分野	国　語	4	英　語	2	音　楽	1
	美　術	1	家　庭		保健体育	
社会分野	歴史(日本史)	2	歴史(世界史)		歴史(現代史)	
	地理(日本地誌)	1	地理(世界地誌)		地理(地理用語)	1
	公民(政治)	4	公民(経済)		公民(国際)	
	公民(倫理)		環境·情報·科学		時事問題	1
	ローカル					
自然分野	数　学	4	物　理	1	化　学	1
	生　物	1	地　学	1		

表中の数字は，解答数
※選択肢の出題領域が複数にわたる場合は，それぞれの項目に加算するためグラフの数とは異なる

神奈川県／横浜市／川崎市／相模原市

全校種共通

☞解答＆解説 p.87

1 四字熟語について，漢字の表記が最も適切なものを，次の①～⑤のうちから選びなさい。

① 公明盛大
② 温故知新
③ 絶対絶命
④ 臨期応変
⑤ 日新月歩

2 次のア～オの慣用句について，空欄の（　　）に当てはまる体に関係する漢字一文字が同じものの組合せとして最も適切なものを，後の①～⑤のうちから選びなさい。

ア （　　）から湯気を立てる
イ （　　）が棒になる
ウ （　　）を撫で下ろす
エ （　　）は口ほどに物を言う
オ （　　）が地に付く

① ア と ウ
② ア と エ
③ イ と エ
④ イ と オ
⑤ ウ と オ

3 〔傾向〕「文化人類学のエッセンス－世界をみる／変える」春日直樹・竹沢尚一郎［編］の文章中の空欄（４カ所）に当てはまるものの組合せとして最も適切なものを選ぶ問題。（１問）

4 次の漢詩の下線部㈠～㈣の現代語訳の組合せとして最も適切なものを，後の①～⑤のうちから選びなさい。

㈠ 故人(こじん)　西(にし)のかた黄鶴楼(こうかくろう)を辞(じ)し
㈡ 煙花(えんか)三月(さんがつ)　揚州(ようしゅう)に下(くだ)る
㈢ 孤帆(こはん)の遠影(えんえい)　碧空(へきくう)に尽(つ)き
唯(た)だ見(み)る　㈣長江(ちょうこう)の天際(てんさい)に流(なが)るるを

（出典：唐詩選「黄鶴楼にて孟浩然の広陵に之くを送る」李白）
※一部表記を改めたところがある。

① ㈠旅に出る人　㈡かすみたなびき花の咲きそろった
　㈢たった一人で旗を振る遠い影も　㈣長江が空の果てまで流れているばかり
② ㈠昔からの友人　㈡かすみたなびき花の咲きそろった
　㈢たった一つの帆かげは遠ざかり　㈣長江に空からの光が差し込むのを
③ ㈠旅に出る人　㈡煙が立ちのぼり花が咲き誇る
　㈢たった一つの帆かげは遠ざかり　㈣長江に空からの光が差し込むのを
④ ㈠昔からの友人　㈡煙が立ちのぼり花が咲き誇る
　㈢たった一人で旗を振る遠い影も　㈣長江が空の果てまで流れているばかり

⑤　(ア)昔からの友人　(イ)かすみたなびき花の咲きそろった
(ウ)たった一つの帆かげは遠ざかり　(エ)長江が空の果てまで流れているばかり

5　次の楽譜は，ある楽曲の一部である。この作曲者として最も適切なものを，後の①～⑤のうちから選びなさい。

① ヴィヴァルディ
② モーツァルト
③ ベートーヴェン
④ シューベルト
⑤ スメタナ

6　次の図版は，「松林図屏風」の一部である。この作者として最も適切なものを，後の①～⑥のうちから選びなさい。

① 尾形　光琳
② 俵屋　宗達
③ 雪舟　等楊
④ 長谷川　等伯
⑤ 円山　応挙
⑥ 渡辺　崋山

7　次の会話文の（　　）に当てはまるものとして最も適切なものを，後の①～⑤のうちから選びなさい。

A：I'm all packed and ready for our school trip to Hokkaido! Have you packed your bag yet?

B：Not yet! I'm still packing...I'm wondering what to take. What's the weather going to be like there?

A：Well... the weather forecast says it'll be sunny, but cold.

B：I see. (　　), but there's no room in my suitcase anymore.

① I should take another sweater
② I've been there once
③ I want to put my suitcase in my room
④ I have to check the weather in Hokkaido
⑤ I'll take some pictures there

8 〔傾向〕**VOA learning English, January 01, 2020,"Clothing Designers Reusing Materials to Save Environment"の英文を読んで，内容と一致しているものとして最も適切なものを①～⑤のうちから選ぶ問題（1問）。**

9 **次の出来事ア～オが起きた順に並べたものとして最も適切なものを，後の①～⑥のうちから選びなさい。**

ア　政府が岩倉使節団を欧米に派遣した。
イ　西郷隆盛を中心に鹿児島の士族などが西南戦争を起こした。
ウ　和歌山県沖でノルマントン号事件が起こった。
エ　陸奥宗光が領事裁判権の撤廃に成功した。
オ　大老となった井伊直弼は日米修好通商条約を結んだ。

① ウ → ア → オ → エ → イ
② ウ → オ → ア → イ → エ
③ ウ → オ → エ → ア → イ
④ オ → ウ → ア → イ → エ
⑤ オ → ア → イ → ウ → エ
⑥ オ → ア → ウ → イ → エ

神奈川県／横浜市／川崎市／相模原市

10 **次のア～ウの建築物とA～Cの記述の中から，天平文化に関連するものを選び，その組合せとして最も適切なものを，後の①～⑥のうちから選びなさい。**

ア

イ

ウ

A　貴族の文化と禅宗の影響を受けた武士の文化が混じり合った文化
B　唐からもたらされた文化の影響を強く受けた国際的な文化
C　取り入れた唐の文化をもとに，日本の風土や生活にあわせてつくり変えた文化

① アーA
② アーB
③ イーB
④ イーC
⑤ ウーA
⑥ ウーC

11 **次のア～オの雨温図は，下の地図内の5つの都市のものを示している。夏と冬の季節**

風の資料を参考にして，雨温図と都市名の組合せとして最も適切なものを，後の①～⑥のうちから選びなさい。

雨温図

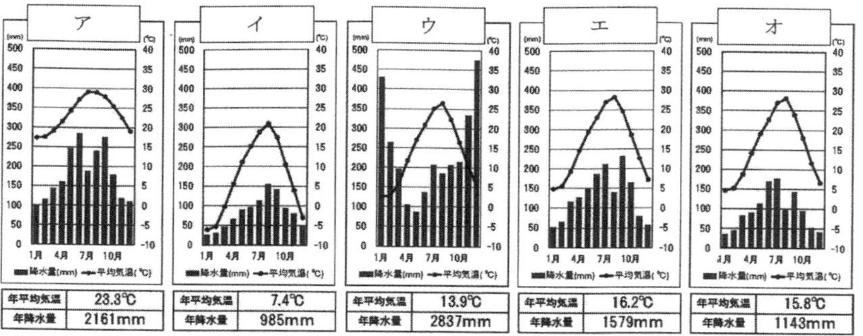

〈気象庁ウェブサイト掲載資料（1991年～2020年）をもとに作成〉

地図　　資料　夏と冬の季節風

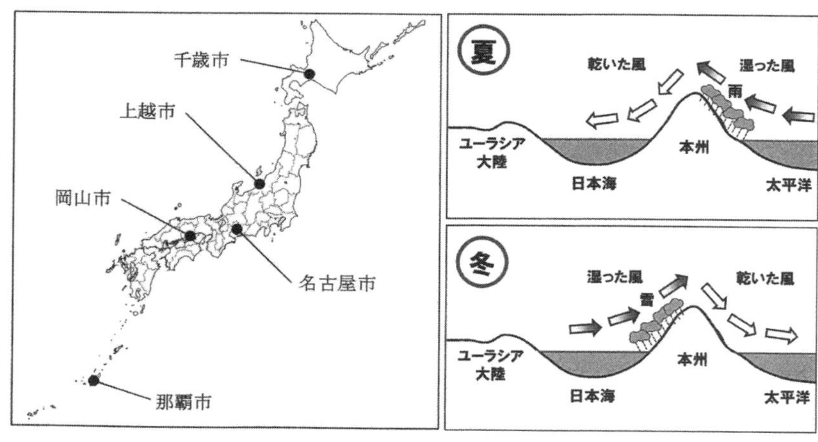

① ア　岡山市　イ　千歳市　ウ　名古屋市　エ　上越市　オ　那覇市
② ア　那覇市　イ　上越市　ウ　千歳市　エ　名古屋市　オ　岡山市
③ ア　千歳市　イ　那覇市　ウ　岡山市　エ　上越市　オ　名古屋市
④ ア　那覇市　イ　千歳市　ウ　上越市　エ　名古屋市　オ　岡山市
⑤ ア　那覇市　イ　上越市　ウ　名古屋市　エ　岡山市　オ　千歳市
⑥ ア　那覇市　イ　千歳市　ウ　上越市　エ　岡山市　オ　名古屋市

12 次の記述は，地球上の位置を表す方法について述べたものである。空欄［ア］～［オ］に当てはまるものの組合せとして最も適切なものを，後の①～④のうちから選びなさい。

地球上の国や都市などの位置は，［ア］と［イ］を使って表すことができる。

［ア］は，赤道から南北にどれだけはなれているかを表したものである。赤道を0度，

北極点と南極点を90度として，地球を南北にそれぞれ90度に分けている。地球の表面の同じ［ア］を結んだ線を［ウ］という。

一方，北極点と南極点とを地球の表面を通って結んだ線を［エ］という。そのうち，基準となる［エ］を本初子午線といい，［オ］にある旧グリニッジ天文台を通る。

［イ］は，本初子午線から東西にどれだけはなれているかを表したものである。本初子午線を基準の［エ］として［イ］0度で表し，地球を東西にそれぞれ180度に分けている。

① ア 緯度　イ 経度　ウ 緯線　エ 経線　オ ロンドン
② ア 緯度　イ 経度　ウ 緯線　エ 経線　オ ニューヨーク
③ ア 経度　イ 緯度　ウ 経線　エ 緯線　オ ロンドン
④ ア 経度　イ 緯度　ウ 経線　エ 緯線　オ ニューヨーク

13 **次の表は，民法改正により令和4年4月から成年年齢が20歳から18歳に引き下げられたことを受けて，18歳になったらできることと20歳にならないとできないことの一部をまとめたものである。下のア～エの事項は，表のAとBのどちらに入るか，その組合せとして最も適切なものを，後の①～④のうちから選びなさい。**

A　18歳（成年）になったらできること	B　20歳にならないとできないこと
◆親の同意がなくても，携帯電話の契約ができる ◆親の同意がなくても，一人暮らしの部屋を借りることができる ◆公認会計士や司法書士，医師免許，薬剤師免許などの国家資格を取る	◆競馬，競輪，オートレース，競艇の投票券を買う ◆養子を迎える ◆大型・中型自動車運転免許を取得する

事項
ア　親の同意がなくても，クレジットカードをつくることができる
イ　親の同意がなくても，ローンを組むことができる
ウ　10年有効のパスポートを取得する
エ　飲酒，喫煙をする

① ア－A　イ－B　ウ－A　エ－A
② ア－A　イ－A　ウ－A　エ－B
③ ア－B　イ－B　ウ－A　エ－B
④ ア－A　イ－A　ウ－B　エ－B

14 **次の記述ア～エは，日本の裁判制度について述べたものである。その内容の正誤の組合せとして最も適切なものを，後の①～⑥のうちから選びなさい。**

ア　裁判員制度とは，選ばれた国民が裁判官と一緒に民事裁判を行う制度である。
イ　下級裁判所の種類は3種類で，地方裁判所，家庭裁判所，簡易裁判所がある。
ウ　推定無罪の原則とは，刑事裁判において，有罪判決を受けるまで無罪の扱いを受けることである。
エ　同じ事件について回数の制限なく，裁判を受けることができる。

① ア 正　イ 誤　ウ 正　エ 正

② ア 正 イ 正 ウ 誤 エ 誤
③ ア 正 イ 正 ウ 正 エ 誤
④ ア 誤 イ 誤 ウ 誤 エ 正
⑤ ア 誤 イ 正 ウ 正 エ 誤
⑥ ア 誤 イ 誤 ウ 正 エ 誤

15 **次の記述は，「障害者基本法」（平成25年６月改正）の条文の一部である。空欄［ア］〜［ウ］に当てはまるものの組合せとして最も適切なものを，後の①〜④のうちから選びなさい。**

第４条

２ 社会的［ア］の除去は，それを必要としている障害者が現に存し，かつ，その実施に伴う負担が［イ］でないときは，それを怠ることによつて前項の規定に違反することとならないよう，その実施について必要かつ［ウ］がされなければならない。

① ア 障壁 イ 過重 ウ 合理的な配慮
② ア 障害 イ 過重 ウ 機会の保証
③ ア 障害 イ 過度 ウ 合理的な配慮
④ ア 障壁 イ 過度 ウ 機会の保証

16 **次のア〜エについて，採択された年を古い順に並べたものとして最も適切なものを，後の①〜⑤のうちから選びなさい。**

ア 児童（子ども）の権利条約
イ 世界人権宣言
ウ 国際人権規約
エ 障害者権利条約

① ウ → イ → エ → ア
② ウ → ア → イ → エ
③ イ → ア → ウ → エ
④ イ → ウ → エ → ア
⑤ イ → ウ → ア → エ

17 **次の記述ア〜エについて，正しく述べているものの組合せとして最も適切なものを，後の①〜⑥のうちから選びなさい。**

ア $\{(-2)^3-4\times6\}\div\left(\frac{1}{3}-1\right)^2$を計算すると，72である。

イ $4x^2-(x-2y)^2$を因数分解すると，$(x+2y)(3x-2y)$である。

ウ 方程式$3x^2+2x-8=0$を解くと，解は$x=\frac{4}{3}$と$x=2$である。

エ $\sqrt{30-n}$が整数となるような自然数nの個数は，６個である。

① ア と イ
② ア と ウ
③ ア と エ
④ イ と ウ

⑤　イ　と　エ

⑥　ウ　と　エ

18　次の図において，曲線アは関数$y=-x^2$のグラフである。直線イは関数$y=x-12$のグラフであり，曲線アと点A，Bで交わっている。直線イとx軸との交点をC，点Aを通りy軸と平行な直線とx軸との交点をDとする。

このとき，点Aを通り，△ADCの面積を二等分する直線の式として最も適切なものを，後の①～⑤のうちから選びなさい。

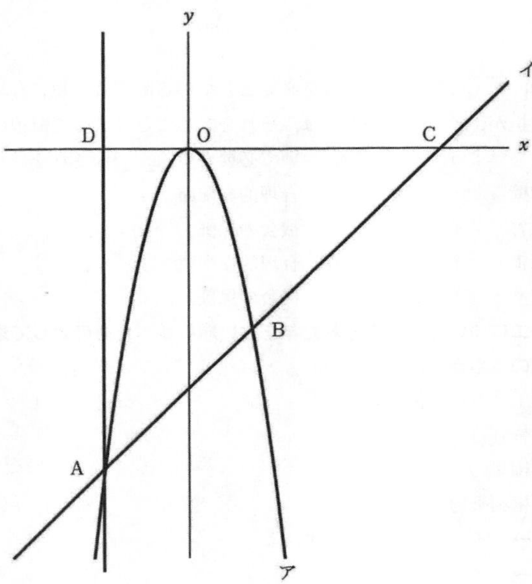

①　$y=3x-12$

②　$y=\frac{7}{2}x-2$

③　$y=3x-4$

④　$y=\frac{5}{2}x-6$

⑤　$y=2x-8$

19　次の図のように，線分OA，OBを半径，線分BFを直径とする円Oがある。点Bを含まない弧AF上に点Cをとり，線分OAと線分BCとの交点をDとする。ただし，点Cは点A，F上にはないものとする。また，∠AOBの二等分線と線分BCとの交点をEとする。このとき，△ACD∽△EODであることを次のように証明した。

空欄［ア］～［エ］に当てはまるものの組合せとして最も適切なものを，後の①～⑤のうちから選びなさい。

神奈川県／横浜市／川崎市／相模原市

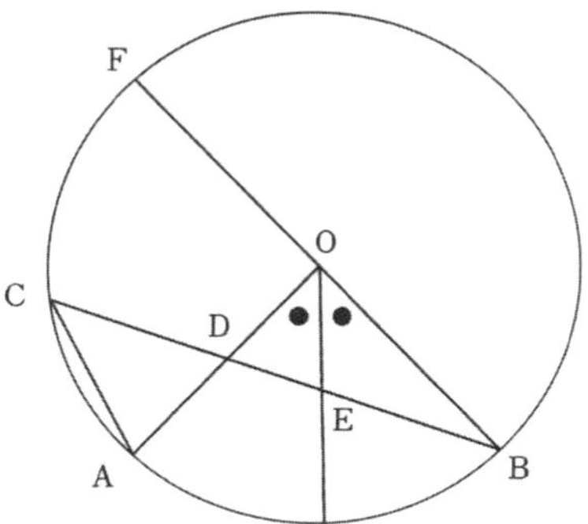

〈証明〉

△ACDと△EODにおいて，

仮定より，　［ア］ $= \frac{1}{2}\angle AOB$ ……………………………(1)

弧ABにおいて，［イ］，

$\angle ACD = \frac{1}{2}\angle AOB$ ……………………………(2)

(1)，(2)より，

［ウ］ $= \angle EOD$ ……………………………(3)

また，［エ］は等しいので，

$\angle CDA = \angle ODE$ ……………………………(4)

(3)，(4)より，

2組の角がそれぞれ等しいので，△ACD∽△EOD

① ア ∠EOD　イ 円周角の定理より　ウ ∠ACD　エ 対頂角
② ア ∠DAC　イ 平行線の性質より　ウ ∠CAD　エ 中心角
③ ア ∠EOD　イ 円周角の定理より　ウ ∠ACD　エ 中心角
④ ア ∠DAC　イ 円周角の定理より　ウ ∠CAD　エ 対頂角
⑤ ア ∠EOD　イ 平行線の性質より　ウ ∠ACD　エ 中心角

20 1つの袋の中に，赤玉1個，白玉2個，青玉3個が入っている。袋から玉を同時に2個取り出すとき，2個の玉が同じ色である確率として最も適切なものを，次の①～⑤のうちから選びなさい。ただし，袋の中からは，どの玉が取り出されることも同様に確からしいものとする。

① $\frac{1}{15}$　② $\frac{1}{5}$　③ $\frac{4}{15}$　④ $\frac{1}{3}$　⑤ $\frac{11}{15}$

21 次の図のように，なめらかな斜面をつくり，大きさが同じで質量の異なる小球A，Bをいろいろな高さから静かに転がして木片に当て，木片が動く距離を調べた。小球の初めの高さと木片の動いた距離はグラフのようになった。この実験から分かる小球の質量，小球の高さと小球のもつエネルギーについての記述として最も適切なものを，後の①～④のうちから選びなさい。

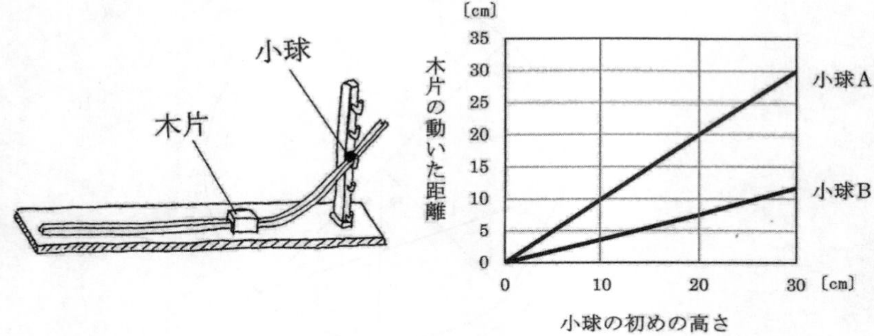

① 小球はAの方の質量が大きく，小球の初めの高さが高いほどエネルギーは大きくなる。
② 小球はAの方の質量が小さく，小球の初めの高さが低いほどエネルギーは大きくなる。
③ 小球はAの方の質量が大きく，小球の初めの高さが低いほどエネルギーは大きくなる。
④ 小球はAの方の質量が小さく，小球の初めの高さが高いほどエネルギーは大きくなる。

22 次の図のように，スライドガラスに硝酸カリウム水溶液で湿らせたろ紙を置き，クリップではさみ，電源装置につないだ。ろ紙の中央にpH試験紙を置き，pH試験紙の中央に塩酸をしみこませた糸を置き電圧を加えたところ，pH試験紙の色に変化が見られた。

pH試験紙の色の変化についての記述として最も適切なものを，後の①～④のうちから選びなさい。

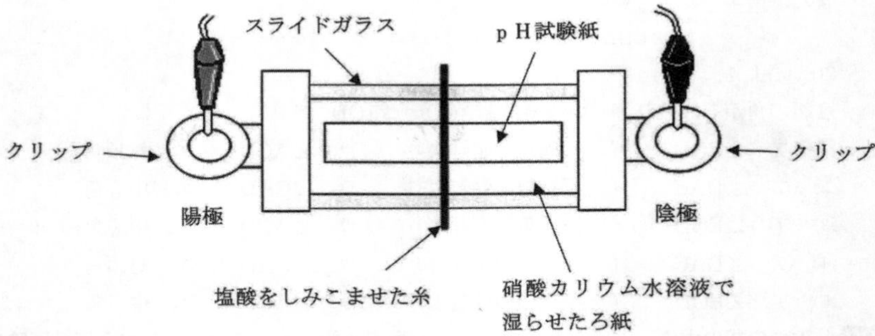

① 陽極側が赤くなる。
② 陰極側が赤くなる。
③ 陽極側が青くなる。
④ 陰極側が青くなる。

23 デンプン溶液の入った２本の試験管を用意し，１本には水を，もう１本にはうすめただ液を入れ，それぞれ約40℃の温水で10分ほど温めた。その後，それぞれの試験管内の液体を２つに分け，一方にはヨウ素液を入れた。また，もう一方はベネジクト液と沸騰石を入れて加熱したところ，それぞれの試験管内の液体について，次の表のような結果になった。この実験結果からわかる記述として最も適切なものを，後の①～④のうちから選びなさい。

	ヨウ素液	ベネジクト液
デンプン溶液＋水	青紫色	変化なし
デンプン溶液＋だ液	変化なし	赤褐色の沈殿

① 水はデンプンを糖に変え，だ液もデンプンを糖に変える。
② 水はデンプンを糖に変え，だ液はデンプンを糖に変えない。
③ 水はデンプンを糖に変えず，だ液はデンプンを糖に変える。
④ 水はデンプンを糖に変えず，だ液もデンプンを糖に変えない。

24 **次の表は火山の特徴と火山の例をまとめたものである。火山の例ア～ウに当てはまるものの組合せとして最も適切なものを，後の①～⑤のうちから選びなさい。**

火山の特徴	形	傾斜がゆるやかな形	円すいの形	ドーム状の形
	マグマのねばりけ	小さい	中程度	大きい
火山の例		ア	イ	ウ

① ア マウナロア イ 桜島 ウ 雲仙普賢岳
② ア 桜島 イ マウナロア ウ 雲仙普賢岳
③ ア 雲仙普賢岳 イ 桜島 ウ マウナロア
④ ア マウナロア イ 雲仙普賢岳 ウ 桜島
⑤ ア 雲仙普賢岳 イ マウナロア ウ 桜島

解答＆解説

1 解答 ②

解説 ②：「温故知新」を訓読すると，「故（ふる）きを温（あたた）め，新しきを知る」となる。

他の選択肢の正しい表記は次の通り。①：公明正大 ③：絶体絶命 ④：臨機応変 ⑤：日進月歩

2 解答 ④

解説 ④のイ：「足が棒になる」（足が疲れ切る）と，オ：「足が地に付く」（着実で落ち着いているさま）に共通して「足」が入っている。

他の選択肢は次の通り。ア：「頭から湯気を立てる」（激しく怒るさま） ウ：「胸を撫で下ろす」（ほっと一安心する） エ：「目は口ほどに物を言う」（目の表情で気持ちが分かる）

4 解答 ⑤

解説 この文章の大意は以下の通り。

「昔からの友人（孟浩然）は，西にある黄鶴楼に別れを告げ，かすみたなびき

花の咲きそろった三月に，揚州へと（長江を）下っていった。遠くに見える（友が乗っている）たった一つの帆かげは遠ざかり，青空に消えそうになり，ただ，長江が空の果てまで流れているのを見るばかりである。」

5 解答 ⑤

解説 示されている楽譜はチェコの作曲家スメタナの作品で連作交響詩「我が祖国」から，第2曲「ブルタバ（モルダウ）」のブルタバ川の主題である。なお，「モルダウ」として知られている旋律であるが，「モルダウ」はチェコを支配していたドイツの言語であり，現在，中学校の音楽の教科書ではチェコ語を尊重して「ブルタバ（モルダウ）」と表記されている。

6 解答 ④

解説 長谷川等伯は桃山文化を代表する画人の一人。金碧障壁画と水墨画の両方に遺作が多いが，問題の「松林図屏風」は水墨画である。

7 解答 ①

解説 Aの2回目の発言に「the weather forecast says it'll be sunny, but cold.」（天気予報によれば，晴れるけれど寒いらしい）とあり，（　　）の後でBは「there's no room in my suitcase anymore.」（スーツケースの中にもう何も入らない）と発言しているので，（　　）の中に入れるのに適切なのは①：「I should take another sweater.」（セーターをもう一着持っていくべきだ）である。

②：「I've been there once.」（一度そこに行ったことがある），③：「I want to put my suitcase in my room.」（私は部屋に自分のスーツケースを置きたい），④：「I have to check the weather in Hokkaido.」（北海道の天気を調べなければならない），⑤：「I'll take some pictures there.」（そこで写真を何枚か取るつもりです）は文意に合わない。

9 解答 ⑤

解説 オ：日米修好通商条約締結（1858年）→ア：岩倉使節団の派遣（1871年）→イ：西南戦争勃発（1877年）→ウ：ノルマントン号事件（1886年）→エ：領事裁判権撤廃に成功（1894年）の順となる。

10 解答 ②

解説 ア：東大寺境内にある正倉院宝庫。聖武天皇の遺品をはじめとする宝物を蔵し，校倉造で有名。宝物はペルシアや西域の文化の影響がみられるものも多く，国際色豊かな唐文化とその影響を受けた天平文化の粋を示すものである。 イ：平等院鳳凰堂で国風文化を代表する建築物の一つ。平安中期に藤原頼通が宇治の別荘を仏寺とした平等院の阿弥陀堂で，浄土教芸術の典型である。 ウ：慈照寺東求堂同仁斎で室町中期の東山文化を代表する書院造の建物である。Aは室町文化（室町前期は北山文化，室町中期は東山文化），Bは天平文化，Cは国風文化の特徴である。

11 解答 ④

解説 この手の組み合わせ問題は，分かりやすいものから結び付けていくのがコツである。まず，一見して降水量の棒グラフの形が他とは逆になっているのがウである。北西季節風の影響で冬の降水量の方が夏よりも多いことを示しているので日本海側の気候となり，上越市が該当する。次に年平均気温が23.3度と突出して高いアは南西諸島の気候を示しているため那覇市と考えられる。逆に年平気気温が7.4度と突出して低いイは北海道の気候を示しており，千歳市と考えられる。エとオは棒グラフの形も折れ線グラフの形も見分けがつきにくいが，年降水量に大きな違いがある。オはエに比べて年降水量が少ないため，四国地方の山地と中国地方の山地に挟まれて季節風の影響を受けにくい瀬戸内の気候と考えられ，岡山市が該当する。残るエが太平洋側の気候の名古屋市である。

12 解答 ①

解説 ア：赤道を０度，北極点・南極点を90度として，ある地点が赤道からどれだけ北寄り，あるいは南寄りかを表すものが緯度であり，北側を北緯，南側を南緯とよぶ。 イ：本初子午線を０度，地球上のその真裏を180度として，ある地点が本初子午線からどれだけ東寄り，あるいは西寄りかを表すものが経度であり，本初子午線から東側を東経，西側を西経とよぶ。 ウ：緯線は赤道と平行になる。 エ：すべての経線は北極点と南極点をその両端としている。 オ：旧グリニッジ天文台はイギリスのロンドン郊外にある。よって，①が正しい。

13 解答 ②

解説 民法改正により，18歳（成年）になったら親の同意がなくてもできるようになった契約には，携帯電話，ローン，クレジットカード，一人暮らしの賃貸住宅の契約などがある。また，10年有効のパスポートの申請も，20歳以上から18歳以上へ引き下げられた。また，結婚については，女性の結婚可能年齢が16歳から18歳に引き上げられ，男女とも18歳になった。また，性同一障害の人が性別の取扱いの変更審判を受けることも18歳からできるようになった。

14 解答 ⑥

解説 誤りの選択肢について解説する。

ア：裁判員制度は，殺人罪などの一定の重大な犯罪の刑事裁判について2009年より導入されたもので，民事裁判には導入されていない。 イ：最高裁判所以外の４つの裁判所（高等裁判所・地方裁判所・家庭裁判所・簡易裁判所）はすべて下級裁判所である。 エ：日本では三審制がとられ，原則として一つの事件について３回まで裁判を受けられることとなっている。

15 解答 ①

解説 障害者基本法は日本における障害者のための施策に関する基本的な事項を定めた法律である。「合理的な配慮」について，障害者権利条約（2006年に国連総会において採択）は「障碍者が他の者との平等を基礎として全ての人権及び基本的自由を享有し，又は行使することを確保するための必要かつ適当な変更及び調整であって，特定の場合において必要とされるものであり，かつ，均衡を失した又は過度の負担を課さないものをいう」と記している。

16 解答 ⑤

解説 イ：世界人権宣言（1948年採択）→ウ：国際人権規約（1966年採択）→ア：児童

（子ども）の権利条約（1989年採択）→エ：障害者権利条約（2006年採択）の順となる。

17 解答 ⑤

解説 ア：(与式)$=(-8-24)\div\left(-\dfrac{2}{3}\right)^2=-32\div\dfrac{4}{9}=-32\times\dfrac{9}{4}=-72$で誤り。

イ：(与式)$=\{2x+(x-2y)\}\{2x-(x-2y)\}=\{2x+x-2y\}\{2x-x+2y\}$
$=(x+2y)(3x-2y)$ で正しい。

ウ：(与式)$=(3x-4)(x+2)$なので，$x=\dfrac{4}{3}$，-2で誤り。

エ：$(30-n)$ が平方数になればよい。
30より小さい平方数は，0，1，4，9，16，25の6通りなのでnも6個のため，正しい。

18 解答 ⑤

解説 点Aの座標を求める。

$x-12=-x^2$なので，$x^2+x-12=0$，$(x+4)(x-3)=0$，$x=3$，-4なので，点Aは（-4，-16），点Dは（-4，0），点Cは（12，0）。△ADCを二等分するということは，点Dと点Cの中点（4，0）と点A（-4，-16）を通る直線なので直線の傾きが$\dfrac{16}{\{4-(-4)\}}=2$なので，求める直線は$y=2x+b$とおける。

ここに（4，0）を代入すると，$0=2\times4+b$，よって，$b=-8$　求める直線の方程式は$y=2x-8$

19 解答 ①

解説 △ACDと△EODにおいて，∠ACDは∠AOBと中心角と円周角の関係より，

$\angle ACD=\dfrac{1}{2}\angle AOB$，$\angle EOD$は$\dfrac{1}{2}\angle AOB$なので$\angle ACD=\angle EOD$，また，

$\angle ADC=\angle ODE$は対頂角により等しい。したがって，$\triangle ACD\backsim\triangle EOD$

よって，

ア➡∠EOD

イ➡円周角の定理より

ウ➡∠ACD

エ➡対頂角

より，①が正解となる。

20 解答 ③

解説 6個から2個取り出すのは，${}_6C_2$なので，15通り。

その中で，白玉2個から2個の取り出し方は${}_2C_2=1$

青玉3個から2個の取り出し方は${}_3C_2=3$

$\dfrac{1}{15}+\dfrac{3}{15}=\dfrac{4}{15}$

21 解答 ①

解説 力学的エネルギーは初めの高さが高いもの，物体の質量が大きいものが大きくなることから，小球Aの方が質量が大きいと考えられる。

22 解答 ②

解説 pH試験紙は酸性で赤色，アルカリ性で青色となる。酸性を示すイオンはH^+であり，電子は－極（陰極）から＋極（陽極）に流れ，陽イオンであるH^+は陰極に引き寄せられる。

23 解答 ③

解説 唾液に含まれるアミラーゼはデンプンを麦芽糖などに分解する。ヨウ素液はデンプンに，ベネジクト液は麦芽糖などに反応する。

24 解答 ①

解説 マウナロアのマグマは粘り気が小さく，桜島のマグマは粘り気が中程度，雲仙普賢岳のマグマは粘り気が大きい。

新潟県

実施日	2023(令和５)年７月２日	試験時間	55分（教職教養を含む）
出題形式	選択式	問題数	19題（解答数19）
パターン	５教科＋音楽・情報・時事	公開状況	問題：公開　解答：公開

傾向＆対策 ●教職教養11題，一般教養19題。一般教養は新潟市で出題されているものと同じもの，もしくはよく似たものも出題。●国語は，昨年度同様，漢字と四字熟語。英語は会話文と昨年度と同じ形成の英文整序。●社会は，日本史，地理と公民（政治・国際），時事問題では，Ｇ７サミットと各地の伝統工芸品について問われた。また情報では，拡張子の基礎的な知識を問う問題が出題された。●数学は，昨年度に続き，論理的思考を問う問題など。理科は年度によって出題科目が変わり，今年度は化学と地学が各１題。●人文・社会・自然の各分野のバランスが同じで，基本的な問題が多い。５教科の基礎固めに加えて，過去にも出題された環境要素の時事問題にも対策を取っておきたい。

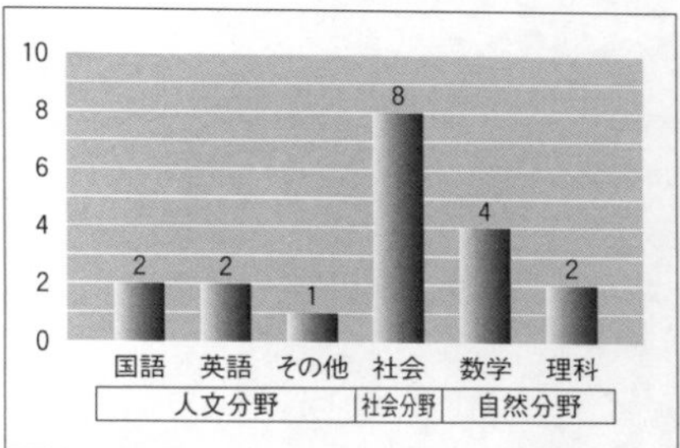

出題領域

人文分野	国語	2	英語	2	音楽	1
	美術		家庭		保健体育	
社会分野	歴史（日本史）	2	歴史（世界史）		歴史（現代史）	
	地理（日本地誌）		地理（世界地誌）		地理（地理用語）	1
	公民（政治）	1	公民（経済）		公民（国際）	1
	公民（倫理）		環境・情報・科学	1	時事問題	2
	ローカル					
自然分野	数学	4	物理		化学	1
	生物		地学	1		

表中の数字は，解答数

新潟県

全校種共通

☞解答＆解説 p.97

1 カタカナで記した部分の漢字として正しいものは，次の１～５のうちどれか。

1　人権をホショウする　【保証】
2　雑誌をカンコウする　【敢行】
3　海水がシンニュウする　【侵入】
4　ジャッカンの修正をする　【若干】
5　クジュウの決断をする　【苦汁】

2 四字熟語として適切なものは，次の１～５のうちどれか。

1　明鏡止水
2　意心伝心
3　完全無決
4　大器万成
5　快刀乱磨

3 鎌倉時代に広まった仏教の宗派とその開祖の組合せとして適切なものは，次の１～５のうちどれか。

1　時宗　：　栄西
2　浄土宗　：　親鸞
3　浄土真宗　：　法然
4　臨済宗　：　一遍
5　曹洞宗　：　道元

4 日本の国会に関する記述として適切でないものは，次の１～５のうちどれか。

1　衆議院と参議院では，衆議院の議員数が多い。
2　参議院の任期は６年である。
3　衆議院と参議院の被選挙権は，どちらも満25歳以上である。
4　内閣の不信任決議は，衆議院だけが行うことができる。
5　常会（通常国会）は，毎年１月から150日の会期で開かれる。

5 次の文中の［①］～［③］に当てはまる数字の組合せとして適切なものは，下の１～５のうちどれか。

地球は24時間で１回転しているため，経度［①］度につき［②］時間の時差が生じる。日本は，兵庫県明石市を通る東経［③］度線を標準時子午線として設定している。

1　①15　②１　③135
2　①15　②２　③135
3　①20　②１　③135
4　①20　②２　③145
5　①15　②１　③145

6 令和５年５月，エネルギー・食料安全保障を含む世界経済や，気候変動，保健，開発といった地球規模の課題，国際秩序の堅持等について議論されたＧ７サミット（主要国首脳会議）が開催された都市として適切なものは，次の１～５のうちどれか。

新潟県

1　札幌市

2　仙台市

3　新潟市

4　京都市

5　広島市

7　**三角形の重心の説明として適切なものは，次の1～5のうちどれか。**

1　三角形の3つの内角の二等分線が交わる点

2　三角形の3辺の垂直二等分線が交わる点

3　三角形の3つの中線が交わる点

4　三角形の3つの頂点から，向かい合う辺またはその延長に下ろした垂線が交わる点

5　三角形の1つの頂点における内角の二等分線と，他の2つの頂点における外角の二等分線が交わる点

8　**3％の食塩水Aと12％の食塩水Bを混ぜて，10％の食塩水を900g作るとき，混ぜる食塩水Bの質量として正しいものは，次の1～5のうちどれか。**

1　600g

2　640g

3　680g

4　700g

5　720g

9　**酸性の水溶液についての説明として適切なものは，次の1～5のうちどれか。**

1　赤色のリトマス試験紙を青色に変え，フェノールフタレイン溶液を変色させない。

2　青色のリトマス試験紙を赤色に変え，フェノールフタレイン溶液を赤色に変える。

3　青色のリトマス試験紙を赤色に変え，緑色のBTB溶液を黄色に変える。

4　赤色のリトマス試験紙を青色に変え，緑色のBTB溶液を青色に変える。

5　青色のリトマス試験紙を赤色に変え，緑色のBTB溶液を青色に変える。

10　**前線についての説明として適切でないものは，次の1～5のうちどれか。**

1　暖気が寒気の上にはい上がり，寒気をおしやりながら進むとき，温暖前線が形成される。

2　寒冷前線付近では，暖気が急激に上空高くにおし上げられ，強い上昇気流が生じて積乱雲が発達する。

3　閉塞前線は，温暖前線が寒冷前線に追いついてできる。

4　停滞前線は，ほぼ同じ勢力の暖気と寒気がぶつかるときにでき，ほとんど前線の位置が変わらない。

5　梅雨前線や秋雨前線は，停滞前線である。

11　**次の会話について，（　　）に入れる英文として最も適切なものは，次の1～5のうちどれか。**

A：This is a beautiful river, Mom! Thank you for bringing me here.

B：Sure. It's my favorite place to visit.

A：It's very hot today, so (　　)

B：I'm sorry, but we can't. The river is too deep and dangerous.

1　I want to have some ice cream.
2　I'd like to swim here.
3　we should come here often.
4　let's go fishing now.
5　I want to see some animals.

12　**次の日本文の意味を表すように，①～⑥を並べ替えて［　］の中に入れるとき，2番目と4番目に入れるものの組合せとして適切なものは，下の1～5のうちどれか。**

多くの人が私を批判したが，私は自分が正しいと思うことをやったのだ。

（①what　②thought　③I　④right　⑤was　⑥did）

　　　　　　　　　2番目　　　　4番目

Many people criticized me, but I ［　］［　］［　］［　］［　］［　］.

1　①―②
2　①―③
3　②―④
4　④―⑤
5　④―⑥

13　**東南アジア諸国連合（ASEAN）の加盟国として適切でないものは，次の1～5のうちどれか。**

1　インドネシア
2　カンボジア
3　ベトナム
4　ブルネイ
5　スリランカ

14　**経済産業大臣の指定を受けた伝統的工芸品と県の組合せとして適切でないものは，次の1～5のうちどれか。**

1　備前焼　　：　岡山県
2　房州うちわ　：　千葉県
3　福山琴　　：　広島県
4　南部鉄器　：　福岡県
5　山鹿灯籠　：　熊本県

15　**次の①～③の下線部の拡張子が表すファイルの種類の組合せとして適切なものは，下の1～5のうちどれか。**

①.jpg　②.mp4　③.mp3

1　①画像　②動画　③音声
2　①画像　②音声　③動画
3　①動画　②音声　③画像
4　①動画　②画像　③音声
5　①音声　②動画　③画像

16 A，B，C，Dの4人が，トマト，キュウリ，ナス，ピーマンの4種類の野菜の中から2種類ずつ選んだところ，次のア～エのようになった。このとき，Dが選んだ2種類の野菜の組合せとして適切なものは，下の1～5のうちどれか。

ア　選んだ野菜の組合せは4人とも異なっていた。
イ　トマトを選んだのは3人，ピーマンを選んだのは1人だった。
ウ　AとBはナスを選んだ。
エ　BとCの選んだ野菜に同じ種類のものはなかった。

1　トマトとキュウリ
2　トマトとピーマン
3　キュウリとナス
4　キュウリとピーマン
5　ナスとピーマン

17 音楽家と作品名の組合せとして適切でないものは，次の1～5のうちどれか。

1　ドボルザーク　：　交響曲第9番 新世界より
2　バッハ　：　魔王
3　ハイドン　：　交響曲第101番 時計
4　メンデルスゾーン　：　ヴァイオリン協奏曲 ホ短調
5　ヘンデル　：　メサイア

新潟県

18 次のA～Dを年代の古い順に並べたものとして正しいものは，下の1～5のうちどれか。

A：サンフランシスコ平和条約
B：日米和親条約
C：日米修好通商条約
D：日中平和友好条約

1　B→A→D→C
2　A→B→C→D
3　C→B→A→D
4　B→C→A→D
5　D→C→B→A

19 A，B，C，Dの4人が受けたテストの結果が次のア～オのとおりであったとき，4人の点数を高い順に並べたものとして適切なものは，下の1～5のうちどれか。

ア　AとCの点数の差は30点である。
イ　BとDの点数の差は5点である。
ウ　Bの点数の2倍とCの点数の和は，Aの点数とDの点数の和より少ない。
エ　4人のうち最低点は30点である。
オ　Cの点数は50点である。

1　DACB
2　DCAB
3　ACDB

4　CABD
5　ADCB

解答＆解説

1 解答 4

解説 4：「若干」が正しい。

その他の選択肢の正しい漢字は次の通り。　1：保障　2：刊行　3：浸入　5：苦渋

2 解答 1

解説 1：「明鏡止水」は，何の邪念もなく，静かに落ち着いている心の状態。

その他の選択肢の正しい四字熟語と意味は次の通り。　2：「以心伝心」は，心をもって心を伝えること。　3：「完全無欠」は，すべて揃っていて欠けている点のないこと。　4：「大器晩成」は，優れた才能のある人は，年を取ってから大成するということ。　5：「快刀乱麻」は，こじれたものごとを，もつれた麻糸を刀で断ち切るように一気に解決するさま。

3 解答 5

解説 5：曹洞宗－道元が正しい。

その他の鎌倉新仏教の宗派と開祖は次の通り。浄土宗－法然，浄土真宗－親鸞，時宗－一遍，法華宗（日蓮宗）－日蓮，臨済宗－栄西。

4 解答 3

解説 3：参議院議員の被選挙権年齢は30歳以上である。

5 解答 1

解説 ①・②：地球は24時間で1回転（360度回転）しているので，「360÷24＝15」の計算で，1時間に15度回転していることが分かる。そのため，地球上では，経度15度ごとに1時間の時差が生じるのである。　③：日本では，15の倍数で時差が計算しやすい東経135度線を標準時子午線とした。

6 解答 5

解説 日本でのサミットは，初めてとなった1979年から3回連続で東京開催だった。2000年は沖縄県名護市，08年は北海道洞爺湖町，16年は三重県志摩市の賢島でそれぞれ開かれた。広島選出の衆議院議員として，「核兵器のない世界」の実現をライフワークに掲げる岸田文雄首相は，広島でのサミット開催は「被爆地外交」の集大成となっている。

7 解答 3

解説 3：「三角形の3つの中線が交わる点」は，重心。

その他の選択肢は次の通り。　1：「三角形の3つの内角の二等分線が交わる点」は，内心。　2：「三角形の3辺の垂直二等分線が交わる点」は，外心。　4：「三角形の3つの頂点から，向かい合う辺またはその延長に下ろした垂線が交わる点」

は，垂心。　5：「三角形の１つの頂点における内角の二等分線と，他の２つの頂点における外角の二等分線が交わる点」は，傍心。

8 解答 4

解説 食塩水Bをxg混ぜるとすると，$\frac{3}{100}\times(900-x)+\frac{12}{100}\times x=\frac{10}{100}\times900$が成り立つ。これを解くと，$x=700$となる。

9 解答 3

解説 3：酸性の水溶液は，青リトマス紙を赤，BTB溶液を黄色に変える。フェノールフタレイン溶液はアルカリ性で赤に変わる。

10 解答 3

解説 温暖前線は寒気より暖気の方の勢力が強く，暖気が寒気を押すようにして進む時にできる前線。寒冷前線は暖気より寒気の方の勢力が強く，寒気が暖気を押しのけて進む時にできる前線。寒冷前線の前線面の傾斜は温暖前線より急で，降水の範囲は数十～100km程度と範囲は狭いが，前線に伴う雨は激しい。停滞前線は暖気と寒気の勢力が同程度で前線がほとんど動かない前線。停滞前線はどの季節にも表れ，梅雨前線や秋雨前線は停滞しやすい特徴がある。閉塞前線は温帯低気圧の域内で，「寒冷前線が温暖前線に追いついた時」にできる前線。したがって，誤りは3となる。

11 解答 2

解説 (　　)の後でBは「I'm sorry, but we can't. The river is too deep and dangerous.」(ごめんなさい，それはできません。この川はとても深く危険なので) と言っているので，Aはこの川で泳ぎたかったはず。したがって，正解は2：「I'd like to swim here.」(ここで泳ぎたいです) である。　1：「I want to have some ice cream.」(アイスクリームが食べたいです)，3：「we should come here often.」(ここに頻繁に来るべきです)，4：「let's go fishing now.」(今，釣りに行きましょう)，5：「I want to see some animals.」(動物を見たいです) は文意に合わない。

12 解答 1

解説 正しく並べ替えると，「Many people criticized me, but I did what I thought was right.」(多くの人は私を批判するが，私は自分が正しいと思うことをした) となる。「I did what was right」で (私は正しいことをした) となり，「I thought」が挿入句として「what」と「was right」の間に入ったのがこの文章である。

13 解答 5

解説 東南アジア諸国連合は名前の通り東南アジア諸国による地域的経済統合だが，スリランカはインド半島の南東にある島国であり，南アジア諸国の一つである。

14 解答 4

解説 4：南部鉄器は岩手県の伝統的工芸品である。

15 解答 1

解説 ①：JPEGは静止画像データのファイル形式の一種で，拡張子は.jpg。フルカラー（約1677万色）の画像を扱えるため，写真などのデータを保存するのに向いている。　②：MP4は多くのビデオおよびオーディオ情報を小さなファイルサイズで保存できるビデオファイル用の一般的なコンテナ形式で，拡張子は.mp4。③：MP3は音声・音楽用のファイルとして最も使われているファイルで，拡張子は.mp3。

16 **解答** 1

解説 4種類の野菜から2種類選ぶのは，6通りある。条件アとイから，（トマト，キュウリ），（トマト，ナス），（トマト，ピーマン），（キュウリ，ナス）の4通りに絞ることができる。Aが（トマト，ナス）のとき，条件ウからBが（キュウリ，ナス），条件エからCが（トマト，ピーマン）となるから，Dは（トマト，キュウリ）と分かる。また，Aが（キュウリ，ナス）のとき，条件ウからBが（トマト，ナス）となるが，条件エを満たすCは存在しない。

17 **解答** 2

解説 2：「魔王」はゲーテの詩にシューベルトが作曲したドイツ歌曲である。平成元年告示の中学校学習指導要領までは鑑賞の共通教材が示されており，「魔王」も長く鑑賞共通教材とされていて，現在も中学校第1学年の音楽の教科書に掲載し続けられている作品である。

18 **解答** 4

解説 B：日米和親条約（1854年）→C：日米修好通商条約（1858年）→A：サンフランシスコ平和条約（1951年）→D：日中平和友好条約（1978年）の順となる。

19 **解答** 3

解説 条件ア，エ，オからAが80点で，Cが50点と分かる。Bが最低点30点のとき，Dは35点であるから，Bの点数の2倍とCの点数の和は110点，Aの点数とDの点数の和は115点となり，条件ウを満たす。一方，Dが最低点30点のとき，Bは35点であるから，Bの点数の2倍とCの点数の和は120点，Aの点数とDの点数の和は110点となり，条件ウを満たさない。

新潟市

実施日	2023(令和5)年7月2日	試験時間	55分（教職教養を含む）
出題形式	選択式	問題数	13題（解答数13）
パターン	5教科＋情報・時事	公開状況	問題:公開　解答:公開　配点:公開

傾向&対策 ●教職教養8題，一般教養13題で，試験時間は変わっていないが，問題数は昨年度よりも多くなった。一般教職は新潟県で出題されている問題と同じもの，もしくはよく似たものが出題されている。●国語は漢字と四字熟語で，漢字の問題は昨年度と同じ形式であった。英語は，会話文と昨年度と同じ形式の英文整序。●社会は，日本史，公民（政治）から問われた。情報は拡張子の基礎知識，時事問題は，G7サミットと各地の伝統工芸品について問われた。●数学は問題数が5題から2題へと減少し，食塩水と論理的思考の問題。理科は地学から1題。●5教科を中心にした基礎固めが必須。また，例年情報や時事的な要素を含む問題が見られるので，対策も取っておきたい。

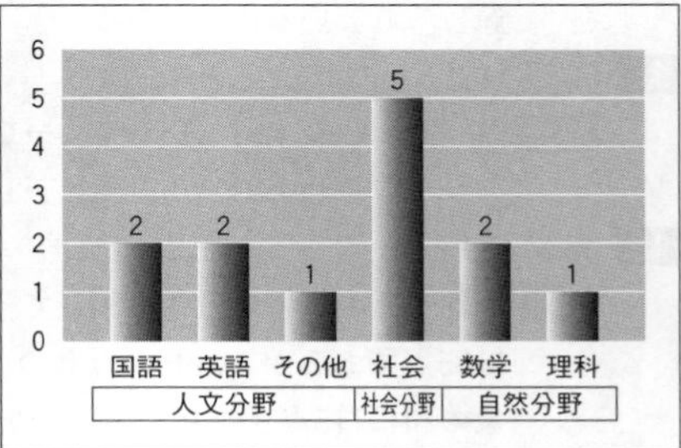

出題領域

人文分野	国語	2	英語	2	音楽	1
	美術		家庭		保健体育	
社会分野	歴史(日本史)	1	歴史(世界史)		歴史(現代史)	
	地理(日本地誌)		地理(世界地誌)		地理(地理用語)	
	公民(政治)	1	公民(経済)		公民(国際)	
	公民(倫理)		環境・情報・科学	1	時事問題	2
	ローカル					
自然分野	数学	2	物理		化学	
	生物		地学	1		

表中の数字は，解答数

全校種共通

☞解答＆解説 p.103

1 **カタカナで記した部分の漢字として正しいものは，次の１～５のうちどれか。**

1　人権をホショウする　【保証】
2　雑誌をカンコウする　【敢行】
3　航空機をソウジュウする　【操従】
4　ジャッカンの修正をする　【若干】
5　クジュウの決断をする　【苦汁】

2 **四字熟語として適切なものは，次の１～５のうちどれか。**

1　明鏡止水
2　意心伝心
3　完全無決
4　大器万成
5　快刀乱磨

3 **鎌倉時代に広まった仏教の宗派とその開祖の組合せとして適切なものは，次の１～５のうちどれか。**

1　時宗　：　栄西
2　浄土宗　：　親鸞
3　浄土真宗　：　法然
4　臨済宗　：　一遍
5　曹洞宗　：　道元

4 **日本の国会に関する記述として適切でないものは，次の１～５のうちどれか。**

1　衆議院と参議院では，衆議院の議員数が多い。
2　参議院の任期は６年である。
3　衆議院と参議院の被選挙権は，どちらも満25歳以上である。
4　内閣の不信任決議は，衆議院だけが行うことができる。
5　常会（通常国会）は，毎年１月から150日の会期で開かれる。

5 **令和５年５月，エネルギー・食料安全保障を含む世界経済や，気候変動，保健，開発といった地球規模の課題，国際秩序の堅持等について議論されたＧ７サミット（主要国首脳会議）が開催された都市として適切なものは，次の１～５のうちどれか。**

1　札幌市
2　仙台市
3　新潟市
4　京都市
5　広島市

6 **３％の食塩水Ａと12％の食塩水Ｂを混ぜて，10％の食塩水を900ｇ作るとき，混ぜる食塩水Ｂの質量として正しいものは，次の１～５のうちどれか。**

1　600ｇ
2　640ｇ

3　680 g

4　700 g

5　720 g

7　**前線についての説明として適切でないものは，次の１～５のうちどれか。**

1　暖気が寒気の上にはい上がり，寒気をおしやりながら進むとき，温暖前線が形成される。

2　寒冷前線付近では，暖気が急激に上空高くにおし上げられ，強い上昇気流が生じて積乱雲が発達する。

3　閉塞前線は，温暖前線が寒冷前線に追いついてできる。

4　停滞前線は，ほぼ同じ勢力の暖気と寒気がぶつかるときにでき，ほとんど前線の位置が変わらない。

5　梅雨前線や秋雨前線は，停滞前線である。

8　**次の会話について，（　　）に入れる英文として最も適切なものは，下の１～５のうちどれか。**

A：This is a beautiful river, Mom! Thank you for bringing me here.

B：Sure. It's my favorite place to visit.

A：It's very hot today, so (　　)

B：I'm sorry, but we can't. The river is too deep and dangerous.

1　I want to have some ice cream.

2　I'd like to swim here.

3　we should come here often.

4　let's go to a library.

5　I want to see some animals.

新潟市

9　**次の日本文の意味を表すように，①～⑥を並べ替えて［　　］の中に入れるとき，２番目と４番目に入れるものの組合せとして適切なものは，下の１～５のうちどれか。**

多くの人が私を批判したが，私は自分が正しいと思うことをやったのだ。

(①what　②thought　③I　④right　⑤was　⑥did)

2番目　4番目

Many people criticized me, but I ［　］［　］［　］［　］［　］［　］.

1　①─②

2　①─③

3　②─④

4　④─⑤

5　④─⑥

10　**音楽家と作品名の組合せとして適切でないものは，次の１～５のうちどれか。**

1　ドボルザーク　：　交響曲第９番 新世界より

2　バッハ　：　魔王

3　ハイドン　：　交響曲第101番 時計

4　メンデルスゾーン　：　ヴァイオリン協奏曲 ホ短調

5　ヘンデル　　　　：　メサイア

11　経済産業大臣の指定を受けた伝統的工芸品と県の組合せとして適切でないものは，次の1～5のうちどれか。

1　備前焼　　：　岡山県
2　房州うちわ　：　千葉県
3　福山琴　　：　広島県
4　南部鉄器　：　福岡県
5　山鹿灯籠　：　熊本県

12　次の①～③の下線部の拡張子が表すファイルの種類の組合せとして適切なものは，下の1～5のうちどれか。

①.jpg　②.mp4　③.mp3

1　①画像　②動画　③音声
2　①画像　②音声　③動画
3　①動画　②音声　③画像
4　①動画　②画像　③音声
5　①音声　②動画　③画像

13　A，B，C，Dの4人が受けたテストの結果が次のア～オのとおりであったとき，4人の点数を高い順に並べたものとして適切なものは，下の1～5のうちどれか。

ア　AとCの点数の差は30点である。
イ　BとDの点数の差は5点である。
ウ　Bの点数の2倍とCの点数の和は，Aの点数とDの点数の和より少ない。
エ　4人のうち最低点は30点である。
オ　Cの点数は50点である。

1　DACB
2　DCAB
3　ACDB
4　CABD
5　ADCB

解答＆解説

1　解答　4

解説　4：「若干」が正しい。
その他の選択肢の正しい漢字は次の通り。　1：保障　2：刊行　3：操縦
5：苦渋

2　解答　1

解説　1：「明鏡止水」は，何の邪念もなく，静かに落ち着いている心の状態。
その他の選択肢の正しい四字熟語と意味は次の通り。　2：「以心伝心」は，

新潟市

心をもって心を伝えること。　3：「完全無欠」は，すべて揃っていて欠けている点のないこと。　4：「大器晩成」は，優れた才能のある人は，年を取ってから大成するということ。　5：「快刀乱麻」は，こじれたものごとを，もつれた麻糸を刀で断ち切るように一気に解決するさま。

3 解答 5

解説 5：曹洞宗－道元が正しい。

その他の鎌倉新仏教の宗派と開祖は次の通り。浄土宗－法然，浄土真宗－親鸞，時宗－一遍，法華宗（日蓮宗）－日蓮，臨済宗－栄西。

4 解答 3

解説 3：参議院議員の被選挙権年齢は30歳以上である。

5 解答 5

解説 日本でのサミットは，初めてとなった1979年から3回連続で東京開催だった。2000年は沖縄県名護市，08年は北海道洞爺湖町，16年は三重県志摩市の賢島でそれぞれ開かれた。広島選出の衆議院議員として，「核兵器のない世界」の実現をライフワークに掲げる岸田文雄首相は，広島でのサミット開催は「被爆地外交」の集大成となっている。

6 解答 4

解説 食塩水Bをxg混ぜるとすると，$\frac{3}{100}\times(900-x)+\frac{12}{100}\times x=\frac{10}{100}\times 900$が成り立つ。

これを解くと，$x=700$となる。

7 解答 3

解説 温暖前線は寒気より暖気の方の勢力が強く，暖気が寒気を押すようにして進む時にできる前線。寒冷前線は暖気より寒気の方の勢力が強く，寒気が暖気を押しのけて進む時にできる前線。寒冷前線の前線面の傾斜は温暖前線より急で，降水の範囲は数十～100km程度と範囲は狭いが，前線に伴う雨は激しい。停滞前線は暖気と寒気の勢力が同程度で前線がほとんど動かない前線。停滞前線はどの季節にも表れ，梅雨前線や秋雨前線は停滞しやすい特徴がある。閉塞前線は温帯低気圧の域内で，「寒冷前線が温暖前線に追いついた時」にできる前線。したがって，誤りは3となる。

8 解答 2

解説 （　）の後でBは「I'm sorry, but we can't. The river is too deep and dangerous.」（ごめんなさい，それはできません。この川はとても深く危険なので）と言っているので，Aはこの川で泳ぎたかったはず。したがって，正解は2：「I'd like to swim here.」（ここで泳ぎたいです）である。　1：「I want to have some ice cream.」（アイスクリームが食べたいです），3：「we should come here often.」（ここに頻繁に来るべきです），4：「let's go to a library.」（図書館に行きましょう），5：「I want to see some animals.」（動物を見たいです）は文意に合わない。

9 解答 1

解説 正しく並べ替えると，「Many people criticized me, but I did what I thought was right.」（多くの人は私を批判するが，私は自分が正しいと思うことをした）となる。「I did what was right」で（私は正しいことをした）となり，「I thought」が挿入句として「what」と「was right」の間に入ったのがこの文章である。

10 **解答** 2

解説 2：「魔王」はゲーテの詩にシューベルトが作曲したドイツ歌曲である。平成元年告示の中学校学習指導要領までは鑑賞の共通教材が示されており，「魔王」も長く鑑賞共通教材とされていて，現在も中学校第1学年の音楽の教科書に掲載し続けられている作品である。

11 **解答** 4

解説 4：南部鉄器は岩手県の伝統的工芸品である。

12 **解答** 1

解説 ①：JPEGは静止画像データのファイル形式の一種で，拡張子は.jpg。フルカラー（約1677万色）の画像を扱えるため，写真などのデータを保存するのに向いている。　②：MP4は多くのビデオおよびオーディオ情報を小さなファイルサイズで保存できるビデオファイル用の一般的なコンテナ形式で，拡張子は.mp4。③：MP3は音声・音楽用のファイルとして最も使われているファイルで，拡張子は.mp3。

13 **解答** 3

解説 条件ア，エ，オからAが80点で，Cが50点と分かる。Bが最低点30点のとき，Dは35点であるから，Bの点数の2倍とCの点数の和は110点，Aの点数とDの点数の和は115点となり，条件ウを満たす。一方，Dが最低点30点のとき，Bは35点であるから，Bの点数の2倍とCの点数の和は120点，Aの点数とDの点数の和は110点となり，条件ウを満たさない。

富山県

実施日	2023(令和５)年７月15日	試験時間	60分（教職教養を含む）
出題形式	選択＋記述式	問題数	５題（解答数46）
パターン	５教科	公開状況	問題:公開　解答:公開　配点:公開

傾向&対策 ●教職教養２題（解答数14）一般教養５題（解答数46）で，例年，一般教養の比重が大きい。●国語は頻出の長文読解。漢字や語句の意味，文学史の知識を問う内容，接続詞，内容把握問題などが出題されることが多い。英語は会話文の空欄補充と英文作成，会話文の単語の並べ替え問題が頻出。●社会は例年，歴史・地理・公民から幅広く出題される。●数学は，式の計算と不等式，関数，図形が頻出。今年はここ数年出題されている確率ではなく，場合の数が出題された。●理科は例年，各科目から２～４問の出題。ここ数年，７問が選択問題，１問（解答数２）が正誤判定問題の形式。●国語の長文問題と数学の計算問題に時間を要するので，時間配分を意識した学習を進めよう。

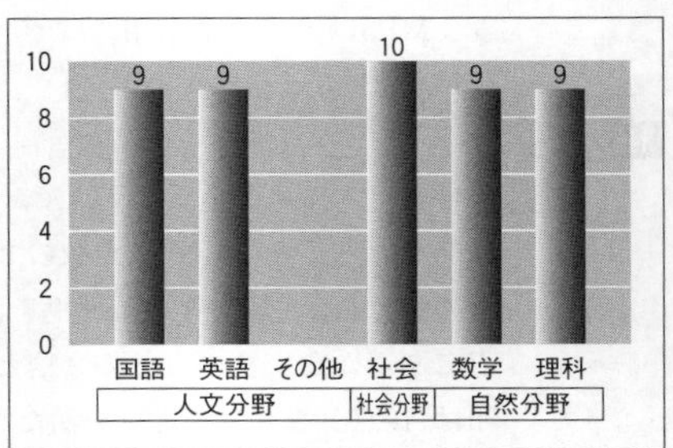

出題領域

分野	科目	解答数	科目	解答数	科目	解答数
人文分野	国語	9	英語	9	音楽	
	美術		家庭		保健体育	
社会分野	歴史(日本史)	2	歴史(世界史)	2	歴史(現代史)	
	地理(日本地誌)	1	地理(世界地誌)	1	地理(地理用語)	
	公民(政治)	1	公民(経済)	1	公民(国際)	2
	公民(倫理)		環境･情報･科学		時事問題	
	ローカル					
自然分野	数学	9	物理	1	化学	4
	生物	2	地学	2		

表中の数字は，解答数

全校種共通

☞解答＆解説 p.110

1　以下の問いに答えよ。

(1)　２つの物体が非弾性衝突をするとき，衝突の前後で常に保存されるのはどれか。次のア～エから１つ選び，記号で答えよ。

ア　力学的エネルギーの和　　イ　運動エネルギーの和　　ウ　運動量の差

エ　運動量の和

(2)　一定の融点がない物質を，次のア～エから１つ選び，記号で答えよ。

ア　ガラス　　イ　ダイヤモンド　　ウ　水晶　　エ　塩化ナトリウム

(3)　マンガン乾電池の負極に用いられる金属を，次のア～エから１つ選び，記号で答えよ。

ア　亜鉛　　イ　スズ　　ウ　鉄　　エ　ニッケル

(4)　栄養生殖でふえる生物はどれか。次のア～エから１つ選び，記号で答えよ。

ア　ゾウリムシ　　イ　アメーバ　　ウ　アサガオ　　エ　ジャガイモ

(5)　甲殻類でない生物はどれか。次のア～エから１つ選び，記号で答えよ。

ア　カニ　　イ　ミジンコ　　ウ　カブトムシ　　エ　エビ

(6)　台風や発達した低気圧の接近や通過に伴い，気圧の低下に伴って海面が異常に上昇することを何というか。次のア～エから１つ選び，記号で答えよ。

ア　大潮　　イ　小潮　　ウ　高潮　　エ　津波

(7)　高温の火山砕屑物が火山ガスに混じって山腹を高速で流下する現象を何というか。次のア～エから１つ選び，記号で答えよ。

ア　土石流　　イ　地衡流　　ウ　吹送流　　エ　火砕流

(8)　次の①，②の記述について，正しければ○，間違っていれば×を記せ。

①　温度の異なる物体が接触すると，熱は低温の物体から高温の物体に移る。

②　β崩壊では，質量数も原子番号も変化しない。

2　以下の問いに答えよ。

(1)　$27x^3-64$を因数分解せよ。

(2)　２次方程式$6x^2-5x-1=0$を解け。

(3)　2023を素因数分解せよ。

(4)　赤，白，青，黄，緑の５色の玉を円状に並べるとき，その並べ方は何通りか。

(5)　$0°<\theta<180°$とする。$\sin\theta>\frac{1}{\sqrt{2}}$を満たす$\theta$の値の範囲を求めよ。

(6)　放物線$y=x^2+3x+a$と直線$y=x+4$が共有点をもつように，定数aの値の範囲を求めよ。

(7)　$\sqrt{12}+\sqrt{27}-\sqrt{48}$を計算し，簡単にせよ。

(8)　正十二面体の頂点の個数を求めよ。

(9)　ある水そうに，蛇口Aだけで水を入れると120分で満水になり，蛇口Bだけで水を入れると40分で満水になる。蛇口A，Bを同時に使って水を入れるとき，水そうは何分で満水になるか求めよ。

3 以下の問いに答えよ。

(1) 日本国憲法において行政権が属するとされている機関として最も適切なものを，次のア～エから１つ選び，記号で答えよ。

ア 国会　イ 内閣　ウ 裁判所　エ 天皇

(2) 日本の租税の種類について，直接税かつ国税に含まれないものを，次のア～エから１つ選び，記号で答えよ。

ア 所得税　イ 法人税　ウ 消費税　エ 贈与税

(3) 外国から自国への旅行を指す語句として最も適切なものを，次のア～エから１つ選び，記号で答えよ。

ア アウトバウンド　イ インバウンド　ウ オーバーツーリズム
エ グリーンツーリズム

(4) 日本人で初めてノーベル賞を受賞した人物を，次のア～エから１つ選び，記号で答えよ。

ア 湯川秀樹　イ 川端康成　ウ 佐藤栄作　エ 吉田茂

(5) 菱川師宣の作品として適切なものを，次のア～エから１つ選び，記号で答えよ。

ア 見返り美人図　イ 富嶽三十六景　ウ 東海道五十三次
エ 紅白梅図屏風

(6)「聖書だけが信仰のよりどころである」と説き，聖書のドイツ語への翻訳に尽力した人物を，次のア～エのうちから１つ選び，記号で答えよ。

ア ウィクリフ　イ フス　ウ ルター　エ カルヴァン

(7) 1955年に平和十原則を発表し，アジア・アフリカ会議が開催された国を，次のア～エのうちから１つ選び，記号で答えよ。

ア インド　イ インドネシア　ウ ガーナ　エ 中国

(8) 1960年に石油メジャーに対抗するために結成された国際組織として適切なものを，次のア～エから１つ選び，記号で答えよ。

ア ASEAN　イ FAO　ウ UNESCO　エ OPEC

(9) 北緯30度，東経120度に領土をもつ国として適切なものを，次のア～エから１つ選び，記号で答えよ。

ア アメリカ合衆国　イ ブラジル　ウ オーストラリア　エ 中国

(10) 日本の最南端に位置する島として適切なものを，次のア～エから１つ選び，記号で答えよ。

ア 沖ノ鳥島　イ 与那国島　ウ 択捉島　エ 南鳥島

4 以下の設問に答えよ。

(1) 次の①～③の対話文中の（　　）に入る最も適切なものを，それぞれ下のア～エから１つずつ選び，記号で答えよ。

① A：Would you like some help with those bags?
B：Yes. Could you put them in the car for me?
A：Sure. I'll be glad to.
B：(　　)

ア Don't mention it. イ It's very kind of you.

ウ Thank you just the same. エ You are most welcome.

② A：Excuse me. You can't leave your bicycle here.

B：Oh. Where can I put it?

A：There's a bicycle parking lot on your left.（　　）

B：That's good because I don't have much money with me.

ア You can't leave it there all day. イ It's free to use.

ウ You don't have to lock your bicycle. エ It's not very full now.

③ A：Kate, your sister just called me.

B：Really, Mom? Does she like studying abroad in London?

A：Yes , a lot. And she said that（　　）

B：That's nice. She'll make some money, so maybe she can buy me a present.

ア she likes shopping. イ she's going to visit us next week.

ウ she found a part-time job. エ she's going to get married.

(2) 次の①～③の文中の（　　）に入る最も適切なものを，それぞれ下のア～エから1つずつ選び，記号で答えよ。

① Don't look down on all grown-ups. You should try to find someone to（　　）.

ア look up to イ look back on ウ look forward エ look in on

② New York is larger than（　　）city in Europe.

ア most イ any ウ every エ any other

③ You are late. You（　　）me sooner.

ア called イ have called ウ should have called エ will call

(3) 次の①～③の対話文中の（　　）内の語句を意味が通るように並べ替えたとき，その中で3番目と5番目に来るものの記号を，それぞれ左から順に記せ。なお，文頭に来るものも小文字で示されている。

① A：Excuse me, sir. Do you know how often the 25A bus comes?

B：The（ア bus イ every ウ five エ from オ leaves カ minutes）this stop between 7 and 9 a.m.

② A：I like your name, Vanessa. How did your parents choose it?

B：（ア after イ grandmother ウ me エ my オ named カ they）. Her name was Vanessa, too.

③ A：What should we do today? Do you want to stay at home and read a book or go to a movie?

B：I would rather（ア a イ go ウ movie エ read オ than カ to）. That way I can save my money.

5 〔傾向〕福嶋亮大『思考の庭のつくりかた　はじめての人文学ガイド』の文章を読んで，あとの問いに答える問題（8問）。

(1) ①希薄 ②マンガ について，傍線部の漢字の読みをひらがなで書き，カタカナは漢字に改めよ。

(2) 下線部（1カ所）の内容と合致しないものを，ア～エから1つ選ぶ問題。

(3) 空欄（1カ所）に入る言葉として最も適切なものを，ア～エから1つ選ぶ問題。

(4) 空欄（1カ所）に入る言葉として最も適切なものを，ア～エから1つ選ぶ問題。

(5) 夏目漱石とあるが，夏目漱石の作品を，次のア～エから1つ選び，記号で答えよ。

ア 山月記　イ 夢十夜　ウ 城の崎にて　エ しろばんば

(6) 下線部（1カ所）の意味として最も適切なものを，ア～エから1つ選ぶ問題。

(7) 下線部（1カ所）について，それはどういうことだと筆者は考えているか。最も適切なものを，ア～エから1つ選ぶ問題。

(8) 本文は，助動詞について述べた文章であるが，助動詞の説明として最も適切なものを，次のア～エから1つ選び，記号で答えよ。

ア 自立語で活用がある　イ 自立語で活用がない　ウ 付属語で活用がある
エ 付属語で活用がない

解答＆解説

1 解答 (1)―エ　(2)―ア　(3)―ア　(4)―エ　(5)―ウ　(6)―ウ　(7)―エ
(8)①―×　②―×

解説 (1) 物体が非弾性衝突をする前後の運動量の総和は変化しない（運動量保存則）。

(2) 融点は結晶構造を有する場合に一定の値を持つ。ア：ガラスは原子が不規則に配列したアモルファス（非晶質）と呼ばれる構造を持つ。

(3) マンガン乾電池は，中心に炭素棒があり，正極活物質に二酸化マンガン，負極活物質に亜鉛を充填し，電解液には塩化亜鉛を使用している。したがって，ア：亜鉛となる。

(4) 植物において花を生殖器官，それ以外の部分（根，茎，葉）を栄養器官という。そして，植物が栄養器官から子をつくることを栄養生殖という。栄養生殖で増える植物には，ジャガイモやサツマイモ，タケ，ベンケイソウなどがある。したがって，エ：ジャガイモとなる。

(5) 選択肢の生物は全て節足動物に属する。カブトムシは六脚類であり，残りの3種は甲殻類である。したがって，ウ：カブトムシとなる。

(6) 干潮と満潮の水位差を「潮差」と呼び，この潮差の大きい時を大潮，小さい時を小潮という。津波は地震や火山活動，山体崩壊に起因する海底・海岸地形の自然環境の急変により，海洋に生じる大規模な波の伝播現象である。問題文は高潮に関する記述である。したがって，ウ：高潮となる。

(7) 土石流は山腹，川底の石や土砂が長雨や集中豪雨などによって一気に下流へと押し流されるもの。地衡流は地球の自転による転向力と海水の圧力がつり合って流れているとみなされる海水の運動。吹送流は海上を吹く風と海面との摩擦によって生じる海流。問題文は火砕流の記述である。したがって，エ：火砕流となる。

(8)　①熱は高温の物体から低温の物体に移るため誤り。　②β崩壊は，核の中にある中性子が電子を1個放出して，陽子に変わる現象で，β崩壊により原子番号は1増加するため誤り。

2 **解答** (1)　$(3\boldsymbol{x}-4)(9\boldsymbol{x}^2+12\boldsymbol{x}+16)$　(2)　$\boldsymbol{x}=1,\ -\frac{1}{6}$　(3)　**7×17^2**　(4)　**24通り**

(5)　**$45°<\theta<135°$**　(6)　**$\boldsymbol{a}\leqq5$**　(7)　**$\sqrt{3}$**　(8)　**20個**　(9)　**30分**

解説 (1)　$27x^3-64=(3x)^3-4^3=(3x-4)(9x^2+12x+16)$

(2)　与式の左辺を因数分解すると，$(6x+1)(x-1)=0$となる。これを解いて，$x=1,\ -\frac{1}{6}$

(3)　$2023=7\times17\times17$

(4)　異なる5個の順列を考えて，円順列であるから重複を除く。$5!\div5=4!=24$[通り]

(5)　$\sin\theta=\frac{1}{\sqrt{2}}$となるのは，$\theta=45°,\ 135°$であるから，$45°<\theta<135°$

(6)　放物線と直線の式を連立して，判別式を用いる。$x^2+3x+a=x+4$より，$x^2+2x+(a-4)=0$となる。この判別式をDとおくと，$D=2^2-4\cdot1\cdot(a-4)=4-4a+16\geqq0$となればよいから，$a\leqq5$

(7)　(与式)$=2\sqrt{3}+3\sqrt{3}-4\sqrt{3}=\sqrt{3}$

(8)　正十二面体は，正五角形12枚で構成されるから，面の数が12枚，辺の数が$5\times12\div2=30$[本]ある。オイラーの定理より，(頂点の数)$-30+12=2$であるから，頂点は20個。もしくは，頂点に集まる辺の数が3本であることを知っている場合，$30\times2\div3=20$[個]と求めることもできる。

(9)　全体の仕事量を1とすると，蛇口AとBの仕事量はそれぞれ$\frac{1}{120}$，$\frac{1}{40}$であるから，求める仕事量は，$1\div\left(\frac{1}{120}+\frac{1}{40}\right)=1\div\frac{4}{120}=30$となる。

3 **解答** (1)—イ　(2)—ウ　(3)—イ　(4)—ア　(5)—ア　(6)—ウ　(7)—イ　(8)—エ　(9)—エ　(10)—ア

解説 (1)　イ：内閣→日本国憲法第65条　行政権は，内閣に属する。

ア：国会→日本国憲法第41条 国会は，国権の最高機関であって，国の唯一の立法機関である。　ウ：裁判所→日本国憲法第76条　全ての司法権は，最高裁判所および法律の定めるところにより設置する下級裁判所に属する。　エ：天皇→日本国憲法第1条　天皇は，日本国の象徴であり日本国民統合の象徴であって，この地位は，主権の存する日本国民の総意に基く。

(2)　消費税は間接税の国税である。

	直接税	間接税
国　税	所得税　法人税 相続税　贈与税 地価税	消費税　酒税 たばこ税　関税 石油石炭税
地方税 （都道府県税）	都道府県民税（都民税） 事業税 自動車税	道府県たばこ税（都たばこ税） 軽油取引税 地方消費税
（市町村税）	市町村民税 固定資産税 軽自動車税	市町村たばこ税 入湯税

(3)　イ：インバウンドは，旅行業界において外国から自国への旅行（訪日旅行や訪日外国人）を意味する。

ア：アウトバウンドは，旅行業界において日本から海外に旅行することや日本人海外旅行客を表す。　ウ：オーバーツーリズムは，特定の観光地において，訪問客の著しい増加で地域住民の生活や自然環境景観等に対して負の影響をもたらしたり観光客の満足度を著しく低下させるような状態を意味する。　エ：グリーンツーリズムは，農山漁村に滞在し，漁業農業体験を楽しみ地域の人々とのとの交流を図ること。

(4)　ア：湯川秀樹　1949年物理学賞受賞。日本初のノーベル賞受賞者。

イ：川端康成　1968年文学賞受賞。　ウ：佐藤栄作　1974年平和賞受賞。

エ：吉田茂　ノーベル賞受賞者ではない。

(5)　ア：見返り美人図は，菱川師宣の代表的な肉筆浮世絵。

イ：富嶽三十六景は，葛飾北斎の富士山を描いた風景画。　ウ：東海道五十三次は，歌川広重の版画風景画。　エ：紅白梅図屏風は，尾形光琳の代表作。

(6)　ウ：ルターは，ドイツの宗教改革を指導した神学者。1517年10月ヴィッテンベルク教会の扉に九十五ヶ条の論題を掲げ，救いは儀式や単なる善行によって得られるのではなく，「人は信仰によってのみ義とされるものであり聖書だけが唯一の権威である」と主張。また，聖書のドイツ語訳により近代ドイツ語の確立も促進させた。

ア：ウィクリフは，イギリスの神学者。オックスフォード大学教授で，宗教改革の先駆者とされる。聖書を英訳するなどして自説の普及に努めた。　イ：フスは，ベーメン（ボヘミア）の神学者。プラハ大総長。ウィクリフの考えに共鳴してカトリックの現状を批判。　エ：カルヴァンは，フランス出身の宗教改革者。ルターの影響で福音主義を主張した。

(7)　平和十原則は，1955年のバンドン会議で宣言された反植民地主義と民族自決主義を主張する原則。バンドン会議は，イ：インドネシアのバンドンで開かれたアジア・アフリカ地域29カ国の会議。

(8)　エ：OPECは，石油輸出国機構。1960年に結成された欧米の国際石油資本（メジャー）に対抗する石油輸出国のカルテル。

ア：ASEANは，東南アジア諸国連合。東南アジア５カ国で結成した地域連合。その後10カ国となった。積極的に外資を導入して輸出促進に努め近年は高い経済成長を見せている。　イ：FAOは，国連食糧農業機関。1945年設立。食糧の増産，農民の生活水準の改善，各国民の栄養の向上を目標としている国際連合の専門機関。　ウ：UNESCOは，国連教育科学文化機関。教育・科学・文化・通信を通じて国家間の協力を促進し，世界の平和と安全をはかる目的の国際連合の専門機関。

(9)　北緯30度は北半球で，東経120度はアジアである。北緯30度で，東経120度の地点はエ：中国のハンチョウ（広州）付近である。

(10)　ア：沖ノ鳥島は，日本最南端（北緯20度25分，東経136度05分）の東京都小笠原村に属する無人島。

イ：与那国島は，南西諸島にある日本最西端（北緯24度26分，東経122度56分）の島。台湾との国境付近にあり，沖縄県に属する。　ウ：択捉島は，千島列島の南西部に位置する千島列島最大の島。本州・北海道・四国・九州を除いて最も大きな島。　エ：南鳥島は，北緯24度18分東経153度59分の西太平洋上にある日本最東端のサンゴ礁の島。東京都に属する。

4 **解答** (1)①―イ　②―イ　③―ウ　(2)①―ア　②―エ　③―ウ
(3)①―イ，カ　②―ウ，エ　③―イ，ア

解説 (1)　①荷物を車に運ぶよう頼まれたAは「Sure. I'll be glad to.」（もちろん。喜んで）と返事をしているので，それに対するBの返答として適切なのはイ：「It's very kind of you.」（ご親切にどうもありがとう）である。

ア：「Don't mention it.」（どういたしまして），ウ：「Thank you just the same.」（とにかくありがとうございます。　申し出を断った時などに使う表現なのでここでは不可），エ：「You are most welcome.」（どういたしまして）は文意に合わない。

②「There's a bicycle parking lot on your left.」（左手に駐輪場がありますよ）と言われたBは「That's good because I don't have much money with me.」（それはよかった，というのも，今お金を持っていないから）と発言しているので，その駐輪場は無料のはず。したがって正解はイ：「It's free to use.」（使用料はかかりません）である。

ア：「You can't leave it there all day.」（終日そこに駐輪することはできません），ウ：「You don't have to lock your bicycle.」（自転車にカギをかける必要はありません），エ：「It's not very full now.」（現在，あまり混んでいません）は文意に合わない。

③２回目の発言でBは「That's nice. She'll make some money, so maybe she can buy me a present.」（それはよかった。お金を稼げますね。ひょっとしたら私にプレゼントを買ってくれるかもしれません）と発言しているので，（　）

富山県

はお金を稼ぐ方法や手段が述べられているはず。したがって正解はウ：「she found a part-time job.」（彼女はアルバイトを見つけました）である。

ア：「she likes shopping.」（彼女は買い物が好きです），イ：「she's going to visit us next week.」（彼女は来週私たちを訪問する予定です），エ：「she's going to get married.」（彼女は結婚する予定です）は文意に合わない。

(2) ①問題文を日本語に訳すと（大人を見下してはいけません。尊敬できる人を探そうとするべきです）となるので，正解はア：「look up to」である。「look up to」は「尊敬する」という意味の熟語。「look down on」は「軽蔑する」という意味の熟語。

②「比較級 than any other 単数名詞」は（他のどんな単数名詞よりも比較級だ）と訳し，最上級の内容を比較級で表現する際に用いられる。問題文を訳すと「New York is larger than any other city in Europe.」（ニューヨークはヨーロッパの他のどんな都市よりも大きいです）となる。

③「should have 過去分詞」は（過去の行為に対する非難や後悔）を表す表現で（～するべきだったのに）と訳す。問題文を日本語に訳すと「You are late. You should have called me sooner.」（遅いですよ。あなたはもっと早くに私に連絡するべきだったのに）となる。

(3) ①正しく並べ替えると「The（ bus leaves every five minutes from ）this stop between 7 and 9 a.m.」（そのバスは7時から9時の間5分おきにこのバス停から出発します）となる。「every ～」は（～毎に）という意味。

②正しく並べ替えると「They named me after my grandmother.」（彼らは祖母の名にちなんで私の名前をつけました）となる。「name A after B」は（Bにちなんでコに名前をつける）という意味の熟語。

③正しく並べ替えると「read than go to a movie.」（映画に行くよりもむしろ読書をしていたい）となる。「would rather A than B」は（BよりもむしろAがしたい）という意味の熟語。Bの最後の発言に「That way I can save my money.」（そうすれば，お金を節約できる）とあるので，（読書よりも映画に行きたい）のではなく（映画に行くよりも読書したい）となる。

富山県

5 **解答** (1)① きはく ② 漫画 (5)―イ (8)―ウ

解説 (1) ①「希薄」とは，液体や気体などの濃度・密度が低いこと，物事に向かう気持ちや意欲が乏しいこと。 ②「漫画」の漫を誤って「慢」と書かないように注意する。

(5) 他の選択肢の正しい作者は次の通り。 ア：『山月記』は中島敦 ウ：『城の崎にて』は志賀直哉 エ：『しろばんば』は井上靖

(8) 他の選択肢の説明に当てはまる品詞は次の通り。 ア：「自立語で活用がある」品詞は，動詞，形容詞，形容動詞。 イ：「自立語で活用がない」品詞は，名詞，副詞，連体詞，接続詞 感動詞。 エ：「付属語で活用がない」品詞は，助詞。

石川県

実施日	2023(令和５)年７月15日	試験時間	90分（教職教養を含む）
出題形式	マークシート＋論述式	問題数	５題（解答数31，論述１問）
パターン	３教科(国英数)＋情報·時事	公開状況	問題:公開　解答:公開　配点:公開

傾向&対策 ●一般教養の基本パターンは，３教科（国英数）＋時事＋論述で，年度によって社会や環境，ローカルなどが加わる。また，ローカルは時事的な要素を含む。●国語は，頻出の漢字と，文学史やことわざの漢字，敬語などについて問われた。英語は長文と会話文の空欄補充がよく出されるが，会話文の場合もボリュームがある。●時事問題は毎年問題数が多く，出題領域も広い。今年度は，アルテミス計画や国枝慎吾氏の国民栄誉賞受賞など。●数学は，論理的思考を問う問題が恒例である。●論述問題は，評論を読み，本文の内容に沿って自分の考えや指導への生かし方を300字程度で述べる形式。採点のポイントを確認し，時間内に簡潔で分かりやすい文章を書く力を身に付けておこう。

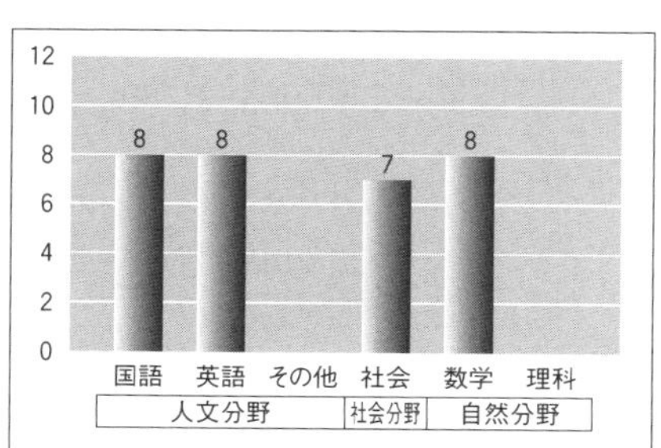

出題領域

人文分野	国語	8	英語	8	音楽	
	美術		家庭		保健体育	
社会分野	歴史(日本史)		歴史(世界史)		歴史(現代史)	
	地理(日本地誌)		地理(世界地誌)		地理(地理用語)	
	公民(政治)		公民(経済)		公民(国際)	
	公民(倫理)		環境·情報·科学	1	時事問題	7
	ローカル					
自然分野	数学	8	物理		化学	
	生物		地学			

表中の数字は，解答数

※選択肢の出題領域が複数にわたる場合は，それぞれの項目に加算するためグラフの数とは異なる

全校種共通

☞解答＆解説 p.120

1 **次の⑴～⑺の空欄［ア］～［キ］に入るものとして最も適当なものを，それぞれ下の①～④から一つずつ選びなさい。**

⑴ 月面探査プログラム「［ア］計画」を見据えて宇宙飛行士を募集していたJAXAは，令和５年２月，諏訪理さんと米田あゆさんを宇宙飛行士候補として選出したことを発表した。

① アポロ　② アルテミス　③ オリオン　④ マリナー

⑵ アメリカのベンチャー企業である［イ］が開発した対話型AI「ChatGPT」など，大量の学習データを基に文章や画像を自動的に作り出す人工知能を生成AIという。

① Google　② Hayden AI　③ OpenAI　④ Microsoft

⑶ 明治以来，中央省庁の本庁が地方に移転する初めての試みとして，令和５年３月に［ウ］が京都市に移転し，新庁舎で業務を開始した。

① 観光庁　② 気象庁　③ 消費者庁　④ 文化庁

⑷ 令和５年４月に日本銀行の総裁が10年ぶりに交代し，東京大学等で教授を務め，日本銀行初の経済学者出身の総裁となる［エ］氏が就任した。

① 植田和男　② 内田眞一　③ 黒田東彦　④ 氷見野良三

⑸ 令和５年４月，国連人口基金（UNFPA）は，最新の世界人口推計を公表し，［オ］の人口が今年半ばに中国を抜いて世界最多となるとの見通しを示した。

① アメリカ　② インド　③ インドネシア　④ パキスタン

⑹ 令和５年３月，パラスポーツの社会的認知度の拡大，スポーツの発展に極めて顕著な貢献をし，広く国民に夢と感動を，社会に明るい希望や勇気を与えた［カ］氏は，国民栄誉賞の表彰を受けた。

① 国枝慎吾　② 齋田悟司　③ 羽生結弦　④ 小田凱人

⑺ 令和５年３月，71歳で亡くなった［キ］さんは，1988年に，映画「ラストエンペラー」の音楽でアカデミー賞作曲賞を受賞したほか，グラミー賞など数々の賞を受賞して国際的な評価を高めていた。

① 内田裕也　② 坂本龍一　③ 高橋幸宏　④ 筒美京平

2 **次の問いに答えなさい。**

問１　次の文章の空欄に入る数値を答えなさい。

１～100までの番号が１つずつ書かれた100個の玉が袋の中に入っている。次の手順１及び２に従って玉を取り出したとき，袋の中に残った玉は［アイ］個である。

手順１：袋の中にある３の倍数の番号が書かれた玉をすべて取り出す。

手順２：袋に残った玉の中から２の倍数の番号が書かれた玉をすべて取り出す。

問２　次の文章の空欄に入る数値を答えなさい。

図のように，１～６の目が割り振られた６個のサイコロを，互いに接する面の目が同じになるように積み重ねた。このとき，Aの位置にくる面は［ウ］の目，Bの位置にくる面は［エ］の目である。ただし，ここで用いる６個のサイコロは，対面の和が7であり，面に割り振られた数字の位置がすべて同じものであるとする。

問3　A～Eの5人が一緒に出かけることになり，ある駅で待ち合わせをした。駅に到着した順序に関して，次の(ア)～(エ)の発言があったが，発言のうち一つだけ誤りであることがわかっている。このとき，下の(1)(2)に答えなさい。ただし，同時に駅に到着した者はいなかったものとする。

(ア)「Aは，Dより先に到着し，Eより後に到着した。」

(イ)「Cは，Aより先に到着し，Dより後に到着した。」

(ウ)「Dは，Eより先に到着し，Bより後に到着した。」

(エ)「Eは，Aより先に到着し，Cより後に到着した。」

(1)　誤った発言はどれか，次の①～④から一つ選びなさい。［オ］

①　(ア)　　②　(イ)　　③　(ウ)　　④　(エ)

(2)　4番目に到着した人はだれか，次の①～⑤から一つ選びなさい。［カ］

①　A　　②　B　　③　C　　④　D　　⑤　E

問4　右の掛け算の筆算において，X，Y，Z及びその他の空欄□には0～9のいずれかの数字があてはまる。X，Y，Zにあてはまる数字を答えなさい。ただし，X，Y，Z及びその他の空欄□には，同じ数字を繰り返し用いてもよい。

X：［キ］　　Y：［ク］　　Z：［ケ］

			3	□	7	□
×				□	□	X
			□	□	□	7
	□	□	□	□	□	
□	□	□	□	2		
Y	□	Z	□	0	2	7

3　**RobertoとYukikoは，浜辺に遊びにきました。次の二人の会話を読んで，下の問いに答えなさい。**

Roberto：Here we come in the ocean! It's so beautiful!

Yukiko：It is, ［イ］ for some garbage on the beach.

Roberto：Yeah, there are a lot of plastic bottles and plastic bags.

Yukiko：Who threw them away? Did someone come here at night and dump them?

Roberto：I think most of them have washed up on the beach. Have you ever heard of ocean plastic pollution?

Yukiko：Yes, I have. There is a lot of plastic garbage in the sea, right?

Roberto：That's right. It's a global problem. Every year, more than 8 million tonnes of plastic ends up in the ocean and that can be a real problem for marine life.

Yukiko：Why? They don't eat plastic, do they?

Roberto：Yes, they do. Plastic waste ［ウ］ in the water can look a lot like food to marine animals. For example, turtles can (あ) things like plastic bags for jellyfish and eat them. According to research, 33% of fishes were found to have consumed plastic, which is chemical and toxic, and can pose threats to their health or even (い) them.

Yukiko：I (う) sorry for them.

Roberto：What is ［エ］, plastic breaks down into smaller pieces called microplastics. Although we can easily pick up plastic waste littered on coastlines to reduce pollution, it's near impossible to get rid of microplastics as they are so tiny that they cannot be seen by the human eye. Despite their size, they are just as harmful as other plastics.

Yukiko：Oh. We eat fish regularly. When fish eat plastic waste, we are also eating food that is contaminated. It's so dangerous for us, isn't it?

Roberto：Exactly.

Yukiko：What can we do about this problem?

Roberto：Well, How about（ え ）? Maybe you can do this.

Yukiko：Yes. I'll try it.

注）have washed up on the beach 浜辺に打ち上げられた，toxic 有毒な，contaminated 汚染された

問１（ あ ）～（ う ）に入るものの組合せとして最も適当なものを，次の①～⑥から一つ選びなさい。ア

① あ feel い kill う mistake
② あ feel い mistake う kill
③ あ kill い feel う mistake
④ あ kill い mistake う feel
⑤ あ mistake い feel う kill
⑥ あ mistake い kill う feel

問２ 空欄 イ ～ エ に入るものとして最も適当なものを，それぞれ次の①～④から一つずつ選びなさい。

イ：① excluding ② except ③ expect ④ experience
ウ：① float ② floated ③ floating ④ having floated
エ：① better ② clever ③ familiar ④ worse

問３（ え ）に入るものとして適当でないものを，次の①～⑤から二つ選びなさい。
オ カ（順不同）

① taking a bus instead of a car
② picking up plastic bottles on the beach
③ talking about this problem to your classmates
④ buying a turtle to keep it at school
⑤ reducing the amount of disposable plastic bags you use

問４ 本文の内容に合うものを，次の①～⑥から二つ選びなさい。キ ク（順不同）

① Yukiko didn't know about ocean plastic pollution until she went to the beach with Roberto.
② Jellyfish are in danger of dying out because turtles eat them too much.
③ Some fish are so small that they can't bite plastic wastes.
④ It is not easy to remove microplastics from the ocean.
⑤ Plastics in the ocean are very dangerous regardless of how big they are.

石川県

⑥ Ocean plastic pollution has something to do with marine life but has nothing to do with human beings.

4 **次の問いに答えなさい。**

問1　次の(1)(2)の下線部と同じ漢字を含むものを，それぞれ下の①～④から一つずつ選びなさい。

(1)　早く帰るようウナガす。［ア］

①　キンム時間を30分繰り上げる。　②　成長をソクシンする肥料をまく。

③　準備に必要な費用をセイキュウする。　④　生徒を安全な場所にユウドウする。

(2)　上司からの依頼をテイチョウに断る。［イ］

①　理科の実験で2つの薬品をチョウゴウする。

②　経済に復活のチョウコウが見えてきた。

③　話がチョウフクして内容がわからない。

④　これはギリシア時代のチョウコクである。

問2　次の(1)(2)の文で始まる文学作品の作者を，それぞれ下の①～④から一つずつ選びなさい。

(1)「国境の長いトンネルを抜けると雪国であった。」［ウ］

①　芥川龍之介　②　井上靖　③　川端康成　④　志賀直哉

(2)「メロスは激怒した。」［エ］

①　太宰治　②　中原中也　③　夏目漱石　④　村上春樹

問3　「他山の石」の本来の意味として最も適当なものを，次の①～④から一つ選びなさい。［オ］

①　他人の誤った言行も自分の行いの参考となる

②　他人の誤った言行を自分に無関係なものと考える

③　他人の良い言行は自分の行いの手本となる

④　他人の良い言行を自分に無関係なものと考える

問4　次のことわざの□に入る漢字と同じ漢字が□に入るものを，下の①～④から一つ選びなさい。［カ］

天高く馬肥ゆる□

①　□至かぼちゃに年とらせるな　②　飛んで火に入る□の虫

③　□眠暁を覚えず　④　□の日は釣瓶落とし

問5　県内のある学校の校長から，来週の水曜日，自分が勤務する学校の校長と打合せをしたいと予定を尋ねられたときの回答として最も適当な言い方はどれか，次の①～④から一つ選びなさい。［キ］

①　来週，校長は県外出張へいらっしゃいます。

②　来週，校長は県外出張へ伺います。

③　来週，校長は県外出張に参ります。

④　来週，校長は県外出張でご不在です。

5〔傾向〕**奈須正裕「個別最適な学びと協働的な学び」の文章を読み，問いに答える問題。**

問　一斉指導の長所と短所をあげ，それを踏まえて，これからの学習指導について，自分の考えを300字程度で書く問題。

解答＆解説

1 解答 (1)―② (2)―③ (3)―④ (4)―① (5)―② (6)―① (7)―②

解説 (1) ②：アルテミス計画とは米航空宇宙局（NASA）が主導し日本や西欧諸国も参加する国際協力プロジェクトのこと。2024年後半か25年初頭に有人衛星を月周回軌道に乗せ，25年以降に人類を月面に送り込むことを目指している。

(2) 誤りの選択肢について解説する。

①：Googleは世界最大の検索エンジンを開発したのをはじめ，オンライン広告，クラウドコンピューティング，ソフトウェア，ハードウェア関連などの事業を展開するアメリカ合衆国の主要なIT企業。 ②：Hayden AIはバスや電車など輸送機関にスマートシティソリューションを提供する人工知能テクノロジー企業。 ④：Microsoftはパソコン用OSのWindowsを開発し，Windows向けのオフィスソフトとしてMicrosoft Officeを販売するアメリカを代表するIT企業。

(3) ④：文化庁の京都移転は，東京一極集中の是正，日本全国の文化の力による地方創生，地域の多様な文化の掘り起こしや磨き上げによる文化芸術の振興といった意義を有する。

(4) 誤りの選択肢について解説する。

②：内田眞一は日本銀行の副総裁。 ③：黒田東彦は日本銀行の前総裁。 ④：氷見野良三は日本銀行の副総裁。

(5) ②：UNFPAの推計（2023年4月）によると，インドの人口は14億2860万人に達し，中国の人口（14億2570万人）を290万人上回る見通し。

(6) 誤りの選択肢について解説する。

②：齋田悟司は車いすテニス選手でパラリンピック6大会連続出場。 ③：羽生結弦は日本の元フィギュアスケート選手（男子シングル）。2014年のソチオリンピックにてフィギュア男子日本初の金メダル獲得。18年の平昌オリンピックでフィギュア男子66年ぶりとなる連覇を達成。同年に個人として史上最年少の23歳で国民栄誉賞を受賞。現在はプロのアスリート。 ④：小田凱人は車いすテニス選手で2023年17歳にして全仏オープンで四大大会初優勝，史上最年少で世界ランク1位の座に就くと，ウィンブルドンでも優勝し四大大会2大会連続優勝を果たす。

(7) 誤りの選択肢について解説する。

①：内田裕也はミュージシャンで俳優，邦楽ロックの基礎をつくった。2019年死去。 ③：高橋幸宏はYMOのメンバーとしての活動後，シンガーソングライター，ドラマー，音楽プロデューサーとして活躍。2023年死去。 ④：筒美京平は昭和期にヒットした歌謡曲「木綿のハンカチーフ」，「また逢う日まで」などを多数手がけた作曲家。2020年死去。

2 解答 問1 33（ア―3 イ―3） 問2 ウ―3 エ―5 問3 (1) オ―①

(2) **カ—⑤ 問4 キ—1 ク—2 ケ—8**

解説 問1 手順1より取り出される玉は，100÷3＝33あまり1であるから33個。手順2より，1～100までに2の倍数は50個あるが，すでに6の倍数である16個（100÷6＝16あまり4）は取り出されているので，手順2で取り出される玉は50－16＝34［個］。したがって，袋に残っている玉は，100－(33＋34)＝33［個］。

問2 置いてあるサイコロから，展開図は次のようになる。したがって，Aは3と分かる。また，Aの位置にくる反対の面は4であるから，Bは5と分かる。

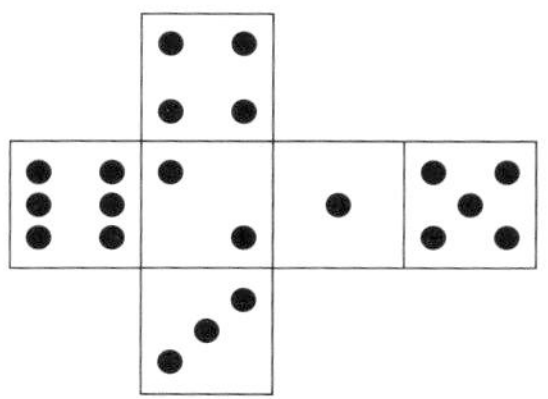

問3 (ア)と(イ)が矛盾しているため，どちらかが誤りである。(ア)が誤りだとすると，到着した順番は，BDCEAとなる。(イ)が誤りだとすると，(ア)と(ウ)が矛盾して成り立たない。

問4 掛けて7になる計算は，1×7，3×9のどちらかであり，千の位の3にXを掛けても万の位に繰り上がらないことから，X＝1もしくは3である。X＝1のとき，以下の筆算が成り立つ。

$$
\begin{array}{rrrrrrr}
 & & & 3 & 9 & 7 & 7 \\
\times & & & & 6 & 5 & 1 \\
\hline
 & & & 3 & 9 & 7 & 7 \\
 & 1 & 9 & 8 & 8 & 5 & \\
2 & 3 & 8 & 6 & 2 & & \\
\hline
2 & 5 & 8 & 9 & 0 & 2 & 7
\end{array}
$$

3 **解答** **問1 ア—⑥ 問2 イ—② ウ—③ エ—④ 問3 オ—① カ—④（順不同）**
問4 キ—④ ク—⑤（順不同）

解説 問1 ア：（ あ ）前文に「Plastic waste [ウ] in the water can look a lot like food to marine animals.」（水に浮かぶプラスティックのゴミは海の生き物にとって食べ物に似ている）とあり，それを受け具体例として「turtles can （ あ ） things like plastic bags for jellyfish…」（カメはプラスティックの袋をクラゲと…）あるので，（ あ ）には（間違える）という語句がくるはず。したがって正解は「mistake」である。「mistake A for B」で（AをBと間違える）という意味の熟語。（ い ）のある文章を訳すと「According to research, 33% of fishes were found to have consumed plastic, which is chemical and toxic, and can pose threats to their health」（調査によれば，33パーセントの魚が化学物質や有毒な物質を含むプラスティックを体内に取り入れたことが分かり，それは魚の健康に脅威を与える）とあるので，それに続く言葉として適切なのは（魚を死に至らしめる）である。したがって正解は「kill」である。（ う ）「feel sorry for」

で（～を残念に思う）という意味の熟語。

問２　イ：「Here we come in the ocean! It's so beautiful!」（海に着きました。とても美しいですね）というRobertoの発言に，Yukikoは「It is.」（そうですね）と返事をした後で「some garbage on the beach.」（浜辺にはゴミがある）と述べているので，（ゴミを除けば）となるはず。したがって正解は②である。「except for」は（～を除いて）という意味の熟語。ウ：この文の主語は「Plastic waste」（プラスティックゴミ）で動詞は「look like」（～に似ている）なので，ウからwaterまでは固まりで主語を説明している。したがって正解は「floating」である。「floating」は現在分詞の形容詞的用法で（～している）と訳し固まりとなり後ろから前の名詞を修飾している。「Plastic waste floating in the water」は（水に浮かんでいるプラスティックゴミ）となる。エ：カッコの後を訳すと「plastic breaks down into smaller pieces called microplastics.」（プラスティックは砕けてマイクロプラスティックという，より小さな破片となる）となり，悪い内容が続くことが分かる。したがって正解は「worse」である。「What is worse」は（さらに悪いことに）という意味の熟語。

問３　（ え ）の前の文でYukikoは「What can we do about this problem?」（この問題（魚がプラスティックゴミを食べることで人間にも害が及ぶという問題）の解決のために私たちに何ができるのだろう）と問いかけているので，Robertoの返答はその解決を目指す具体的な内容になるはず。したがって，②：「picking up plastic bottles on the beach」（浜辺のプラスティックボトルを拾うようにしよう），③：「talking about this problem to your classmates」（クラスメイトにこの問題を話そう），⑤：「reducing the amount of disposable plastic bags you use」（あなたが使う使い捨てのプラスティックの袋の数を減らそう）は（ え ）に入るのに適切である。

①：「taking a bus instead of a car」（車の代わりにバスに乗ろう），④：「buying a turtle to keep it at school」（学校で飼うためにカメを買いましょう）は不適当である。

問４　④：「It is not easy to remove microplastics from the ocean.」（海からマイクロプラスティックを取り除くことは容易ではない）は６回目のRobertoの発言の２文目「Although we can easily pick up plastic waste littered on coastlines to reduce pollution, it's near impossible to get rid of microplastics as they are so tiny that they cannot be seen by the human eye.」（汚染物を減らすために浜辺に散らかったプラスティックゴミを拾うことは容易にできるが，人間の目に見えないほど小さいマイクロプラスティックを取り除くことはほぼ不可能だ）と一致。⑤：「Plastics in the ocean are very dangerous regardless of how big they are.」（大きさに関係なく，海のプラスティックは非常に危険である）は６回目のRobertoの発言の最終文「Despite their size, they are just as harmful as other plastics.」（その大きさにかかわらず，マイクロプラスティックは他のプラスティックと同様に有害である）と一致。

①：「Yukiko didn't know about ocean plastic pollution until she went to the beach with Roberto.」（YukikoはRobertoと海に来るまで海洋プラスティックの問題を知らなかった）は３回目のYukikoの発言「Yes, I have. There is a lot of plastic garbage in the sea, right?」（はい，聞いたことがあります。海にはたくさんのプラスティックゴミがあるのですよね）と不一致。 ②：「Jellyfish are in danger of dying out because turtles eat them too much.」（クラゲは絶滅の危機に瀕している，というのもカメがクラゲを食べつくすからである）は本文中に記述がないので不一致。 ③：「Some fish are so small that they can't bite plastic wastes.」（プラスティックゴミを噛めないほど小さな魚がいる）は本文中に記述がないので不一致。 ⑥：「Ocean plastic pollution has something to do with marine life but has nothing to do with human beings.」（プラスティックの海洋汚染は海の生き物と関係があるが，人間とは無関係だ）は６回目のYukikoの発言「We eat fish regularly. When fish eat plastic waste, we are also eating food that is contaminated. It's so dangerous for us, isn't it?」（私たちは魚を食べます。魚がプラスティックゴミを食べるということは，私たちも汚染された食べ物を食べていることになります。それは私たちにとっても危険ですね）と不一致。

4 **解答** **問１(1)―②　(2)―③　問２(1)―③　(2)―①　問３―①　問４―④　問５―③**

解説 問１(1)　設問のカタカナ部を漢字にすると「促す」となるので，②：「促進」となる。

他の選択肢の漢字は次の通り。 ①：勤務　③：請求　④：誘導

(2)　設問のカタカナ部を漢字にすると「丁重」となるので，③：「重複」となる。

他の選択肢の漢字は次の通り。 ①：調合　②：兆候　④：彫刻

問２(1)　③：川端康成，問題の作品名は『雪国』。

他の選択肢の作者の代表作は次の通り。 ①：芥川龍之介，『杜子春』，『羅生門』。 ②：井上靖，『しろばんば』，『敦煌』。 ④：志賀直哉，『城の崎にて』，『暗夜行路』。

(2)　①：太宰治，問題の作品名は『走れメロス』。

他の選択肢の作者の代表作は次の通り。 ②：中原中也，詩集『山羊の歌』，『在りし日の歌』。 ③：夏目漱石，『吾輩は猫である』，『坊っちゃん』。 ④：村上春樹，『ねじ巻き鳥クロニクル』，『１Ｑ８４』。

問３　①：よその山から落ちてくる価値のない石ころでも自分の宝石を磨く助けになるという話がもととなる。

問４　問題は④：「秋」。

他の選択肢の空欄に入る漢字は次の通り。 ①：冬　②：夏　③：春

問５　③：他校の校長に対しての自分の学校の校長の行動の説明であるため，謙譲語を使う。

他の選択肢が不適当な理由は次の通り。 ①：「いらっしゃいます」は尊敬語のため。 ②：「伺います」は相手のもとに行くのではないため。 ④：「ご不在」は尊敬語のため。

福井県

実施日	2023(令和５)年７月１日	試験時間	60分（教職教養を含む）
出題形式	選択式	問題数	19題（解答数20）
パターン	５教科＋情報･時事･ローカル	公開状況	問題:公開　解答:公開　配点:公開

傾向&対策 ●教職教養20題（解答数20），一般教養は19題（解答数20）と，教職と一般でほぼ同じ比重となっている。●国語は長文の空欄補充と，古典，漢文に加え，福井県出身の作家に関する出題があった。英語は長文の内容把握。●社会は日本史，地理，公民（経済・国際）と幅広く出題。国際は2023年に広島市で行われたＧ７サミットとからめて出題された。●数学は，資料を基にした論理的思考問題などが出題された。論理は頻出のため，似たような問題にあたって対策をしておきたい。理科は物理・化学・生物・地学から出題。地学の化石の問題は，福井県大野市内から見つかったアンモナイト化石とからめて出題された。●５教科を中心に，ローカルの情報も確認しておこう。

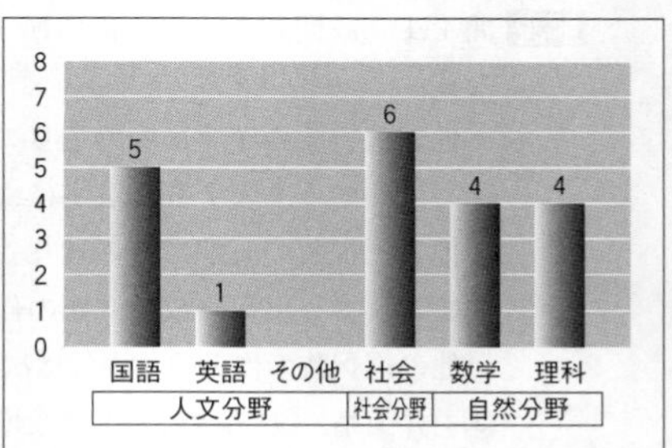

出題領域

分野	科目	数	科目	数	科目	数
人文分野	国語	5	英語	1	音楽	
	美術		家庭		保健体育	
社会分野	歴史(日本史)	1	歴史(世界史)		歴史(現代史)	
	地理(日本地誌)	1	地理(世界地誌)		地理(地理用語)	
	公民(政治)		公民(経済)	1	公民(国際)	1
	公民(倫理)		環境･情報･科学	1	時事問題	2
	ローカル					
自然分野	数学	4	物理	1	化学	1
	生物	1	地学	1		

表中の数字は，解答数

全校種共通

☞解答＆解説 p.129

1 〔傾向〕倉島長正『日本人が忘れてはいけない美しい日本の言葉』の文章を読んで，本文が指す「敷居が高い」の本来の使い方で使っているものを，①～⑤の文章の中から１つ選ぶ問題（１問）。

2 〔傾向〕立松和平『すらすら読める奥の細道』の文章を読んで，あとの問いに答える問題（２問）。

(1) 「古例今に絶えず」とは，「昔のそのことを今に伝える行事は絶えず」という意味であるが，この「行事」とはどのようなことを指すか。適切なものを，①～⑤の中から１つ選ぶ問題。

(2) ［　　　　］に当てはまる俳句を，①～⑤の中から１つ選ぶ問題。

3 〔傾向〕小島憲之編『王朝漢詩選』の漢詩を読んで，筆者が主張したいこととして，適切なものを，①～⑤の中から１つ選ぶ問題（１問）。

4 小説「玩具」で芥川賞，「紅梅」で菊池寛賞を受賞した福井県出身の作家を，①～⑤の中から１つ選んで番号で答えなさい。

① 水上勉
② 津村節子
③ 加古里子
④ 宮下奈都
⑤ 俵万智

5 次に挙げる明治時代の出来事を年代の古い順に並び替えたとき３番目に古いものを，①～⑤の中から１つ選んで番号で答えなさい。

① 日清戦争の開始
② 日英同盟
③ 韓国併合
④ 廃藩置県
⑤ 大日本帝国憲法発布

6 日本の東西南北の最端にある島の名前の組み合わせとして正しいものを，①～⑤の中から１つ選んで番号で答えなさい。

① 東：沖ノ鳥島　西：尖閣諸島　南：南鳥島　北：択捉島
② 東：沖ノ鳥島　西：与那国島　南：南鳥島　北：国後島
③ 東：南鳥島　西：沖ノ鳥島　南：与那国島　北：択捉島
④ 東：南鳥島　西：与那国島　南：沖ノ鳥島　北：択捉島
⑤ 東：与那国島　西：竹島　南：沖ノ鳥島　北：国後島

7 物価に関連する説明として正しいものを，①～⑤の中から１つ選んで番号で答えなさい。

① インフレーションの下では，貨幣の価値は上昇する。
② 好景気と不景気が交互に繰り返すことを景気変動という。
③ 不況下でも物価が上昇し続けることをデフレーションという。

④　デフレスパイラルとは，景気後退と物価上昇が相互に影響し合って進行する現象をいう。

⑤　景気を調整するための財政政策は，日本銀行が行う。

8　2023年に広島市で開かれた主要7カ国首脳会議（G7サミット）は，7カ国とヨーロッパ連合（EU）で構成されていたが，7カ国に含まれていないものを，①～⑤の中から1つ選んで番号で答えなさい。

①　フランス

②　アメリカ

③　カナダ

④　イタリア

⑤　オーストラリア

9　a，b，pを整数とするとき，$x^2+px-36$を $(x+a)(x+b)$ の形に因数分解します。全部で何通りの因数分解ができますか。

正しいものを，①～⑤の中から1つ選んで番号で答えなさい。

①　4通り　②　5通り　③　8通り　④　9通り　⑤　10通り

10　AさんBさんを含めた19人の生徒が，赤か白か青の帽子をかぶっています。

自分のかぶっている帽子の色は見えませんが，自分以外の人がかぶっている帽子の色はすべて見えます。

AさんとBさんがそれぞれ自分以外の18人の帽子の色について，次のように話しています。

Aさん：「白の帽子の人は，赤の帽子の人の半分だよ。」

Bさん：「赤の帽子と青の帽子の人数は同じだよ。」

白の帽子の生徒の人数として正しいものを，①～⑤の中から1つ選んで番号で答えなさい。

①　2人　②　3人　③　4人　④　5人　⑤　6人

11　右の図のサッカーボールは，32個の面からなる多面体を球状にふくらませたものです。

その多面体は，12個の正五角形の面と20個の正六角形の面からなり，どの頂点にも1個の正五角形の面と2個の正六角形の面が集まっています。この多面体の辺は何本ありますか。

正しいものを，①～⑤の中から1つ選んで番号で答えなさい。

①　60本　②　90本　③　96本　④　120本　⑤　180本

12　ある日の映画館A，B，Cごとの利用者数を集計しました。

表①は世代別に人数を集計したもの，表②は映画館A，B，Cにおけるそれぞれの利用者の割合を表したものです。

表①

（単位：人）

映画館＼世代	小学生まで	中・高校生	大学生	一般	シニア（60歳以上）
A	95	300	390	220	95
B	64	256	260	140	30
C	52	200	145	㋐	55

表②

映画館	A	B	C	合計
利用者数の割合	44%	30%	26%	100%

表①の ㋐ に入る数字を，①～⑤の中から１つ選んで番号で答えなさい。

① 125　② 137　③ 161　④ 182　⑤ 198

13 **海面に同型の船A，Bが浮いている。BはAよりも荷物をたくさん積んでおり，図のようにAよりいくらか沈んでいた。荷物も含めたAの重さをW_A，Bの重さをW_B，Aにはたらく浮力の大きさをF_A，Bにはたらく浮力の大きさをF_Bとして，それらの大小関係について正しく表しているものを，①～⑤の中から１つ選んで番号で答えなさい。**

① $W_A < W_B$，$F_A = F_B$

② $W_A < F_A$，$W_B < F_B$

③ $W_A < F_A < W_B < F_B$

④ $W_A = F_A = W_B = F_B$

⑤ $W_A = F_A < W_B = F_B$

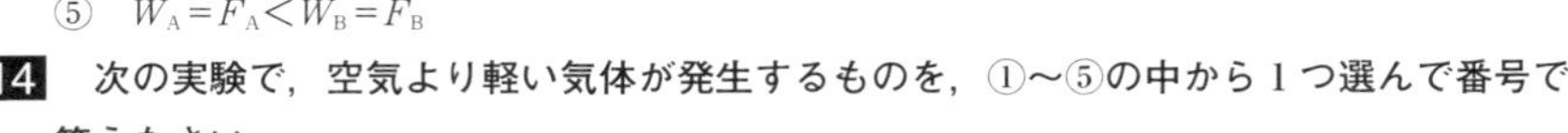

14 **次の実験で，空気より軽い気体が発生するものを，①～⑤の中から１つ選んで番号で答えなさい。**

① 二酸化マンガンにうすい過酸化水素水を加える。

② うすい水酸化ナトリウム水溶液にうすい塩酸を入れる。

③ マグネシウムをうすい塩酸に入れる。

④ 石灰石をうすい塩酸に入れる。

⑤ 炭酸水素ナトリウムを加熱する。

15 **丸い種子のエンドウとしわの種子のエンドウを親として子の代を得たところ，子の代はすべて丸い種子のエンドウになった。次に子の代の種子をまいて育てたエンドウを自家受粉して孫の代を得たところ，全体のうち丸い種子は3024個だった。このとき，しわの種子はおよそ何個であると考えられるか，①～⑤の中から１つ選んで番号で答えなさい。**

① 0個

② 300個

③ 1000個

④ 3000個

⑤ 9000個

福井県

16　2023年４月14日，福井県大野市内の中部縦貫自動車道工事現場から中生代後期ジュラ紀に生息していた大型アンモナイト化石２点が見つかったと発表された。この発見により，発見現場周辺に分布する地層について，中生代後期ジュラ紀の国際対比に役立つ地層があることが明らかになったとされる。この化石のように，地層が堆積した年代を知ることができる化石を，①～⑤の中から１つ選んで番号で答えなさい。

①　示相化石
②　生痕化石
③　内型化石
④　示準化石
⑤　印象化石

17〔傾向〕『Traditional English Tea losing popularity in UK』（2023/04/27 Breaking News English Lesson）の英文を読んで，本文の内容に適切でないものを，①～⑤の中から１つ選ぶ問題（１問）。

18　次の(ア)に適する語句を，①～⑤の中から１つ選んで番号で答えなさい。

2023年に群馬県高崎市で開かれた先進７カ国（Ｇ７）デジタル・技術相会合の閣僚宣言の内容として，「越境データ流通及び(ア)のあるデータの自由な流通の促進」がある。

（閣僚宣言　Ｇ７デジタル・技術大臣会合　2023年４月30日）

①　活用力
②　推進力
③　信頼性
④　可能性
⑤　開発力

19　次の文章は，ICT利用者のセキュリティ上の注意点について語ったものである。注意点として誤っているものを，①～⑤から１つ選んで番号で答えなさい。

①　安全なWebページであれば個人情報は保護されるが，中には入力された個人情報を販売することが目的という悪質なものもあるため，Webページに「プライバシーポリシー」が明記されているかどうかを確認する必要がある。

②　自分でWebページを公開している場合には，プロフィールなどで個人を特定できるような情報を掲載することに注意する必要があり，写真を載せる際には顔や名前が特定できないようにして撮影すれば，個人情報の流出を防ぐことができる。

③　電子掲示板やチャットの利用に際して，安易に個人や家族の情報を書き込んでしまうと，不特定多数の人にその情報を悪用される可能性があるため，個人や家族の情報を書き込まないようにする必要がある。

④　知り合い同士で利用しているSNSでは，日常の会話の延長のように安心して色々な情報を発信してしまうが，投稿された情報がどこまで拡散されてしまうかわからない仕組みになっているため，個人が特定できるような情報は掲載しない方がよい。

⑤　不要になったコンピュータを廃棄する場合，コンピュータのハードディスクやSSDには個人情報が記録されている危険性があり，ファイルを消すだけではなく，完全にフォーマットし，物理的に破壊してから廃棄するのがよい。

解答＆解説

4 解答 ②

解説 誤りの選択肢について解説する。

①：「水上勉」は，福井県出身の作家。『雁の寺』で直木賞，『宇野浩二伝』で菊池寛賞を受賞。　③：「加古里子」は，福井県出身の絵本作家。代表作『だるまちゃんとてんぐちゃん』『はははのはなし』。　④：「宮下奈都」は，福井県出身の作家。代表作『静かな雨』『羊と鋼の森』。　⑤：「俵万智」は，福井県出身の歌人。代表作『サラダ記念日』『プーさんの鼻』。

5 解答 ①

解説 ④：廃藩置県（1871年）→⑤：大日本帝国憲法発布（1889年）→①：日清戦争の開始（1894年）→②：日英同盟の締結（1902年）→③：韓国併合（1910年）

6 解答 ④

解説 日本の東西南北の最端にある島の名前と緯度経度は次の通り。

東：東京都・小笠原諸島・南鳥島（153°59′E，24°17′N）　西：沖縄県・与那国島（122°56′E，24°26′N）　南：東京都・沖ノ鳥島（136°04′E，20°25′N）　北：北方領土（千島列島）・択捉島（148°45′E，45°33′N）

7 解答 ②

解説 誤りの選択肢について解説する。

①：物価が継続して上昇する現象を，インフレーションといい，このとき貨幣の価値は下がる。　③：不況下の物価上昇を，スタグフレーションという。　④：スパイラルとは，らせんのことである。デフレーション（物価が継続して下落する現象）と景気後退が相互に作用して，らせん階段を下りるように不況が深刻化する現象を，デフレスパイラルという。　⑤：財政政策を行うのは日本銀行ではなく，政府である。歳入と歳出を通じて景気を調整する。

8 解答 ⑤

解説 G7の7カ国は，アメリカ合衆国，イギリス，フランス，ドイツ，イタリア，カナダ，日本である。オーストラリアはG7広島サミット2023の招待国の一つであった。

9 解答 ④

解説 与式より，$ab=-36$となる整数a, bの組を考えればよい。a, bは順不同であるから，(1，−36)，(2，−18)，(3，−12)，(4，−9)，(6，−6)，(9，−4)，(12，−3)，(18，−2)，(36，−1)の9通りである。

10 解答 ③

解説 Aさんから見える18人のうち白の帽子の人は赤の帽子の人の半分だから，18人の帽子の色の内訳は，

(赤，白，青)＝(6，12，0)，(5，10，3)，(4，8，6)，(3，6，9)，(2，4，12)，(1，2，15)となる。

Bさんから見た赤の帽子の人と青の帽子の人は同じ人数であるから，Bさんは赤，Aさんは青と考えると，Bさんから見た赤の帽子の人と青の帽子の人は7人ずつ

となり，19人の内訳は赤８人，青７人，白４人と分かる。

11 解答 ②

解説 正五角形が12個，正六角形が20個であり，２つの辺を共有して立体となるから，辺の総数は，

(５×12＋６×20)÷２＝90［本］である。

12 解答 ⑤

解説 映画館Aの利用者数の合計は，95＋300＋390＋220＋95＝1100［人］であり，

利用者数の割合から，映画館Cの利用者数の合計は，$1100 \times \frac{26}{44} = 650$［人］と

分かる。したがって，映画館Cの利用者数から，㋐に入る数は，650－(52＋200＋145＋55)＝198［人］である。

13 解答 ⑤

解説 物体が浮いているときは，その物体の重さと浮力が等しい状態であり，浮力はその物体が押しのけている液体の分の重さだけ働く。船Aより船Bの方が荷物を多く積んでいるため全体の重さは重く，$W_A < W_B$となり，それぞれの重さと等しい浮力が働いているため$F_A < F_B$である。したがって，⑤となる。

14 解答 ③

解説 空気はおよそ８割が窒素，２割が酸素であるため，空気の平均分子量は0.8×28＋0.2×32＝28.8であり，それより軽いということは分子量が28.8より小さいということである。 ①は酸素O_2が発生し，その分子量は32である。 ②は中和反応により生成する物質は，塩化ナトリウムと水であるため気体は発生しない。 ③は水素H_2が発生し，その分子量は２である。 ④は二酸化炭素CO_2が発生し，その分子量は44である。 ⑤は熱分解により炭酸ナトリウム，水，二酸化炭素CO_2が生成される。したがって，③となる。

15 解答 ③

解説 丸い種子のエンドウの遺伝子をAA，しわの種子の遺伝子をaaとしたときに，その子の代の遺伝子はすべてAaとなり，これは丸い種子のエンドウである。孫の代の遺伝子はAA，Aa，aA，aaとなり，丸い種子：しわの種子＝3：１となるため，丸い種子が3024個なのであれば，しわの種子は1008個である。したがって，③となる。

16 解答 ④

解説 示相化石は，その化石を含む地層が堆積した当時の環境が分かる化石である。生痕化石は，生物そのものではなく，生物の活動の痕跡が地層中に残されたものである。内型化石は，巻貝などの貝殻がなくなり，その内部模様などだけが残された化石である。示準化石は，地層が堆積した年代が分かる化石である。印象化石は，化石のうち遺体の実体やその二次的な置換物が保存されないで，外形の印象だけが残ったものである。したがって，④となる。

18 解答 ③

解説 閣僚宣言の内容として「越境データ流通と信頼性のある自由なデータ流通

（DFFT）の推進」「安全で強靭性のあるデジタルインフラ」「自由でオープンなインターネットの維持・推進」「経済社会のイノベーションと新興技術の推進」「責任あるAIとAIガバナンスの推進」「デジタル市場における競争政策」の6テーマについて議論が進められ，「G7デジタル・技術閣僚宣言」が採択された。よって，③：信頼性である。

19 解答 ②

解説 自分でWebページを公開する場合，写真を載せる際には顔や名前が特定できないようにして撮影しても完全には個人情報の流出を防ぐことができない。よって，②は誤り。

山梨県

実施日	2023(令和5)年7月9日	試験時間	60分(教職教養を含む)
出題形式	選択式	問題数	12題(解答数40)
パターン	5教科+時事	公開状況	問題:公開　解答:公開　配点:公開

傾向&対策

●例年，一般教養は12題で定番化しているが，解答数は35～45前後と定まっておらず，今年度は解答数40であった。●国語は，頻出の長文読解と漢字，英語は例年，会話文の空欄補充と同義語の問題が出されている。●社会は各科目から広く出題され，問題数も多い。時事問題は，試験実施日の1年～数カ月前の範囲から出題される傾向である。今年度は，NATO加盟国，文化庁の京都移転，メタバース，カーボンニュートラルなど。●数学は図形問題が必出である。理科は例年，1つの大問の中で4科目が出題される。●5教科の出題範囲は広いが，基礎的な問題が多い。ただし，数学・理科に計算問題が含まれるので，時事対策とともにペース配分を意識した学習をしておこう。

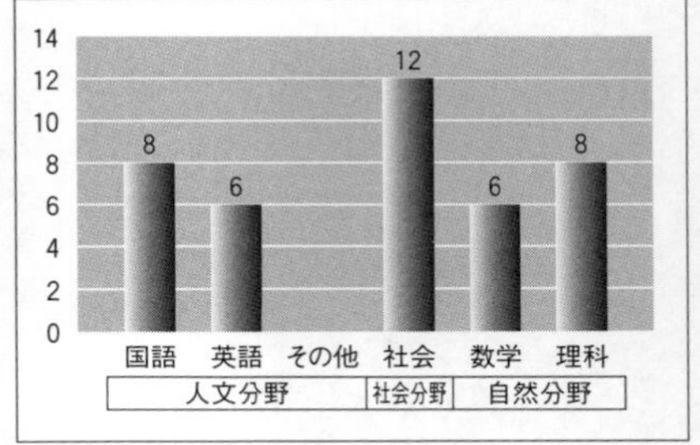

出題領域

分野	科目	解答数	科目	解答数	科目	解答数
人文分野	国語	8	英語	6	音楽	
	美術		家庭		保健体育	
社会分野	歴史(日本史)	2	歴史(世界史)		歴史(現代史)	
	地理(日本地誌)		地理(世界地誌)		地理(地理用語)	2
	公民(政治)	1	公民(経済)	1	公民(国際)	2
	公民(倫理)		環境・情報・科学		時事問題	4
	ローカル					
自然分野	数学	6	物理	2	化学	2
	生物	2	地学	2		

表中の数字は，解答数

全校種共通

☞解答＆解説 p.137

1 **次の(1)～(4)に答えよ。**

(1) 2023年4月4日に新たにNATO（北大西洋条約機構）に加盟した国を，次のア～オから一つ選べ。

ア．ノルウェー　イ．スウェーデン　ウ．フィンランド
エ．ウクライナ　オ．ポーランド

(2) 平成28年3月の「政府関係機関移転基本方針」（まち・ひと・しごと創生本部決定）に基づき京都への移転に向けた準備を進め，令和5年5月15日から京都庁舎における業務を本格稼働した省庁を，次のア～オから一つ選べ。

ア．文化庁　イ．スポーツ庁　ウ．こども家庭庁
エ．資源エネルギー庁　オ．観光庁

(3) インターネット上に構築される仮想の三次元空間を何というか。次のア～オから一つ選べ。

ア．VR　イ．アバター　ウ．チャットボット
エ．メタバース　オ．チャットGPT

(4) 二酸化炭素などの温室効果ガスの排出量と植林・森林管理などによる吸収量を差し引きゼロとなった状態を何というか。次のア～オから一つ選べ。

ア．カーボンフリー　イ．カーボンニュートラル　ウ．カーボンネガティブ
エ．カーボンポジティブ　オ．カーボンオフセット

2 **〔傾向〕今井むつみ『ことばと思考』の文章を読み，問いに答える問題。（8問）**

(1) 下線部のカタカナに相当する漢字を含むものを，選ぶ問題（4問）。

(2) 空欄（2カ所）に入ることばを選ぶ問題。

(3) 空欄（1カ所）に入ることばを選ぶ問題。

(4) 本文において，例として挙げられているものを選ぶ問題。

(5) 本文を通して筆者が伝えたいことを選ぶ問題。

3 **次の(1)，(2)に答えよ。**

(1) 国際連合が発表した「世界人口推計2022年版」によると，2023年7月1日時点の推計値で，中華人民共和国を上回り，人口が世界で最も多くなると示された国を，次のア～エから一つ選べ。

ア．アメリカ合衆国　イ．インド　ウ．ナイジェリア　エ．ブラジル

(2) 総務省統計局「人口推計」において，2023年1月1日現在の日本の総人口（概算値）に最も近いものを，次のア～エから一つ選べ。

ア．8400万人　イ．1億400万人　ウ．1億2400万人　エ．1億4400万人

4 **次の(1)，(2)に答えよ。**

(1) 縄文時代の集落跡で青森県にある遺跡を，次のア～エから一つ選べ。

ア．吉野ヶ里遺跡　イ．釈迦堂遺跡　ウ．三内丸山遺跡　エ．岩宿遺跡

(2) 明治時代，高等教育の普及や大学での研究がさかんになる中で，1890年に破傷風の血清療法を発見，1892年に私立伝染病研究所を設立し，1894年にはペスト菌を発見し

た人物の名前を，次のア～エから一つ選べ。

ア．志賀　潔　　イ．野口英世　　ウ．永井　隆　　エ．北里柴三郎

5 次の(1)，(2)に答えよ。

(1) 衆議院の解散による衆議院議員の総選挙後に召集される国会の名称を，次のア～エから一つ選べ。

ア．常会（通常国会）　イ．臨時会（臨時国会）　ウ．特別会（特別国会）
エ．参議院の緊急集会

(2) 次の文中の（ a ），（ b ）にあてはまることばの組み合わせとして最も適当なものを，下のア～エから一つ選べ。

為替相場は各国の経済の状況によって変動する。1ドル＝100円が1ドル＝120円になることを（ a ）という。このとき，日本国内で，通常，輸入品価格は（ b ）ことになる。

ア．a　円安　　b　上がる　　イ．a　円安　　b　下がる
ウ．a　円高　　b　上がる　　エ．a　円高　　b　下がる

6 難民等の保護や救援活動に取り組む国際連合の機関を，［Ⅰ］のア～エから一つ選べ。また，その機関で，1991年から2000年まで国連難民高等弁務官を務めた人物の名前を，［Ⅱ］のア～エから一つ選べ。

［Ⅰ］ア．WHO　　イ．WTO　　ウ．UNCTAD　　エ．UNHCR
［Ⅱ］ア．明石　康　　イ．緒方貞子　　ウ．マザー・テレサ
エ．ハンナ・アーレント

山梨県

7 次の(1)～(3)の対話文の（　　）に入る最も適当なものを，下のア～エからそれぞれ一つ選べ。

(1) A：Hello. May I speak to Mr.Yamada, please?
B：I'm sorry. (1)
A：Well, can I leave a message?
B：Hold on, please. I'll get a pen.

ア．He can see you now.
イ．He's not in at the moment.
ウ．You have the wrong number.
エ．You can go out and see him.

(2) A：Did you get your yearly dental checkup?
B：Not yet. (2)
A：Everyone does. But if there's a problem, it's better to find out early.
B：I know. I'll make an appointment next week.

ア．I don't know where to go.
イ．I went last Saturday.
ウ．I'm worried about you.
エ．I hate going to the dentist.

(3) A：I'm going to Mt.Fuji with my friends this summer.

B：That's nice. Actually, I've always wanted to go there.

A：Really? Why don't you come with us, then? I'll ask my friends about it tonight.

B：Well, I wish I could. (3)

ア．I'll get new shoes.

イ．We can go to hot springs, too.

ウ．I have to work all through the summer.

エ．We plan to go to the sea with you.

8 次の(1)～(3)の各英文の下線部とほぼ同じ意味をもつものを，下のア～エからそれぞれ一つ選べ。

(1) My car is in good shape though I have used it for 20 years.

ア．condition　イ．figure　ウ．order　エ．time

(2) He plans to submit a final report to the committee.

ア．take in　イ．take out　ウ．hand in　エ．hand out

(3) Finishing the task within this week is next to impossible.

ア．absolutely　イ．almost　ウ．perhaps　エ．finally

9 次の(1)，(2)に答えよ。

(1) $a=\sqrt{6}$，$b=\sqrt{3}$ のとき，$\sqrt{2}a+\frac{3}{b}$ の値を，次のア～エから一つ選べ。

ア．3　イ．$5\sqrt{3}$　ウ．$5\sqrt{5}$　エ．$3\sqrt{3}$

(2) $x=\sqrt{2}-4$のとき，$x^2+8x+15$の値を，次のア～エから一つ選べ。

ア．1　イ．$4\sqrt{3}+1$　ウ．$8\sqrt{2}+1$　エ．0

10 右の図のように，底面の半径と高さがともに6 cmの円柱があり，その中を底面の半径と高さがともに6 cmの円錐の形にくり抜かれた容器がある。このとき，次の(1)，(2)に答えよ。

ただし，円周率はπを用いることとし，容器の厚さは考えないものとする。

図

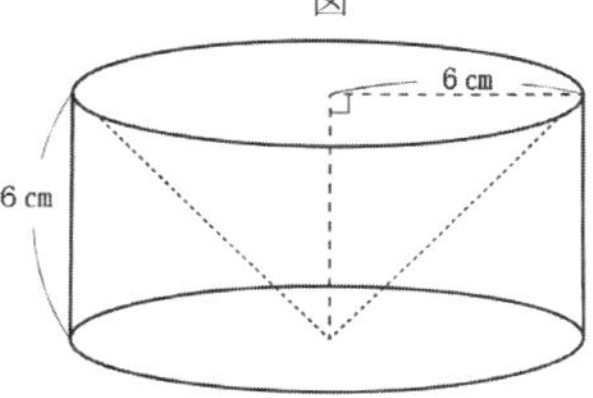

(1) もとの円柱の側面積を，次のア～エから一つ選べ。

ア．$12\pi cm^3$　イ．$36\pi cm^3$　ウ．$48\pi cm^3$　エ．$72\pi cm^3$

(2) 深さが3 cmとなるように容器へ水を入れた。水の体積と円錐の体積の比を，次のア～エから一つ選べ。

ア．1：2　イ．1：4　ウ．1：8　エ．2：3

11 大小2個のさいころを同時に投げるとき，次の(1)，(2)に答えよ。

ただし，さいころの1から6までのどの目が出ることも同様に確からしいものとする。

(1) 異なる目が出る確率を，下のア～エから一つ選べ。

ア．$\frac{5}{12}$　イ．$\frac{1}{2}$　ウ．$\frac{5}{6}$　エ．$\frac{2}{3}$

(2) 目の和が12の約数になる確率を，次のア～エから一つ選べ。

ア．$\frac{5}{36}$　　イ．$\frac{1}{3}$　　ウ．$\frac{11}{36}$　　エ．$\frac{1}{6}$

12 **次の(1)〜(4)に答えよ。**

(1) 次の①，②に答えよ。

① 次の文は，光合成についてまとめたものである。空欄［1］にあてはまることばを，下のア〜エから一つ選べ。

光合成は，植物の細胞の中の［1］で行われている。

ア．染色体　　イ．葉緑体　　ウ．核　　エ．細胞膜

② 植物に光が当たっているときの植物のはたらきについて述べた文として最も適当なものを，次のア〜エから一つ選べ。

ア．光合成と呼吸のどちらも行っている。

イ．光合成は行っているが，呼吸は行っていない。

ウ．呼吸は行っているが，光合成は行っていない。

エ．光合成と呼吸のどちらも行っていない。

(2) 次の①，②に答えよ。

① 図は，泥，砂，れきが混ざった土砂が川の流れによって海まで運ばれ，A〜Cの3つの層に分かれて海底に堆積したようすを模式的に表したものである。A〜Cのそれぞれの層には，おもに泥，砂，れきのどれが堆積しているか。下のア〜カから一つ選べ。

図

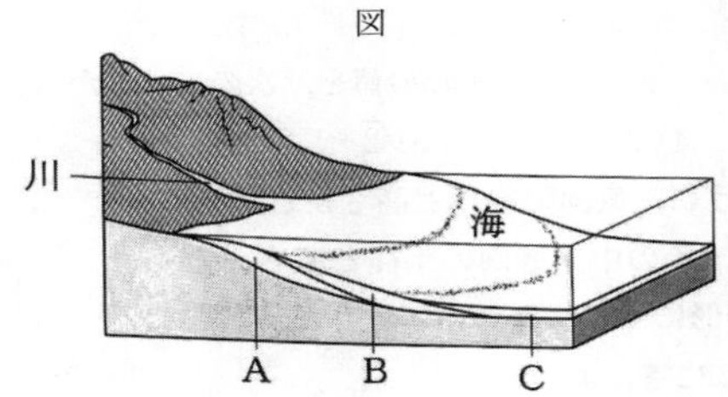

ア．A…泥　　B…砂　　C…れき

イ．A…泥　　B…れき　C…砂

ウ．A…砂　　B…れき　C…泥

エ．A…砂　　B…泥　　C…れき

オ．A…れき　B…泥　　C…砂

カ．A…れき　B…砂　　C…泥

② 堆積岩に分類される岩石を，次のア〜エから一つ選べ。

ア．石灰岩　　イ．花こう岩　　ウ．安山岩　　エ．せん緑岩

(3) 次の文は，水力発電所におけるエネルギーの変換についてまとめたものである。空欄［1］，［2］にあてはまることばを，下のア〜カからそれぞれ一つ選べ。

水力発電所では，ダムにたまった水の［1］エネルギーが，水路を流れる水の［2］エネルギーとなり，発電機を回して電気エネルギーに変換される。

ア．光　　イ．熱　　ウ．化学　　エ．運動　　オ．音　　カ．位置

(4) 次の①，②に答えよ。

① うすい塩酸に緑色のBTB溶液を入れると何色に変化するか，次のア～エから一つ選べ。

ア．赤色　　イ．黄色　　ウ．青色　　エ．白色

② 酸性の水溶液とアルカリ性の水溶液を反応させると，たがいの性質を打ち消し合う反応が起こる。この化学反応を何というか，次のア～エから一つ選べ。

ア．酸化　　イ．還元　　ウ．中和　　エ．燃焼

解答＆解説

1 解答 (1)―ウ　(2)―ア　(3)―エ　(4)―イ

解説 (1) ロシアによるウクライナ侵攻に伴いスウェーデンやフィンランドなどが加盟の意向を示した。フィンランドは全加盟国が加盟案を批准したため，2023年4月4日正式に加盟した。2023年9月現在，NATO加盟国は31カ国となっている。

(2) 文化庁の京都移転の他，消費者庁（徳島県），総務省統計局（和歌山県），特許庁（大阪府，長野県），中小企業庁（大阪府），観光庁（北海道，兵庫県），気象庁（三重県）などが検討課題になっている。

(3) 誤りの選択肢について解説する。

ア：VR（virtual reality，仮想現実）はコンピューターによって創り出された仮想空間などを現実であるかのように疑似体験できる仕組み。　イ：アバターはインターネットやゲームなどの仮想空間上に登場するユーザーの分身となるキャラクターを指す。　ウ：チャットボットは「チャット（会話）」と「ボット（ロボット）」を組み合わせた言葉で，人工知能を活用した「自動会話プログラム」のこと。　オ：チャットGPTはOpenAI社によって開発された技術で，ユーザーが入力した質問に人間のように自然な対話形式でAIが答えるチャットサービスをいう。

(4) イ：カーボンニュートラルは出題文の説明通りで，ゼロカーボンや脱炭素，ネットゼロともいう。

ア：カーボンフリーは企業や国家による温室効果ガスの排出量を完全にゼロにすること。ウ：カーボンネガティブはカーボンニュートラルよりももう一段階上の取り組みで，経済活動によって排出される温室効果ガスよりも，吸収される温室効果ガスの方が多い状態を目指すこと。　エ：カーボンポジティブはカーボンネガティブの対義語と思われるかもしれないが，「ネガティブ＝二酸化炭素の除去」の考えで使われているのに対し「ポジティブ＝二酸化炭素の吸収」という考え方で，実際にはどちらも同じ意味である。　オ：カーボンオフセットは自身で削減しきれない分の二酸化炭素の排出量を，他の場所でなしえた二酸化炭素の排出削減分（植林や森林保護の活動や投資など）で埋め合わせをする枠組みをいう。

3 解答 (1)―イ　(2)―ウ

解説 (1)　インドの人口は2023年７月の推計で14億2860万人，中国の人口は14億2570万人。インドは人口のおよそ半分が30歳未満とされ，2050年までに16億6800万人に増えると予測される一方，中国の人口は13億1700万人に減少するとみられている。

(2)　日本の人口の近年の傾向は，０～14歳の子どもの人口が減り続け，65歳以上の高齢者の人口が増え続けている。1997年からは子どもよりも高齢者の方が多くなっている。このため人口減少に歯止めがかからず，約30年後の2055年頃には，日本の人口は１億人を下回ると予想されている。

4 解答 (1)―ウ　(2)―エ

解説 (1)　ウ：三内丸山遺跡は，青森市にある縄文前期から中期の大集落遺跡。前3500年の頃から約1500年間も存在した。

ア：吉野ヶ里遺跡は，佐賀県神埼郡吉野ヶ里町と神埼市にまたがる日本屈指の大環濠集落。弥生前期に集落を形成。　イ：釈迦堂遺跡は，山梨県笛吹市・甲州市にまたがる縄文時代初期から平安時代にかけての遺構を含む複合遺跡。　エ：岩宿遺跡は，群馬県みどり市笠懸町にある旧石器時代の遺跡。

(2)　エ：北里柴三郎（1852～1931）は，細菌学者。ドイツに留学，コッホに師事，1890年ジフテリア毒素と破傷風毒素に対する血清療法を開発。福沢諭吉の支援を受け、92年私立伝染病研究所を設立。94年ペスト菌を発見。

ア：志賀潔（1870～1957）は，細菌学者。伝染病研究所で北里柴三郎について細菌学を学ぶ。1897年赤痢菌を発見。　イ：野口英世（1876～1928）は，細菌学者。北里柴三郎に師事して細菌学を学ぶ。1900年に渡米し04年にロックフェラー研究所所員となる。11年梅毒スピロヘータの純粋培養に成功，27年アフリカで黄熱病の研究中に感染，その後死亡。　ウ：永井隆（1908～1951）医学博士，随筆家。放射線医学の研究による白血病を患い，また長崎の原爆で重傷を負いながらも自分の命を顧みず負傷者救護や長崎復興のために医師としての使命を貫いた。

5 解答 (1)―ウ　(2)―ア

解説 (1)　ウ：特別会（特別国会）は，衆議院の解散による総選挙後30日以内に召集される国会。

ア：常会（通常国会）は，年１回定期的に召集される国会。毎年1月に召集され会期は150日間である。　イ：臨時会（臨時国会）は，内閣が必要と認めたとき，または，いずれかの議院の総議員の４分の１以上の要求があったときに召集される。　エ：参議院議員の緊急集会は，衆議院の解散中，国会を召集する緊急の必要が生じたとき，内閣の請求によって召集される参議院の集会。

(2)　異なる通貨同士の交換比率のことを為替相場という。１ドル120円から１ドル100円になるとドルに対する円の価値が上がるのでこれを円高ドル安への変化という。１ドル100円から１ドル120円になった場合は円安ドル高の変化という。為替相場は貿易収支と金利と投機によって左右される。

１ドル＝100円

円高・ドル安↑　　↓円安・ドル高

１ドル＝120円

1ドル100円の場合，1ドル分のものが100円で輸入できたが，1ドル120円の場合，1ドル分のものは120円で輸入することになる。

6 **解答** [Ⅰ]—エ　[Ⅱ]—イ

解説 [Ⅰ] エ：UNHCR（The Office of the United Nations High Commissioner for Refugees）【国連難民高等弁務官事務所】 1951年にスイスのジュネーヴに設立。母国を追われて難民となった人々に食糧支援など国際的な保護を与える機関。

ア：WHO（World Health Organization）【世界保健機関】 1948年に設立，世界の人々の健康の増進を図るための国際連合の専門機関。本部はスイスのジュネーヴ。　イ：WTO（World Trade Organization）【世界貿易機関】 世界貿易の秩序形成を目的とした国際的な貿易機関。1994年マラケシュ会議で合意され95年に設立された。従来のモノの貿易からサービス貿易や知的財産権問題なども扱う。本部はスイスのジュネーヴ。　ウ：UNCTAD（United Nations Conference on Trade and Development）【国連貿易開発会議】 南北問題を検討し，貿易，援助，経済開発に関して南北交渉を行う国際連合の機関。

[Ⅱ] イ：緒方貞子（国際政治学者）は，1991年から2000年まで国連難民高等弁務官事務所の高等弁務官を務めた。

ア：明石康は，日本初の国連職員。カンボジアや旧ユーゴスラビア問題に立ち向かい 国連事務次長などを歴任。　ウ：マザー・テレサは，貧困や病に苦しむ人々の救済に生涯を捧げ，ノーベル平和賞を受賞した。　エ：ハンナ・アーレントは，ドイツ出身のユダヤ人哲学者・思想家でアメリカ亡命後にナチスドイツ全体主義体制を研究して発表した複数の著作が世界的名著。

7 **解答** (1)—イ　(2)—エ　(3)—ウ

解説 (1) 「May I speak to Mr.Yamada, please ?」（山田さんはいますか）というAの電話での問いかけに，Bは「I'm sorry.」（すみません）と返答しているので，山田氏は不在のはず。したがって正解はイ：「He's not in at the moment.」（今はいません）である。

ア：「He can see you now.」（彼は今あなたに会えます），ウ：「You have the wrong number.」（電話番号を間違えています），エ：「You can go out and see him.」（あなたは外出して彼に会うことができます）は文意に合わない。

(2) 「Did you get your yearly dental checkup ?」（年に一度の歯の検査を受けましたか）というAの質問に，Bは「Not yet.」（いいえ，まだです）と答えているので，そのあとに続く発言として適切なのはエ：「I hate going to the dentist.」（歯医者に行くのは嫌です）である。

ア：「I don't know where to go.」（どこへ行くべきか分かりません），イ：「I went last Saturday.」（先週の土曜日に行きました），ウ：「I'm worried about you.」（あなたのことが心配です）は文意に合わない。

(3) 「Why don't you come with us, then? I'll ask my friends about it tonight.」（一緒に来たらどうですか。今夜友人に話してみます）というAの発言に対してBは「 I wish I could.」（行ければいいのですが）と答えている。「I wish ～」は

仮定法表現で実現できない願望を述べるときに使うので，Bは行くことができないのだと分かる。したがって正解はウ：「I have to work all through the summer.」(夏の間はずっと仕事をしなければなりません）である。

ア：「I'll get new shoes.」(新しい靴を手に入れるでしょう)，イ：「We can go to hot springs, too.」(温泉にも行くことができます)，エ：「We plan to go to the sea with you.」(私たちはあなたと一緒に海に行く予定です）は文意に合わない。

8 **解答** (1)―ア　(2)―ウ　(3)―イ

解説 (1)「in good shape」で（調子（状態）が良い）という意味の熟語なので，正解はア：「condition」(状態，状況）である。

イ：「figure」(数字，図表)，ウ：「order」(注文，順序，秩序)，エ：「time」(時間，歳月）という意味。

(2) submitは（提出する）という意味なので，正解はウ：「hand in」である。

ア：take in（理解する，騙す)，イ：「take out」(取り除く，食べ物などをテイクアウトする)，エ：「hand out」(配る）という意味の熟語。

(3)「next to」は（ほとんど）という意味の熟語なので正解はイ：「almost」である。

ア：「absolutely」(完全に，絶対に)，ウ：「perhaps」(おそらく)，エ：「finally」(最後には）という意味。

山梨県

9 **解答** (1)―エ　(2)―ア

解説 (1) (与式) $=\sqrt{2}\times\sqrt{6}+\dfrac{3}{\sqrt{3}}=2\sqrt{3}+\sqrt{3}=3\sqrt{3}$

(2) $x^2+8x+15=(x+5)(x+3)=(\sqrt{2}-4+5)(\sqrt{2}-4+3)=(\sqrt{2}+1)(\sqrt{2}-1)=2-1=1$

10 **解答** (1)―エ　(2)―ウ

解説 (1) $12\pi\times6=72\pi[\mathrm{cm}^2]$

(2) 水の深さと，円錐の高さの比は $3:6=1:2$ であるから，体積比は $1^3:2^3=1:8$ となる。

11 **解答** (1)―ウ　(2)―イ

解説 (1) 同じ目が出るのは6通りであるから，余事象を考えて，$1-\dfrac{6}{36}=\dfrac{5}{6}$となる。

(2) 目の和が 2, 3, 4, 6, 12 になる場合を考える。(大，小) = (1, 1), (1, 2), (2, 1), (1, 3), (2, 2), (3, 1), (1, 5), (2, 4), (3, 3), (4, 2), (5, 1), (6, 6)の12通りある。したがって，$\dfrac{12}{36}=\dfrac{1}{3}$である。

12 **解答** (1)①―イ　②―ア　(2)①―カ　②―ア　(3)1―カ　2―エ

(4)①―イ　②―ウ

解説 (1) 光合成は，葉緑体に光が当たると行われる。呼吸は，光が当たる当たらないにかかわらず，常に行われている。

(2)　①土砂は，粒の大きい順に，れき，砂，泥に分類される。川の流れる水によって運ばれた土砂のうち，粒が大きく重いれきが先に沈み，最も粒が小さくて軽い泥が，沖合まで運ばれる。

②ア：石灰岩は，生物の死がいが堆積してできた堆積岩である。

イ：花こう岩，ウ：安山岩，エ：せん緑岩はマグマが固まってできた火成岩である。

(3)　高い位置にある水には位置エネルギーがあり，それが低い位置まで落ちる際，運動エネルギーに変換される。このエネルギーによって発電機のタービンを回し，電気エネルギーを得ている。

(4)　①BTB溶液は，酸性で黄色，中性で緑色，アルカリ性で青色になる。うすい塩酸は酸性なので，中性（緑色）のBTB溶液を入れると，イ：黄色に変化する。

②誤りの選択肢について解説する。

ア：酸化とは，物質が酸素と結びつく化学変化である。イ：還元とは，酸化物が酸素を奪われる化学変化のことである。　エ：燃焼は，光や熱を伴って激しく酸化する化学変化のことである。

長野県

実施日	2023(令和５)年７月１日	試験時間	小中特:60分(教職教養を含む) 高校:30分(教職教養を含む)
出題形式	マークシート式	問題数	小中特:18題(解答数18) 高校:２題(解答数25)
パターン	５教科＋音楽・美術	公開状況	問題:公開　解答:公開　配点:公開

傾向＆対策

●一般教養は，５教科に加え，【小・中・特】では芸術も必出。●人文分野の国語は，言葉に関する問題と文学史が必出。英語も例年と傾向が変わらず。【小・中・特】では例年音楽と美術が１題ずつ出題。●社会分野では，【小・中・特】で必出の倫理が【高】でも出題。その他両校種とも歴史，政治が定番である。●自然分野の数学は，両校種で図形問題が必出。理科は４科目から満遍なく出題。【小・中・特】では，科目をまたがる正誤判定問題も出題された。

【小学校・中学校・特別支援学校】

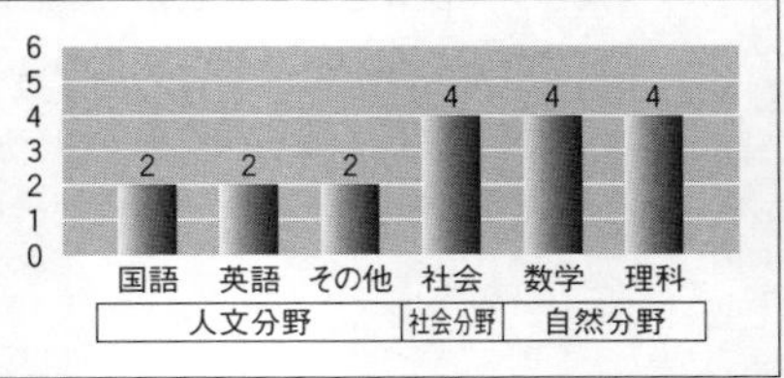

【高等学校】

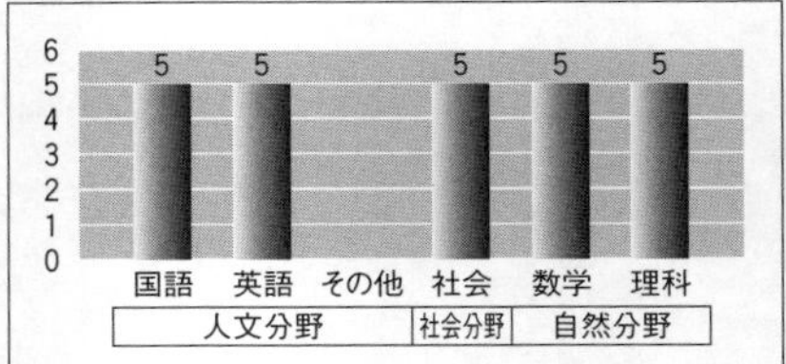

出題領域

分野	項目	小中特	高	項目	小中特	高	項目	小中特	高
人文分野	国語	2	5	英語	2	5	音楽	1	
	美術	1		家庭			保健体育		
社会分野	歴史(日本史)	2	2	歴史(世界史)	1	2	歴史(現代史)		
	地理(日本地誌)			地理(世界地誌)	1	1	地理(地理用語)		
	公民(政治)	1	1	公民(経済)			公民(国際)	2	
	公民(倫理)	1	1	環境・情報・科学			時事問題		
	ローカル								
自然分野	数学	4	5	物理	3	1	化学	3	1
	生物	2	2	地学	1	1			

表中の数字は，解答数 小中特｜高

※選択肢の出題領域が複数にわたる場合は，それぞれの項目に加算するためグラフの数とは異なる

小中特共通

☞解答＆解説 p.149

1　下線部について，正しく漢字が用いられているものはいくつありますか。

ア　全員が異口同音に答えた。
イ　職を斡施する。
ウ　目的地に到着するまでの所用時間は10分です。
エ　来賓を恭しく迎えた。
オ　飛行機を操従する。

①　1つ　②　2つ　③　3つ　④　4つ　⑤　5つ

2　正しいものはいくつありますか。

ア「見る」の尊敬語は，「拝見する」である。
イ「他山の石」とは，他人に影響されず，自分なりに努力することである。
ウ　手紙の冒頭に「拝啓」を用いた場合，終わりに「拝復」を用いることは適切である。
エ「徒然草」は鎌倉時代の随筆で，作者は鴨長明である。
オ「軽率」は「慎重」の対義語である。

①　1つ　②　2つ　③　3つ　④　4つ　⑤　5つ

3　ア～オの人物と，その説明(1)～(5)の最も適切な組み合わせを選びなさい。

ア　中江藤樹　イ　伊藤仁斎　ウ　荻生徂徠　エ　本居宣長　オ　石田梅岩

(1)　古代中国の文献を実証的に研究する「古文辞学」を確立した。
(2)「石門心学」とよばれた町人の道徳を説いた。
(3)「論語」や「孟子」の本来の意味を明らかにする「古義学」を提唱した。
(4)　王陽明の学説に共鳴し，私塾「藤樹書院」を開いた。
(5)「源氏物語」を研究し，「源氏物語玉の小櫛」を著した。

①　ア―(3)　イ―(2)　ウ―(1)　エ―(4)　オ―(5)
②　ア―(1)　イ―(5)　ウ―(4)　エ―(2)　オ―(3)
③　ア―(4)　イ―(5)　ウ―(1)　エ―(2)　オ―(3)
④　ア―(4)　イ―(3)　ウ―(1)　エ―(5)　オ―(2)
⑤　ア―(4)　イ―(3)　ウ―(5)　エ―(1)　オ―(2)

4　人物と著書の正しい組み合わせはいくつありますか。

ア　アリストテレス　―「国家」
イ　パスカル　―「天文対話」
ウ　カント　―「純粋理性批判」
エ　ユング　―「心理学と宗教」
オ　カーソン　―「沈黙の春」

①　1つ　②　2つ　③　3つ　④　4つ　⑤　5つ

5　正しいものの組み合わせを選びなさい。

ア　直接税とは，担税者と納税者が同一の税で，所得税や法人税などが該当する。
イ　違憲審査権の行使が認められているのは最高裁判所のみであり，下級裁判所は認められていない。

ウ　欧州連合（EU）に加盟している国のうち，共通通貨ユーロを導入していない国がある。

エ　安全保障理事会はアメリカ，イギリス，フランス，中国，日本の５つの常任理事国と，10か国の非常任理事国とで構成されている。

オ　臨時国会は，衆議院の解散総選挙後に招集され，内閣総理大臣の指名などを行う。

①　アとウ　　②　イとエ　　③　イとオ　　④　ウとエ　　⑤　アとオ

6　**正しいものはいくつありますか。**

ア　1221年の承久の乱後，朝廷の監視と尾張国以西の御家人の統轄をするため，京都守護が新たに置かれた。

イ　16世紀末から17世紀初めに活躍したイギリスの劇作家シェークスピアは，「ハムレット」「リア王」「オセロー」等の作品を残した。

ウ　1951年，サンフランシスコ講和会議が開かれ，日本と48ヵ国との間でサンフランシスコ平和条約が調印された。

エ　1995年，世界の貿易の自由化をめざし，世界貿易機関（WTO）が発足した。

オ　北里柴三郎は伝染病研究所に入り，1897年赤痢菌を発見した。

①　１つ　　②　２つ　　③　３つ　　④　４つ　　⑤　５つ

7　**次の①～⑤の中から，24の倍数を選びなさい。**

①　$2^3\times7^2$　　②　$2^2\times3\times5$　　③　$2^3\times3\times5^2$　　④　$2^2\times3^2\times5^2$　　⑤　$2\times3^4\times7$

長野県

8　**底面の半径がｒ，高さがｈの円柱㋐があります。円柱㋐の底面の半径を２倍にし，高さを半分にした円柱㋑をつくります。次の①～⑤のうち正しいものを選びなさい。**

①　円柱㋑の底面積は，円柱㋐の底面積の２倍である。

②　円柱㋐と円柱㋑で，どちらの側面積が大きいかは，ｒとｈの値によって変わる。

③　円柱㋐の表面積は，円柱㋑の表面積の４倍である。

④　円柱㋐と円柱㋑の体積は同じである。

⑤　円柱㋑の体積は，円柱㋐の体積の２倍である。

9　**30°の角をもつ直角三角形と直角二等辺三角形の斜辺を合わせて図１のように四角形をつくりました。この四角形の一番短い辺が5cmのとき，四角形の周りの長さを求め，最も適切なものを選びなさい。**

図１

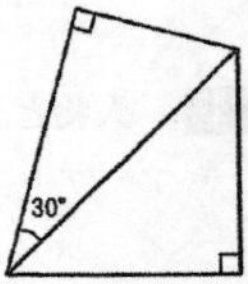

30°

①　$5\sqrt{3}+10\sqrt{2}+5$（cm）　　②　$5\sqrt{2}+10\sqrt{3}+5$（cm）

③　$5\sqrt{3}+10\sqrt{6}+5$（cm）　　④　$5\sqrt{6}+10\sqrt{3}+5$（cm）

⑤　$10\sqrt{2}+10\sqrt{3}+5$（cm）

10　**次の文の（　　）に入る数の組み合わせとして正しいものを選びなさい。**

２次関数$y=x^2-6x+11$のグラフは，$y=x^2$のグラフをx軸方向に（ア），y軸方向に（イ）だけ，平行移動したものである。

①　ア　２　イ　３　　②　ア　－２　イ　－３　　③　ア　３　イ　－２

④　ア　３　イ　２　　⑤　ア　－３　イ　－２

11　**正しいものはいくつありますか。**

ア　物質が，固体から直接気体になる変化を昇華，その逆を凝縮という。

イ　物体に力がはたらくとき，物体には力と同じ向きに加速度が生じる。その加速度の大きさは，物体にはたらく力の大きさに比例し，物体の質量に反比例する。この関係を運動の法則という。

ウ　地球の緯度30°～60°付近の地域において，地表付近から上空まで，自転の影響を受け，西から東へ向かう風は貿易風と呼ばれ，地球を周回している。

エ　加熱したCuOを熱いうちにH_2を満たした試験管内に入れるとCuが得られる。このときCuOは酸化されたという。

オ　細胞内では，酸素を用いて有機物を分解し，有機物中に蓄えられている化学エネルギーでATPを合成する。この反応を呼吸という。

①　1つ　②　2つ　③　3つ　④　4つ　⑤　5つ

12　**次の文の（　　）に入る化学式，語，□に入る係数の組み合わせとして最も適切なものを選びなさい。**

化学式を使って，化学反応における原子の組みかえのようすを表した式を化学反応式という。このとき，反応する物質を反応物，反応してできた物質を（ア）という。例えば，エタンが完全燃焼すると，二酸化炭素と（イ）が生じる。これを化学反応式で表すと，次のようになる。

2（ウ）$+7O_2$ → エCO_2 ＋ オH_2O

①	ア	化合物	イ	水	ウ	CH_4	エ	4	オ	6
②	ア	化合物	イ	水素	ウ	CH_4	エ	2	オ	6
③	ア	生成物	イ	水素	ウ	C_2H_6	エ	4	オ	5
④	ア	生成物	イ	水	ウ	C_2H_6	エ	4	オ	6
⑤	ア	生成物	イ	水	ウ	CH_4	エ	2	オ	5

13　**正しいものの組み合わせを選びなさい。**

ア　ファンデルワールス力とは，分子間にはたらく引力のことである。

イ　山中伸弥は，黄熱ワクチンの開発によりノーベル賞を受賞した。

ウ　アルキメデスは，滑らかな斜面を用いて，落下距離は時間の2乗に比例するという落下の法則を発見した。

エ　雄雌の性に関係なく，からだが分裂したり，からだの一部が新たに独立したりして増殖する生殖を，有性生殖という。

オ　地理的隔離によって分かれた集団に生殖的隔離が起こって種分化が生じることを，異所的種分化と呼ぶ。

①　アとイ　②　イとウ　③　ウとエ　④　エとオ　⑤　アとオ

14　**正しいものはいくつありますか。**

ア　東西に通じる道路上を，自転車Aは東向きに3.0m/sの速さ，自転車Bは西向きに4.0m/sの速さで進むとき，自転車Aに対する自転車Bの相対速度は東向きに7.0m/sである。ただし，自転車の速さは一定，道路は一直線とする。

イ　絶対温度T〔K〕とセルシウス温度t〔℃〕の関係は，絶対零度を－273℃とすると，T＝t＋273で表される。よって，300Kは27℃である。

ウ　電気回路において，導体の両端に10Vの電圧を加え，0.4Aの電流が流れたとき，この導体の抵抗は4Ωである。

エ　黒鉛とダイヤモンドの燃焼熱を，それぞれ394kJ/mol，396kJ/molとすると，黒鉛からダイヤモンドをつくるときの変化を熱化学方程式で表すと，C(黒鉛)＝C(ダイヤモンド)－2kJとなる。

オ　ばね定数が20N/mのつる巻きばねを手で引いて0.15m伸ばした。このとき，手がばねから受ける力の大きさは，2.0Nである。

①　1つ　②　2つ　③　3つ　④　4つ　⑤　5つ

15　**正しいものはいくつありますか。**

ア　古典派の音楽家にはモーツァルトやメンデルスゾーンなどがいる。

イ　フランスのラヴェルが作曲した「ボレロ」は，二つの主題を繰り返す構成でできている曲である。

ウ　「浜辺の歌」（林古溪作詞・成田為三作曲），「早春賦」（吉丸一昌作詞・中田章作曲）はともに8分の6拍子の曲である。

エ　箏は奈良時代に雅楽の楽器として，インドから伝来した。弦の数は10本であるが，弾ける音階は限られており，基本的には五音音階である。

オ　音の高さを半音下げる記号を♯（シャープ）といい，半音上げる記号を♭（フラット）という。

①　1つ　②　2つ　③　3つ　④　4つ　⑤　5つ

16　**正しいものはいくつありますか。**

ア　尾形光琳の作品には「紅白梅図屏風」や「燕子花図屏風」などがある。

イ　ガウディが手がけたサグラダ・ファミリア聖堂は世界遺産に登録されている。

ウ　ゴッホの作品には，「ひまわり」や「真珠の首飾りの少女」がある。

エ　ブラシに濃いめの絵の具をつけ，金網からこすりつけ霧状に絵の具を紙にのせる技法を「フロッタージュ」という。

オ　色や形を段階的に変化させて表現する方法を「リピテーション」という。

①　1つ　②　2つ　③　3つ　④　4つ　⑤　5つ

17　**〔傾向〕「ENGLISH JOURNAL March, 2012」Kay Hetherly［著］の内容に当てはまる英文の個数を選ぶ問題。（1問）**

18　**（　　）に入る語句の組み合わせとして最も適切なものを選びなさい。**

(1)　I want to cheer (　　) people who are worried.

ア　in　イ　about　ウ　from　エ　up

(2)　Never forget what you have (　　).

ア　learned　イ　learn　ウ　learns　エ　learning

(3)　I will take the dog (　　) a walk.

ア　by　イ　for　ウ　in　エ　to

(4)　My mother's singing voice is (　　) by many people.

ア　love　イ　loving　ウ　loved　エ　loves

(5)　My brother eats twice as (　　) as I do.

ア　less　イ　more　ウ　most　エ　much

①　(1)　ア　(2)　イ　(3)　ウ　(4)　エ　(5)　ア

② (1) エ (2) ア (3) イ (4) イ (5) ア
③ (1) ウ (2) ウ (3) エ (4) ア (5) ウ
④ (1) イ (2) エ (3) ア (4) ウ (5) イ
⑤ (1) エ (2) ア (3) イ (4) ウ (5) エ

高等学校

1 **次の各教科の問いに答えなさい。**

(1) 「タンテキに話してください。」のカタカナ部分を漢字に直すとどれか。

① 短的 ② 単的 ③ 端適 ④ 単適 ⑤ 端的

(2) 次のうち，敬語として間違った使い方をしているものはどれか。

① メニューをお持ちいたしますので，お待ちください。
② 先生は同窓会に参加されますか。
③ 母が「よろしく」と申しておりました。
④ お食事をいただいてください。
⑤ 佐藤先生がお見えになりました。

(3) 「頼みにしてすがるところがなく，どうしようもないこと」を表す「とりつく□もない」という言葉の空欄に入るのはどれか。

① 暇 ② 島 ③ 隙 ④ 尻 ⑤ 腕

(4) 次のうち，作品と著者の組み合わせが誤っているものはどれか。

① 源氏物語／紫式部 ② 徒然草／兼好法師 ③ 方丈記／世阿弥
④ 世間胸算用／井原西鶴 ⑤ 南総里見八犬伝／滝沢馬琴

(5) 次のうち，村上春樹の作品でないものはどれか。

① 風の歌を聴け ② ノルウェイの森
③ ねじまき鳥クロニクル ④ 号泣する準備はできていた ⑤ 1Q84

(6) 次の日本の文化に関する組み合わせのうち，適当でないものはどれか。

① 法隆寺玉虫厨子／飛鳥文化 ② 興福寺阿修羅像／天平文化
③ 東大寺南大門金剛力士像／鎌倉文化 ④ 慈照寺銀閣／桃山文化
⑤ 見返り美人図／元禄文化

(7) 次の歴史事項のうち，日本の江戸時代に起こった出来事として適当でないものはどれか。

① マルコ＝ポーロの旅行の見聞をまとめた『世界の記述』が著わされた。
② フランス革命がおき，ルイ16世が処刑された。
③ フルトンにより蒸気船が実用化された。
④ ロシアでは，アレクサンドル２世により農奴解放令が出された。
⑤ アメリカでは，先住民をミシシッピ川以西に追放する強制移住法が制定された。

(8) ブラジルの公用語はどれか。

① 英語 ② スペイン語 ③ フランス語
④ ポルトガル語 ⑤ ドイツ語

(9) イスラームが守るべき五行として，適当でないものはどれか。

① 信仰告白　② 沐浴　③ 礼拝　④ 断食　⑤ 巡礼

(10) 現在の会社法に基づいて新設が認められる企業として，適当でないものはどれか。

① 株式会社　② 合同会社　③ 有限会社　④ 合名会社　⑤ 合資会社

(11) 2次関数$y=2x^2-4x+5$のグラフの頂点の座標を求めなさい。

① $(-1,\ -4)$　② $(-1,\ 3)$　③ $(-1,\ 11)$

④ $(1,\ 3)$　⑤ $(1,\ 4)$

(12) △ABCにおいて，$BC=2\sqrt{3}$，$\angle A=60°$のとき，△ABCの外接円の半径を求めなさい。

① 1　② $\sqrt{3}$　③ 2　④ 3　⑤ 4

(13) aを負の定数とするとき，不等式$|ax|<-2a$を解きなさい。

① $x<2$　② $x<-2$　③ $-2<x<2$

④ $x<-2,\ 2<x$　⑤ $0<x<2$

(14) 変量xについてのデータが100個ある。この100個のデータの各値に3を加えて新たな変量yを作る。このとき，次のa～dの値のうち，xのデータとyのデータで値が変わらない組み合わせを選びなさい。

a 平均値　b 最頻値　c 四分位偏差　d 分散

① aとb　② aとd　③ bとc　④ bとd　⑤ cとd

(15) 図のように円周を12等分する点を取り，その1つをAとする。A以外の点から無作為に異なる2点P，Qを選び，△APQを作るとき，△APQが∠A＝90°の直角三角形となる確率を求めなさい。

① $\frac{1}{11}$　② $\frac{2}{11}$　③ $\frac{3}{11}$　④ $\frac{4}{11}$　⑤ $\frac{5}{11}$

(16) 2.0Ωと4.0Ωの抵抗を直列につなぎ，その両端に6.0Vの電圧を加えた。2.0Ωの抵抗の消費電力は何Wか。

① 1.0　② 2.0　③ 3.0　④ 4.0　⑤ 6.0

(17) 水溶液が酸性を示す塩はどれか。

① NH_4Cl　② CH_3COONa　③ $NaHCO_3$　④ $NaCl$　⑤ Na_2SO_4

(18) 原核細胞からなる独立栄養生物はどれか。

① 酵母菌　② 大腸菌　③ オオカナダモ　④ ミカヅキモ

⑤ ネンジュモ

(19) オゾン層が存在しているのはどこか。

① 外気圏　② 熱圏　③ 中間圏　④ 成層圏　⑤ 対流圏

(20) 窒素固定細菌はどれか。

① 硝酸菌　② 亜硝酸菌　③ 根粒菌　④ 乳酸菌　⑤ 脱窒素細菌

2 次の(1)～(5)の英文に入る最も適切な語句はどれか。

(1) John's parents bought some pieces of (　　) for their apartment.

① furniture　② advice　③ custom　④ building　⑤ clothes

(2) Angela (　　) to me for forgetting to mail the letter.

① provided　② ordered　③ repaired　④ apologized
⑤ observed

(3) This course is for students (　　) native language is not Japanese.

① who　② whose　③ whom　④ which　⑤ that

(4) (　　) an earthquake, turn off the gas immediately.

① In addition to　② Thanks to　③ According to　④ In spite of
⑤ In case of

(5) Jim is (　　) to get a driver's license.

① old so that　② so old that　③ old enough　④ enough old
⑤ old too enough

解答＆解説

小中特共通

1 解答 ②

解説 正しいものはア，エの②：2つである。
誤りの選択肢の正しい漢字は次の通り。
イ：斡旋　ウ：所要　オ：操縦

2 解答 ①

解説 正しいものはオの①：1つである。
誤りの選択肢は正しくは次の通り。
ア：×「尊敬語」→○「謙譲語」　イ：×「他人に影響されず」→○「関係のない他人の行為も参考にして」　ウ：×「拝復」→○「敬具」　エ：×「鴨長明」→○「吉田兼好」

3 解答 ④

解説 ア：中江藤樹は江戸時代初期の儒学者で，日本陽明学の祖ともいわれる。近江の藤樹書院で武士や農民の教育にあたり，近江聖人といわれた。　イ：伊藤仁斎は江戸時代前期の儒学者で，古義学派の祖である。古義とはもともとの意味のことで，『論語』や『孟子』の原典に立ち返り，この2書を熟読して孔孟の精神を求めようとした。　ウ：荻生徂徠は江戸時代中期の儒学者で，古文辞学派の創始者である。伊藤仁斎の古義学も荻生徂徠の古文辞学も日本儒学の学派の一つである古学（朱子学派や陽明学派に対し，後代からの解釈を排して直接孔子・孟子などの原典を読み，その真意をくみ取ろうとするもの）の一派である。古文辞学派は中国の古典などに直接触れ，治国・礼楽の道を求めようとするものである。荻生徂徠は，将軍吉宗の諮問に応じ，『政談』を献じた。　エ：本居宣長は江戸時代中期の国学者で，国学の大成者。主著は『古事記伝』『源氏物語玉の小櫛』『玉勝問』など。　オ：石田梅岩は江戸時代中期の心学の創始者。独学で儒教・仏教・神道を学び，平易な生活哲学としての石門心学を説いた。よって，④が正しい。

4 **解答** ③

解説 正しいものはウ，エ，オの③：３つである。

ア：『国家』はプラトンの著作である。　イ：『天文対話』はガリレオ＝ガリレイの著作である。

5 **解答** ①

解説 正しいものは①：アとウである。

イ：違憲審査権の行使は，最高裁判所だけでなく下級裁判所にも認められている。最高裁判所が「憲法の番人」といわれるのは，違憲かどうかが争われる事件は，最高裁判所が終審となる場合が多いからである。　エ：安全保障理事会の常任理事国のメンバーは第二次世界大戦の戦勝国で構成されており，アメリカ，フランス，イギリス，中国，ロシアの５か国である。日本，ドイツ，イタリアは敗戦国であるため入っていない。　オ：内閣総理大臣の指名が審議の中心となるのは特別会である。臨時会は，内閣が必要と認めたとき，またはいずれかの議院の総議員の４分の１以上の要求があったときに召集される国会であり，予算や外交問題，国政上緊急を要する問題などが議題となる。

6 **解答** ③

解説 正しいものはイ，ウ，エの③：３つである。

ア：置かれたのは京都守護ではなく，六波羅探題である。　オ：赤痢菌を発見したのは志賀潔である。北里柴三郎は破傷風血清療法やペスト菌を発見した。

7 **解答** ③

解説 24を素因数分解すると，$24=2^3\times3$ であるから，24の倍数になるには，$2^3\times3$が含まれている数を選べばよい。したがって，③：$2^3\times3\times5^2$ が正しい。

8 **解答** ⑤

解説 ①　円柱㋑の底面積は$\pi(2r)^2=4\pi r^2$であり，円柱㋐の底面積はπr^2であるから，４倍である。よって，誤り。

②　円柱㋐の側面積は$2\pi r\times h=2\pi rh$であり，円柱㋑の側面積は$4\pi r\times\frac{1}{2}h=2\pi rh$であるから，同じである。よって，誤り。

③　円柱㋐の表面積は$2\pi rh+\pi r^2\times2$であり，円柱㋑の表面積は$2\pi rh+4\pi r^2\times2$であるから，４倍ではない。よって，誤り。

④　円柱㋐の体積はπr^2hであり，円柱㋑の体積は$4\pi r^2\times\frac{1}{2}h=2\pi r^2h$であるから，同じではない。よって，誤り。

⑤　④より，円柱㋑の体積は，円柱㋐の体積の２倍である。よって，正しい。

9 **解答** ①

解説 30°の角をもつ直角三角形の最も短い辺が５cmであると分かるから，直角を挟むもう一方の辺は$5\sqrt{3}$cm，斜辺は10cmと分かる。また，直角二等辺三角形の残りの2辺は，$10\div\sqrt{2}=5\sqrt{2}$[cm]と分かるので，この四角形の周りの長さは，$5+5\sqrt{3}+5\sqrt{2}\times2=5+5\sqrt{3}+10\sqrt{2}$[cm]となる。

10 解答 ④

解説 $y=x^2-6x+11=(x-3)^2+2$と変形すると，頂点の座標は(3, 2)である。$y=x^2$のグラフの頂点の座標は(0, 0)であるから，x軸方向に3，y軸方向に2だけ平行移動したものである。

11 解答 ②

解説 正しいものはイ，オの②：2つである。　イ：加速度の大きさは，物体にはたらく力の大きさに比例し，物体の質量に反比例する。したがって正解。　オ：細胞内で，酸素を用いて有機物を分解してエネルギーを得る反応を呼吸（細胞の呼吸）という。したがって正解。

　ア：物質が固体から直接気体になる変化も，気体から直接固体になる変化も，昇華というので誤り。　ウ：緯度30°～60°の中緯度付近に吹く強い西風を偏西風という。貿易風は，緯度30°付近に吹く東風である。　エ：加熱した酸化銅を水素を満たした試験管内に入れると，酸化銅から酸素が奪われ銅になる。このとき，酸化銅は還元され，水素は酸化される。

12 解答 ④

解説 ア：反応してできた物質を生成物という。化合物は，2種類以上の元素が化合した物質のこと。　イ：エタン＋酸素⟶二酸化炭素＋水という反応になる。　ウ：エタンはC_2H_6でCH_4はメタン。　エ・オ：化学反応式の左辺は$2C_2H_6+7O_2$なので，Cは4，Hが12，Oが14である。したがって，右辺の二酸化炭素の係数エは，炭素の数より4，水の係数オは水素の数より，6になる。

13 解答 ⑤

解説 正しいものは⑤：アとオである。　ア：ファンデルワールス力とは，イオンや分子間にはたらく引力のことなので，正解。　オ：地理的に分断され，その地域の環境に適応し，進化する現象を異所的種分化というので正解。

　イ：黄熱ワクチンの開発によりノーベル賞を受賞したのは，南アフリカ共和国のマックス・タイラー。山中伸弥は，iPS細胞（人工多能性幹細胞）の開発により，2012年にノーベル生理学・医学賞を受賞した。　ウ：落下の法則はガリレオが発見した法則であるので誤り。　エ：雌雄に関係なく，分裂や出芽などで増殖する生殖を無性生殖という。有性生殖は，雌雄それぞれの配偶子が接合して増える生殖のこと。

14 解答 ②

解説 正しいものはイ，エの②：2つである。　イ：セルシウス温度とは，1気圧のもとで氷がとける温度を0℃，水が沸騰する温度を100℃とした温度のこと。したがって$T=t+273$は正しく，$300[K]=t+273$　$t=27$[℃]で正しい。　エ：C(黒鉛)$+O_2\longrightarrow CO_2+394$kJ，C(ダイヤモンド)$+O_2\longrightarrow CO_2+396$kJより，C(黒鉛)－C(ダイヤモンド)＝394kJ－396kJ＝－2kJ　よって，C(黒鉛)＝C(ダイヤモンド)－2kJなので正解。

ア：自転車Aに対する自転車Bの相対速度なので，自転車Aから見た自転車Bの速度を求める。東向きを正とすると，自転車Bの速度は－4.0m/sとなり，相対速度は自転車B－自転車A＝－4.0－3.0＝－7.0[m/s]　よって，西向きに7.0m/sとなるので誤り。　ウ：10[V]÷0.4[A]＝25[Ω]なので誤り。　オ：手がばねから受ける力は，20[N/m]×0.15[m]＝3.0[N]　よって誤り。

15 解答 ②

解説 正しいものはイ，ウの②：２つである。

ア：モーツァルトは古典派の音楽家であるが，メンデルスゾーンはロマン派の音楽家である。　エ：箏はインドではなく中国から伝わった。弦の数は10本ではなく13本であり，弦に柱（じ）を立てて音階をつくるので，音階は五音音階に限ることなく，多様な音階にすることができる楽器である。　オ：♯（シャープ）は半音上げる記号，♭（フラット）は半音下げる記号である。

16 解答 ②

解説 正しいものはア，イの②：２つである。イ：サグラダ・ファミリア聖堂は2005年に「アントニ・ガウディの作品群」を構成する物件としてユネスコの世界文化遺産に登録。

ウ：「真珠の首飾りの少女」はヨハネス・フェルメールの作品。　エ：フロッタージュは，凹凸のあるものの上に紙を置き，鉛筆などでこするように描くことで，下の形状を写し取る技法をいう。選択肢は「スパッタリング」の説明である。オ：選択肢は「グラデーション」の説明で，「リピテーション」は誤り。

長野県

18 解答 ⑤

解説 (1) 「cheer up」で（励ます）という意味の熟語。（心配事のある人を励ましてあげたい）。

(2) 「have＋過去分詞」で現在完了になるので，正解はア：「learned」である。（自分が学んだことを決して忘れないように）。

(3) 「take～for a walk」で（～を散歩に連れて行く）という意味の熟語。

(4) 「be＋過去分詞」で受動態になるので，正解はウ：「loved」である。（私の母の歌声は多くの人に愛されている）。

(5) 原級比較「as～as」の間には形容詞や副詞の原級がくるので，正解はエ：「much」である。（私の兄は私の２倍の量の食事を食べる）。

比較級であるア：「less」とイ：「more」，最上級であるウ：「most」は不正解である。

高等学校

1 解答 (1)―⑤　(2)―④　(3)―②　(4)―③　(5)―④　(6)―④　(7)―①　(8)―④　(9)―②　(10)―③　(11)―④　(12)―③　(13)―③　(14)―⑤　(15)―①　(16)―②　(17)―①　(18)―⑤　(19)―④　(20)―③

解説 (1) 「端的」の意味は「要点を手短かにまとめている様子」。

(2)　④：「いただいてください」は謙譲語。正しい尊敬語は「お召し上がりください」。

(3)　例文としては，「叔父に借金の相談に行ったがとりつく島もなかった」など。

(4)　③：『方丈記』は鎌倉時代の随筆で，作者は鴨長明。世阿弥は室町時代の能作者で，代表作は『風姿花伝』。

(5)　④：『号泣する準備はできていた』は江國香織の作品。

(6)　④：慈照寺銀閣は東山文化を代表する建築物である。

(7)　①：マルコ＝ポーロはヴェネツィア出身の商人・旅行家で，元の大都に赴き17年間フビライに仕えたことで有名である。江戸時代に当たる時期にはすでに元は滅び，江戸時代初期は明，それ以降は清に変わっている。

(8)　中南米のほとんどの地域は，16世紀半ばにはスペインの植民地に，17世紀にはブラジルがポルトガル領となった。そのため，ブラジルはポルトガル語，その他の国はスペイン語を公用語としている。

(9)　イスラームが守るべき五行に当てはまるものは，②：沐浴ではなく，喜捨である。ラマダーン月の後に，貧しい人を救うための救貧税をモスクに持っていったり，貧しい人に小麦や米，現金などを与えたりすることをいう。

(10)　2005年制定の会社法により，株式会社と有限会社は統合されて，有限会社を新たに設立することはできなくなり，かわって④：合名会社という会社ができた。

(11)　$y=2x^2-4x+5=2(x-1)^2+3$と変形すると，頂点の座標は（1，3）である。

(12)　外接円の半径をRとすると，正弦定理より，$2R=\dfrac{2\sqrt{3}}{\sin 60^\circ}$であるから，これを解くと，$R=\dfrac{2\sqrt{3}}{\frac{\sqrt{3}}{2}\times 2}=2$となる。

(13)　i）$ax\geqq 0$のとき，すなわち$x\leqq 0$のとき

与えられた不等式は，$ax<-2a$

aは負の定数であるから，$x>-2$

条件と合わせて，$0\geqq x>-2$

ii）$ax<0$のとき，すなわち$x>0$のとき

与えられた不等式は，$-ax<-2a$

aは負の定数であるから，$x<2$

条件と合わせて，$0<x<2$

i），ii）より，$-2<x<2$となる。

(14)　変量yは，変量xの100個のデータすべてに3を加えているので，a平均値とb最頻値も3だけ大きくなる。四分位偏差は，第3四分位数から第1四分位数を引いて2で割ったものであるから，加えられた3の影響はない。また，分散はデータの散らばり具合を表すため，3ずつ大きくなったとしても散らばり具合は変わらない。したがって，値が変わらない組み合わせは，⑤のc：四分位偏差とd：分散である。

(15)　△APQが∠A=90°の直角三角形となるには，円周角の定理より，PQが直径

となればよい。点Aを含まない直径は5本引くことができるから，$\frac{5}{{}_{11}C_2}=\frac{1}{11}$となる。

(16) 直列つなぎなので，回路全体の抵抗は2.0＋4.0＝6.0［Ω］ したがって回路に流れる電流の大きさは6.0[V]÷6.0［Ω］＝1.0［A］ 2.0Ωの抵抗にかかる電圧は1.0［A］×2.0［Ω］＝2.0[V]なので，消費電力は2.0[V]×1.0[A]＝2.0[W]

(17) ①：塩化アンモニウムは，強酸と弱塩基の塩なので，水に溶けると酸性を示す。

②：酢酸ナトリウムと③：炭酸水素ナトリウムは弱酸と強塩基の塩なので，水に溶けるとアルカリ性を示す。 ④：塩化ナトリウムと⑤：硫酸ナトリウムは，強酸と強塩基の塩なので，水に溶けると中性を示す。

(18) 原核細胞とは，核をもたない細胞のこと。核をもつ細胞を真核細胞という。①：酵母菌，③：オオカナダモ，④：ミカヅキモは真核細胞をもつ真核生物。②：大腸菌と⑤：ネンジュモは原核細胞をもつ原核生物であるが，大腸菌は，他の生物から直接・間接的に有機物を得る従属栄養生物である。ネンジュモなどのシアノバクテリアは，光合成によって有機物をつくり出す独立栄養生物である。したがって⑤：ネンジュモが正解。

(19) オゾン層は，成層圏にあり，人体に有害な紫外線を吸収している。 ①：外気圏は地上から約500km以上の高さ。 ②：熱圏は80km～。 ③：中間圏は50～80km。 ④：成層圏は11～50km。 ⑤：対流圏は地上から約11kmまで。

(20) ③：根粒菌は，マメ科の植物の根に共生し，空気中の窒素をアンモニアに変えること（窒素固定）ができる細菌。窒素固定をする生物には，他にもネンジュモなどがある。

①：硝酸菌は，亜硝酸を硝酸に酸化することで得られるエネルギーを用いて炭素固定をする細菌。 ②：亜硝酸菌は，アンモニアを亜硝酸に酸化させる細菌。①と②の硝酸菌と亜硝酸菌は，窒素固定によってできたアンモニウムイオンを硝酸イオンに変化させる生物である。 ④：乳酸菌は，発酵によってグルコースを分解し，エネルギーをとり出す細菌。最終的に乳酸ができるので，乳酸菌とよばれる。 ⑤：脱窒素細菌は，土壌内の窒素化合物を分解し，大気に窒素（N_2）を放出する細菌。

2 **解答** (1)―① (2)―④ (3)―② (4)―⑤ (5)―③

解説 (1) 問題文を見ると「for their apartment」（自分たちのアパート用に）とあるので，購入したのは①：「furniture」（家具）である。

②：「advice」（助言），③：「custom」（慣習），④：「building」（建物），⑤：「clothes」（衣服）は文意に合わない。

(2) 「forgetting to mail the letter」（手紙を投函するのを忘れた）とあるので，Angelaは私に謝罪したはず。したがって正解は④：「apologized」（謝った）である。

①：「provided」（提供した），②：「ordered」（注文した，命令した），③：「repaired」（修理した），⑤：「observed」（観察した）は文意に合わない。

長野県

(3) 適切な関係代名詞を選ぶ問題。カッコ以下の関係代名詞節を訳すと（母国語が日本語ではない）となり，先行詞「students」との関係を考えると，（生徒たちの＋母国語）となるので，所有格の関係代名詞②：「whose」を選ぶ。

(4) 「turn off ～」以下を訳すと（すぐにガスを消しなさい）となるので，前半は（地震が起きた場合には）となるはず。したがって正解は⑤：「In case of」（～の場合に備えて，～が起きた場合には）である。

①：「In addition to」（～に加えて），②：「Thanks to」（～のおかげで），③：「According to」（～によれば），④：「In spite of」（～にもかかわらず）は文意に合わない。

(5) 「enough to 不定詞」構文と「so～that」構文の語順を問う問題。「enough to 不定詞」構文は「S V 形容詞 or 副詞 enough to V」という語順になり（Sはとても形容詞or副詞なのでto Vできる）と訳す。したがって正解は③：「old enough」である。

「so～that」構文は「S_1 V_1 so 形容詞 or 副詞 that S_2 can V_2」（とても～なので…できる）となり，「that」以下が文章の形になる。設問文はカッコのあとに「to 不定詞」があるので，「so～that」構文は不正解である。

静岡県／静岡市／浜松市

実施日	2023（令和５）年７月１日	試験時間	60分（教職教養を含む）
出題形式	選択式	問題数	１題（解答数15）
パターン	５教科＋音楽･家庭･保体･情報	公開状況	問題：公開　解答：公開　配点：公開

傾向＆対策

●例年，教職教養８題（解答数35），一般教養１題（解答数15）と，教職教養に厚い問題構成。●国語は，今年度は慣用句と比喩の問題。昨年度は四字熟語と俳句の問題，過去には漢字や和歌なども出題されていて，傾向はつかみにくい。英語は，ことわざの問題，内容把握。ちなみに昨年度は英単語の意味を問う問題，会話文の空欄補充であった。●社会は，今年度は日本史と公民（経済）。情報では，情報に関する略語と正式名称の組み合わせの問題が出題された。●数学は，組み合わせ問題が頻出だが，今年度は式の計算と図形。理科は年度によって出題科目が変わり，傾向がつかみにくい。●５教科の基礎を固めるとともに，例年出ている美術，家庭，保健体育，情報の対策もしておこう。

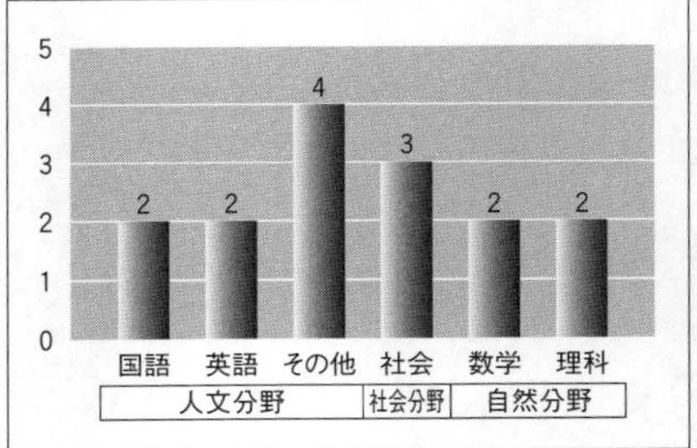

出題領域

分野	科目	解答数	科目	解答数	科目	解答数
人文分野	国語	2	英語	2	音楽	1
	美術		家庭	1	保健体育	2
社会分野	歴史（日本史）	1	歴史（世界史）		歴史（現代史）	
	地理（日本地誌）		地理（世界地誌）		地理（地理用語）	
	公民（政治）		公民（経済）	1	公民（国際）	
	公民（倫理）		環境･情報･科学	1	時事問題	
	ローカル					
自然分野	数学	2	物理	1	化学	1
	生物		地学			

表中の数字は，解答数

全校種共通

☞解答＆解説 p.159

1 **次の(1)～(15)の各文について，（ ① ）～（ ⑮ ）に入る語句等をそれぞれア～オから一つずつ選び，記号で答えなさい。**

(1) 次のA～Dの文の空欄にそれぞれ適切な語を当てはめたとき，使わない語は（ ① ）である。

A （　　）鋒鋭く追及する　　B その情報は（　　）唾ものだ

C 新商品に思わず食（　　）が動く　　D 断（　　）の思いで故郷を離れる

ア 眉　イ 眼　ウ 腸　エ 指　オ 舌

(2) 次の文で擬人法を用いているものは（ ② ）である。

ア 君は私の太陽だ。　イ 人生はドラマだ。

ウ 友達が勝者のごとく振る舞う。　エ まるで嵐のような喝采だ。

オ 北風が戸をたたく。

(3) 鎌倉時代に，京都から迎えた幼少の将軍を後見して幕政を支え，尼将軍として政治を主導した人物は（ ③ ）である。

ア 足利尊氏　イ 日野富子　ウ 源頼朝　エ 北条政子　オ 井伊直虎

(4) インフレーションの説明として，最も適切なものは（ ④ ）である。

ア 外国通貨に対する円の価値が高まること。

イ 世界全体で株価が一気に下落すること。

ウ 物価水準が持続的に上昇すること。

エ 経済活動の規模が縮小してGDPが減少すること。

オ 失業者が急激に増加すること。

(5) 計算した値が無理数となるものは（ ⑤ ）である。

ア $\sqrt{2}+\sqrt{2}$　イ $\sqrt{2}-\sqrt{2}$　ウ $\sqrt{2}\times\sqrt{2}$　エ $\sqrt{2}\div\sqrt{2}$　オ $(\sqrt{2})^2$

(6) 平行四辺形ABCDの辺AB，CDの中点をそれぞれE，Fとし，ED，BFと対角線ACの交点をそれぞれG，Hとする。AB＝4，AC＝5，BC＝5のとき，△AEGと相似な三角形の1つは（ ⑥ ）である。

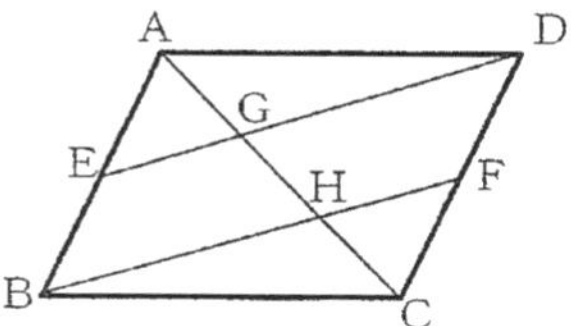

ア △AED　イ △AGD　ウ △ABC　エ △CDG　オ △BCF

(7) 次の表は，銅粉を加熱して空気中の酸素と反応させ，酸化銅を生成させたときの実験結果である。次の結果より，反応する銅と酸素の質量比はおよそ「銅：酸素＝（ ⑦ ）」である。ただし，銅粉はすべて酸化銅に変化したものとする。

静岡県／静岡市／浜松市

生成した酸化銅の質量（g）	0.15	0.25	0.34	0.50	0.62
反応した酸素の質量（g）	0.03	0.05	0.07	0.10	0.12

ア　4：1　　イ　4：5　　ウ　5：1　　エ　6：1　　オ　6：5

(8)　大きさが10Ωと30Ωの抵抗を並列につないだ回路に，3.0Vの電圧を加えると，10Ωの抵抗に電流が0.30A流れた。回路全体の抵抗の大きさは（ ⑧ ）Ωである。

ア　7.5　　イ　15　　ウ　20　　エ　30　　オ　37.5

(9)　情報に関する略語と正式名称の組合せとして，誤っているものは（ ⑨ ）である。

ア　DX　—　Digital Transformation　　イ　IP　—　Internet Protocol

ウ　LAN　—　Local Area Network　　エ　ID　—　Identification

オ　IT　—　Internet Technology

(10)　次の楽器の中で，木管楽器は（ ⑩ ）である。

ア　トランペット　　イ　ホルン　　ウ　フルート　　エ　トロンボーン

オ　チューバ

(11)　次の空欄に当てはまるものとして，最も適切なものは（ ⑪ ）である。

I go to work by train and it is always packed. This morning, I took the first train. It wasn't so crowded and I got a seat. You know what people say,"(　　)"

ア　When in Rome, do as the Romans do.

イ　It is no use crying over spilt milk.

ウ　The early bird catches the worm.

エ　So many men, so many minds.

オ　Two heads are better than one.

(12)　下の表は，先週の天気である。表を踏まえると，次の会話文中の"that day"に当たる曜日は（ ⑫ ）である。

A：It was hot that day.

B：Yes, it was. I remember I was very sweaty.

A：I checked the temperature on that day and it was higher than the day before.

B：Also, I remember I went out with an umbrella thinking it would rain.

A：Indeed, the weather changed later on.

B：It did. I am glad I brought my umbrella with me.

【表："that day"を含む週の平日の天気】

曜日	（月）	（火）	（水）	（木）	（金）
天気 最高気温／最低気温	晴れ 23℃/14℃	晴れのち雨 25℃/16℃	雨のち曇り 21℃/14℃	曇りのち雨 18℃/13℃	雨 20℃/14℃

ア　Thursday　　イ　Tuesday　　ウ　Friday　　エ　Wednesday

オ　Monday

⒀　情報技術を使って，エネルギー使用を最適にする制御を行い，省エネルギーを実現する住宅は（ ⑬ ）である。

ア　モビリティハウス　　イ　コーポラティブハウス　　ウ　シェアハウス
エ　コレクティブハウス　　オ　スマートハウス

⒁　病原体の種類がウイルスでない感染症は（ ⑭ ）である。

ア　インフルエンザ　　イ　風疹　　ウ　麻疹　　エ　結核　　オ　水痘

⒂　サッカーの競技規則において，ボールアウトオブプレーとなるものは（ ⑮ ）である。

【タッチラインを真上から見た図】

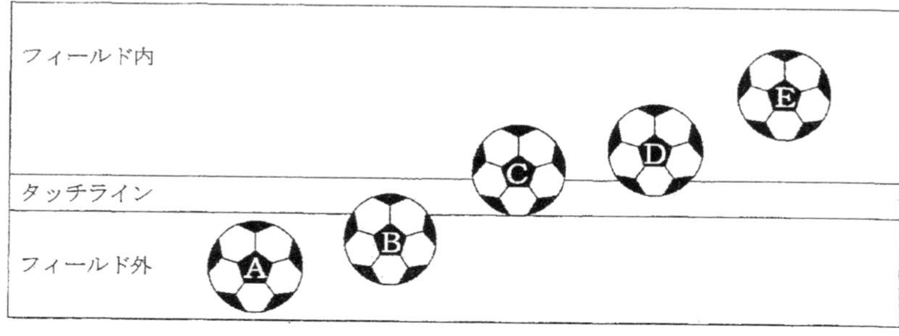

ア　Aのみ　　イ　AとB　　ウ　AとBとC
エ　AとBとCとD　　オ　すべて

解答＆解説

1 解答　⑴―イ　⑵―オ　⑶―エ　⑷―ウ　⑸―ア　⑹―エ　⑺―ア
⑻―ア　⑼―オ　⑽―ウ　⑾―ウ　⑿―イ　⒀―オ　⒁―エ
⒂―ア

解説　⑴　使わない語は，イ：眼。

その他の選択肢は次の通り。Ａ　オ：「舌鋒（ぜっぽう）」（議論・弁舌などの鋭さを，鋒（ほこ）に例えていう語）Ｂ　ア：「眉唾もの」（真偽の疑わしいこと）Ｃ　エ：「食指が動く」（物を食べたくなる。転じて，ある物事をしてみようという気になる）Ｄ　ウ：「断腸」（はらわたがちぎれるほどの，はなはだしい悲しみや苦しみ）

⑵　オ：「北風が戸をたたく。」は，物事を人間のように表す擬人法。修辞法の一種。「北風」を，人間に例えている。

その他の選択肢は次の通り。ア：「君は私の太陽だ。」は，「君」を太陽に例える隠喩法。イ：「人生はドラマだ。」は，「人生」をドラマに例える隠喩法。ウ：「友達が勝者のごとく振る舞う。」は，「友達の振る舞い」を勝者に例える直喩法。エ：「まるで嵐のような喝采だ。」は，「喝采」を嵐に例える直喩法。

⑶　エ：北条政子（1157～1225）は，北条時政の娘で頼朝の妻。頼朝の死後，尼となり，幕府政治を裁決し尼将軍と呼ばれた。

ア：足利尊氏（1305～58）は，室町幕府の初代将軍。鎌倉幕府の有力な御家人だったが後醍醐天皇に味方して六波羅探題を攻め落とし，1338年に室町幕府を開いた。 イ：日野富子（1440～96）は，足利義政夫人。実子義尚の誕生が将軍継嗣問題を引き起こし，応仁の乱の一因となった。 ウ：源頼朝（1147～99）は，初めて幕府を開いた武士。鎌倉幕府の初代将軍。平治の乱で伊豆に流されたが北条氏の協力で1180年に兵を挙げ85年に平氏を滅ぼした。92年に征夷大将軍になり，鎌倉幕府を開いた。 オ：井伊直虎（1540?～1582）は，戦国時代から安土桃山時代にかけての遠江（現在の静岡県西部）井伊谷（いいのや）の領主。「井伊直弼」などを排出する井伊家の礎をつくった女領主。

(4) ウ：インフレーションは，物価がかなりの期間継続して上昇する現象。物価が継続して上昇すると，通貨価値が下がっていく。インフレーションは需要の伸びすぎによる需給のアンバランス，銀行信用の過度の膨張，労働生産性を上回る賃金の上昇などにより生じる。

(5) ア：$2\sqrt{2}$となり，無理数となる。

その他の選択肢の計算結果は，イ：0，ウ：2，エ：1，オ：2となり，有理数。

(6) 中点連結定理より，ED∥BFが成り立つから，平行線の同位角や錯角は等しくなる。△AEGに相似な三角形は，△ABH，△CFH，エ：△CDGである。

(7) 酸化銅の質量から，反応した酸素の質量を引くと，銅の質量が求められる。
$0.15-0.03=0.12$［g］ したがって，$Cu:O_2=0.12:0.03=4:1$

(8) 2つの抵抗R_1，R_2を並列つなぎにしたときの回路全体の抵抗をRとすると，次のように求められる。

$\frac{1}{R}=\frac{1}{R_1}+\frac{1}{R_2}$ したがって $\frac{1}{10}+\frac{1}{30}=\frac{3+1}{30}=\frac{4}{30}=\frac{1}{7.5}$ よって，求める抵抗は 7.5Ω

(9) ITはInformation Technologyで，「情報技術」と訳され，コンピューターとネットワークを利用した技術の総称と考えられている。近年，ITとともにICT(Information and Communication Technology，「情報通信技術」）も使われるようになった。意味はほとんど同じで，ICTはCommunicationが入っているので「個人からの情報発信」を強調するニュアンスがあり，また国際的には「ICT」が広く普及している。

(10) 木管楽器とは，演奏者の唇の振動ではなく，息を吹き込んだりリードなどを振動させたりすることで発音する楽器である。金管楽器は唇の振動により発音する。正答であるウ：フルートは金属製であるが，発音の仕組みが唇の振動ではなく息を用いることで音を出すため木管楽器である。

なお，他の選択肢のア：トランペット，イ：ホルン，エ：トロンボーン，オ：チューバは金管楽器である。

(11) 「I go to work by train and it is always packed. This morning, I took the first train. It wasn't so crowded and I got a seat. You know what people say,

“(　)”」の日本語訳は，(私は電車で通勤するが，いつも混んでいる。今朝，始発に乗った。それほど混んでいなかったので座れた。(　　) とはよく言うものだ」となる。この内容に合うことわざは，ウ:「The early bird catches the worm.」(早起きは三文の徳) である。

その他の選択肢は以下の通り。 ア:「When in Rome, do as the Romans do.」(郷に入っては郷に従え)。 イ:「It is no use crying over spilt milk.」(覆水盆に返らず)。 エ:「So many men, so many minds.」(十人十色)。 オ:「Two heads are better than one.」(三人寄れば文殊の知恵)。

⑿ Aの2回目の発言は「I checked the temperature on that day and it was higher than the day before.」(その日の気温を調べたら，前の日よりも高かった) とあるので，それに該当するのは火曜日と金曜日である。また，Aの3回目の発言は「Indeed, the weather changed later on.」(確かに，その日の天気はあとになって変わった) とあるので，正解はイ:「Tuesday」(火曜日) だと分かる。

⒀ 誤りの選択肢について解説する。

ア:モビリティハウスは車いす使用者や歩行困難者を対象とし，通路幅員の確保，段差の解消などの条件を満たした住宅。 イ:コーポラティブハウスは 入居希望者が組合を結成し，その組合が土地取得から設計者や建設業者の手配まで一貫して行う集合住宅。 ウ:シェアハウスは自分の部屋とは別に共同利用できる共有スペースのある賃貸住宅。 エ:コレクティブハウスは入居者同士が共同生活をすることで子育てや家事などを分担しながら生活できる集合住宅。

⒁ エ:結核は結核菌が肺の中に侵入してさまざまな炎症を起こす感染症。

⒂ ピッチ上や空中にかかわらず，ボールがタッチラインやゴールラインを「完全に」超えれば，アウトオブプレーである。そのため，ア:「Aのみ」となる。

愛知県

実施日	2023(令和５)年７月22日	試験時間	60分（教職教養を含む）
出題形式	ＯＣＲ式	問題数	16題（解答数16）
パターン	５教科＋音楽･美術･家庭･保体･情報･環境	公開状況	問題:公開　解答:公開　配点:公開

傾向&対策 ●例年，教職教養の解答数14，一般教養の解答数16という構成。●国語は，今年度は熟語の読みと，５年連続の出題となる海外文学史。過去には古典や俳句，短歌，漢字なども出題されている。英語は，英単語とテーマの一致問題と，定番の会話文の空欄補充。また，音楽は音楽記号とその説明について，家庭は衣類等の洗濯表示の記号について，保健体育は心肺蘇生法の知識について問われた。●社会は歴史，地理から各１題。頻出の情報と環境の出題も見られた。●数学は例年２題で，図形問題は今年度で５年目。理科は，年度によって出題科目が異なるが，今年度は昨年度に引き続き，化学と地学が１題ずつであった。●５教科を中心に，過去に出題のあった時事対策もしておこう。

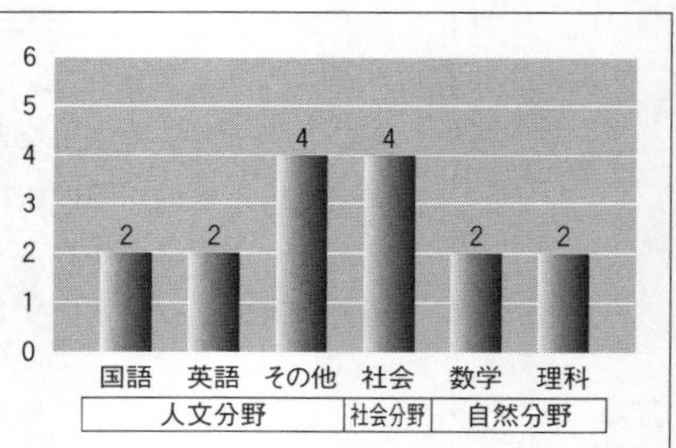

出題領域

分野	科目	解答数	科目	解答数	科目	解答数
人文分野	国語	2	英語	2	音楽	1
	美術	1	家庭	1	保健体育	1
社会分野	歴史(日本史)		歴史(世界史)	1	歴史(現代史)	
	地理(日本地誌)		地理(世界地誌)	1	地理(地理用語)	
	公民(政治)		公民(経済)		公民(国際)	
	公民(倫理)		環境･情報･科学	2	時事問題	
	ローカル					
自然分野	数学	2	物理		化学	1
	生物		地学	1		

表中の数字は，解答数

全校種共通

☞解答＆解説 p.168

1 **次のア～オは，熟語とその読み方を示したものである。読み方が全て正しいものを二つ選ぶとき，その組合せを解答群から一つ選び，番号で答えよ。**

ア 冤罪 ― めんざい　悪寒 ― おかん　傀儡 ― かいらい
イ 忖度 ― そんたく　罷免 ― のうめん　捏造 ― ねつぞう
ウ 溌剌 ― はつらつ　賄賂 ― わいろ　漏洩 ― ろうえい
エ 十八番 ― おはこ　下戸 ― げこ　台詞 ― のりと
オ 拉致 ― らち　匿名 ― とくめい　饒舌 ― じょうぜつ

【解答群】 1 ア，イ　2 ア，ウ　3 ア，エ　4 ア，オ　5 イ，ウ
6 イ，エ　7 イ，オ　8 ウ，エ　9 ウ，オ　0 エ，オ

2 **次のア～オは，シェイクスピアとその作品について説明したものである。正しいものを二つ選ぶとき，その組合せを解答群から一つ選び，番号で答えよ。**

ア フランスの劇作家・詩人で，若くしてその地位を確立していたといわれる。
イ 喜劇としては，『ドン・キホーテ』『ロミオとジュリエット』などがある。
ウ 『ペスト』は人間の卑俗さと高貴さを描いた作品として知られている。
エ 悲劇としては，『オセロ』『マクベス』などがある。
オ “To be, or not to be, that is the question.”は『ハムレット』のセリフである。

【解答群】 1 ア，イ　2 ア，ウ　3 ア，エ　4 ア，オ　5 イ，ウ
6 イ，エ　7 イ，オ　8 ウ，エ　9 ウ，オ　0 エ，オ

3 **次の(1)～(3)は，19世紀に世界各地で起こった出来事について述べたものである。（ a ）～（ c ）内に当てはまるものを語群から選ぶとき，正しい組合せとなるものを解答群から一つ選び，番号で答えよ。**

(1) 1853年にはじまったクリミア戦争の報道に接した（ a ）は，野戦病院におもむいて，傷病兵の看護につくした。
(2) 1862年にプロイセンの首相になった（ b ）は，鉄血政策によるドイツ統一をめざした。
(3) 1895年の下関条約調印後，ドイツ，フランス，（ c ）の三国は，日本に遼東半島を清へ返還することを求めた。

【語　群】 ア ラクスマン　イ ナイチンゲール　ウ ビスマルク
エ ナポレオン　オ アメリカ　カ ロシア

【解答群】
1 a―ア b―ウ c―オ　2 a―ア b―ウ c―カ
3 a―ア b―エ c―オ　4 a―ア b―エ c―カ
5 a―イ b―ウ c―オ　6 a―イ b―ウ c―カ
7 a―イ b―エ c―オ　8 a―イ b―エ c―カ

4 **次は，共生社会の実現について述べたものである。（ a ）～（ c ）内に当てはまるものを語群から選ぶとき，正しい組合せとなるものを解答群から一つ選び，番号で答えよ。**

高齢者や障害者が，健常者とともに社会に参加して生活できるようにすべきだという

愛知県

（ a ）の考え方が現在，根付きつつある。このような考え方に基づき，生活の障壁となるものを取り除く（ b ）の街づくりや，健常者・障害者を問わず全ての人が利用できる（ c ）の商品開発が進んでいる。

【語　群】 ア　セーフティネット　　イ　ノーマライゼーション
ウ　バリアフリー　　エ　ナショナルミニマム
オ　ユニバーサルデザイン　　カ　クリエイティブデザイン

【解答群】 1　a―ア　b―ウ　c―オ　　2　a―ア　b―ウ　c―カ
3　a―ア　b―エ　c―オ　　4　a―ア　b―エ　c―カ
5　a―イ　b―ウ　c―オ　　6　a―イ　b―ウ　c―カ
7　a―イ　b―エ　c―オ　　8　a―イ　b―エ　c―カ

5　**3つの整数56，84，210の最大公約数として正しいものを解答群から一つ選び，番号で答えよ。**

【解答群】 1　4　2　7　3　14　4　21　5　28
6　56　7　168　8　210　9　420　0　840

6　**次の図は，円錐（えんすい）の展開図である。この展開図を組み立てたとき，側面になる扇形は半径が12，中心角が120°である。このとき，底面となる円の半径として正しいものを解答群から一つ選び，番号で答えよ。**

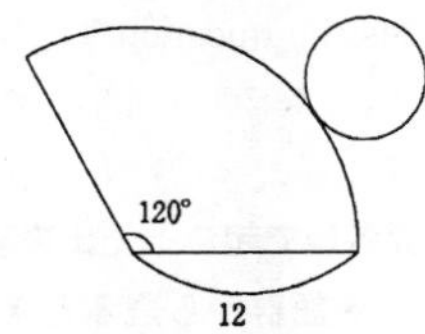

【解答群】 1　1　2　2　3　3　4　4　5　$2\sqrt{3}$
6　$3\sqrt{3}$　7　$4\sqrt{3}$　8　$2\sqrt{6}$　9　$3\sqrt{6}$　0　$4\sqrt{6}$

7　**次の表は，硝酸カリウムと塩化ナトリウムの溶解度を示したものである。また，(1)～(3)は，水溶液について述べたものである。（ a ）～（ c ）内に当てはまるものを語群から選ぶとき，正しい組合せとなるものを解答群から一つ選び，番号で答えよ。**

【硝酸カリウムと塩化ナトリウムの溶解度（g／水100g）】

水の温度（℃）	硝酸カリウム	塩化ナトリウム
0	13.3	37.6
10	22.0	37.7
20	31.6	37.8
40	63.9	38.3
60	109.2	39.0
80	168.8	40.0
100	244.8	41.1

愛知県

(1) 一定量の水に物質を溶かしていき，物質がそれ以上溶けることのできなくなった状態の水溶液を，その物質の（ a ）という。

(2) 40℃の水100 gで，表にある２種類の物質の（ a ）を作り，温度を20℃に下げたとき，析出する結晶は（ b ）の方が少ない。

(3) 60℃の水200 gに硝酸カリウム250 gを溶かそうとするときに，溶けないで残る硝酸カリウムの結晶は（ c ）gである。

【語　群】 ア　溶解水溶液　　イ　飽和水溶液　　ウ　硝酸カリウム
エ　塩化ナトリウム　　オ　31.6　　カ　140.8

【解答群】 1　a―ア　b―ウ　c―オ　　2　a―ア　b―ウ　c―カ
3　a―ア　b―エ　c―オ　　4　a―ア　b―エ　c―カ
5　a―イ　b―ウ　c―オ　　6　a―イ　b―ウ　c―カ
7　a―イ　b―エ　c―オ　　8　a―イ　b―エ　c―カ

8 **次は，地震について述べたものである。（ a ）～（ c ）内に当てはまるものを語群から選ぶとき，正しい組合せとなるものを解答群から一つ選び，番号で答えよ。**

地震が起こると，震源から地震波が地球内部を伝わっていく。地震波には，（ a ）波とＳ波があり，これらは同時に発生するが，（ a ）波はＳ波よりも速く，最初に観測される小さな揺れは（ a ）波によるもので，初期微動という。少し遅れて始まる大きな揺れは，Ｓ波によるもので，（ b ）という。地表で観測された地震動の強さを表す指標を（ c ）といい，日本では10段階で示される。

【語　群】 ア　Ｔ　　イ　Ｐ　　ウ　主要動
エ　単振動　　オ　マグニチュード　　カ　震度

【解答群】 1　a―ア　b―ウ　c―オ　　2　a―ア　b―ウ　c―カ
3　a―ア　b―エ　c―オ　　4　a―ア　b―エ　c―カ
5　a―イ　b―ウ　c―オ　　6　a―イ　b―ウ　c―カ
7　a―イ　b―エ　c―オ　　8　a―イ　b―エ　c―カ

9 **次は，心肺蘇生法について述べたものである。（ a ）～（ c ）内に当てはまるものを語群から選ぶとき，正しい組合せとなるものを解答群から一つ選び，番号で答えよ。**

けがや病気で，心肺停止の状態におちいり死の危険にさらされたときに，救命のために人工的に血液循環を確保する方法として，胸骨圧迫，人工呼吸，（ a ）による除細動がある。その中の胸骨圧迫は，救助者の体重をかけ，両手で傷病者の胸部への圧迫を１分間に（ b ）回のテンポで繰り返すことによって心臓内から血液を送り出す方法である。胸骨圧迫によって心臓から送り出される血液量は，通常の３分の１程度だが，それだけの量でも（ c ）を防ぐことができる。

【語　群】 ア　AED　　イ　BMI　　ウ　30～50
エ　100～120　　オ　脳の障害　　カ　失血死

【解答群】 1　a―ア　b―ウ　c―オ　　2　a―ア　b―ウ　c―カ
3　a―ア　b―エ　c―オ　　4　a―ア　b―エ　c―カ
5　a―イ　b―ウ　c―オ　　6　a―イ　b―ウ　c―カ
7　a―イ　b―エ　c―オ　　8　a―イ　b―エ　c―カ

10 次のア～オは，音楽記号とその説明である。正しいものを二つ選ぶとき，その組合せを解答群から一つ選び，番号で答えよ。

ア　スラー　　　—　高さの異なる複数の音符につけられる弧線
イ　ト音記号　　—　音の高さを半音下げる記号
ウ　フラット　　—　各音を短く切って演奏する記号
エ　スタッカート　—　五線譜の第２線を始点として書かれる高音部記号
オ　タイ　　　　—　同じ高さの二つの音符を結ぶ弧線

【解答群】　1　ア，イ　　2　ア，ウ　　3　ア，エ　　4　ア，オ　　5　イ，ウ
　　　　　6　イ，エ　　7　イ，オ　　8　ウ，エ　　9　ウ，オ　　0　エ，オ

11 次のア～オについて，【　　】のテーマに①～④の英単語全てが当てはまるものを二つ選ぶとき，その組合せを解答群から一つ選び，番号で答えよ。

ア　【建物】
①museum　②shrine　③lake　④fire station
イ　【味】
①hot　②smelly　③salty　④sour
ウ　【海の生き物】
①starfish　②sea turtle　③squid　④tuna
エ　【文具】
①ruler　②glue　③scissors　④saw
オ　【乗り物】
①airplane　②ambulance　③bicycle　④ferry

【解答群】　1　ア，イ　　2　ア，ウ　　3　ア，エ　　4　ア，オ　　5　イ，ウ
　　　　　6　イ，エ　　7　イ，オ　　8　ウ，エ　　9　ウ，オ　　0　エ，オ

12 次のAとBの会話文が成り立つように，（ a ），（ b ）内に当てはまるものを各語群から選ぶとき，正しい組合せとなるものを解答群から一つ選び，番号で答えよ。

A：How do you like Tokyo, Chris?
B：I like it, but（ a ）
A：That's true. You should be careful with the traffic.
B：Thanks, I will, Miki. Well, will you show me around Tokyo tomorrow?
A：Yes, I will, but where would you like to go?
B：I haven't decided yet.（ b ）
A：Then, I'll visit you at around nine, and take you to see some old temples and gardens.
B：Great. I'll be waiting for you.

【aの語群】　ア　the streets are very crowded with cars.
　　　　　　イ　I'm quite a stranger here.
　　　　　　ウ　I wonder what famous spots I should visit.
【bの語群】　ア　But my aunt will show me some tourist spots tomorrow.
　　　　　　イ　But I'll be happy if you take me to the famous historic sites.

愛知県

ウ　But I'd like to stay here and just relax tomorrow.

【解答群】　1　a—ア　b—ア　　2　a—ア　b—イ　　3　a—ア　b—ウ
4　a—イ　b—ア　　5　a—イ　b—イ　　6　a—イ　b—ウ
7　a—ウ　b—ア　　8　a—ウ　b—イ　　9　a—ウ　b—ウ

13　**次のa～cは，衣類等の洗濯表示の記号である。それぞれの意味をア～カから選ぶとき，正しい組合せとなるものを解答群から一つ選び，番号で答えよ。**

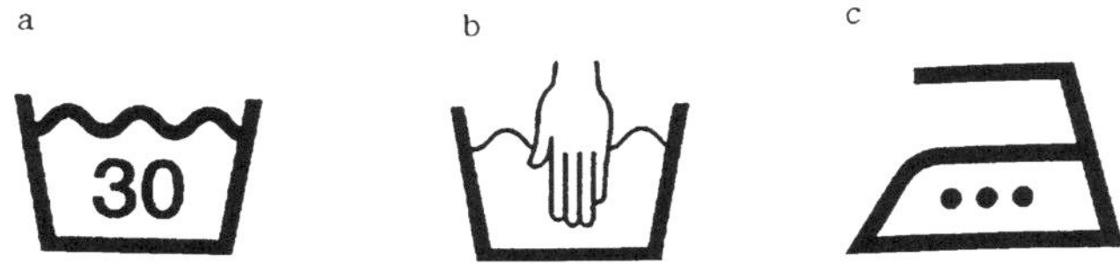

ア　液温は30℃を限度とし，洗濯機で洗濯処理ができる。
イ　液温は30℃以上で，手洗いができる。
ウ　液温は40℃を限度とし，手洗いができる。
エ　家庭での手洗いができない。
オ　底面温度200℃（高温）を限度として，アイロンを掛けることができる。
カ　底面温度50℃（低温）を限度として，アイロンを掛けることができる。

【解答群】　1　a—ア　b—ウ　c—オ　　2　a—ア　b—ウ　c—カ
3　a—ア　b—エ　c—オ　　4　a—ア　b—エ　c—カ
5　a—イ　b—ウ　c—オ　　6　a—イ　b—ウ　c—カ
7　a—イ　b—エ　c—オ　　8　a—イ　b—エ　c—カ

14　**次は，情報技術における遠隔教育について述べたものである。（ a ）～（ c ）内に当てはまるものを語群から選ぶとき，正しい組合せとなるものを解答群から一つ選び，番号で答えよ。**

遠隔教育とは，教授者と学習者が離れていても教育を受けられる仕組みをいう。特に，インターネットなどのネットワーク技術を活用した教育を（ a ）といい，大学などの高等教育機関や，語学学校などで用いられている。（ a ）の例として，学習者側もカメラとマイクを用意することで，遠隔地にいる教授者と双方向で（ b ）に授業を受けることができるシステムや，あらかじめサーバに（ c ）された講義の映像や資料を，学習者が好きな時間にダウンロードして学習するシステムなどがある。

【語　群】　ア　インタフェース　　イ　eラーニング　　ウ　リアルタイム
エ　インシデント　　オ　アドオン　　カ　アップロード

【解答群】　1　a—ア　b—ウ　c—オ　　2　a—ア　b—ウ　c—カ
3　a—ア　b—エ　c—オ　　4　a—ア　b—エ　c—カ
5　a—イ　b—ウ　c—オ　　6　a—イ　b—ウ　c—カ
7　a—イ　b—エ　c—オ　　8　a—イ　b—エ　c—カ

15　**次のア～オは，世界の芸術家とその代表作などについて述べたものである。正しいものを二つ選ぶとき，その組合せを解答群から一つ選び，番号で答えよ。**

ア　モネ　　— 『ひまわり』『夜のカフェテラス』　オランダの画家

イ　セザンヌ　　　―『睡蓮』 フランスの画家　印象派
ウ　ゴッホ　　　　―『りんごとナプキン』 フランスの画家　近代絵画の父
エ　ピカソ　　　　―『ゲルニカ』 スペインの芸術家　独創的な作風が特徴
オ　レンブラント―『夜警』 オランダの画家　光と影の魔術師

【解答群】　1　ア，イ　　2　ア，ウ　　3　ア，エ　　4　ア，オ　　5　イ，ウ
　　　　　　6　イ，エ　　7　イ，オ　　8　ウ，エ　　9　ウ，オ　　0　エ，オ

16　**次のア～オは，エルニーニョ現象に関連する自然現象について述べたものである。正しいものを二つ選ぶとき，その組合せを解答群から一つ選び，番号で答えよ。**

ア　エルニーニョ現象とは，太平洋赤道域の日付変更線付近から南米沿岸にかけて海面水温が平年より高くなり，その状態が1年程度続く現象である。

イ　エルニーニョ現象と逆に海面水温が平年より低くなる現象は，フェーン現象と呼ばれる。

ウ　エルニーニョ現象は，日本の気温や日照時間に影響を与えることがある。

エ　エルニーニョ現象が発生しても，海面水位には影響を与えない。

オ　エルニーニョ現象が発生すると，西太平洋熱帯域の海面水温が低下し，積乱雲の活動が活発になる。

【解答群】　1　ア，イ　　2　ア，ウ　　3　ア，エ　　4　ア，オ　　5　イ，ウ
　　　　　　6　イ，エ　　7　イ，オ　　8　ウ，エ　　9　ウ，オ　　0　エ，オ

解答＆解説

1　解答　9

解説　誤っている熟語の読み方の正しい読みは次の通り。

　ア：冤罪（えんざい）　イ：罷免（ひめん）　エ：台詞（せりふ）

2　解答　0

解説　誤りの選択肢について解説する。

　ア：シェイクスピアはイギリス最大の劇作家である。 イ：『ドン・キホーテ』もルネサンスを代表する文学作品だが，スペインのセルバンテスによるものである。社会風刺に富んだ滑稽物語であり，最初の近代小説と呼ばれる。『ロミオとジュリエット』はシェイクスピアによる戯曲だが，喜劇ではなく恋愛悲劇である。ウ：『ペスト』はノーベル文学賞を受賞したカミュの代表作の一つで，不条理文学として知られる。

3　解答　6

解説　(1)　イ：ナイチンゲールはイギリスの看護師で，クリミア戦争の戦地に赴き，傷病兵と野戦病院の改革に貢献し，帰国後，近代的看護制度を確立した。

(2)　ウ：ビスマルクはプロイセン・ドイツ帝国の政治家であり，プロイセン首相として鉄血政策といわれる軍備拡張政策を実行し，オーストリア・フランスとの戦争に勝ってドイツ統一を達成した。ドイツ帝国初代宰相を兼任してからは，19世紀国際政治の中心人物となった。

(3)　三国干渉は，満州進出をねらうカ：ロシアが，その障害となる日本の遼東半島領有を阻止するために，フランス・ドイツを誘って起こしたものである。よって，6が正答である。

4 解答 5

解説 (a)　イ：ノーマライゼーションとは，高齢者や障害者なども健常者と同様の生活を行おうという，現代の福祉への根本的な思想である。(b)　ウ：バリアフリーとは，高齢者や障害者が施設を利用したり地域で生活したりする際に不便がないよう，障害となるものを取り除くことである。(c)　オ：ユニバーサルデザインとは，年齢，性別，国籍，能力等にかかわらず，誰にでも利用可能なように，製品や建物，環境をデザインすることで，バリアフリー社会を実現するための基盤となるものである。よって，5が正答である。

5 解答 3

解説 それぞれ素因数分解すると，

$56 = 2 \times 2 \times 2 \times 7$

$84 = 2 \times 2 \times 3 \times 7$

$210 = 2 \times 3 \times 5 \times 7$　　最大公約数は，$2 \times 7 = 14$

6 解答 4

解説 側面の半径が12で中心角が120°なので，側面の弧の長さは$12 \times 2 \times \pi \times \frac{120}{360} = 8\pi$

側面の弧の長さは，底面の円周の長さと等しいので，底面の半径をrとすると，$2\pi r = 8\pi$の式が成り立つ。よって，$r = 4$

7 解答 7

解説 (1)　一定量の水に物質を溶かしていき，物質がそれ以上溶けることのできなくなった状態の水溶液を，その物質の飽和水溶液という。

(2)　40℃の水100 gには硝酸カリウムが63.9 g，塩化ナトリウムが38.3 g溶解し，20℃に下げると，硝酸カリウムは31.6 g，塩化ナトリウムは37.8 g溶解することができる。温度変化によって析出する結晶の質量は，硝酸カリウムが32.3 g，塩化ナトリウムが0.5 gであるため，塩化ナトリウムの方が少ない。

(3)　60℃の水200 gに溶かすことができる硝酸カリウムは218.4 gであるため，250 gのうち31.6 gは溶け残る。よって，7となる。

8 解答 6

解説 地震波には，地震波の進行方向に振動する縦波のＰ波と地震波の進行方向に垂直に振動する横波のＳ波がある。早く到達するＰ波による小さな揺れは初期微動といい，遅れて到達するＳ波による大きな揺れは主要動という。地震のエネルギーの大きさはマグニチュードで表され，ある地点での揺れの大きさは０～４，５弱，５強，６弱，６強，７の10段階の震度階級で表される。よって，６となる。

9 解答 3

解説 イ：BMIはボディマス指数と呼ばれ，体重kg÷(身長m)^{2}で表される。日本肥満学会の判定基準では18.5~25未満が普通体重。18.5未満が低体重，25以上が肥満である。

10 **解答** 4

解説 ア：スラーは，弧線がつけられた複数の音をなめらかに演奏する記号で，オ：タイは弧線で結ばれた音をつなげて一つの音として演奏する記号である。

イ：ト音記号は𝄞という記号で，五線譜の第２線を始点として書かれる高音部記号。 ウ：フラットは♭という記号で，音の高さを半音下げる記号。 エ：スタッカートは♪のように書き，音符の玉に付けられた小さい点で，各音を短く切って演奏する記号。

11 **解答** 9

解説 ア：①「museum」，博物館，美術館　②「shrine」，神社　③「lake」，湖　④「fire station」，消防署　イ：①「hot」，辛い　②「smelly」，臭い　③「salty」，しょっぱい　④「sour」，酸っぱい　ウ：①「starfish」，ヒトデ　②「sea turtle」，ウミガメ　③「squid」，イカ　④「tuna」，マグロ　エ：①「ruler」，定規　②「glue」，接着剤　③「scissors」，ハサミ　④「saw」，のこぎり　オ：①「airplane」，飛行機　②「ambulance」，救急車　③「bicycle」，自転車　④「ferry」，フェリー，連絡船

12 **解答** 2

解説 (a)（ａ）の後でAは「That's true. You should be careful with the traffic.」（そうですね。交通事故には気をつけるべきです）と述べているので，Bの発言として適切なのはア：「the streets are very crowded with cars.」（通りは車でとても混んでいます）である。

イ：「I'm quite a stranger here.」（よそ者なので，この辺りはよく分かりません），ウ：「I wonder what famous spots I should visit.」（どの名所を訪れるべきか迷っています）は内容的に合わない。(b)（ｂ）の後でAは「Then, I'll visit you at around nine, and take you to see some old temples and gardens.」（それなら，９時ごろにあなたのところに来て古いお寺や庭を見に連れて行ってあげます）と言っているので，Bの発言として適切なのはイ：「But I'll be happy if you take me to the famous historic sites.」（ですが，あなたが私を有名な史跡に連れて行ってくれると嬉しいです）である。

ア：「But my aunt will show me some tourist spots tomorrow.」（ですが，私の叔母が明日私を観光名所に連れて行ってくれます），ウ：「But I'd like to stay here and just relax tomorrow.」（ですが，明日は部屋にいてゆっくりしたいです）は内容的に合わない。

13 **解答** 1

解説 従来の「洗濯機洗い」は長方形，「手洗い」は洗濯桶で表示されていたが，新記号は洗濯桶のマークに統一された。水流の強さは，洗濯桶の下の横棒で表現し，横棒が多いほど力の加減を弱くすることを示している。 a：洗濯桶の中の数字は「液温の上限」を示し「30」なら，30度以下の水温で洗える。 b：洗濯桶に手を入れているマークは手洗いができることを示している。 c：アイロンのマ

ーク中の「点・」は，数が多いほど温度が高いという意味で，点3つは底面温度200度を限度として，点2つは底面温度150度を限度として，点1つは底面温度110度を限度としてスチームなしでアイロン仕上げができることを表す。

14 解答 6

解説 誤りの選択肢について解説する。

ア：「インタフェース」は複数の異なるものを接続するといった意味があり，ハードウェア間，ソフトウェア間，人間とコンピューターをつなぐ技術や方法を指す。 エ：「インシデント」はITシステムによって本来できるはずの業務などが正常に遂行できない状態のことを指す。 オ：「アドオン」はIT用語としては「ソフトウェアに特定の機能を追加するためのプログラム」を指す。いずれも設問の意味とは異なる。

15 解答 0

解説 誤りの選択肢を正すと以下の通り。

ア：モネ―『睡蓮』 フランスの画家。印象派。 イ：セザンヌ―『りんごとナプキン』 フランスの画家。近代絵画の父。 ウ：ゴッホ―『ひまわり』『夜のカフェテラス』 オランダの画家

16 解答 2

解説 ア：エルニーニョ現象とは太平洋赤道域の日付変更線付近から南米沿岸にかけて海面水温が平年より高くなり，その状態が1年程度続く現象である。 ウ：エルニーニョ現象が起こると，日本付近では太平洋高気圧の北への張り出しが弱くなり，北日本を中心に雨が多くなり，日照時間が少なくなる傾向があり，沖縄・奄美では高温となる傾向が見られる。

イ：エルニーニョ現象とは逆に，同じ海域で海面水温が平年より低い状態が続く現象はラニーニャ現象と呼ばれ，それぞれ数年おきに発生する。 エ：平均水温が上昇すると海水が膨張するため，エルニーニョ現象が起こると，太平洋赤道域の東側を中心に海面水位が平年より高くなり，逆に西部では低くなる。 オ：西太平洋熱帯域の海面水温の低下により，西太平洋熱帯域で積乱雲の活動が不活発となる。

名古屋市

実施日	2023(令和５)年７月22日	試験時間	40分（教職教養を含む）
出題形式	ＯＣＲ式	問題数	２題（解答数16）
パターン	４教科（国英社理）	公開状況	問題：公開　解答：公開

傾向&対策 ●教職教養４題（解答数20），一般教養２題（解答数16）と，教職教養は昨年度の３題から１題増加。例年，国語と英語の長文問題に社会や理科などの内容を絡めて出題される。●国語は長文読解で，内容一致のほか内容把握，品詞，表現技法の問題。内容一致は頻出である。英語も長文読解で，定番の内容一致のほか，空欄補充，指示された語句の意味を問う問題など。●社会は，これまで歴史と政治が頻出だったが，今年度は日本史，地理，公民（経済・国際）。２年連続で出題されていた現代史の出題はなかった。●理科は，昨年度と同じく各科目から出題されている。●数学以外の４教科の基礎を押さえたうえで，以前は出題されていたローカル問題や，時事的な話題も確認しておこう。

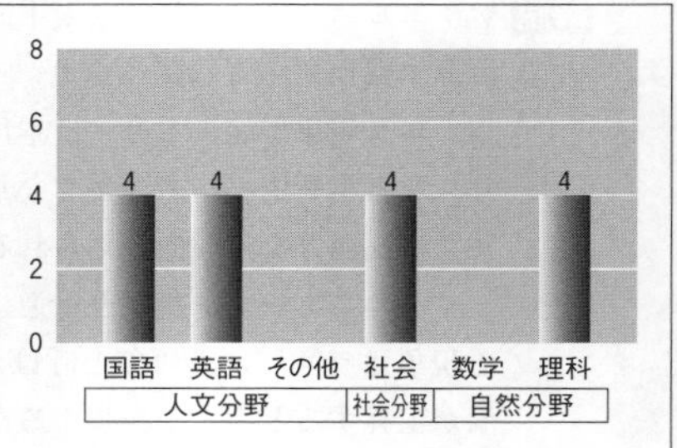

出題領域

人文分野	国　語	4	英　語	4	音　楽	
	美　術		家　庭		保健体育	
社会分野	歴史(日本史)	1	歴史(世界史)		歴史(現代史)	
	地理(日本地誌)		地理(世界地誌)		地理(地理用語)	1
	公民(政治)		公民(経済)	1	公民(国際)	1
	公民(倫理)		環境・情報・科学		時事問題	
	ローカル					
自然分野	数　学		物　理	1	化　学	1
	生　物	1	地　学	1		

表中の数字は，解答数

全校種共通

☞解答＆解説 p.175

1 〔傾向〕Eric Schlosser『*FAST FOOD NATION*』の英文を読み，問いに答える問題（8問）。

(1) 動物は，下線部①foodsを食べると，様々な消化器官が関わって体内に栄養素が吸収される。ヒトの消化器官の1つである肝臓のはたらきについて述べたものを，次の1～5から1つ選び，番号で書きなさい。

1 消化のはたらきを助ける胆汁を貯蔵する。

2 血糖量を下げる物質であるインスリンを出す。

3 ブドウ糖の一部をグリコーゲンに変えて貯蔵する。

4 タンパク質を分解するはたらきをもつ消化酵素を出す。

5 ブドウ糖やアミノ酸などの必要な養分を再び吸収する。

(2) 空欄に入る適切な語を1つ選ぶ問題。

(3) 下線部②the early part of the twentieth centuryである1901年，X線という放射線を発見したヴィルヘルム・レントゲン博士にノーベル物理学賞が授与された。放射線について述べた次の1～5から正しいものを1つ選び，番号で書きなさい。

1 放射線が人体に与える影響を表す単位は，ベクレル（記号 Bq）である。

2 放射性物質は，放射線を出すと他の物質に変わるが，放射線が時間とともに減少することはない。

3 体外から受けた放射線や体内にとりこんだ放射性物質は，人から人にうつることがある。

4 放射線には，原子をイオンにする能力があるが，遺伝子の本体であるDNAを変化させることはない。

5 放射線は目に見えなくて，物体を通り抜ける性質がある。

(4) 下線部が表す内容を1つ選ぶ問題。

(5) 下線部④chemicalsは，様々な原子やイオンを結合させて製造されるものである。カリウムイオンの電子配置と同じになる原子やイオンの組み合わせとして正しいものを，1～4から1つ選び，番号で書きなさい。

なお，右図の19+はカリウムイオンの原子核を，⊖はカリウムイオンの電子を表すものとする。

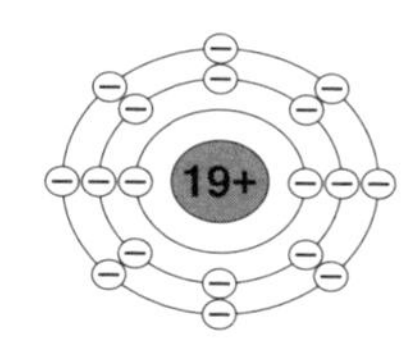

1	アルゴン原子	ネオン原子	ナトリウム原子
2	カルシウムイオン	ナトリウムイオン	塩化物イオン
3	硫化物イオン	ナトリウム原子	カルシウム原子
4	塩化物イオン	アルゴン原子	硫化物イオン

(6) 下線部⑤New Jerseyの気候は，夏は暑く湿度は高めである。次の表は，空気1m^{3}の各気温に対する飽和水蒸気量を示したものである。ある部屋で2m^{3}あたり水蒸気が31.0gふくまれている空気があり，湿度を調べたら67%だった。このときの部屋の気温はおよそ何℃であったと考えられるか。次の1～6から1つ選び，番号で書きなさい。

名古屋市

表　空気中の各気温に対する飽和水蒸気量

気温（℃）	0	5	8	10	15	18	20	23	25	30	35
飽和水蒸気量（g/m^3）	4.8	6.8	8.3	9.4	12.8	15.4	17.3	20.6	23.1	30.4	39.6

1…10℃　2…18℃　3…20℃　4…23℃　5…25℃　6…30℃

(7)　下線部に示されていることの原因として，本文の内容と合うものを１つ選ぶ問題。

(8)　本文に書かれている内容として正しくないものを１つ選ぶ問題。

2　〔傾向〕大佛次郎『歴史を紀行する―幻の伽藍』の文を読み，問いに答える問題（８問）。

(1)　下線部①フランスは国際連合の安全保障理事会の常任理事国であるが，他の常任理事国としてあてはまらない国を次の１～４から１つ選び，番号で書きなさい。

1　ロシア連邦　　2　イギリス　　3　ドイツ　　4　中国

(2)　下線部②について，筆者が表したかった様子として最も適するものを１つ選ぶ問題。

(3)　下線部③めったには副詞であるが，同じ種類の副詞が使用されている例文として正しいものを，１～４から１つ選び，番号で書きなさい。

1　私の願いをどうか叶えてください。

2　夢を叶えるために，ずいぶん時間がかかった。

3　大切なテストなので，とても静かだ。

4　週末は忙しくて，ゆっくり過ごせない。

(4)　下線部④十六世紀の日本の出来事として正しいものを，次の１～４から１つ選び，番号で書きなさい。

1　徳川綱吉が将軍となる。　　2　松平定信が寛政の改革を行う。

3　足利義満が明と勘合貿易を始める。　　4　豊臣秀吉が全国を統一する。

(5)　下線部⑤アメリカの通貨が１ドル＝120円から１ドル＝150円になったときに，日本の輸出入に与える影響について正しいものを，次の１～４から１つ選び，番号で書きなさい。

1　輸入品の国内価格が下がるので，日本の輸入にとって有利になる。

2　輸出品の対外価格が下がるので，日本の輸出にとって有利になる。

3　輸入品の国内価格が上がるので，日本の輸入にとって有利になる。

4　輸出品の対外価格が上がるので，日本の輸出にとって不利になる。

(6)　下線部⑥ロンドンは，経度０度である。日本の標準時子午線を東経135度とすると，ロンドンが2023年１月１日午前０時の時，日本は何年何月何日何時か，次の１～４から１つ選び，番号で書きなさい。

1　2023年１月１日午前９時　　2　2022年12月31日午後３時

3　2022年12月31日午前９時　　4　2023年１月１日午後３時

(7)　下線部⑦日本の銭湯のようにに使用されている表現技法として正しいものを，次の１～４から１つ選び，番号で書きなさい。

1　擬人法　2　反復法　3　倒置　4　比喩

(8)　本文の内容と合うものを１つ選ぶ問題。

解答＆解説

1 解答 (1)―3　(3)―5　(5)―4　(6)―5

解説 (1)　3：肝臓ではグルコース（ブドウ糖）からグリコーゲンを合成し，貯える。

1：胆汁の生成は肝臓であるが，貯蔵は胆のうである。　2：インスリンはすい臓にあるランゲルハンス島のβ細胞から分泌される。　4：また，すい臓は，トリプシンとキモトリプシンというタンパク質を分解する消化酵素を分泌する。5：血中のグルコースは腎臓の糸球体で濾過され，そのほとんど全てが尿細管から血中に再吸収される。

(3)　5：α線は紙1枚で止まり，β線はプラスチックやアルミ板程度で止まる。γ線・X線は透過力が高く，密度の高い鉛や鉄の厚い板によって止めることができる。

1：ベクレル（Bq）は放射能の強さの単位であるから誤り。シーベルト（Sv）は人が受ける放射線被ばく線量の単位。　2：放射線を出すことでエネルギー的に安定な状態となった物質は放射線を出さないため，時間が経てば放射性物質の量が減り，放射能も弱まるため誤り。　3：放射線や放射性物質は，空気中のチリなどで運ばれた放射性物質が身体や服に付着したり，移動したりすることはあるが，細菌やウイルスのように人に感染したり，人から人へ伝染したりするものではないため誤り。　4：DNAに放射線が当たると，当たった量に応じてDNAの一部が壊れることがあるため誤り。

(5)　カリウムイオンは電子を18個持つ。これと同じ電子配置であるのは第3周期の陰イオン（硫化物イオンS^{2-}，塩化物イオンCl^{-}），アルゴン原子，第4周期の陽イオン（カルシウムイオンCa^{2+}）である。したがって，4：「塩化物イオン，アルゴン原子，硫化物イオン」が正答となる。

(6)　問題の空気の飽和水蒸気量は$\frac{31.0[g]}{2[m^3]} \div 0.67 = 23.13\cdots \fallingdotseq 23.1[g/m^3]$。表から，5：25度であることが分かる。

2 解答 (1)―3　(3)―1　(4)―4　(5)―2　(6)―1　(7)―4

解説 (1)　国際連合安全保障理事会の常任理事国はアメリカ合衆国，イギリス，フランス，ロシア（当初ソ連），中国の五大国で，第二次世界大戦の戦勝国によって構成されている。よって，敗戦国である3：ドイツは，日本と同様に常任理事国ではない。

(3)　問題の「めったに」は「ない」があとにつく呼応の副詞。1：「どうか」もあとに「ください」などがつく，願望を表す呼応の副詞。

2：「ずいぶん」，3：「とても」，4：「ゆっくり」は程度を表す副詞。

(4)　1：徳川綱吉が将軍となる（1680年），2：寛政の改革（1787年～），3：勘合貿易の開始（1404年），4：秀吉の全国平定（1590年）。これらすべての年号を覚えていなくても，関ヶ原の戦いが1600年であることさえ知っていれば，江戸時代より前の時代の出来事の中で最も江戸時代に近いものを選ぶことで正答にたどり着ける。

(5)　1ドル＝120円が1ドル＝150円になるということは，円に対するドルの価値が高まっているのでドル高である。またドルに対する円の価値という見方をすれば，1円＝120分の1ドルが1円＝150分の1ドルになるということなので，ドルに対する円の価値は低くなり円安である。円安ドル高傾向で1ドル120円が1ドル150円になったとき，例えば10ドルのカリフォルニアワインを購入するのに，1200円で買えたものを1500円で買わなければならなくなるので輸入には不利である。しかし，外国に1万ドルで売っていた120万円の軽自動車は8千ドルで売れるようになるので，輸出には有利である。円高ドル安傾向では逆の現象が起こるので，輸出には不利，輸入には有利となる。

(6)　地球は1日（24時間）で1回転（360度）の自転をしているので，「360÷24＝15」の計算により，1時間で15度回転する。そのため経度15度ごとに1時間の時差が生じる。ロンドンと日本の標準時子午線の経度差は135度なので，「135÷15＝9」の計算により，ロンドンと日本の時差は9時間となる。地球は西から東へと自転しているので，日付変更線をまたがずに位置関係をみた場合，地球上の2点間では東側にある方が常に時間が早い。日本はロンドンの東側にあるので，ロンドンが午前0時のときは午前9時になっている。2点の間に日付変更線はないため，日付の調整を行う必要はなく，ロンドンが2023年1月1日午前0時のときの日本の日時は，1：2023年1月1日の午前9時となる。

(7)　他の選択肢の表現技法は次の通り。

1：「擬人法」，物事を人に例えて表現する技法。例「木が嵐に耐え忍んでいる」2：「反復法」，同じことを繰り返して強調する技法。例「会いたい　君に会いたい」　3：「倒置」，通常の文の順序を入れ替えた技法。例「すぐ呼んで，救急車」

三 重 県

実施日	2023(令和5)年7月22日	試験時間	40分(教職教養を含む)
出題形式	マークシート式	問題数	午前:9題(解答数12) 午後:8題(解答数10)
パターン	午前:5教科+美術 午後:5教科+美術	公開状況	問題:公開　解答:公開　配点:公開

傾向&対策　●昨年度に引き続き，午前・午後の2部制で実施。一般教養は，午前は9題で解答数12，午後は8題で解答数10であった。●国語は短歌（午前）と文学史（午後），英語は，頻出の空欄補充で，会話文（午前）と図に当てはまる語句の選択問題（午後）。●社会は歴史・地理・公民から。●数学は，データの分析（午前）と図形（午後）など。理科は例年1題で，午前は生物，午後は物理と科目が異なった。●5教科の基礎固めを中心に，出題領域の変化に対応できるようにしておこう。

【午前】

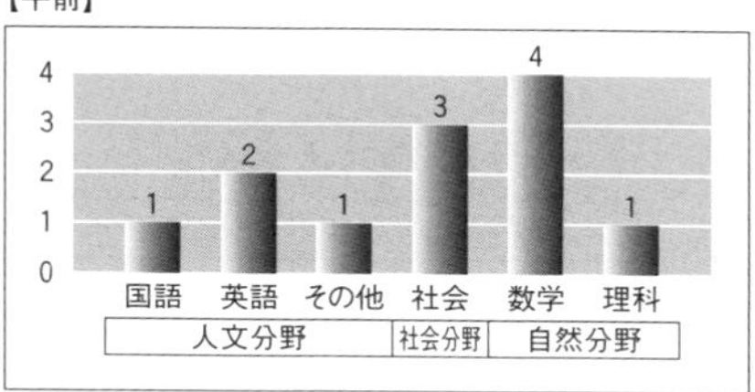

【午後】

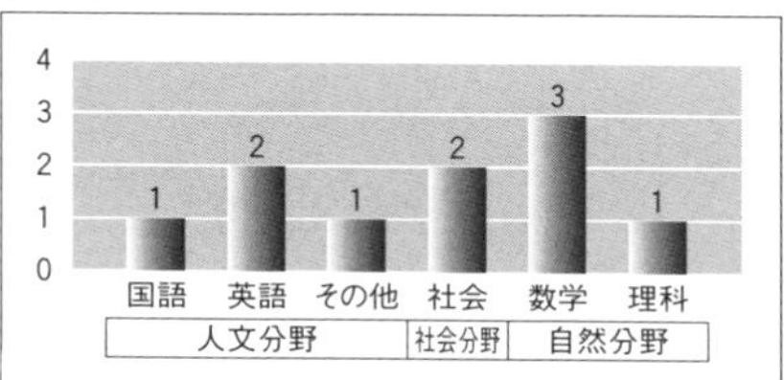

出題領域

分野	科目	午前	午後	科目	午前	午後	科目	午前	午後
人文分野	国　語	1	1	英　語	2	2	音　楽		
	美　術	1	1	家　庭			保健体育		
社会分野	歴史(日本史)	1	1	歴史(世界史)			歴史(現代史)		
	地理(日本地誌)	1		地理(世界地誌)			地理(地理用語)		
	公民(政治)	1		公民(経済)			公民(国際)		1
	公民(倫理)			環境・情報・科学			時事問題		
	ローカル								
自然分野	数　学	4	3	物　理		1	化　学		
	生　物	1		地　学					

表中の数字は，解答数 午前 午後

全校種共通・午前

☞解答＆解説 p.182

1 軸が直線$x=3$で，２点（－１，10），（６，３）を通る放物線をグラフとする２次関数は，$y=x^2-$ ［①］$x+$［②］である。

［①］［②］に入る数字を答えなさい。

2 下の図は，タマネギの根の先端に近い部分を顕微鏡で観察したスケッチである。

A～Fのスケッチを体細胞分裂の順に並べたとき，(ア)～(エ)に入る組み合わせとして最も適切なものを，①～⑧の中から一つ選びなさい。

A　　B　　C　　D　　E　　F

体細胞分裂の順　A→（ア）→（イ）→（ウ）→（エ）→F

	(ア)	(イ)	(ウ)	(エ)
①	E	D	C	B
②	C	B	E	D
③	B	C	D	E
④	D	E	B	C
⑤	E	C	B	D
⑥	C	E	D	B
⑦	B	D	C	E
⑧	D	B	E	C

3 長方形ABCDで，辺DCの中点をＥとする。△DFEの面積をＳとするとき，長方形ABCDの面積は［①］［②］Ｓとあらわすことができる。

［①］［②］に入る数字を答えなさい。

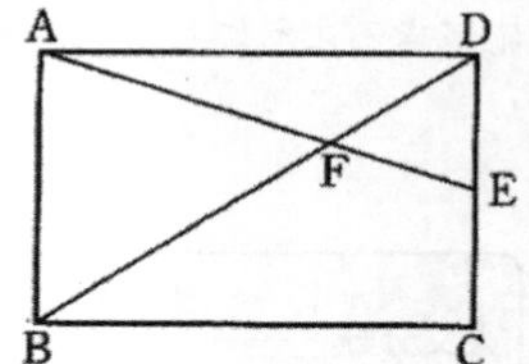

4 次の文章は，現在の衆議院または参議院について説明したものである。（ａ）～（ｃ）の説明にあてはまる組み合わせとして最も適切なものを，①～⑥の中から一つ選びなさい。

（ａ）被選挙権が25歳以上であり，議員定数は465人である。

（ｂ）任期は６年だが，３年ごとに半数を改選する。

（ｃ）議員の選挙は小選挙区比例代表並立制で行われる。

	（ａ）	（ｂ）	（ｃ）
①	衆議院	衆議院	参議院

②	参議院	衆議院	参議院
③	衆議院	参議院	参議院
④	参議院	衆議院	衆議院
⑤	衆議院	参議院	衆議院
⑥	参議院	参議院	衆議院

5 第1次産業，第2次産業，第3次産業それぞれに含まれる産業の組み合わせとして，最も適切なものを，①～⑥の中から一つ選びなさい。

	第1次産業	第2次産業	第3次産業
①	鉱業	情報通信業	運輸業
②	漁業	製造業	建設業
③	建設業	情報通信業	金融業
④	農業	運輸業	製造業
⑤	林業	建設業	情報通信業
⑥	情報通信業	金融業	鉱業

6 鎌倉時代の仏教の宗派と関係のある人物の組み合わせとして最も適切なものを，①～⑤の中から一つ選びなさい。

	浄土宗	浄土真宗	時宗	臨済宗	曹洞宗
①	法然	親鸞	一遍	栄西	道元
②	親鸞	法然	日蓮	道元	栄西
③	法然	親鸞	日蓮	道元	栄西
④	親鸞	法然	日蓮	栄西	道元
⑤	法然	親鸞	一遍	道元	栄西

7 次の(1)及び(2)の会話文をそれぞれ完成させるとき，［1］［2］にあてはまる最も適切なものを，①～⑤の中からそれぞれ一つ選びなさい。

(1)

A：Excuse me. I'm looking for a shirt.

B：How about this one?

A：Cool. Can I try it on?

B：Sure.

A：How much is it?

B：It's 3,000 yen.

A：It's too expensive. ［1］

B：Yes. Just a moment.

A：Thank you.

① What color do you like?
② I didn't hear you.
③ Can I help you?
④ Do you have anything cheaper?
⑤ That's a good idea.

三重県

(2)

A：May I help you?

B：Yes.　I'm hungry. [2]

A：How about this hamburger?　It's delicious.

B：That's great.　Yes, please.

A：Anything else?

B：Orange juice, please.

A：Sure.

① What would you like?

② Here you are.

③ What do you recommend?

④ I agree with you.

⑤ For here or to go?

8　**次の短歌の作品と作者の組み合わせとして最も適切なものを，①～⑤の中から一つ選びなさい。**

	作品	作者
①	白鳥はかなしからずや空の青海のあをにも染まずただよふ	石川啄木
②	みちのくの母のいのちを一目見ん一目みんとぞただにいそげる	正岡子規
③	不来方のお城の草に寝ころびて空に吸はれし十五の心	斎藤茂吉
④	海を知らぬ少女の前に麦藁帽のわれは両手をひろげていたり	寺山修司
⑤	くれなゐの二尺伸びたる薔薇の芽の針やはらかに春雨のふる	若山牧水

9　**次の明治時代の絵画作品と作者の組み合わせとして最も適切なものを，①～⑤の中から一つ選びなさい。**

	「湖畔」	「悲母観音」	「無我」
①	雪舟	横山大観	狩野永徳
②	狩野永徳	雪舟	狩野芳崖
③	黒田清輝	狩野芳崖	横山大観
④	狩野芳崖	黒田清輝	雪舟
⑤	横山大観	狩野永徳	黒田清輝

全校種共通・午後

1 $x=\frac{2}{\sqrt{7}-\sqrt{5}}$, $y=\frac{2}{\sqrt{7}+\sqrt{5}}$のとき，$x^2+y^2$の値は［①］［②］である。

［①］［②］に入る数字を答えなさい。

2 次の文中の［　］に入る数字として最も適切なものを，①～⑥の中から一つ選びなさい。

海上に静止している船が，前方の崖に向かって汽笛を鳴らすと，5秒後に反射音が聞こえた。音速を340m/sとすると，船から崖までの距離は［　］mになる。

① 34　② 68　③ 170　④ 340　⑤ 850　⑥ 1700

3 次の表は，ある中学校の1年生20人の握力を調べ，その結果をまとめたものである。握力が30kg以上35kg未満の生徒数が4人のとき，握力が20kg以上25kg未満の生徒数は，［　］人である。

［　］に入る数字を答えなさい。

握力(kg)	相対度数
15以上～20未満	0.10
20　～25	
25　～30	0.30
30　～35	
35　～40	0.05
計	1.00

4 次の表は，国際連合に関わる機関とその略称について示したものである。機関と略称の組み合わせとして最も適切なものを，①～⑥の中から一つ選びなさい。

	国際通貨基金	国際労働機関	世界貿易機関	国連難民高等弁務官事務所
①	IAEA	ILO	IMF	UNICEF
②	ILO	IAEA	IMF	UNHCR
③	IMF	ILO	WTO	UNHCR
④	IAEA	IMF	WHO	UNICEF
⑤	ILO	IMF	WTO	UNCTAD
⑥	IMF	IAEA	WHO	UNCTAD

5 次の文は，日本の条約改正について述べたものである。（ a ）（ b ）にあてはまる語句の組み合わせとして最も適切なものを，①～⑤の中から一つ選びなさい。

1911年，（ a ）外務大臣がアメリカと交渉し（ b ）を回復した。

	（ a ）	（ b ）
①	小村寿太郎	関税自主権
②	陸奥宗光	治外法権
③	井上馨	関税自主権
④	小村寿太郎	治外法権

⑤	陸奥宗光	関税自主権

6 次の図は，Sustainable Development Goalsの一部を表している。 ① ② にあてはまる語句として最も適切なものを，語群①～⑧の中から一つずつ選びなさい。

《語群》

① CLEAN WATER AND SANITATION
② QUALITY EDUCATION
③ ZERO HUNGER
④ NO POVERTY
⑤ LIFE BELOW WATER
⑥ REDUCED INEQUALITIES
⑦ CLIMATE ACTION
⑧ GENDER EQUALITY

7 本居宣長の作品として最も適切なものを，①～⑤の中から一つ選びなさい。

① 日本永代蔵　② 曽根崎心中　③ 玉勝間　④ 去来抄　⑤ おらが春

8 次の作品の作者の名前として最も適切なものを，①～⑤の中から一つ選びなさい。

① 菱川師宣　② 俵屋宗達　③ 歌川広重　④ 葛飾北斎　⑤ 喜多川歌麿

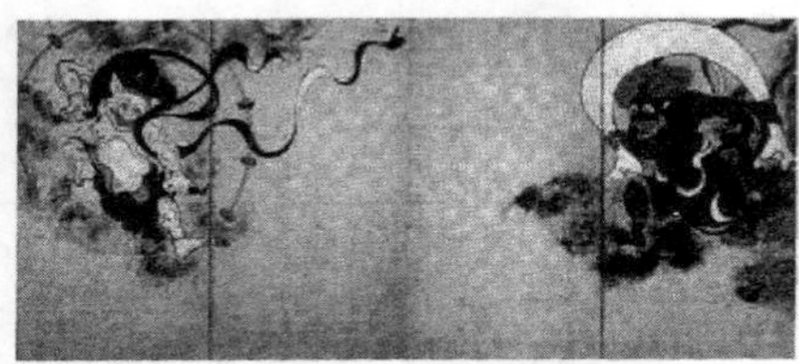

解答＆解説

全校種共通・午前

1 解答 ①―6　②―3

解説 放物線の軸が$x=3$なので，放物線の方程式を$y=(x-3)^2+b$とおくことができる。

これが2点$(-1,\ 10)$，$(6,\ 3)$を通るので，どちらか一方の点を代入しbを求める。$(-1,\ 10)$を代入すると，$10=(-1-3)^2+b$なので，$10=16+b$になり，$b=-6$　よって，放物線の方程式は$y=(x-3)^2-6$，これを展開し，整理すると，

$y=x^2-6x+3$

2 解答 ⑧

解説 ⑧：核(A)の染色体を認識できるようになり(D)，染色体が中央に並び(B)，両端に向かい半数ずつ移動(E→C)した後，細胞壁が生成する(F)。

3 解答 ①—1　②—2

解説 △DFEと△BFAは相似比が1：2の相似な図形なので，面積比は1：4になる。今，△DFEの面積がSなので，△BFAの面積は4Sとなる。また，△AFDと△DFEは，それぞれ底辺がAF，FEで高さが等しい三角形で，面積の比は底辺の比と等しくなるので，面積比は2：1になる。

したがって，△AFDの面積は2S，△ABF＋△AFD＝4S＋2S=6Sで，これは長方形ABCDの半分なので，長方形ABCDの面積は，6S×2＝12S

4 解答 ⑤

解説 ⑤：(a)：衆議院，(b)：参議院，(c)：衆議院が正答となる。

(a)～(c)について，もう一方の議院の解説は以下の通り。(a)：参議院の被選挙権年齢は30歳以上，議員定数は248人（比例代表選出議員100人，選挙区選出議員148人）である。(b)：衆議院の任期は4年で，解散があれば任期終了である。(c)：参議院議員選挙は，都道府県を単位とする選挙区選挙と全国を単位とする非拘束名簿式比例代表制選挙の2つで行われている。

5 解答 ⑤

解説 第1次産業は人間が自然を対象に直接富を得る産業で，農業・牧畜業・林業・水産業など。第2次産業は第1次産業の生産物を原料として加工することを主とする産業で，工業（製造業）・鉱業・建設業など。第3次産業は第1次産業，第2次産業に分類できない産業で，商業・サービス業・情報通信業・金融保険業・公務など。

6 解答 ①

解説 浄土宗の開祖である法然の教えの基本理念は専修念仏（ひたすら念仏のみを唱えれば，すべての人は極楽往生できる）。主著は『選択本願念仏集』。浄土真宗（一向宗）の開祖である親鸞は悪人正機説（自らの欲望や悩みに気づき「悪人」であるという自覚をもつ者こそが，阿弥陀仏の救済の対象である）を強く説いた。主著は『教行信証』。『歎異抄』は弟子の唯円が書き残したといわれる親鸞の言行録。時宗の開祖一遍は信心の有無を問わず，念仏を唱えるだけで救われると説き，念仏を唱えながら全国を遊行し，念仏に合わせて踊る「踊念仏」を行った。臨済宗は禅宗の一派で，栄西が南宋から伝えた。「座禅」と「公案（師から弟子に与えられる課題）」の問答を解決することによって悟りに至るとする自力の仏教である。栄西の著書は『興禅護国論』『喫茶養生記』。曹洞宗も禅宗の一派であり，道元が南宋から伝えた。道元は日本曹洞宗の開祖。「只管打坐（しかんたざ）（ひたすら座禅をすること）」によってのみ悟りが開かれると説いた。著書は『正法眼蔵』。また鎌倉新仏教には，日蓮を開祖とする法華宗（日蓮宗）もある。

7 解答 (1)—④　(2)—③

解説 (1) 「It's 3,000 yen.」(そのシャツの値段は3000円です)という店員Bの発言に対してAは「It's too expensive.」(とても高いですね)と返答しているので,それに続く言葉として適切なのは④:「Do you have anything cheaper?」(もっと安いものはありますか)である。

①:「What color do you like?」(どの色が好きですか),②:「I didn't hear you.」(聞こえませんでした),③:「Can I help you?」(いらっしゃいませ),⑤:「That's a good idea.」(それはよい考えです)は文意に合わない。

(2) [2] の後で,店員Aは「How about this hamburger? It's delicious.」(このハンバーガーなどはいかがでしょうか。美味しいですよ)と返答しているので,Bはおすすめの食べ物を尋ねたはず。したがって正解は③:「What do you recommend?」(おすすめは何ですか)である。

①:「What would you like?」(何が食べたいですか),②:「Here you are.」(はい,どうぞ),④:「I agree with you.」(あなたに賛成です),⑤:「For here or to go?」(こちらでお召し上がりですか,それともお持ち帰りですか)は文意に合わない。

8 解答 ④

解説 ④の短歌は,寺山修二(1935～1983)の作品。青森県生まれで,『空には本』が代表歌集。

その他の選択肢の正しい作者とその代表歌集などは次の通り。①:若山牧水(1885～1928)宮崎県生まれ,『海の声』 ②:斎藤茂吉(1882～1953)山形県生まれ,『赤光』 ③:石川啄木(1886～1912)岩手県生まれ,『一握の砂』 ⑤:正岡子規(1867～1902)愛媛県生まれ,『竹乃里歌』

9 解答 ③

解説 黒田清輝は明治時代の洋画家。フランスから印象派の画法を伝え,東京美術学校(現在の東京藝術大学)に西洋画科を設置した。代表作は「湖畔」など。 狩野芳崖は岡倉天心・フェノロサに認められた明治時代の日本画家。代表作は「悲母観音」。 横山大観は明治・大正時代の日本画家。東京美術学校で岡倉天心に師事し,のちに日本美術院の創立に尽力した。代表作に「無我」「生々流転」がある。 雪舟は東山文化を代表する水墨画家,狩野永徳は安土桃山文化を代表する障壁画家の一人なので,いずれにも該当しない。

全校種共通・午後

1 解答 ①—2 ②—4

解説 $x^2+y^2=(x+y)^2-2xy$

$$x=\frac{2}{\sqrt{7}-\sqrt{5}}=\frac{2(\sqrt{7}+\sqrt{5})}{(\sqrt{7}+\sqrt{5})(\sqrt{7}-\sqrt{5})}=\frac{2(\sqrt{7}+\sqrt{5})}{7-5}=\sqrt{7}+\sqrt{5}$$

同様に$y=\sqrt{7}-\sqrt{5}$ よって,

$x+y=\sqrt{7}+\sqrt{5}+\sqrt{7}-\sqrt{5}=2\sqrt{7}$, $xy=(\sqrt{7}+\sqrt{5})(\sqrt{7}-\sqrt{5})=7-5=2$

これを$(x+y)^2-2xy$に代入すると，$(2\sqrt{7})^2-2\times2=28-4=24$

2 解答 ⑤

解説 汽笛の音が船から発せられ，崖に反射して，船まで戻ってくるのに５秒かかるため，$\frac{5[\mathrm{s}]}{2}\times340[\mathrm{m/s}]=850[\mathrm{m}]$である。

3 解答 7

解説 １年生20人を１としているので，

相対度数0.10の握力(kg)が15以上～20未満の人数は，$20\times0.1\ =2$［人］

相対度数0.30の握力(kg)が25以上～30未満の人数は，$20\times0.3\ =6$［人］

相対度数0.05の握力(kg)が35以上～40未満の人数は，$20\times0.05=1$［人］

そして，握力(kg)が30以上～35未満の人数が４人なので，握力(kg)が20以上～25未満の人数は，$20-(2+6+1+4)=7$［人］

4 解答 ③

解説 国際通貨基金はIMF（International Monetary Fund）の日本語名称で，1944年のブレトン＝ウッズ協定に基づいて，外国為替の安定と自由な国際貿易の拡大を目的に発足した国際金融機関。国際収支が赤字の国への短期資金の貸し付けなどを行う。 国際労働機関はILO（International Labour Organization）の日本語名称で，労働条件の改善を目的とする国際連合の専門機関である。 世界貿易機関はWTO（World Trade Organization）の日本語名称で，GATT（関税及び貿易に関する一般協定）にかわって発足した国連の関連機関。世界貿易の自由化を進めるルール作りと，そのルールを守らせる役割をもつ。 国連難民高等弁務官事務所はUNHCR（The Office of the United Nations High Commissioner for Refugees）の日本語名称で，難民となった人々を国際的に保護する機関である。

IAEAは国際原子力機関，UNCTADは国連貿易開発会議の欧文略語であり，いずれの機関にも該当しない。 UNICEFは国連児童基金で，設立時の国連国際児童緊急基金（United Nations International Children's Emergency Fund）の略称を受け継いでいる。

5 解答 ①

解説 ④：小村寿太郎は，日露戦争の勝利を背景に交渉を進め，1911年関税自主権を回復し，条約改正の完全な成功を果たした。

③：井上馨は，鹿鳴館で舞踏会を開くなどの極端な欧化政策や外国人判事の任用を改正案に盛り込んだことなどが非難を浴び，1887年に外相を辞任した。 ②：陸奥宗光は，1894年の日清戦争開戦直前に，領事裁判権（治外法権）の撤廃などを内容とする日英通商航海条約の締結に成功した。

6 解答 (1)―⑧　(2)―⑤

解説「Sustainable Development Goals（SDGs）」は「持続可能な開発目標」という意味で17の目標がある。(1)は⑧：(GENDER EQUALITY＝ジェンダー平等を実現しよう）を表し，(2)は⑤：(LIFE BELOW WATER＝海の豊かさを守ろう）を表す。

7 解答 ③

解説 本居宣長は江戸中期の国学者。③：『玉勝間』が代表作。

他の選択肢の作者と概略は次の通り。①：『日本永代蔵』井原西鶴　江戸前期の浮世草子作者。②：『曽根崎心中』近松門左衛門　江戸中期の浄瑠璃・歌舞伎脚本作者。④：『去来抄』向井去来　江戸前期の俳人，芭蕉の弟子。⑤：『おらが春』小林一茶　江戸後期の俳人。

8 解答 ②

解説 本問の作品は「風神雷神図屏風」。江戸時代初期の寛永文化期の画家，②：俵屋宗達の代表作である。

①：菱川師宣は江戸時代前期の元禄文化期の浮世絵師。肉筆浮世絵の「見返り美人図」が有名である。③～⑤は江戸時代後期の化政文化期の浮世絵師。③：歌川広重と④：葛飾北斎は風景版画で名高く，広重は「東海道五十三次」，北斎は「富嶽三十六景」などで人気を博した。⑤：喜多川歌麿は美人画で名高く，「ポッピンを吹く女」が有名。

滋賀県

実施日	2023(令和5)年6月25日	試験時間	40分(教職教養を含む)
出題形式	マークシート式	問題数	5題(解答数12)
パターン	5教科＋環境	公開状況	問題:公開　解答:公開

傾向&対策 ●例年，一般教養は5教科からの出題。大問1つが1教科で構成され，それぞれの解答数が2～3という形式。●国語は頻出の長文読解で，漢字，空欄補充，内容一致が定番である。英語は長文読解から内容一致と空欄補充，加えて会話文の空欄補充というパターン。●社会は地理・環境から出題され，過去には図表をともなう問題がよく出題されている。●数学は図形が頻出。今年度は図形と食塩水の濃度。過去には式の計算や確率の問題も出ている。理科は物理・生物から1題ずつの出題。●出題科目に変化はあるが，いずれも基本的な問題が多いので，5教科の基礎学力をつけておこう。国語と英語が長文であり，数学に計算時間を要するため，時間配分を意識した学習が必須。

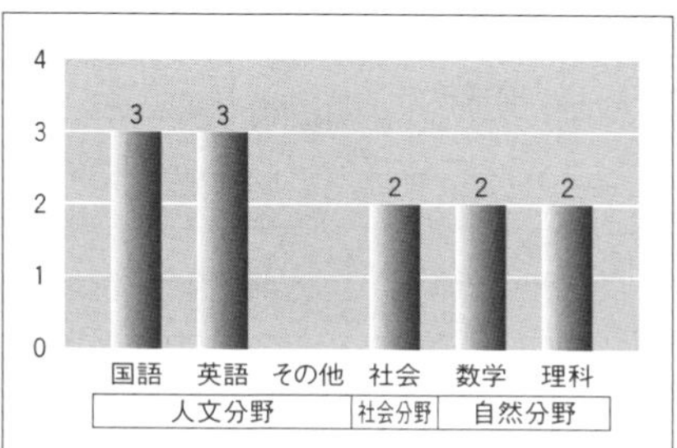

出題領域

人文分野	国語	3	英語	3	音楽	
	美術		家庭		保健体育	
社会分野	歴史(日本史)		歴史(世界史)		歴史(現代史)	
	地理(日本地誌)	1	地理(世界地誌)		地理(地理用語)	
	公民(政治)		公民(経済)		公民(国際)	
	公民(倫理)		環境・情報・科学	1	時事問題	
	ローカル					
自然分野	数学	2	物理	1	化学	
	生物	1	地学			

表中の数字は，解答数

全校種共通

☞解答＆解説 p.191

1 〔傾向〕古田徹也『いつもの言葉を哲学する』の文章を読んで問いに答える問題（3問）。

問1　文章中の下線部「相手のことを大切に思うというケンシン的なかかわり方」の「ケン」を漢字になおしたとき，その「ケン」と同じ漢字を使うものは次の下線部のうちどれか。1～5から選びなさい。

1　科学の進歩にコウケンする。
2　変化のきざしがケンチョだ。
3　他人の所持品をケンサする。
4　彼らのケンカイを聞きたい。
5　生命ホケンの手続きをする。

問2　文章中の［　　］に入る最も適切なものを選ぶ問題。

問3　この文章の内容と一致するものとして，最も適切なものを選ぶ問題。

2 次の問1～問2に答えなさい。

問1　次の表は，京浜工業地帯，中京工業地帯，阪神工業地帯における製造品出荷額等の合計およびその内訳の割合を示したものである。表中の（ A ）～（ C ）にあてはまる工業地帯の組合せとして正しいものはどれか。1～6から選びなさい。

工業地帯	製造品出荷額等						
	合計(億円)	内訳（%）					
		金属	機械	化学	食品	繊維	その他
（ A ）	336,597	20.9	37.9	15.9	11.1	1.3	12.9
（ B ）	589,550	9.5	68.6	6.6	4.7	0.7	9.9
（ C ）	252,929	9.4	47.0	18.7	11.6	0.4	12.9

（『日本国勢図会 2022/23』より作成。データは2019年のもの。）

	A	B	C
1	京浜工業地帯	中京工業地帯	阪神工業地帯
2	京浜工業地帯	阪神工業地帯	中京工業地帯
3	中京工業地帯	京浜工業地帯	阪神工業地帯
4	中京工業地帯	阪神工業地帯	京浜工業地帯
5	阪神工業地帯	京浜工業地帯	中京工業地帯
6	阪神工業地帯	中京工業地帯	京浜工業地帯

問2　次の各文は，環境の保全に関する出来事について述べたものである。古い順に並べたとき正しいものはどれか。1～6から選びなさい。

A　日本において，環境の保全についての基本理念を定め，環境の保全に対する社会全体の責務を明らかにした環境基本法が制定された。

B　日本において，工場からの煙や排水などで環境の悪化が進み，さまざまな公害によって多くの患者が出て社会問題となり，公害対策基本法が制定された。

C　地球温暖化防止京都会議で，二酸化炭素など温室効果ガスの削減目標を数値目標として定めた京都議定書が採択された。

D　産業革命前からの世界の気温上昇を，2℃を十分下回る水準に抑えることなどを定めたパリ協定が採択された。

1　A→B→C→D
2　A→B→D→C
3　A→C→D→B
4　B→C→A→D
5　B→A→C→D
6　B→A→D→C

3　**次の問1～問2に答えなさい。**

問1　次の平行四辺形ABCDにおいて，対角線の交点をOとする。点Eは辺BC上の点で，BE：EC＝2：1である。△DBEの面積が8 cm^2のとき，△OBCの面積はどれか。1～5から選びなさい。

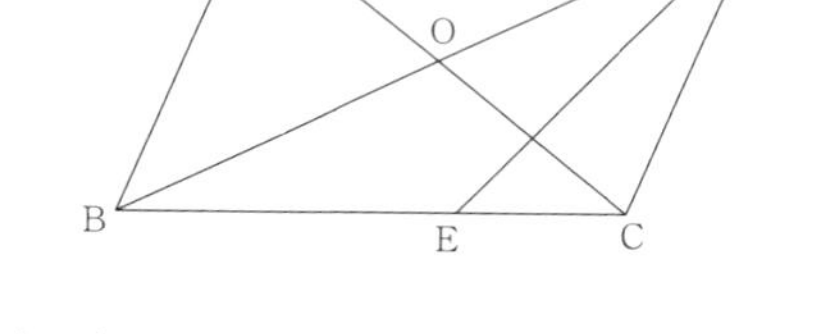

1　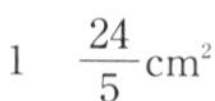 $\frac{24}{5}cm^2$
2　 5 cm^2
3　$\frac{16}{3}cm^2$
4　6 cm^2
5　7 cm^2

問2　次の文中の［　　］にあてはまる式は次のうちどれか。1～5から選びなさい。
濃度a%の食塩水xgと，濃度b%の食塩水ygを混ぜ合わせてできる食塩水の濃度は［　　］%である。

1　$a+b$
2　$\frac{a+b}{2}$
3　$\frac{ax+by}{100}$
4　$\frac{ax+by}{x+y}$
5　$\frac{100(ax+by)}{x+y}$

4　**次の問1～問2に答えなさい。**

問1　次の図のように，なめらかな斜面上に力学台車を置き，力学台車をおさえていた手を静かに離して運動させた。このときの力学台車の斜面上の運動について，次の①，②のグラフとして最も適切なものをア～ウからそれぞれ選んだ組合せはどれか。1～6から選びなさい。ただし，摩擦や空気抵抗はないものとする。

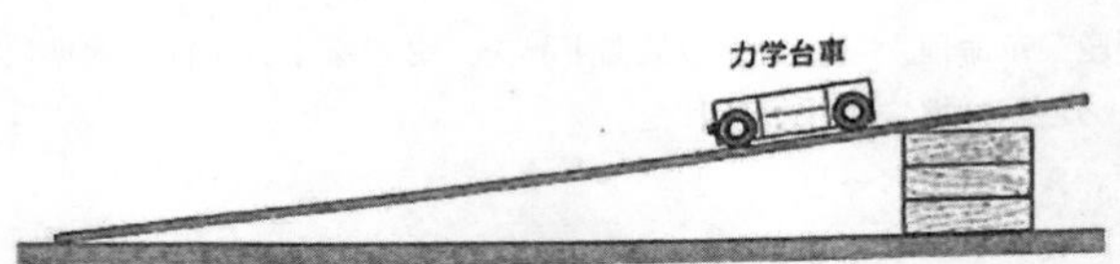

① 力学台車が動き始めてからの時間を横軸に，力学台車の速さを縦軸にとったグラフ

② 力学台車が動き始めてからの時間を横軸に，力学台車の移動距離を縦軸にとったグラフ

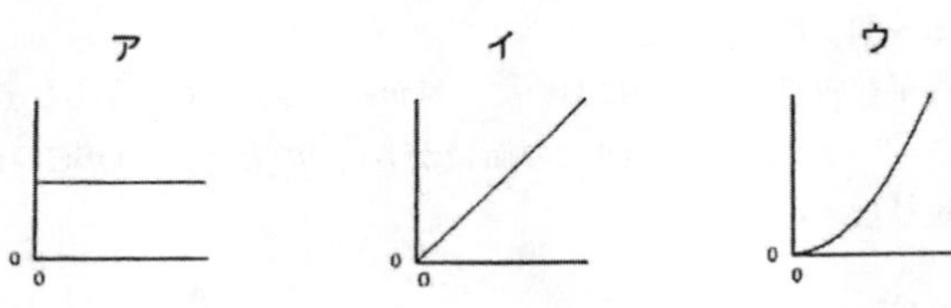

	①	②
1	ア	イ
2	ア	ウ
3	イ	ア
4	イ	ウ
5	ウ	ア
6	ウ	イ

問２　エンドウの種子の形には丸形としわ形がある。丸形の種子をつくる純系と，しわ形の種子をつくる純系の種子をまいて育て，２つをかけ合わせてできた種子（子）はすべて丸形になった。この丸形の種子をまいて育て，自家受粉させると，できた種子（孫）の丸形としわ形の数の比が３：１となった。また，このとき，孫のしわ形の種子の数は1850個であった。

種子を丸形にする遺伝子をＡ，しわ形にする遺伝子をａとすると，この実験における孫の種子のうち，Ａとａの両方の遺伝子をもつ種子はおよそ何個あるか。最も適切なものを１～５から選びなさい。

1　925個
2　1850個
3　3700個
4　5550個
5　7400個

5　〔傾向〕Christine Lindop『Green Planet』の英文を読んで問に答える問題（問１・問２）。

問１　英文中の（　　）に入る最も適切な語を選ぶ問題。

問２　この英文の内容と一致するものとして，最も適切なものを選ぶ問題。

問３　次の対話文の（　　）に入る最も適切なものはどれか。１～５から選びなさい。

A：I'm thinking about the topic of the next presentation.

B：(　　)

A：Sounds good. I love to introduce dolphins and penguins.

B：You're an animal expert, aren't you?

A：Yes, I am. I will talk about marine life.

B：Good luck on your presentation.

1　What do you say to fishing in the river?

2　Why don't you choose life in the ocean?

3　How can we know about marine life?

4　Where can you find sea animals?

5　How about going to a planetarium?

解答＆解説

1 解答 問1―1

解説 問1　設問の漢字は「献身」で，同じ漢字を使うものは　1：「貢献」。
2：「顕著」　3：「検査」　4：「見解」　5：「保険」

2 解答 問1―6　問2―5

解説 問1　製造品出荷額が最も多いのは中京工業地帯（B）である。中でも自動車産業を中心とした機械の割合が多い。金属の割合が他の工業地帯よりも多いのは阪神工業地帯（A）。化学の割合が他の工業地帯よりも多いのは京浜工業地帯（C）。以上のことから6のA：阪神工業地帯，B：中京工業地帯，C：京浜工業地帯となる。

問2　A：環境基本法は，1993年 国，地方公共団体，事業者，国民の環境保護の責務が明記された。この法律では大気汚染，水質汚濁，土壌汚染，騒音，振動，地盤沈下，悪臭の7種類を公害と規定している。

B：公害対策基本法は，公害問題に対する世論の高まりを背景に1967年に制定された。

C：京都議定書は，1997年京都で開かれた気候変動枠組条約第3回締約国会議（COP3）で採択された。これには，2012年までの先進国の温室効果ガス排出削減目標や国際排出量取引の導入が盛り込まれた。

D：パリ協定は，2015年に採択された。パリで開かれたCOP21では，2020年以降の枠組みとなるパリ協定が採択された。この中で発展途上国を含むすべての国が自主的に削減目標を設定し，その達成に向けた対策をとることが義務付けられた。

以上のことから，5のB：1967年，A：1993年，C：1997年，D：2015年の順となる。

3 解答 問1―4　問2―4

解説 問1　△DBEと△DECは高さが等しい三角形なので，面積の比は底辺の比になる。

したがって，△DECの面積は4 cm^2　したがって，△DBCの面積は8＋4＝12　求める△OBCは△DBCの$\frac{1}{2}$の面積（OD＝OBより，底辺が等しく高さも等しい三角形）であるため，12÷2＝6[cm^2]

問2　濃度a%の食塩水xgと濃度b%の食塩水ygを混ぜてできる食塩水の濃度を求める。

濃度a%の食塩水xgに含まれる食塩の量は$\frac{ax}{100}$[g]，

濃度b%の食塩水ygに含まれる食塩の量は$\frac{by}{100}$[g]，

2つの食塩水を混ぜると，$\left(\frac{ax}{100}+\frac{by}{100}\right)$[g]が$(x+y)$[g]中に含まれているので，

その濃度は$\frac{ax+by}{100}\times\frac{1}{x+y}\times100=\frac{ax+by}{x+y}$

4 **解答** 問1―4　問2―3

解説 問1　力学台車は，等加速度運動で移動し，その速度は毎秒一定量ずつ増加し，距離は指数関数的に増加する。したがって，4となる。

問2　丸形の純系（AA）としわ形の純系（aa）から生まれる子はすべてAaであり，これが丸形である。さらに子同士を掛け合わせると，AA，Aa，aA，aaの4種が等量生まれるが，Aの遺伝子を有するものは丸形となるので，丸形：しわ形＝3：1となる。Aとaの遺伝子を両方持つものはaaのしわ形の倍なので，1850×2＝3700[個]である。したがって，3：3700個となる。

5 **解答** 問3―2

解説 問3　（　　）の後でAは「Sounds good. I love to introduce dolphins and penguins.」（それはいいですね。イルカやペンギンのことを紹介したいです）と言っているので，次のプレゼンテーションに関するBの発言は海に関係することだと分かる。したがって，1：「What do you say to fishing in the river?」（川で釣りをするのはどうですか）と5：「How about going to a planetarium?」（プラネタリウムに行くのはどうですか）は不正解。3：「How can we know about marine life?」（海の生き物についてどうすれば分かるのですか）と4：「Where can you find sea animals?」（どこで海洋動物を見つけることができるのですか）はAの発言と合わないので，正解は2：「Why don't you choose life in the ocean?」（海の生き物を選ぶのはどうですか）である。

京都市

実施日	2023（令和５）年６月24日	試験時間	30分（教職教養を含む）
出題形式	マークシート式	問題数	19題（解答数19）
パターン	５教科＋美術	公開状況	問題：公開　解答：公開

傾向＆対策 ●一般教養は昨年に引き続き19題と，新型コロナウイルス感染症対策の観点から教職・一般教養の試験が２次試験で実施されていた一昨年度の10題からほぼ倍増となっている。●国語は，漢字の読み方と文学史，月の異称を答える問題。英語は定番の空欄補充。●社会は，歴史，地理，公民から出題。公民（経済）では出題された２題とも，税に関する問題であった。今年度はローカル問題の出題はなかった。昨年度は，2019年に京都で開催された国際会議の略称から，その日本語名称を問う問題が出題されている。●数学は，年齢算や場合の数など。理科は，昨年度同様物理と生物からの出題であった。●５教科の基礎固めと，時事的な話題のチェックも必須である。

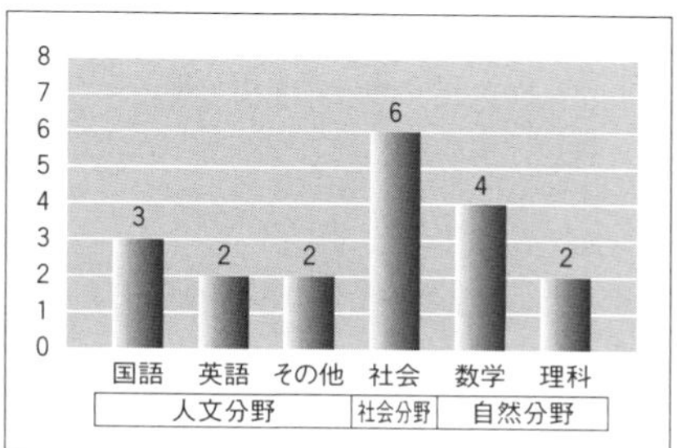

出題領域

人文分野	国語	3	英語	2	音楽	1
	美術	1	家庭		保健体育	
社会分野	歴史（日本史）	2	歴史（世界史）	1	歴史（現代史）	
	地理（日本地誌）		地理（世界地誌）	1	地理（地理用語）	
	公民（政治）		公民（経済）	2	公民（国際）	
	公民（倫理）	1	環境・情報・科学		時事問題	
	ローカル					
自然分野	数学	4	物理	1	化学	
	生物	1	地学			

表中の数字は，解答数
※選択肢の出題領域が複数にわたる場合は，それぞれの項目に加算するためグラフの数とは異なる

 ☞解答＆解説 p.197

1 **次の文のうち日本の消費税の変遷について間違っているものはどれか，①～⑤から一つ選んで番号で答えなさい。**

① 1989年（平成元年）10月に税率３％で消費税がスタートした。

② 消費税導入に伴い物品税は廃止された。

③ 1997年（平成９年）４月から税率が５％に引き上げられた。

④ 2014年（平成26年）４月から税率が８％に引き上げられた。

⑤ 2019年（令和元年）10月から標準税率が10％に引き上げられた。

2 **わが国の所得課税のうち地方税はどれか，①～⑤から一つ選んで番号で答えなさい。**

① 法人税　② 特別法人事業税　③ 復興特別所得税　④ 地方法人税

⑤ 事業税

3 **次の文を読んで，空欄【　】の中に当てはまる語句を，①～⑤から一つ選んで番号で答えなさい。**

【　】は，フランスの劇作家ボーマルシェが1778年に書いた風刺的な戯曲，ならびに同戯曲をもとにヴォルフガング・アマデウス・モーツァルトが1786年に作曲したオペラである。モーツァルトのオペラの中でも屈指の人気を誇っているが，モーツァルトの作品のみならず，すべてのオペラの中でもっとも親しまれているオペラの一つである。親しみやすいメロディが全編に溢れ，歌詞がわからなくても幸福感に満たされるような傑作である。オペラのリブレットは，ボーマルシェの戯曲に基づき，イタリア人台本作家ロレンツォ・ダ・ポンテがイタリア語で書いている。

① フィガロの結婚　② アイーダ　③ ウィリアム・テル　④ カルメン

⑤ 蝶々夫人

4 **江戸時代中期を代表する画家のひとりである尾形光琳の作品ではないものを，①～⑤から一つ選んで番号で答えなさい。**

① 燕子花図屏風　② 風神雷神図屏風　③ 紅白梅図屏風

④ 八橋蒔絵螺鈿硯箱　⑤ 色絵吉野山図茶壷

5 **次のア，イの文の「Ａ」～「Ｃ」に当てはまる作品名の組合せとして，正しいものはどれか，①～⑤から一つ選んで番号で答えなさい。**

ア　フランスの画家であるピエール＝オーギュスト・ルノワールは，印象派に参加し，のちにそれから離れ独自の表現をみつけた。風景よりも人体を重んじ，人体を含む古典的構図や肖像を華麗な色彩で描いた。作品に「二人の姉妹」，「舟遊びをする人々の昼食」，「Ａ」などがある。

イ　印象派を代表するフランスの画家クロード・モネの代表作「印象・日の出」は印象派の名前の由来になった。モネのその他の作品には「Ｂ」連作，「Ｃ」連作などがある。

① Ａ 花束を持ち挨拶する踊り子　Ｂ 草上の昼食　Ｃ オランピア

② Ａ 浴女たち　Ｂ 積みわら　Ｃ 睡蓮

③ Ａ 浴女たち　Ｂ オランピア　Ｃ 笛を吹く少年

④　A　花束を持ち挨拶する踊り子　　B　草上の昼食　　C　睡蓮
⑤　A　舞台の踊り子　　B　積みわら　　C　笛を吹く少年

6　**次の文で，正しいものはどれか，①～⑤から一つ選んで番号で答えなさい。**

①　空気中を伝わる音の速さは，気温15℃より気温25℃の方が遅くなる。
②　空気中で，音源と音の観測者が互いに近づくとき，観測者の聞く音の振動数は，音源の音の振動数よりも大きくなる。
③　赤外線と紫外線の波長を比べると，赤外線の方が波長が短い。
④　空気中を進む光の速さとガラス中を進む光の速さを比べると，ガラス中を進む方が速い。
⑤　空気中を伝わる音の速さと空気中を進む光の速さを比べると，音の方が速い。

7　**地質年代である古生代・中生代・新生代の生物の繁栄の組合せとして，正しいものはどれか，①～⑤から一つ選んで番号で答えなさい。**

①　古生代：哺乳類の繁栄　　中生代：魚類の繁栄　　新生代：大型爬虫類の繁栄
②　古生代：魚類の繁栄　　中生代：哺乳類の繁栄　　新生代：大型爬虫類の繁栄
③　古生代：哺乳類の繁栄　　中生代：大型爬虫類の繁栄　　新生代：魚類の繁栄
④　古生代：大型爬虫類の繁栄　　中生代：魚類の繁栄　　新生代：哺乳類の繁栄
⑤　古生代：魚類の繁栄　　中生代：大型爬虫類の繁栄　　新生代：哺乳類の繁栄

8　**次の表は，世界人口の上位10ヶ国の表である。（ア）と（イ）は，領土に赤道が通っている国である。（ア）と（イ）に入る国名について，正しい組合せはどれか，①～⑤から一つ選んで番号で答えなさい。**

順位	国名	順位	国名
1位	中国	6位	ナイジェリア
2位	インド	7位	（イ）
3位	アメリカ	8位	バングラデシュ
4位	（ア）	9位	ロシア
5位	パキスタン	10位	メキシコ

出典：UNFPA（国連人口基金）「世界の人口白書」2022年版

①　ア　ブラジル　　イ　コンゴ
②　ア　フィリピン　　イ　ブラジル
③　ア　エジプト　　イ　フィリピン
④　ア　インドネシア　　イ　ブラジル
⑤　ア　ベトナム　　イ　ケニア

9　**次の出来事が起きた日本史上の時代を，①～⑤から一つ選んで番号で答えなさい。**

マルティン・ルターは，贖宥状（免罪符）販売を批判して，ドイツ宗教革命を開始した。ルターは『九十五カ条論題』を公表し，贖宥状の購入が救いをもたらすことはなく，人は信仰によってのみ救われると説いた。ルターは，ローマ教皇に破門されたが，カトリックの教義批判を通して自らの信仰の立場を明らかにした。

①　奈良時代　　②　平安時代　　③　鎌倉時代　　④　室町時代　　⑤　江戸時代

10　**次の文が示す思想家として，正しいものはどれか，①～⑤から一つ選んで番号で答え**

なさい。

自由民権運動の理論的指導者として活躍し，東洋のルソーと称された。土佐（高知県）に生まれ，24歳でフランスに留学した。帰国後，ルソーの『社会契約論』を翻訳した『民約訳解』を出版し，フランス流の急進的な民主主義の紹介につとめた。

① 内村　鑑三　② 中江　兆民　③ 植木　枝盛　④ 植村　正久
⑤ 森　有礼

11 次の表は，明治・大正期の主な文学者と作品を表したものである。表の（ ア ）～（ オ ）に当てはまる語句の組合せとして正しいものはどれか，①～⑤から一つ選んで番号で答えなさい。

（ ア ）主義	北村透谷	「内部生命論」
	国木田独歩	「欺かざるの記」
	石川啄木	「あこがれ」
（ イ ）主義	島崎藤村	「破戒」
	田山花袋	「蒲団」
（ ウ ）派	永井荷風	「ふらんす物語」
	谷崎潤一郎	「刺青」
（ エ ）主義	阿部次郎	「三太郎の日記」
（ オ ）派	武者小路実篤	「友情」
	有島武郎	「或る女」
	志賀直哉	「暗夜行路」

① ア　ロマン　イ　自然　ウ　白樺　エ　人格　オ　耽美
② ア　自然　イ　ロマン　ウ　耽美　エ　人格　オ　白樺
③ ア　人格　イ　ロマン　ウ　耽美　エ　自然　オ　白樺
④ ア　自然　イ　人格　ウ　白樺　エ　ロマン　オ　耽美
⑤ ア　ロマン　イ　自然　ウ　耽美　エ　人格　オ　白樺

12 あるスーパーで，商品Aを1個50円，商品Bを1個10円で販売を開始し，この2つの商品の初日の売上げは合計で5,800円であった。2日目に商品Aを10円値下げしたところ，商品Aの販売数量は10個増え，この2つの商品の売上げは合計5,000円となった。この場合，2日目の商品Aの販売数量を，①～⑤から一つ選んで番号で答えなさい。ただし，商品Bの販売数量は，両日とも12個以上20個以下であったものとする。

① 120個　② 121個　③ 122個　④ 123個　⑤ 124個

13 今年の母の誕生日に，父と母の年齢はそれぞれ41歳と43歳で，子どもの年齢は10歳と8歳であった。父と母の年齢の和が子ども2人の年齢の和の2倍となるのは，何年後の母の誕生日か，①～⑤から一つ選んで番号で答えなさい。

① 20年後　② 22年後　③ 24年後　④ 26年後　⑤ 28年後

14 次の下線部の漢字の読み方で正しいものはどれか，①～⑤から一つ選んで番号で答えなさい。

① 相手から言質をとる。　…　相手からげんしつをとる。
② 文化が伝播する。　…　文化がでんぱする。

京都市

③　選挙で遊説する。　…　選挙でゆうぜつする。

④　商戦が熾烈になる。　…　商戦がしょくれつになる。

⑤　歴戦の猛者である。　…　歴戦のもうじゃである。

15　**次の①〜⑤は，一年のある月の異称である。読みと該当する月の組合せとして誤っているものはどれか，①〜⑤から一つ選んで番号で答えなさい。**

①　霜月　…　読み：しもつき　月：6月

②　長月　…　読み：ながつき　月：9月

③　如月　…　読み：きさらぎ　月：2月

④　弥生　…　読み：やよい　月：3月

⑤　皐月　…　読み：さつき　月：5月

16　**A，B，Cの3人が1000ページの同じ本をそれぞれ同時に読み始めた。Aが200ページ読んだとき，BはAより25ページ遅れ，CはAより46ページ遅れていた。この速さの割合でいくとBが読み終わったとき，Cはそれより何ページ遅れていたか，①〜⑤から一つ選んで番号で答えなさい。**

①　100　②　110　③　120　④　130　⑤　140

17　**大人の3人A，B，Cと，子どもの3人D，E，Fの6人がいる。大人と子どもが交互に1列に並ぶ並び方は何通りあるか，①〜⑤から一つ選んで番号で答えなさい。**

①　18　②　36　③　56　④　64　⑤　72

18　**次の（　　）に当てはまる語句を，①〜⑤から一つ選んで番号で答えなさい。**

（　　）bird species have survived from the Miocene Age, but one that has is the Sandhill Crane.

①　None　②　Few　③　Any　④　Little　⑤　Many

19　**次の（　　）に当てはまる語句を，①〜⑤から一つ選んで番号で答えなさい。**

（　　）the Neolithic Period, humans learned to make pottery, which enabled them to more easily and efficiently store food and water.

①　When　②　At　③　Between　④　Since　⑤　During

解答＆解説

1　解答　①

解説　①：消費税の最初の導入は，1989年（平成元年）4月1日であるため，「10月」が誤り。

消費税は，一般の商品価格に一定の税率を上乗せさせることによって，消費者が負担する間接税。1988（昭和63）年12月30日に消費税法が施行され，1989（平成元）年4月1日，日本ではじめて消費税が導入された。また，消費税導入に伴い物品税は廃止された。

（創設時）1989（平成元）年　4月1日　税率　3％

1997（平成9）年　4月1日　税率　5％

2014（平成26）年　4月1日　税率　8％

京都市

2019（令和元）年　10月１日　税率　10％

2 **解答** ⑤

解説 ⑤：事業税には，個人事業税と法人事業税があるが，いずれも地方税である。個人事業税は個人事業主が事業をする上で都道府県に対して行政サービスを利用することから，その経費の一部を負担するための税金。個人事業税も地方税の一つで，都道府県に対して納付。法人事業税は，法人が事業を行うにあたって利用している道路や港湾，消防，警察などのさまざまな公共サービスや公共施設について，その経費の一部を負担する目的で課税されるもの。法人の事業所得に対して都道府県が課すため，納付先は各地方自治体。

①：法人税は，法人の所得金額などに課せられる国税であり，国税の中で所得税に次ぐ税収である。比例税で，累進性はない。　②：特別法人事業税は，地方法人課税における税源偏在の是正を目的として，法人事業税の一部を分離して導入された国税。　③：復興特別所得税は，東日本大震災からの復興財源に充てるため，2013年１月１日～2037年12月31日まで，通常の所得税に上乗せして徴収される国税で，税率は2.1％。　④：地方法人税は，平成26年３月31日に交付され法人に対する税金。目的は地域間での税収の偏りをなくすことによって，地域による格差を縮小しようとするもの。名称に地方とついているが国税である。法人が国に税金を納めて国から各自治体に財源として交付する。

3 **解答** ①

解説 ①：「フィガロの結婚」は，フランスの劇作家ボーマルシェが1778年に書いた風刺的な戯曲。

②：「アイーダ」は，ジュゼッペ・ベルディが作曲し，1871年に初演されたオペラ。　③：「ウィリアム・テル」は，ジョアキーノ・ロッシーニ作曲によるオペラ。　④：「カルメン」は，プロスベル・メリメの小説「カルメン」を元にしたもので，音楽の間をセリフでつないでいくオペラ・コミック様式で書かれている。　⑤：「蝶々夫人」（マダム・バタフライ）は，プッチーニによって作曲されたオペラ。

4 **解答** ⑤

解説 ⑤：「色絵吉野山図茶壷」は，京焼色絵陶器の大成者となった野々村仁清の作。赤，緑，青だけでなく金，銀が施されて，桜の花が咲き誇る様が描かれ，華やかなで豪華さが目立つ。

①：「燕子花屏風（かきつばたびょうぶ）」は，尾形光琳による18世紀（江戸時代）の屏風。国宝にされており，日本の絵画史上でも特に有名な作品の一つ。　②：「風神雷神図屏風」は，金地の大画面にユーモラスで躍動的な風神雷神を描いたもの。もともと俵屋宗達が描いた国宝「風神雷神図屏風」（京都・建仁寺蔵）を，尾形光琳が忠実にトレースした作品。宗達の風神雷神図との違いはいくつかあるが，宗達版で下界を見下ろしていた雷神の視線の向きは，光琳版では風神をまっすぐ見るように変えられている。　③：「紅白梅図屏風」は，江戸時代の尾形光琳による晩年の一大傑作。水流と紅白の梅が描かれている。　④：「八橋蒔絵螺鈿硯箱（やはしまきえらでんすずりばこ）」は，江

戸時代の画家，工芸家の尾形光琳による硯箱の作品。

5 解答 ②

解説 ア：ピエール＝オーギュスト・ルノワールの作品は，「浴女たち」。

イ：クロード・モネの作品は，「睡蓮」，「積みわら」。

よって，A：「浴女たち」，B：「積みわら」，C：「睡蓮」なので，解答は②。

「花束を持ち挨拶をする踊り子」，「舞台の踊り子」は，エドガー・ドガの作品。「草上の昼食」，「オランピア」，「笛を吹く少年」は エドゥアール・マネの作品。

6 解答 ②

解説 ②：音源と観測者が近づくと，観測者には，音源の振動数よりも大きい振動数の音（高い音）が聞こえる。このように，音源や観測者の運動によって音源とはちがった振動数の音が聞こえる現象をドップラー効果という。

①：空気中を伝わる音の速さは，気温が1℃上昇するごとに0.6m/s速くなる。③：赤外線は，可視光線よりも波長が長く，紫外線は逆に可視光線よりも波長が短い。　④：光の速さは，空気中よりもガラス中のほうが遅い。　⑤：花火が見えてしばらくしてから音が聞こえるように，空気中を進むのは音よりも光の方が速い。

7 解答 ⑤

解説 古生代は魚類，中生代は恐竜などの大型爬虫類，新生代は哺乳類が繁栄した。

8 解答 ④

解説 2022年の世界の人口の上位10カ国は以下の通り。

1位中国（14億4850万），2位インド（14億660万），3位アメリカ（3億3480万）4位インドネシア（2億7910万），5位パキスタン（2億2950万），6位ナイジェリア（2億1670万），7位ブラジル（2億1540万），8位バングラデシュ（1億6790万）9位ロシア（1億4580万），10位メキシコ（1億3160万）

アの4位はインドネシア，イの7位はブラジルでいずれの国も領土に赤道が通っている。したがって，解答は④。

9 解答 ④

解説 ドイツ宗教革命の開始であるルターによる95カ条の論題公表は1517年。

④：室町時代は，1336年（建武政権崩壊）から1578年（室町幕府滅亡）まで。

①：奈良時代は，710年～784年。　②：平安時代は，794年～1185年ごろ。　③：鎌倉時代は，12世紀末（諸説あり）～1333年（鎌倉幕府滅亡）まで。　⑤：江戸時代は，1600年（関ケ原の戦い）から1867年（大政奉還）まで。

10 解答 ②

解説 ②：中江兆民（1847～1901）は，土佐藩出身の民権思想家。自由党の理論家として，「自由新聞」などでフランス流の民権思想を広めた。訳書に『民約訳解』。

①：内村鑑三（1861～1930）は，無教会主義のキリスト教徒・思想家。足尾鉱毒問題を追求・日露開戦に反対。　③：植木枝盛（1857～92）は，高知出身の自由民権運動家。立志社の理論家として立志社建白や憲法草案起草。自由党結成に参加，1890年衆議院議員当選。　④：植村正久（1857～1925）は，牧師・日本プ

ロテスタント教会結成の中心人物。伝道と評論活動を展開。国家権力と外国宣教団体からの教会の独立に努力。　⑤：森有礼（1847～89）は，薩摩藩士。英・米留学し，第一次伊藤内閣の文相。ドイツの国家主義的教育体制を目標に学校令を設定。近代教育制度の基礎を確立。

11 解答 ⑤

解説 ア：「ロマン主義」とは，個人の主観を重視し，空想，恋愛を重んじ，自我・個性の解放と確立を主張したもの。代表的な作家は，北村透谷，国木田独歩（前期），石川啄木（前期），森鴎外，樋口一葉など。

イ：「自然主義」とは，理想化を行わず，現実をあるがままに写し取ることを目的とする立場。代表的な作家は，島崎藤村（後期），田山花袋，徳田秋声，国木田独歩（後期），石川啄木（後期）など。

ウ：「耽美派」は，美を最高の理想とし，感覚の開放や官能的な美を追求する主張。代表的な作家は，永井荷風，谷崎潤一郎，江戸川乱歩，三島由紀夫など。

エ：「人格主義」とは，人格を世界観、価値観の中心とする思想。代表的な作家は，阿部次郎，新渡戸稲造，河合栄治郎など。

オ：「白樺派」とは，雑誌『白樺』を中心にして起こった文芸思潮。個性の尊重，自我の確立，生命の創造力をうたい，人道主義・新理想主義・個人主義を追求。代表的な作家は，武者小路実篤，有島武郎，志賀直哉など。また，詩人・画家・彫刻家である高村光太郎，思想家・美術家である柳宗悦も白樺派に位置づけられる。

12 解答 ③

解説 初日に商品Aをx個，商品Bをy個販売したとすると，

$50x+10y=5800(12 \leqq y \leqq 20)$…①

また，２日目に，商品Bをz個販売したとすると，

$40(x+10)+10z=5000(12 \leqq z \leqq 20)$…②

①より，yは５の倍数でなければならないから，$y=15$もしくは20である。

ｉ）$y=15$のとき　$50x+150=5800$　$x=113$

これを②に代入すると，$z=(5000-40\times123)\div10=8$　よって，不適。

ⅱ）$y=20$のとき　同様に，$50x+200=5800$　$x=112$

これを②に代入すると，$z=(5000-40\times122)\div10=12$　よって，適する。

したがって，２日目の商品Aの販売数量は，122個である。

13 解答 ③

解説 x年後に父と母の年齢の和が子ども２人の年齢の和の２倍となったとすると，

$(41+x)+(43+x)=2\{(10+x)+(8+x)\}$

これを解くと，$x=24$　したがって，24年後である。

14 解答 ②

解説 ②：「伝播」は，伝わって，広まっていくこと。

①：「言質」は「げんち」と読み，あとで証拠となる約束のこと。　③：「遊説」は「ゆうぜい」と読み，自分の意見や主張を説いて各地をまわること。　④：「熾

烈」は「しれつ」と読み，勢いが盛んで激しいこと。　⑤：「猛者」は「もさ」と読み，勇敢で荒々しい人，力・技術に優れている人。

15 解答 ①

解説 ①：「霜月」は，6月ではなく「11月」のこと。読みは「しもつき」で正しい。

月の異名は，1月：睦月(むつき)，2月：如月(きさらぎ)，3月：弥生(やよい)，4月：卯月(うづき)，5月：皐月(さつき)，6月：水無月(みなづき)，7月：文月(ふみづき)，8月：葉月(はづき)，9月：長月(ながつき)，10月：神無月(かんなづき)，11月：霜月(しもつき)，12月：師走(しわす)。

16 解答 ③

解説 条件を整理すると，Aが200ページ読む間に，Bは175ページ，Cは154ページ読むことが分かる。BとCが同じ時間に読むページ数の比は，175：154＝25：22である。したがって，Bが1000ページ読む間に，Cは，$1000\times\frac{22}{25}=880$[ページ]読むから，1000－880＝120[ページ]遅れている。

17 解答 ⑤

解説 大人3人，子ども3人が1列に並ぶ並び方は，それぞれ3!＝6[通り]である。大人，子ども，大人，…と並ぶ方法と，子ども，大人，子ども，…と並ぶ方法の2通りあるから，3!×3!×2＝72[通り]である。

18 解答 ②

解説（　）にくる語句は「bird species」（鳥類）を修飾しているので，代名詞の①：「None」（誰も・何も～ない）は不可。また，「birds species」は複数形なので不可算名詞を修飾する④：「Little」は不可。but以下の文で省略を補うと「but one (that has survived) is the Sandhill Crane.」となり，日本語に訳すと（鳥類の中で生き残ったのはカナダヅルだけだ）となる。だとすれば，butより前の部分は「中新生代を生き残った鳥類はほとんどいない」となるはず。したがって，正解は②。

19 解答 ⑤

解説 humans以下を日本語に訳すと（人間は陶器の作り方を学んだが，そのことでより容易にかつ効率的に食料や水を貯えることができるようになった）となり，それは「the Neolithic Period」（新石器時代）の「間」に起きたことのはず，したがって，正解は⑤：「During」である。「During」は（ある特定の期間の間に）という意味である。

①：「When」は接続詞なので後に文章が続かなければならないので不可。　③：「Between」は（位置的・時間的に二つの間）という意味なので不可。　④：「Since」は（～以来）という意味で通常は完了形とともに使われることが多いので不可。

大阪府／豊能地区／大阪市／堺市

実施日	2023（令和５）年６月24日	試験時間	90分（教職教養を含む）
出題形式	マークシート式	問題数	15題（解答数15）
パターン	３教科（国英数）	公開状況	問題：公開　解答：公開

傾向&対策

●例年，教職教養15題，一般教養は思考力・判断力を問う15題。150点満点なので１題当たり５点と推測できる。●思考力・判断力を問う問題では，文章理解，判断推理，資料解釈，図形などが出題される。今年度も文章理解，判断推理，資料解釈，数的処理，図形であった。●国語は，和歌，長文の内容補充，漢文。英語は，長文の内容把握が出題。●資料解釈では例年，２種の表・グラフを提示して判断させるものが出る。また，題材は社会分野であるが，解くにはグラフや表の分析能力や数学的思考が必要なものが多い。図形は例年，解くのに時間がかかる問題が出される。●試験時間は長いが解答数も多いので，効率よく解けるよう，過去問や類似問題を利用して慣れておこう。

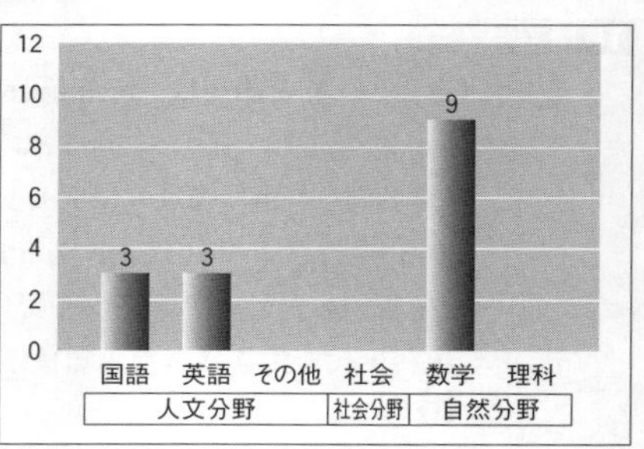

出題領域

人文分野	国　語	3	英　語	3	音　楽	
	美　術		家　庭		保健体育	
社会分野	歴史（日本史）		歴史（世界史）		歴史（現代史）	
	地理（日本地誌）		地理（世界地誌）		地理（地理用語）	
	公民（政治）		公民（経済）		公民（国際）	
	公民（倫理）		環境・情報・科学		時事問題	
	ローカル					
自然分野	数　学	9	物　理		化　学	
	生　物		地　学			

表中の数字は，解答数

全校種共通

☞解答＆解説 p.210

1 〔傾向〕4首の和歌の空欄（4カ所）に当てはまる語句の最も適切な組合せを選ぶ問題（1問）。

2 ある高等学校の生徒100人に東京都，福岡県，北海道の3か所について，行ったことがあるかどうかのアンケートをとったところ，次のア〜エが分かった。

ア　東京都に行ったことがあると回答した生徒は68人，福岡県に行ったことがあると回答した生徒は42人，北海道に行ったことがあると回答した生徒は37人である。

イ　3か所すべてに行ったことがあると回答した生徒は6人である。

ウ　3か所のうち2か所だけに行ったことがあると回答した生徒は41人であり，そのうち，福岡県に行ったことがあると回答した生徒は25人である。

エ　3か所のうち1か所だけに行ったことがあると回答した生徒は47人であり，そのうち，東京都に行ったことがあると回答した生徒は28人である。

このとき，福岡県と北海道の両方に行ったことがあると回答した生徒の人数はどれか。1〜5から一つ選べ。

1　12人　　2　13人　　3　14人　　4　15人　　5　16人

3 麻の葉文様（あさのはもんよう）は，日本の伝統的な文様であり，正六角形を基礎として構成された幾何学図形の文様である。

下図は，麻の葉文様の基礎となる正六角形を示している。平面に描かれた一辺が3cmである正六角形内の，色付きの葉の部分全体の面積はいくらか。1〜5から一つ選べ。

1　$3\sqrt{3}\text{cm}^2$

2　$4\sqrt{3}\text{cm}^2$

3　$6\sqrt{3}\text{cm}^2$

4　$9\sqrt{3}\text{cm}^2$

5　$12\sqrt{3}\text{cm}^2$

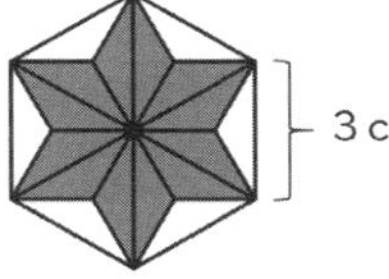

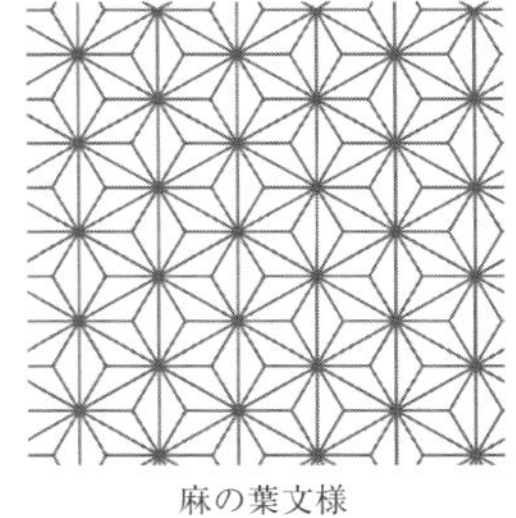

麻の葉文様

4 次の表は，2011（平成23）年から2021（令和3）年までにおけるわが国の15歳以上人口および労働力人口（15歳以上人口のうち，就業者と完全失業者を合わせた人口）を示している。この表から，15歳以上人口の対前年増減および労働力人口の比率（15歳以上人口に占める労働力人口の割合）の対前年増減を示すグラフを作成した場合，そのグラフとして最も適切なものはどれか。1〜5から一つ選べ。

（万人）

年	15歳以上人口	労働力人口
2011	11117	6596
2012	11110	6565
2013	11107	6593
2014	11109	6609
2015	11110	6625
2016	11111	6673

2017	11108	6720
2018	11101	6830
2019	11092	6886
2020	11080	6868
2021	11044	6860

（総務省統計局「労働力調査」により作成）

15歳以上人口の対前年増減
労働力人口比率の対前年増減

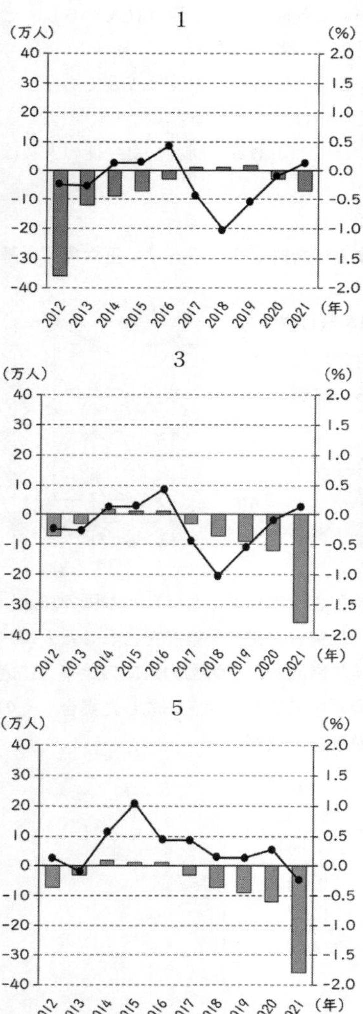

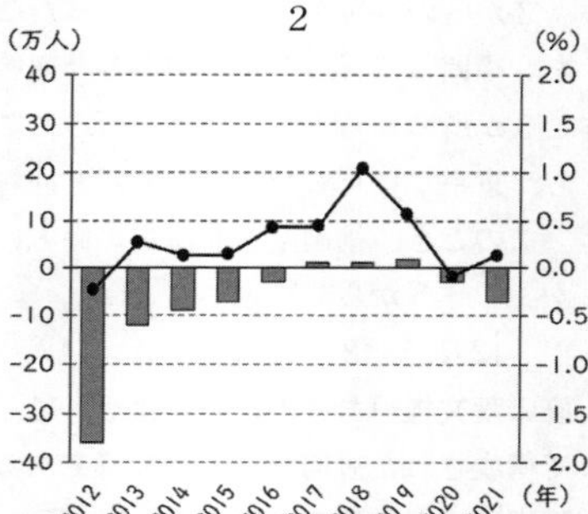

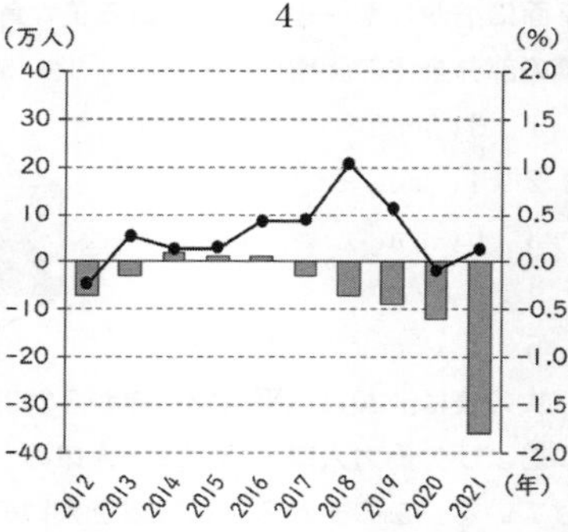

5 〔傾向〕British Council掲載の「Choosing a conference venue」の英文の内容と一致しないものを選ぶ問題（１問）。

6 〔傾向〕村上靖彦『ケアとは何か　看護・福祉で大事なこと』の文章の空欄（５カ所）に一文を入れて筋の通った文章にする場合，その並べ方として最も適切なものを選ぶ問題（１問）。

7 Ａさん，Ｂさんの２人は，それぞれカードを４枚ずつ所持している。所持しているカードにはそれぞれ○，●，△，▲の４種類の記号が書かれている。お互い丸の記号（○，●）から１枚と，三角の記号（△，▲）から１枚の計２枚を場に出す。この時，それぞれが２枚ずつ出すので，場には計４枚（２枚は丸の記号，２枚は三角の記号）のカードが出ている。場にある４枚のカードのうち，○と△の両方が場にある確率として最も近い数値はどれか。１～５から一つ選べ。なお，カードを場に出すときの確率は，どのカードも同様に確からしいものとする。

１　６％　　２　24％　　３　36％　　４　56％　　５　72％

8 次の資料の内容として最も適切なものはどれか。１～５から一つ選べ。

ENGLISH SPEECH CONTEST 2024

A Great Chance to Speak up!
For Junior & Senior High School Students in Osaka!

Themes of a 3-minute speech
Junior High School Students: "My Dream"
Senior High School Students: "Leadership Skills"

◆ FIRST STAGE ◆

✧ Record your 3-minute speech on video.
✧ Send it on a DVD to Naniwa Culture & Future Center by mail.

Application Deadline

April 15th, 2024

✧ For further information on how to apply, please visit our website.

Eligibility

✧ Open to junior/senior high school students living in Osaka.
✧ Must not have been a winner of the final stage in a previous Naniwa Culture & Future Speech Contest.
✧ Must not have lived/stayed in any English speaking country for more than one year.

Announcement of the Finalists

✧ The results of the first stage will be sent by email **by May 10th, 2024.**

◆ FINAL STAGE ◆

Date: May 26th, 2024
Time: 1:00 p.m. – 5:00 p.m.
Venue: Naniwa Culture & Future Center

✧ The top 10 speeches for each theme of the contest will compete in the final stage.

1 The applicants will get a letter informing them of their result of the first stage on May 26th.

2 Any students in junior or senior high school can participate in the contest.

3 An applicant should bring the recorded video of a speech to Naniwa Culture & Future Center.

4 The finalists will give a speech about the theme provided at Naniwa Culture & Future Center.

5 If more information about applying is needed, you have to go to Naniwa Culture & Future Center instead of searching the Internet.

9 **A～Dの４人は，同じスポーツジムを利用している。この４人に10月７日から11日までの５日間のスポーツジムの利用状況を尋ねたところ，次のア～エのことが分かった。**

ア　４人は，全員５日間のうち３日だけ利用しており，利用した日がすべて一致している人はいない。

イ　Aのみ利用している日が，５日間のうち１日だけある。

ウ　BとDは，５日間のうち３日連続して利用している。

エ　10月９日と10月11日に利用しているのは，それぞれ２人である。

このとき，確実にいえるものはどれか。１～５から一つ選べ。

1　Aは10月11日にスポーツジムを利用している。

2　Bは10月８日にスポーツジムを利用している。

3　Cは10月９日にスポーツジムを利用している。

4　10月10日にスポーツジムを利用したのは４人全員である。

5　10月11日にスポーツジムを利用したのはBとCである。

10 **次の図１は，1990（平成２）年と2020（令和２）年における全国の医療施設数（病院・一般診療所・歯科診療所）とその種類別割合を示している。また，図２は，北海道・東京都・愛知県・大阪府・福岡県の５都道府県について，1990年と2020年における病院数および人口10万対の病院数の推移を示している。あとのア～ウで述べられている図１・図２からいえることについて，正しいもののみをすべて挙げているものはどれか。１～５から一つ選べ。**

図１　全国の医療施設数と種類別割合

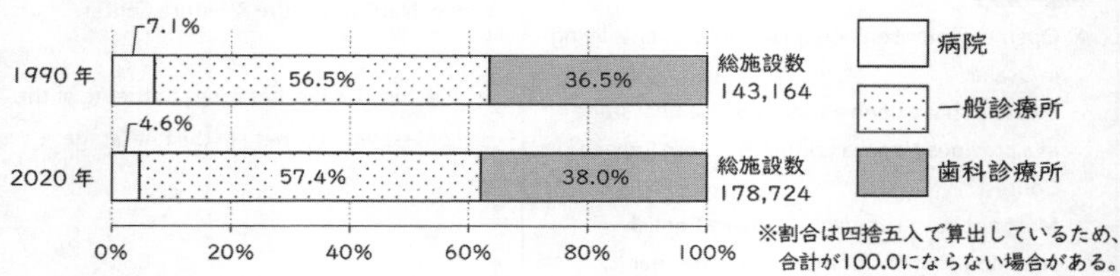

図２　５都道府県の病院数と人口10万対の病院数

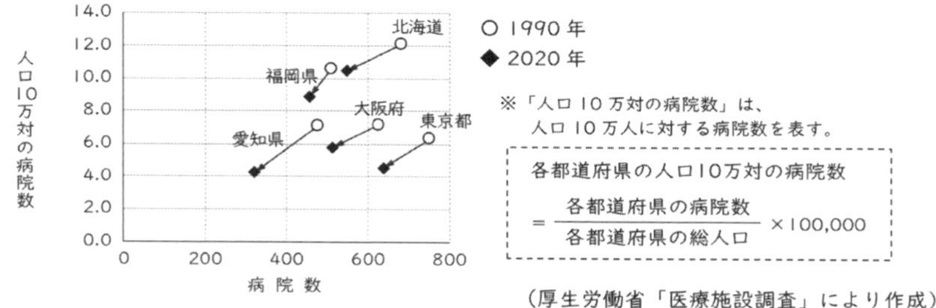

（厚生労働省「医療施設調査」により作成）

ア　2020年における全国の一般診療所と歯科診療所との施設数の合計は，1990年と比べると，30,000以上増加している。

イ　2020年における全国の病院数は1990年と比べて減少しており，また，2020年における５都道府県それぞれの病院数はいずれも1990年と比べて減少している。

ウ　５都道府県どうしで比べると，2020年において，病院数が最も多いのは東京都，人口10万対の病院数が最も多いのは北海道であり，大阪府は病院数と人口10万対の病院数ともに３番目に多い。

1　ア

2　ウ

3　ア　イ

4　イ　ウ

5　ア　イ　ウ

11　〔傾向〕『世説新話』より，漢文の書き下し文の一部分を説明したものとして，最も適切なものを選ぶ問題（１問）。

12　１辺の長さが８である正四面体の各辺の中点を頂点とする立体の体積はいくらか。１～５から一つ選べ。

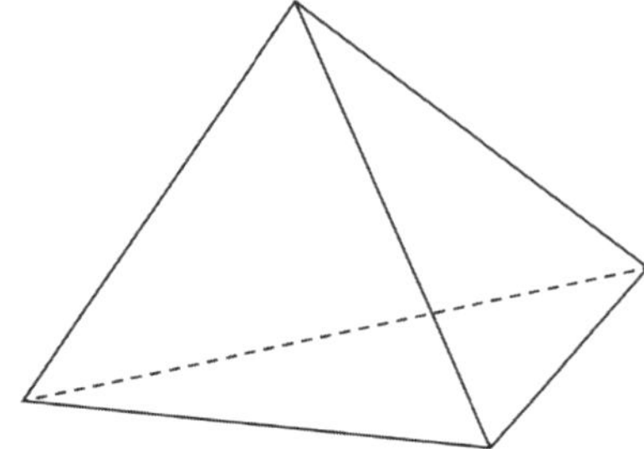

1　$\frac{64}{3}$

2　$24\sqrt{3}$

3　$\frac{32\sqrt{2}}{3}$

4　$\frac{64\sqrt{2}}{3}$

5　$32\sqrt{3}$

13　次の案内文に書かれている内容として最も適切なものはどれか。１～５から一つ選べ。

CityPass Usage Guide

Visit sightseeing spots with the CityPass! You can enter many facilities for free when you present the CityPass at the entry counter. CityPass has two types explained below;

Amazing-CityPass :

A special ticket that includes access to not only over 40 popular facilities, but also public transportation. Major railways and buses are available to be used at no extra cost. Entry into facilities is only permitted through the use of this magnetic card.

e-CityPass :

A virtual ticket that grants access by simply showing the QR code on your smartphone at the counter of the facility. Purchase the ticket online in advance and you can save the time of waiting in long lines to purchase admission tickets. You can easily go where you want.

The differences between the Amazing-CityPass and the e-CityPass

Contents	Amazing-CityPass	e-CityPass（e-Pass）
Price（1-day Pass）	\$49.99 + Tax	\$29.99 + Tax
Price（3-day Pass）	\$66.00 + Tax	\$45.00 + Tax
Public Transportation Fee	Included	Not included
How to use	Using the magnetic card	Showing the QR-code
Sales Locations	Tourist Information Centers, Stations, etc.	Online Travel Sites
Facilities available for Free	Over 40 facilities including the Great Palace	More than 30 facilities including SkyTower

＊The validity period of 3-day Pass is 3 consecutive days starting with and including the first day you visit a facility.
＊Admission to each facility is limited to only once.
＊Due to weather conditions, some facilities may change their business hours.
＊If service has been canceled, we cannot give a refund.

1　２種類のCityPassは，それぞれ有効期限内であっても同じ施設に再度入場することができない。
2　Amazing-CityPassを使用して施設に入場するときはQRコードを提示する。
3　e-CityPassは観光情報センターや，駅などで購入することができる。
4　3-day Passは，必ずしも連続した３日間に使用しなくてもよい。
5　e-CityPassがあれば，追加料金なしで主要公共交通機関を利用することができる。

14　**2021（令和３）年度における三重県・滋賀県・京都府・大阪府・兵庫県・奈良県・和歌山県（以下，「２府５県」という）で発電された電力量について，次の図は，２府５県それぞれの電力量の合計に占める発電所別電力量の構成比を示しており，下の表は，水力発電所，火力発電所及び風力発電所について，２府５県全体の発電所別電力量に占める各府県の電力量の割合を示している。図中のＡ～Ｇのそれぞれには２府５県のいずれかが当てはまる。Ａ・Ｃ・Ｅに当てはまる府県の組合せとして正しいものはどれか。１～５から一つ選べ。**

図　２府５県それぞれの電力量の合計に占める発電所別電力量の構成比（単位：%）

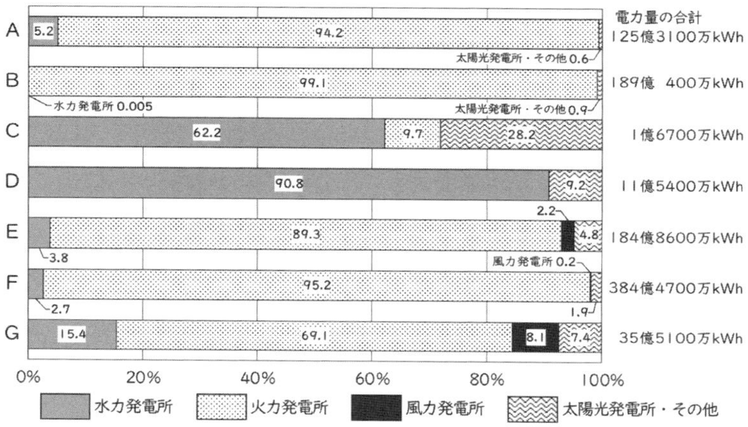

表　２府５県全体の発電所別電力量に占める各府県の電力量の割合（単位：%）

	水力発電所	火力発電所	風力発電所
三重県	17.0	19.2	53.4
滋賀県	2.5	0.0	—
京都府	15.8	13.7	—
大阪府	0.0	21.8	—
兵庫県	25.5	42.5	9.2
奈良県	25.7	—	—
和歌山県	13.4	2.9	37.4
２府５県全体	100.0	100.0	100.0

※数値は四捨五入によって算出しているため、合計が100.0にならない場合がある。
※表中の「0.0」は算出した電力量が0.1に満たないもの、「—」は電力量が無いものを示している。

（図、表ともに経済産業省・資源エネルギー庁「電力調査統計表」により作成）

	A	C	E
1	大阪府	滋賀県	兵庫県
2	大阪府	奈良県	三重県
3	京都府	滋賀県	和歌山県
4	京都府	奈良県	兵庫県
5	京都府	滋賀県	三重県

15　ルービックキューブは，各面が異なる６色で構成された立方体で，各面ごとに3×3の9マスに分割され，各列を回転させることで分割されたキューブが動くパズルである。

最初に全面の９マスともに白色であるルービックキューブを用意し，異なる６色の代わりに１から６の数字をサイコロのように表面と裏面を足して７になるように割り当て，右図のように各マスに記入した。

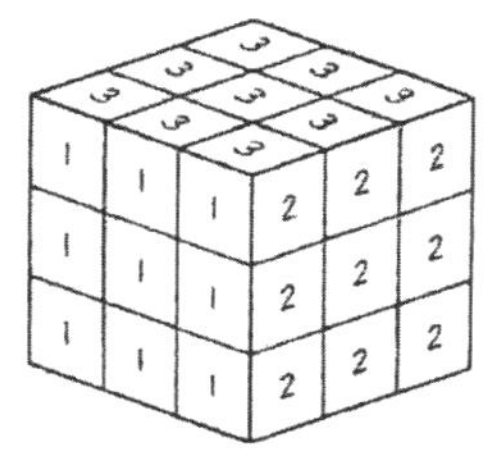

次図は，数字を記入したルービックキューブの任意の各列を回転させた後の展開図である。色付きの面の空欄のマスに当てはまる数字を正しく表しているものはどれか。１～５から一つ選べ。なお，回転後の展開図の数字の向きは

考えないものとする。

				6							
			3								
5	2	1	2	3	6	2	4	5	4	2	3
4	2	1	2	3	3	6	5	4	5	4	1
3	4	5	6	3	4	1	6	6	5	5	2
			3	5	2						
			6	6	5						
			6	1	4						

回転後の展開図

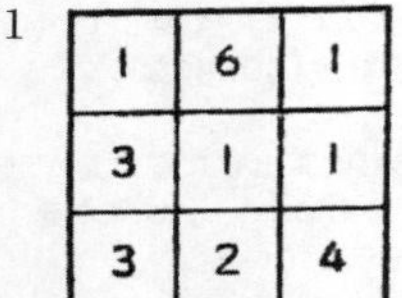

1

1	6	1
3	1	1
3	2	4

2

1	6	3
3	2	2
1	1	4

3

1	6	1
3	1	2
3	1	4

4

1	6	4
3	1	2
1	1	3

5

1	6	1
3	5	1
3	2	4

解答＆解説

2 解答 2

解説 東京都，福岡県，北海道のそれぞれに行ったことがある人の集合をA，B，Cとする。条件アより，$n(A)=68$，$n(B)=72$，$n(C)=37$である。条件イより，$n(A\cap B\cap C)=6$である。条件ウより，$n(A\cap B\cap \overline{C})+n(B\cap C\cap \overline{A})+n(C\cap A\cap \overline{B})=41$，$n(A\cap B\cap \overline{C})+n(B\cap C\cap \overline{A})=25$である。よって，$n(C\cap A\cap \overline{B})=41-25=16$となる。つまり，A：東京都とC：北海道の２カ所だけに行ったことがある人は16人である。条件エより，$n(A\cap \overline{B}\cap \overline{C})+n(B\cap \overline{C}\cap \overline{A})+n(C\cap \overline{A}\cap \overline{B})=47$，$n(A$

$\cap\overline{B}\cap\overline{C})=28$である。A：東京都に注目すると，A：東京都とB：福岡県の２カ所だけに行ったことがある人は$n(A\cap B\cap\overline{C})=68-(28+16+6)=18$［人］であるから，B：福岡県とC：北海道の２カ所だけに行ったことがある人は$n(B\cap C\cap\overline{A})=25-18=7$［人］となる。したがって，B：福岡県とC：北海道の両方に行ったことがある人は，$n(B\cap C)=n(A\cap B\cap C)+n(B\cap C\cap\overline{A})=6+7=13$［人］となる。

3 解答 4

解説 麻の葉文様は，長辺3cmで頂角120°の二等辺三角形が12枚集まっていると考えられる。この二等辺三角形を4枚移動させると，色付きの葉の部分の全体は，一辺3cmの正三角形4枚分となるから，$3\times\frac{3}{2}\sqrt{3}\times\frac{1}{2}=9\sqrt{3}$［$cm^2$］となる。

4 解答 4

解説 このようなグラフの読み取り問題は，そのグラフが特徴的に示している事象について比較するようにすると分かりやすい。まず１～５のグラフにおける15歳以上人口の対前年増減を示す棒グラフを比較すると，１・２のグラフでは2012年で最も大きく36万人ほど減少しているが，３～５のグラフでは2021年で最も大きく36万人ほど減少している。どちらが正しいか表で確かめると，2012年は前年から７万人しか減っていないが，2021年は前年から36万人減っているので，15歳以上人口の対前年増減については３～５のグラフが正しいことが分かる。次に，３～５のグラフのいずれが正しいか，労働力人口比率の対前年増減を示す折れ線グラフを比較してみる。３のグラフで労働力人口比率が前の年から最も低くなっているのは2018年の－1.0％である。2018年で比べてみると，４のグラフでは逆に1.0％増えており，５のグラフでは0.2％ほどの増加となっている。いずれのグラフが正しいか表で確かめると，2017年の労働力人口比率は「6720÷11108＝0.6049…」の計算で約60.5％，2018年の労働力人口比率は「6830÷11101＝0.6152…」の計算で約61.5％となるので，約１％の増加であることが分かる。よって，４のグラフが最も適切であると考えることができる。

7 解答 4

解説 ○が場にある確率は，$\frac{3}{2\times2}$であり，△が場にある確率も同様に，$\frac{3}{2\times2}$である。

これらが同時に起こるから，$\frac{3}{2\times2}\times\frac{3}{2\times2}=\frac{9}{16}=0.5625$となるから，56％。

8 解答 4

解説 ４：「The finalists will give a speech about the theme provided at Naniwa Culture & Future Center.」（決勝進出者はNaniwa Culture & Future Center が与えたテーマに関してスピーチをすることになるだろう）は「FINAL STAGE」の最終文「The top 10 speeches for each theme of the contest will compete in the final stage.」（コンテストのおのおののテーマで上位10組のスピーチが決勝戦で競われるだろう）と一致。

１：「The applicants will get a letter informing them of their result of the first stage on May 26th.」(応募者には５月26日にファーストステージの結果を知らせる手紙が送られるだろう）は「Announcement of the Finalists」(決勝進出者の発表）にある「The results of the first stage will be sent by email by May 10th,2024.」(ファーストステージの結果は2024年５月10日にメールされます）と不一致。２:「Any students in junior or senior high school can participate in the contest.」(中学生あるいは高校生であれば，どんな学生もコンテストに参加できる）は「Eligibility」(参加資格）の最初の文「Open to junior/senior high school students living in Osaka.」(大阪在住の中学生と高校生に開かれている）と不一致。３:「An applicant should bring the recorded video of a speech to Naniwa Culture & Future Center.」(応募者はNaniwa Culture & Future Centerにスピーチを録画して持参しなければならない）は「FIRST STAGE」の「Record your 3-minute speech on video. Send it on a DVD to Naniwa Culture & Future Center by mail.」(３分間のスピーチをビデオに録画して，そのDVDをNaniwa Culture & Future Centerまで郵送しなさい）と不一致。５:「If more information about applying is needed, you have to go to Naniwa Culture & Future Center instead of searching the Internet.」(もし応募に関するさらなる情報が必要ならば，インターネットで検索するのではなく，Naniwa Culture & Future Centerまで来なければならない）は「Application Deadline」(応募期限）の「For further information on how to apply, please visit our website.」(応募方法に関してさらに詳しい情報が必要な場合は，私たちのホームページをご覧ください）と不一致。

9 解答 4

解説 条件イとウから，Aが10/7に利用し，Bが10/8から３日間，Dが10/9から３日間利用したと仮定する。条件イとエより，10/7は１名，10/9は２名だけ利用する。

	10/7	10/8	10/9	10/10	10/11
A	○		×		
B	×	○	○	○	×
C	×		×		
D	×	×	○	○	○

そうすると，Cは10/8，10/10，10/11に利用したことが分かり，条件エより，10/11は２名しか利用していないので，Aは10/7，10/8，10/10に利用したことが分かる。解答群から当てはまるものは，２と４であるが，BとDは入れ替え可能であるため，確実にいえるとはいえない。

10 解答 5

解説 ア：図１より，2020年における全国の一般診療所と歯科診療所との施設数の合計は「178724×(0.574＋0.380)＝170502.696」の計算により約170500施設であり，1990年におけるそれは「143164×(0.565＋0.365)＝133142.52」の計算により約133140施設である。「170500－133140＝37360」の計算により，2020年における全国の一般診療所と歯科診療所との施設数の合計は，1990年と比べて37360施設増加していることが分かるので，アは正しい。 イ：図１より，2020年における全国の病院数は「178724×0.046＝8221.304」の計算により約8220施設であり，1990年における全国の病院数は「143164×0.071＝10164.644」の計算により約10160施設なので，1990年に比べて減少している。また，図２で５都道府県の病院数（横軸）を見ると，いずれの都道府県も，○から◆への矢印が左方向に向かっており，減少していることが分かる。よってイも正しい。 ウ：図２により，2020年（◆印）の５都道府県の病院数（横軸で示されている）は，東京都，北海道，大阪府，福岡県，愛知県の順に多い。また，人口10万対の病院数（縦軸で示されている）は，北海道，福岡県，大阪府，東京都，愛知県の順に多い。よって，病院数が最も多いのは東京都，人口10万対の病院数が最も多いのは北海道，大阪府はいずれにおいても３位であり，ウも正しい。

12 解答 4

解説 各辺の中点を頂点とする立体は，各辺の頂点から一辺４の正四面体を切り落としたものと等しい。もとの正四面体の高さをhとすると，頂点から向かい合う面に下ろした垂線の足は，正三角形の重心に一致するから，三平方の定理より，$h=\sqrt{8^2-\left(\frac{8}{3}\sqrt{3}\right)^2}=\sqrt{64-\frac{64}{3}}=8\sqrt{\frac{2}{3}}$となる。したがって，もとの正四面体の体積を$V$とすると，$V=\frac{\sqrt{3}}{4}\times 8^2\times 8\sqrt{\frac{2}{3}}\div 3=\frac{128\sqrt{2}}{3}$となる。もとの正四面体と切り落とした正四面体の相似比が2：1であるから，体積比は8：1となる。したがって，求める立体の体積は，$V-\frac{1}{8}V\times 4=\frac{1}{2}V=\frac{64\sqrt{2}}{3}$となる。

13 解答 1

解説 1：＊の２文「Admission to each facility is limited to only once.」（各施設への入場は１回のみに制限されている）と一致。

2：Amazing-CityPassの最終文「Entry into facilities is only permitted through the use of this magnetic card.」（施設への入場は磁気カードの使用を通じてのみ許可される）と不一致。 3：e-CityPassの２文「Purchase the ticket online in advance and you can save the time of waiting in long lines to purchase admission tickets.」（事前にオンライン上でチケットを購入してください，そうすれば入場券を買うために長い列に並んで待つ時間を節約できます）と不一致。 4：＊の１文「The validity period of 3-day Pass is 3 consecutive days starting with and including the first day you visit a facility.」（3-day Passの有効期限は施設を訪問した最初の日から始まり，それを含む連続した３日間となっている）と不一致。 5：「The differences between the Amazing-CityPass and e-CityPass」（Amazing-CityPassとe-CityPassの違い）の「Public Transportation Fee」（公共交通機関の料金）の欄に「e-CityPass」は「Not included」（含まれない）とあるので不一致。

14 **解答** 5

解説 このような資料読み取り問題は違いの分かりやすいものから探っていくのが原則である。図のグラフを見るとA～Dでは風力発電が行われていない。表を見ると，風力発電が行われていないのは滋賀県，京都府，大阪府，奈良県である。そのうち，奈良県では火力発電も行われていない。よって図のグラフDは奈良県である。大阪府では水力発電も0.1に満たない。よってグラフBは大阪府である。ということからAとCのいずれかが，滋賀県か京都府となる。実際の水力発電の電力量を計算すると，Aは「1253100(万)×0.052＝65161.2(万)」の計算により約6億5161万kWh，Cは「16700(万)×0.622＝10387.4(万)」の計算により約1億387万kWhとなり，AはCの6倍以上である。表の水力発電所の項目で確かめると，Aが京都府，Cが滋賀県であることが分かる。以上のことから，残るE～Gがそれぞれ三重県，兵庫県，和歌山県のいずれかであることが分かる。風力発電の電力量で計算してみると，図のグラフから，Eは「1848600(万)×0.022＝40669(万)」の計算により約4億669万kWh，Fは「3844700(万)×0.002＝7689.4(万)」の計算により約7689万kWh，Gは「355100(万)×0.081＝28763(万)」の計算により約2億8763万kWhとなり，Eの発電量が最も大きいことが分かる。表と照らし合わせると，Eが三重県であることが確認できる。よって，A：京都府，C：滋賀県，E：三重県である。

15 **解答** 3

解説 図のように展開図の空欄に入る数をア～カとする。ルービックキューブの各列を回転させても，角の数字の組み合わせは変わらないことに着目して展開図を考える。問題文の図で最も手前に見えている角は1，2，3が集まり，3の面の裏面は4であるから，その下の角は1，2，4が集まる。展開図から，④，①，②が集まる角があるから，エは3だと分かる。この時点で選択肢は1，3，5に絞られる。同様の考え方で，アは1，イは1，カは4と分かる。もちろん，選択肢1，3，5で同じ数字が入っていることから推定してもよい。また，3の面の真ん中の列に着目すると，3と隣り合う数字は，1，2，5，6のどれかである。展開図から，3-2，3-5，3-6が存在するから，オは1だと分かる。この時点で選択肢は3に絞られる。念のため，ウに入る数字が2であるか確認しておくと，4と隣り合う数字は1，2，5，6のどれかである。展開図から，4-1，4-5，4-6が存在するから，ウは2である。

			ア	6	イ						
			3		ウ						
			エ	オ	カ						
5	2	1	2	3	6	2	4	5	4	2	3
4	2	1	2	3	3	6	5	4	5	4	1
3	4	5	6	3	④	①	6	6	5	5	2
			3	5	②						
			6	6	5						
			6	1	4						

兵庫県

実施日	2023(令和５)年７月23日	試験時間	60分（教職教養を含む）
出題形式	マークシート式	問題数	43題（解答数43）
パターン	５教科＋音・美・保体・環・情・時事	公開状況	問題：公開　解答：公開　配点：公開

傾向&対策

●試験時間60分，教職教養と一般教養を合わせた総解答数50で実施。一般教養が解答数43とその比重が高く，５教科を中心に芸術や情報などからも広く出題される傾向である。●国語は漢字や対義語，古典。ことわざ・慣用句の問題も出題された。●英語は，会話文・短文の空欄補充と読解，並べ替え。音楽・美術・保体からもそれぞれ出題。●社会は，各科目から。日本史と絡め，ローカル問題が出題。例年，情報に関する問題も多く，今年度は流れ図と論理回路の問題が出題された。●数学は頻出の図形と，確率，式の展開など。理科は各教科から出題。●まずは５教科の基礎を中心に押さえ，情報の問題は過去問を参考に傾向をつかもう。各教科に関連して出題されるローカル問題対策も必須。

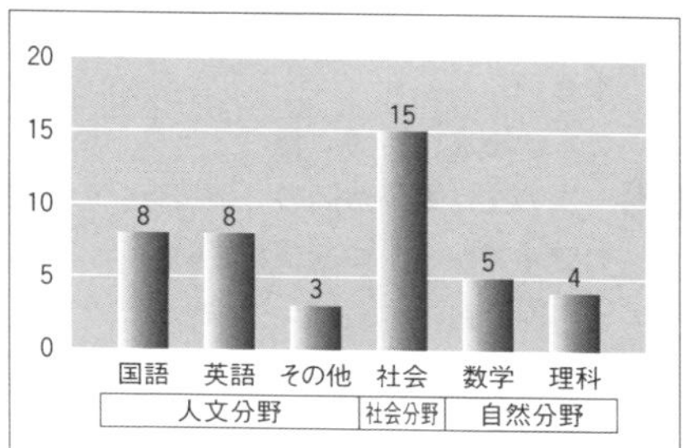

出題領域

人文分野	国語	8	英語	8	音楽	1
	美術	1	家庭		保健体育	1
社会分野	歴史(日本史)	2	歴史(世界史)	1	歴史(現代史)	
	地理(日本地誌)	2	地理(世界地誌)		地理(地理用語)	1
	公民(政治)	1	公民(経済)	1	公民(国際)	
	公民(倫理)		環境・情報・科学	6	時事問題	1
	ローカル	1				
自然分野	数学	5	物理	1	化学	1
	生物	1	地学	1		

表中の数字は，解答数

※選択肢の出題領域が複数にわたる場合は，それぞれの項目に加算するためグラフの数とは異なる

全校種共通

☞解答＆解説 p.225

1 「うけたまわる」の送り仮名として適切なものを，次のア～エから１つ選びなさい。

ア 承たまわる　イ 承まわる　ウ 承わる　エ 承る

2 「オゴソかに式が進む」の「オゴソ」と同じ漢字を，次のア～エから１つ選びなさい。

ア ゲン泉　イ ゲン格　ウ ゲン界　エ ゲン況

3 対義語として適切でないものを，次のア～エから１つ選びなさい。

ア 一般 ⇔ 特殊　イ 具体 ⇔ 抽象　ウ 日常 ⇔ 平素　エ 偶然 ⇔ 必然

4 ことわざ・慣用句を用いた短文として適切でないものを，次のア～エから１つ選びなさい。

ア 小学校からの親友は，気のおけない関係だから，何でも話せる。

イ 所属している野球チームは，破竹の勢いで連勝を続けている。

ウ 木に竹を接いだようにわかりやすい説明をした。

エ 目に入れても痛くないくらいのかわいがりようだ。

5 次の言葉のうち，外来語として適切でないものを，次のア～エから１つ選びなさい。

ア マヨネーズ　イ ワクチン　ウ オートバイ　エ カルタ

6 司馬遼太郎の『菜の花の沖』，阿久悠の『瀬戸内少年野球団』は，兵庫県に関係する小説である。２つの小説に共通する舞台として適切なものを，次のア～エから１つ選びなさい。

ア 淡路島　イ 神戸　ウ 姫路　エ 城崎

7 次の文は兼好法師の『徒然草』の一節である。内容の説明として適切なものを，あとのア～エから１つ選びなさい。

「仁和寺にある法師，年寄るまで，石清水を拝まざりければ，心うく覚えて，あるとき思ひ立ちて，ただ一人，かちより詣でけり。極楽寺・高良などを拝みて，かばかりと心得て帰りにけり。」

ア 仁和寺の老法師は，石清水八幡宮を参拝していないことを残念に思い，ひとり徒歩で参詣したが，極楽寺・高良神社など他の寺社を見て帰ってきた。

イ 仁和寺の老法師は，自分だけ石清水八幡宮に参拝していないことに慌てて，馬に乗って極楽寺・高良神社など他の寺社とともに参詣して戻ってきた。

ウ 仁和寺の老法師は，自分だけ石清水八幡宮に参拝していないことに不安を感じ，馬に乗って極楽寺・高良神社など他の寺社を見て帰ってきた。

エ 仁和寺の老法師は，石清水八幡宮を参拝していないことを妬ましく思い，ひとり徒歩で参詣し，八幡宮以外に極楽寺・高良神社など他の寺社も見て帰ってきた。

8 次の漢文の意味は，「それは，思いやりの心だろうな。自分が人にされたくないことは，人にしてはならないことだよ。」である。訓読するときに置き字として読まないものを，「書き下し文」を参考にして，あとのア～エから１つ選びなさい。

【本文】
其恕乎。
己所不欲、
勿施於人。

【書き下し文】
それじょか。おのれのほっせざるところは、ひとにほどこすことなかれ。

ア　乎　　イ　所　　ウ　勿　　エ　於

9　日本の地理について述べた文として適切なものを，次のア～エから１つ選びなさい。

ア　太平洋沖には，赤道から北上してくる暖流の親潮と，北から南下してくる寒流の黒潮が流れている。

イ　瀬戸内地方は，冬の季節風が四国山地に遮られ，夏の季節風が中国山地に遮られるため，年間を通じて温暖で降水量が少ない。

ウ　日本はオーストラリア，ニュージーランドとともに，領海と排他的経済水域を合わせた面積が国土面積よりも広い国である。

エ　南海トラフではフィリピン海プレートがユーラシアプレートの下に沈み込むことで，巨大地震の発生が予想されている。

10　次の図のように自宅から市役所に行く途中に出てくる建物の地図記号として適切でないものを，あとのア～エから１つ選びなさい。

図

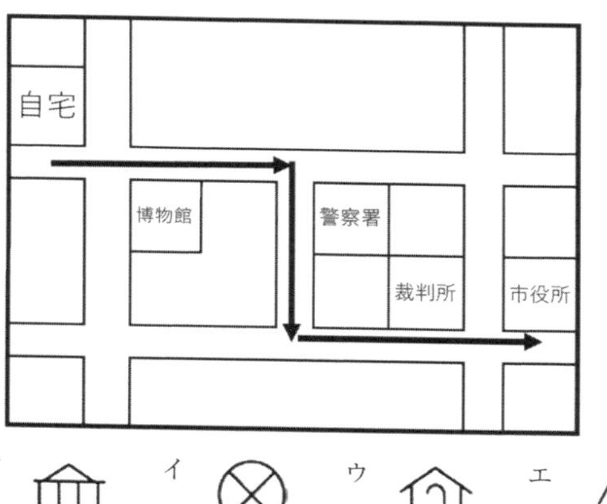

ア　　イ　　ウ　　エ

11　兵庫県西脇市は北緯35度線と東経135度線が交差することから，「日本のへそ」のまちとして知られている。北緯35度線を通らない県を，次のア～エから１つ選びなさい。

ア　島根県　　イ　奈良県　　ウ　静岡県　　エ　千葉県

12　江戸時代に幕府が銭座で鋳造させ，全国に流通した銅貨として適切なものを，次のア～エから１つ選びなさい。

ア　　　　　　　　イ　　　　　　　　ウ　　　　　　　　エ

13　次の表の（ A ）の時期の出来事として適切なものを，あとのア～エから１つ選びなさい。

表

1602	オランダの東インド会社が設立された
	（　　　　A　　　　）
1776	アメリカで独立宣言が出された

ア　高度な石造技術を持ったインカ帝国が繁栄した。

イ　マゼランの一行が世界一周に成功した。

ウ　ルイ14世によって絶対王政が行われた。

エ　ダーウィンの『種の起源』が出版された。

14　次の写真は鶴林寺（加古川市）の本堂である。この寺を創建した聖徳太子に関連して述べた文として適切なものを，あとのア～エから１つ選びなさい。

ア　家柄によらず才能のある人物を役人に登用するため，冠位十二階の制を定めた。

イ　中国の進んだ制度や文化の摂取のため，607年に小野妹子などを唐に派遣した。

ウ　十七条の憲法を定め，土地と人民を国家が直接支配する公地公民の方針を示した。

エ　法隆寺を建立し，日本で最初の仏教文化である白鳳文化が栄えた。

15　国際社会に対する日本の協力体制について述べた文として適切なものを，次のア～エから１つ選びなさい。

ア　アジア太平洋経済協力（APEC）に参加している。

イ　環太平洋パートナーシップ（TPP）協定から離脱した。

ウ　これまで国際連合の平和維持活動（PKO）に参加したことがない。

エ　気候変動枠組条約締約国会議（COP）が1997年に東京で開催した。

16　地方自治について述べた文として適切なものを，次のア～エから１つ選びなさい。

ア　地方分権一括法により自治事務と法定受託事務が廃止され，機関委任事務が設けられた。

イ　地方公共団体が条例に基づいて実施する住民投票の結果は，法的な拘束力をもたない。

ウ　地方公共団体における市町村長・都道府県知事の被選挙権は，ともに30歳以上とされている。

エ「ふるさと納税」制度を利用した寄付によって差し引かれる税は，所得税だけである。

17 自然数３と４の間にある数として適切なものを，次のア～エから１つ選びなさい。

ア　$\sqrt{5}$　　イ　$\sqrt{7}$　　ウ　$\sqrt{13}$　　エ　$\sqrt{17}$

18 $(x^2+ax+1)(x^2-3x+4)$ を展開したとき，x^2の係数が11となった。このとき，aの値として適切なものを，次のア～エから１つ選びなさい。

ア　-3　　イ　-2　　ウ　2　　エ　3

19 右の図で，はじめに正六角形ABCDEFの頂点Aにコマを置き，２つのさいころを同時に投げて，出た目の和の数だけA→B→C→…と左まわりにコマを進める。このとき，コマがA以外の位置にある確率として適切なものを，次のア～エから１つ選びなさい。

ア　$\frac{3}{4}$　　イ　$\frac{1}{6}$　　ウ　$\frac{5}{6}$　　エ　$\frac{7}{36}$

図

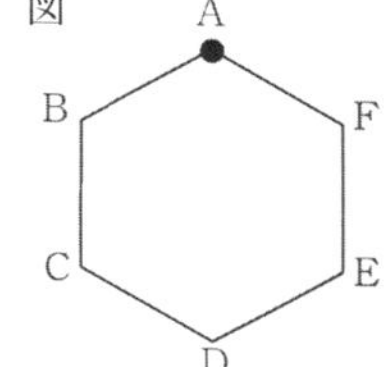

20 右の図で，同じ印をつけた角の大きさが等しいとき，$\angle x$の大きさとして適切なものを，次のア～エから１つ選びなさい。

ア　65°　　イ　70°　　ウ　75°　　エ　80°

図

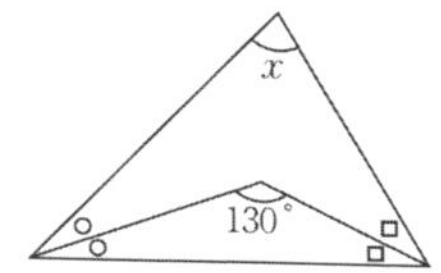

21 次の物質について，共通の性質として適切でないものを，あとのア～エから１つ選びなさい。

アルミニウム　　鉄　　銅　　金　　鉛

ア　磨くと光沢がでる。

イ　磁石につく。

ウ　電気を通す。

エ　展性，延性がある。

22 雲のでき方について述べた次の文の（ ① ），（ ② ）に入る語句の組合せとして適切なものを，あとのア～エから１つ選びなさい。

空気が上昇して膨張すると，気温が（ ① ）がり，（ ② ）より低い温度になると雲ができる。

ア　①上　②融点　　イ　①下　②融点　　ウ　①上　②露点　　エ　①下　②露点

23 チューリップの特徴について述べた文として適切なものを，次のア～エから１つ選びなさい。

ア　被子植物の仲間で，葉脈は平行に通り，根は主根と側根からなる。

イ　裸子植物の仲間で，葉脈は網目状に通り，根は主根と側根からなる。

ウ　被子植物の仲間で，子葉は１枚，根はひげ根である。

エ　裸子植物の仲間で，子葉は２枚，葉脈は網目状に通る。

24　**洋ばさみと和ばさみは，てこを利用した道具である。洋ばさみと和ばさみについて述べた文として適切なものを，次のア〜エから１つ選びなさい。**

ア　洋ばさみは，作用点が間にあり，加えた力よりも大きな力で対象物を切ることができる。

イ　洋ばさみは，力点が間にあり，加えた力よりも小さな力で対象物を切ることができる。

ウ　和ばさみは，作用点が間にあり，加えた力よりも大きな力で対象物を切ることができる。

エ　和ばさみは，力点が間にあり，加えた力よりも小さな力で対象物を切ることができる。

25　**次の文の（　　）に入る適切なものを，あとのア〜エから１つ選びなさい。**

Kobe is a nice city (　　) has many places to visit.

ア　where　　イ　who　　ウ　what　　エ　which.

26　**次の会話について，（　　）に入る最も適切なものを，あとのア〜エから１つ選びなさい。**

A：May I help you?

B：Yes, I'm looking for a nice jacket.

A：How about this one?

B：Cool. (　　)

A：Of course.

ア　How much is this?　　イ　May I try it on?　　ウ　Where should I pay?

エ　Whose jacket is this?

27　**次の会話について，（　　）に入る最も適切なものを，あとのア〜エから１つ選びなさい。**

A：Have you ever been to Awaji Island before?

B：Yes, I have. My father drove me to Awaji Island many times.

A：Wow! Bye the way, why don't we go there next month?

B：(　　) I'll check my schedule.

ア　You're welcome.　　イ　I went there last week.　　ウ　Sounds good.

エ　It's too far.

28　**次の図は，メニューを表したものである。次の会話について，（　　）に入る適切なものを，あとのア〜エから１つ選びなさい。**

兵庫県

図

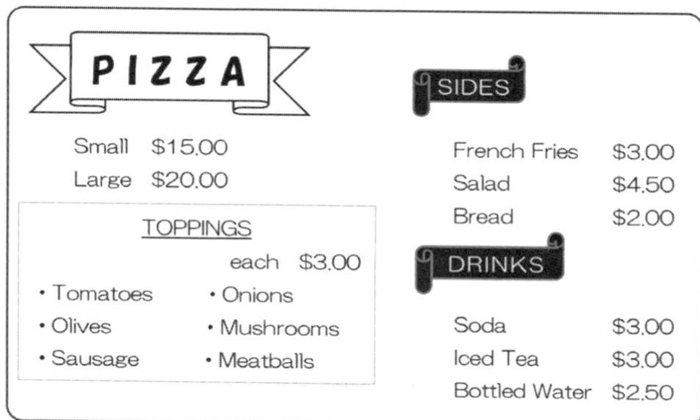

A：Shall I take your order?

B：Yes, please. Can I have a large-size pizza with two toppings?

A：What kind of toppings?

B：Olives and meatballs, please.

A：Anything else?

B：One french fries and two bottled water, please. How much is that?

A：It's (　　) dollars.

ア　26　　イ　28　　ウ　31　　エ　34

29 下の図について説明した英文を読み，（ ① ），（ ② ）に入る語の組合せとして最も適切なものを，あとのア～エから1つ選びなさい。

図

Today pictograms (①) used in various places such as public facilities and transportation. They are very useful for small children and foreigners who do not understand Japanese well. Pictograms make our lives (②) convenient.

ア　①aren't　②less　　イ　①aren't　②more　　ウ　①are　②less

エ　①are　②more

30 次の図は，時間割を表している。英文を読み，問いに対する答えとして適切なものを，あとのア～エから1つ選びなさい

図

School Open Day

Honcho J.H.S.

Date: **Saturday, October 29** Time: **9:45 - 12:35**

	1-A		1-B	
Time	**Subject**	**Place**	**Subject**	**Place**
9:45 - 10:35	science	science room	English	English room
10:45 - 11:35	Japanese	library	art	art room
11:45 - 12:35	P.E.	schoolyard	math	classroom

If you go to the schoolyard at noon, what subject can you see?

ア math　イ P.E.　ウ Japanese　エ art

31 次の英文を読み，問いに対する答えとして適切なものを，あとのア～エから１つ選びなさい。

There is a 9-hour time difference between Akashi and London. It's 6 p.m. in Akashi now. What time is it in London now? (You don't have to consider daylight saving time.)

ア 3 a.m.　イ 3 p.m.　ウ 9 a.m.　エ 9 p.m.

兵庫県

32 話の流れに合うように，(　　) 内にあとのア～エを並びかえて文章を完成させたとき，左から３番目に来るものを１つ選びなさい。

The way students study has been changing. Let's look at one example.

(→ → →)

ア In addition to that, BYOD (Bring Your Own Device) has just started at school now.

イ Previously, a lot of students used paper dictionaries to look up the meaning of words.

ウ So students can use their own devices according to the situation and learn more.

エ However, they started using e-dictionaries rather than paper ones recently.

33 ５G（第５世代移動通信システム）の説明として適切なものを，次のア～エから１つ選びなさい。

ア 電話線を用いるインターネット接続を数Mbpsに高速化し，常時接続を可能にした非対称デジタル加入者線である。

イ データ伝送用の64KbpsのＢチャネルと制御用のＤチャネルから構成され，電話，データ通信，ファクシミリなどのさまざまなサービスを一本の回線で行う。

ウ 10～20Gbpsの通信速度を可能とし，高速・低遅延・多数同時接続が特徴である。

エ 無線通信技術の一つで，とくに高速なデータ転送に主軸をおいて開発され，IEEE（電気・情報工学分野学会）により標準化が定められている。

34 従業員が会社以外の場所で業務を行う「テレワーク」について述べた文として<u>適切でないもの</u>を，次のア～エから１つ選びなさい。

ア　日本では新型コロナウイルス感染症の流行で本格的にテレワークが普及したが，定着させるには従来のように労働時間で評価する雇用形態をさらに進める必要がある。

イ　通勤の負担が減り，時間を有効に使えるため，子育てや介護と仕事の両立が実現しやすくなるなどの利点がある。

ウ　自宅で仕事をする人が増えたため，インターネットを介して多人数での会議を可能にするウェブ会議システムが急速に普及した。

エ　日本の旧来の商習慣である「押印」もテレワークの普及を阻む要因であり，確認が必要な書類には電子署名を利用するといった改革が求められる。

35 **SNS（ソーシャル・ネットワーキング・サービス）に関する説明として適切でないものを，次のア～エから1つ選びなさい。**

ア　フェイクニュースとは，何らかの理由で故意に流される虚構，歪曲，あるいはねつ造された情報や報道のことである。

イ　リツイートは，ほかのユーザーのツイートをワンタップで転載できる機能で，主に自分のフォロワーにほかのユーザーのツイートを紹介するために利用される。

ウ　ハッシュタグとは，特定のキーワードを強調し，フォロワーの関連情報へのアクセスを助けるために使われる記号「#」のことである。

エ　炎上とは，SNSやブログなどで，情報が良いイメージで急拡散してしまう状況をさし，注目度や認知度を上げる目的で意図的に試みられる場合もある。

36 **2進数「11001」を4倍した結果として適切なものを，次のア～エから1つ選びなさい。**

ア　1100010　　イ　1100011　　ウ　1100100　　エ　1100101

37 **ChatGPTについて説明した文として適切なものを，次のア～エから1つ選びなさい。**

ア　ChatGPTは，大規模な自然言語処理AIモデルである。

イ　ChatGPTは，人間のように感情を持ったAIモデルである。

ウ　ChatGPTは，高度な計算処理に特化したAIモデルである。

エ　ChatGPTは，音声認識に特化したAIモデルである。

38 **右の流れ図で示す処理を実行するとき，変数tの値として適切なものを，次のア～エから1つ選びなさい。（注　ループ端の繰り返し指定は，変数名：初期値，増分，終値を示す。）**

ア　23　　イ　25　　ウ　27　　エ　30

流れ図

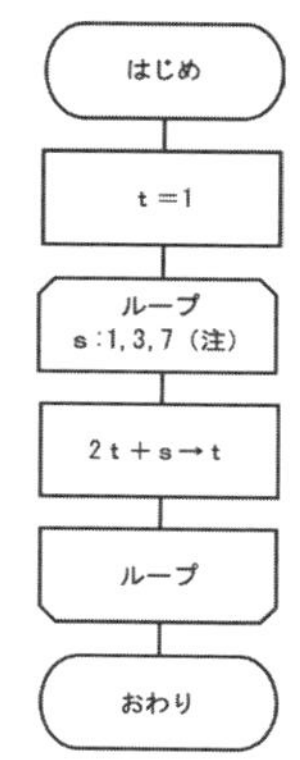

39 **次の図のような論理回路で，右のようにA，Bにそれぞれ0と1を入力した場合に出**

兵庫県

力される結果として適切なものを，あとのア～エから１つ選びなさい。

図

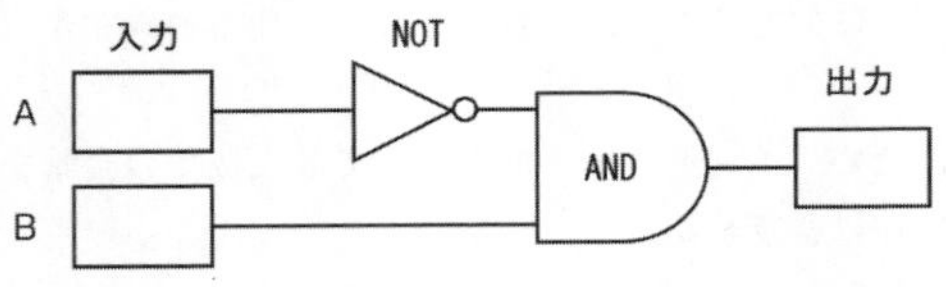

入力			出力
A	B		
0	0	→	
1	0	→	
0	1	→	
1	1	→	

ア

出力
0
0
0
1

イ

出力
0
0
1
1

ウ

出力
0
1
1
1

エ

出力
0
0
1
0

40　1929（昭和４）年に作曲された「春の海」の作曲者として適切な人物を，次のア～エから１つ選びなさい。

ア　八橋検校　　イ　宮城道雄　　ウ　滝廉太郎　　エ　中田喜直

41　レオナルド・ダ・ヴィンチが描いた作品として適切なものを，次のア～エから１つ選びなさい。

ア

イ

ウ

エ

42　右の図は，日本人の生活習慣病による死亡原因とその割合を示したものである。図中の①～③にあてはまる死亡原因として適切なものを，次のア～エから１つ選びなさい。

ア　①がん　　②心臓病　　③脳卒中
イ　①がん　　②脳卒中　　③心臓病
ウ　①脳卒中　②がん　　③心臓病
エ　①心臓病　②がん　　③脳卒中

図

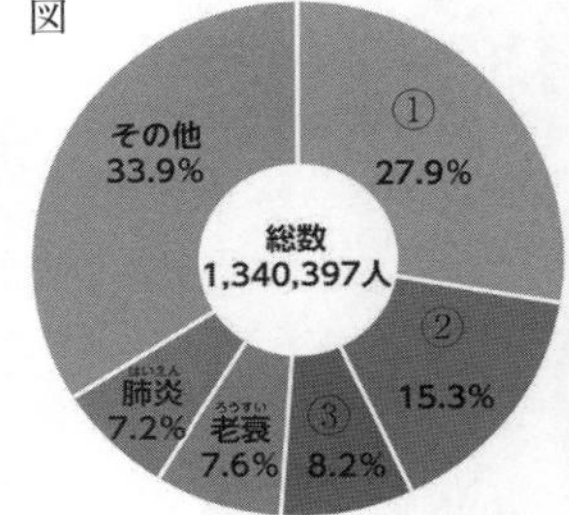

厚生労働省「平成29年人口動態統計」

43 持続可能な開発目標（SDGs）について説明した文として適切でないものを，次のア～エから１つ選びなさい。

ア　2015（平成27）年の国連サミットで採択された2035（令和17）年までの国際目標である。

イ　「誰一人取り残さない」ことを理念としている。

ウ　兵庫県教育委員会では，子どもたちが主体となって取り組んでいるSDGs活動をたたえ，「ひょうごSDGsスクールアワード」として表彰している。

エ　持続可能な世界を実現するための17のゴール・169のターゲットから構成されている。

解答＆解説

1 解答 エ

解説 送り仮名は原則として活用語尾から送る。この場合，五段活用の動詞なので，「承らない」「承ります」のように送る。

2 解答 イ

解説 イ：「厳格」は，問題文の「厳か」の漢字と等しい。

その他の選択肢は，ア：「源泉」　ウ：「限界」　エ：「現況」

3 解答 ウ

解説 ウ：「日常」と「平素」は類義語。対義語はどちらも「非常」など。

4 解答 ウ

解説 ウ：「木に竹を接いだよう」は，不自然でつじつまが合わないことを表すことわざ。

5 解答 ウ

解説 ウ：「オートバイ」はautobicycleという英語を省略して日本語として定着した言葉。

6 解答 ア

解説『菜の花の沖』は主人公，高田屋嘉兵衛が淡路島出身。『瀬戸内少年野球団』は，作者阿久悠の故郷淡路島を舞台にした小説。

7 解答 ア

解説 原典の「心うく」は「残念に」，「かちより」は「徒歩で」と，正しく古語の意味を説明しているかに注意する。

8 解答 エ

解説 置き字は訓読せず，助詞や接続詞のような働きをする。主な置き字には，「而」「於」「于」「乎」「矣」「焉」「兮」の７種類がある。

9 解答 エ

解説 誤りの選択肢について解説する。

ア：黒潮と親潮の説明が逆である。太平洋岸を北上する暖流が黒潮（日本海流）で，千島列島・北海道・東北日本の太平洋岸を南下する寒流が親潮（千島海流）である。　イ：冬の季節風はユーラシア大陸からの北西季節風なので，中国山地に遮られ，夏の季節風は太平洋からの南東季節風なので四国山地に遮られる。　ウ：

日本は海に囲まれた島国であり，日本の領海と排他的経済水域を合わせた面積は，国土面積の約12倍と広大である。オーストラリアもニュージーランドも海に囲まれた国であるため領海と排他的経済水域を合わせた面積は広く，世界の国々の中ではアメリカ合衆国の第1位に続き，オーストラリアは第2位，ニュージーランドは第4位，日本は第6位である。しかしオーストラリアは国土も広大であるため，領海と排他的経済水域を合わせた面積よりも国土面積の方が若干広くなっている。

10 解答 ウ

解説 自宅から市役所へは，博物館，警察署，裁判所を通って市役所に到達するが，アは博物館や美術館，イは警察署，ウは老人ホーム，エは裁判所の地図記号であるため，ウが誤りである。市役所の地図記号は◎である。

11 解答 イ

解説 イ：奈良県は北緯35度線よりも南側に位置している。

12 解答 エ

解説 誤りの選択肢について解説する。

ア：富本銭。天武朝頃鋳造された銅銭で，飛鳥池遺跡から出土した。流通は限定的と考えられる。 イ：和同開珎。708年に鋳造された銭貨で銀・銅の両銭があった。 ウ：永楽通宝。貨幣の鋳造が行われなかった中世の日本で，もっとも流通した，中国から輸入された銅銭である。

13 解答 ウ

解説 ウ：ルイ14世の在位は1643～1715年。

ア：インカ帝国は1533年にスペインのピサロに滅ぼされた。 イ：マゼラン一行の世界周航は1519～22年。 エ：『種の起源』の刊行は1859年。

14 解答 ア

解説 誤りの選択肢について解説する。

イ：小野妹子は遣隋使であり，607～608年と608～609年の2回，隋に派遣された。 ウ：公地公民の方針は，大化の改新の際の「改新の詔」で示された。 エ：白鳳文化は，大化の改新から平常遷都に至る時代の文化である。聖徳太子の頃に栄えた文化は飛鳥文化である。

15 解答 ア

解説 誤りの選択肢について解説する。

イ：TPPから離脱したのはアメリカ合衆国である。 ウ：1992年の国連平和維持活動協力法（PKO協力法）により，自衛隊の参加が可能となり，これまでにカンボジアをはじめとしていくつかの国に，自衛隊が派遣されている。また，自衛隊以外に文民警察官なども派遣されている。 エ：1997年の気候変動枠組条約第3回締約国会議（COP3）は京都で開催され，京都議定書が採択されている。

16 解答 イ

解説 イ：憲法に基づく住民投票（特定の地方公共団体のみに適用される特別法の制定に関する住民投票や憲法改正に関して国民に承認を得るための国民投票など）と，

法律に基づく住民投票（地方議会の解散請求に関する住民投票や首長・議員の解職請求に関する住民投票など）には法的拘束力があるが，条例に基づく住民投票は，地域の重要な政策（原子力発電所の建設，米軍基地の縮小，大阪都構想等々）についての住民の意思を確かめるために実施され，その投票結果に法的拘束力はない。しかし，その結果には住民の意思が表れるので，行政側は投票結果を尊重する傾向にある。

ア：地方分権一括法により廃止されたのは，それまで地方自治体を国の下部機関とみなして，国の監督下で国の仕事を代行させていた機関委任事務である。代わって，自治体が自主的に処理する自治事務と国が関与できる法定受託事務が設けられた。 ウ：都道府県知事の被選挙権は30歳以上の者に与えられるが，市町村長の被選挙権は25歳以上の者に与えられる。 エ：住民税には「寄附金税額控除」が適用される。

17 解答 ウ

解説 自然数３と４の間にある数をxとすると，$\sqrt{9}<x<\sqrt{16}$であるから，答えは$\sqrt{13}$である。

18 解答 イ

解説 展開したとき，文字部分がx^2となる項の係数に着目すると，$4-3a+1=11$であるから，これを解いて，$a=-2$

19 解答 ウ

解説 ２つのさいころを投げたとき，すべての目の出方は，$6\times6=36$［通り］ 頂点Aに戻る場合のさいころの目の出方は，(1, 5)，(2, 4)，(3, 3)，(4, 2)，(5, 1)，(6, 6) の６通りであるから，余事象を考えて，$1-\frac{6}{36}=\frac{5}{6}$となる。

20 解答 エ

解説 ○＋□$=180°-130°=50°$であるから，$x=180°-$（○＋□）$\times 2=80°$となる。

21 解答 イ

解説 金属の性質は，「磨くと金属光沢を示す」「電気を通す」「展性・延性を有する」であり，アルミ・銅・金・銀などは磁石につかない。したがって，イとなる。

22 解答 エ

解説 空気が上昇して膨張すると，気温が下がり，露点より低い温度になると雲ができる。したがって，エとなる。

23 解答 ウ

解説 チューリップは被子植物の単子葉類ユリ目ユリ科チューリップ属の植物である。単子葉類は子葉を１枚，平行脈，ひげ根を持つ。したがって，ウとなる。

24 解答 エ

解説 洋ばさみは持ち手側から力点，支点，作用点となり，和ばさみは持ち手側から，支点，力点，作用点となっている。洋ばさみは加えた力よりも大きな力で対象物を切ることができ，和ばさみは加えた力よりも小さな力で対象物を切ることができる。したがって，エとなる。

25 解答 エ

解説 関係詞を問う問題。先行詞が物「a nice city」で（　　）以降の文に主語がなく不完全なので正解は「which」である。先行詞が人で（　　）以降に主語がなければ「who」，先行詞が場所で（　　）以降が完全な文であれば「where」を選ぶ。

26 解答 イ

解説 ジャケットを勧められたBは「Cool.」(良いですね）と言い，（　　）の後でAは「Of course.」(もちろんです）と返事をしているので，その間を埋める言葉として適切なのはイ：「May I try it on?」(試着できますか）である。

ア：「How much is this?」(いくらですか)，ウ：「Where should I pay?」(どこでお金を支払うべきですか)，エ：「Whose jacket is this?」(これは誰のジャケットですか）は文意に合わない。

27 解答 ウ

解説「Bye the way, why don't we go there next month?」(ところで，来週そこ（淡路島）に行くのはどうですか）というAの提案に（　　）の後でBは「I'll check my schedule.」(予定を確認しておきます）と前向きな返事をしているので，その間を埋めるAの発言として適切なのはウ：「Sounds good.」(それはいいですね)である。

ア：「You're welcome.」(どういたしまして)，イ：「I went there last week.」(先週そこに行きました)，エ：「It's too far.」(遠すぎます）は文意に合わない。

兵庫県

28 解答 エ

解説「large size pizzaは20ドル」，「two topping（olives + meatballs)，各3ドルなので計6ドル」，「one french friesは3ドル」，「two bottled waterは1本2ドル50セントなので2本で5ドル」，合計すると34ドルになる。

29 解答 エ

解説 ①のある文を訳すと「今日，絵文字は公共施設や交通機関といった様々な場所で利用されている」となるので正解は「are」，②のある文を訳すと「絵文字は私たちの生活をより快適にする」となるので正解は「more」である。「less」は「快適にしない」という意味になるので不可。

30 解答 イ

解説 設問文「If you go to the schoolyard at noon, what subject can you see?」を訳すと，(もし正午に校庭に行けば，どの科目を見られますか）となるので，正解はイ：「P. E.」(体育）である。

31 解答 ウ

解説 設問文「There is a 9-hour time difference between Akashi and London. It's 6 p.m. in Akashi now. What time is it in London now?」(You don't have to consider daylight saving time.)」を訳すと，(明石とロンドンには9時間の時差があります。今明石は午後6時です。ロンドンは今何時ですか。(夏時間を考慮する必要はありません)）となる。ロンドンは日本の9時間遅れなので，正解はウ：9 a.m.である。

32 解答 ア

解説 それぞれ日本語に訳すと，設問文「The way students study has been changing. Let's look at one example.」は，(生徒の勉強方法はこれまで変化してきました。一例を見てみましょう)。 ア：「In addition to that, BYOD (Bring Your Own Device) has just started at school now.」(それに加えて，BYOD (個人所有の機器の持ち込み) は今ちょうど学校で始まりました)。 イ：「Previously, a lot of students used paper dictionaries to look up the meaning of words.」(以前，多くの生徒は単語の意味を調べるために紙の辞書を使っていました)。 ウ：「So students can use their own devices according to the situation and learn more.」(だから，生徒は状況に応じて自らの機器を使いより多くのことを学ぶことができます)。 エ：「However, they started using e-dictionaries rather than paper ones recently.」(しかしながら，彼らは最近紙の辞書よりむしろ電子辞書を使い始めています)。 正しく並べかえると，イ→エ→ア→ウとなる。

33 解答 ウ

解説 現在，インターネット回線の主流は光回線だが，それ以前は電話回線を使用したADSL (アの説明)，デジタル回線を利用したISDN (イの説明) が用いられていた。ウの説明は5Gの特徴を表し，エは無線LANの説明である。

34 解答 ア

解説 テレワークは，働く場所や時間を柔軟に活用することが可能であり，業務を効率的に行える側面がある一方，集中して作業に従事した結果，長時間労働になる可能性があり，過度な長時間労働にならないように留意することが重要である。また，労働者が労働時間を過少申告することがないよう，健康管理の観点からも，使用者は労働時間を適切に把握することが必要となる。よって，ア：「従来のように労働時間で評価する雇用形態」では適切とはいえない。

35 解答 エ

解説 SNSでの炎上とは，批判や非難が殺到し火に油が注がれるように誹謗中傷や風評被害が拡大し続ける状況をいう。エは「情報が良いイメージで急拡散してしまう状況」としているので誤り。

36 解答 ウ

解説 「11001」は10進数では「25」。25×4＝100なので，「100」の２進数は「1100100」。また，２進数ではビットをシフトする (左にずらす) だけで乗算ができる。「11001」の２倍は「110010」，４倍は「1100100」である。

37 解答 ア

解説 自然言語処理とは，人が書いたり話したりする言葉をコンピュータで処理する技術。AIの研究分野で中核を成す要素技術の一つで，ChatGPTなどの最新システムでは高度な言語理解と言語生成が必要な質問応答もできるようになっている。

なお現時点 (2023年11月) で，イ：ChatGPTなど対話型AIそのものは意識や感情を持っていないとされている。ウ・エ：ChatGPTは計算処理に特化したものでも，音声認識に特化したものでもない。

38 解答 ウ

解説 流れ図より，t=1, for a=1 to 7 step 3 で，a=1のときの変数tは2×1+1=3，a=4のときの変数tは2×3+4=10，a=7のときの変数tは2×10+7=27

39 解答 エ

解説 論理回路の最も基本となるのがAND，OR，NOTで，ANDは複数の入力がすべて1のときだけ1を出力し，入力信号に0が含まれていれば出力は0となる。反対にORは複数の入力がすべて0のときだけ0を出力し，入力信号に1が含まれていれば出力は1となる。NOTは入力が0のときは1を出力し，入力が1のときは0を出力する。図で出力が1になるのは，Aの入力が0で，Bの入力が1のときである。それ以外は出力がすべて0になる。

40 解答 イ

解説「春の海」の作曲者は，イ：宮城道雄。他の代表曲は「さくら変奏曲」「水の変態」など。

他の選択肢の作曲者の代表曲は以下の通り。 ア：八橋検校，「六段」「乱」 ウ：滝廉太郎，「花」「荒城の月」 エ：中田喜直，「ちいさい秋みつけた」「めだかの学校」

41 解答 ウ

解説 レオナルド・ダ・ヴィンチが描いた作品は，ウ：「最後の晩餐」。

他の選択肢の作品の作者と作品名は以下の通り。 ア：ピカソ，「ゲルニカ」 イ：ゴッホ，「ひまわり」 エ：ドメニコ・ギルランダイオ，「最後の晩餐」

42 解答 ア

解説 平成29（2017）年の日本人の死亡要因は多い順に，悪性新生物（腫瘍），心疾患，脳血管疾患，老衰であるため，ア：①がん ②心臓病 ③脳卒中が正しい。

最新の令和4（2022）年の死亡要因の順は，悪性新生物（腫瘍），心疾患，老衰，脳血管疾患となり，老衰が3位となっている。

43 解答 ア

解説 SDGs（Sustainable Development Goals：持続可能な開発目標）は，2015年の国連総会で，「誰一人取り残さない」を理念に国際社会が2030年までに貧困を撲滅し，持続可能な社会を実現するための重要な指針として，17の持続可能な開発目標（ゴール）と169のターゲットを設定した。よって，ア：「2035（令和17）年までの国際目標」は誤り。

神戸市

実施日	2023(令和５)年６月24日	試験時間	50分（教職教養を含む）
出題形式	マークシート式	問題数	35題（解答数35）
パターン	５教科＋音楽·美術·家庭·保体·情報·時事	公開状況	問題:公開　解答:公開　配点:公開

傾向＆対策

●教職教養15題・一般教養35題，試験時間50分で，総解答数50の形式となっている。例年，国語と社会分野の出題数が多い。●国語は漢字，四字熟語，古文，文法，文学史，長文の内容一致など，広い範囲から出題。英語は会話文の空欄補充と長文の内容把握など。この他，人文分野の各教科から出題されている。●社会は各分野から。●数学は図形などのほか，論理的思考を問う問題が７年連続で出されている。理科は年度によって出題科目が変わり，今年度は化学，生物，地学であった。●ここ数年，国語の長文問題（２問）と，英語でも長文が出ているので，ポイントを押さえながら読むことに慣れておこう。時事では，頻出のノーベル賞や，国内外の話題も確認しておこう。

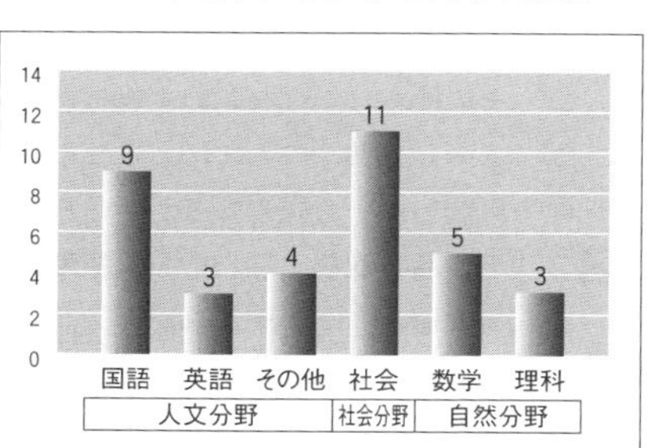

出題領域

分野	科目	数	科目	数	科目	数
人文分野	国語	9	英語	3	音楽	1
	美術	1	家庭	1	保健体育	1
社会分野	歴史(日本史)	1	歴史(世界史)		歴史(現代史)	
	地理(日本地誌)	1	地理(世界地誌)		地理(地理用語)	
	公民(政治)	1	公民(経済)	1	公民(国際)	2
	公民(倫理)		環境·情報·科学	2	時事問題	3
	ローカル					
自然分野	数学	5	物理		化学	1
	生物	1	地学	1		

表中の数字は，解答数

全校種共通

☞解答＆解説 p.238

1 　**次の漢字の部首の名称として適切なものを①～④から選び，番号で答えよ。**

頭

①　いとへん　　②　ふるとり　　③　おおがい　　④　おおざと

2 　**次の四字熟語の意味として適切なものを①～④から選び，番号で答えよ。**

「我田引水」

①　一つのことだけに心を集中させること。

②　自分の都合のよいように言ったり，行動したりすること。

③　自分でしたことのむくいを自分の身に受けること。

④　決まった考えがなく，他人の意見に従うこと。

3 　**次の古語の意味として適切なものを①～④から選び，番号で答えよ。**

「うつくし」

①　不思議だ　　②　大人びている　　③　かわいらしい　　④　情けない

4 　**次の文の下線部「れ」の中で，自発の意味で使われているものを①～④から選び，番号で答えよ。**

①　先生は今まで必死でがんばってこら<u>れ</u>た。

②　その絵本は年代を問わず親しま<u>れ</u>ています。

③　この話は多くの人に伝えら<u>れ</u>ています。

④　入院している妹のことが案じら<u>れ</u>ます。

5 　**次の作品のうち，「古典の三大随筆」と言われるものを①～④から選び，番号で答えよ。**

①　方丈記　　②　土佐日記　　③　平家物語　　④　伊曽保物語

6 　**機械Ａ一台では45時間，機械Ｂ一台では30時間で終わる仕事がある。この仕事を，機械Ａ一台と機械Ｂ一台を使って始めたところ，途中で機械Ｂが故障したので，機械Ｂは使わずに，機械Ａを三台使って５時間仕事をし，その後，機械Ａ一台と機械Ｂ一台を使って仕事を続けた。仕事を始めてから終わるまでにかかった時間として適切なものを①～④から選び，番号で答えよ。**

①　15時間　　②　17時間　　③　19時間　　④　21時間

7 　**縦の長さが180cm，横の長さが168cmの長方形の形のシートをできるだけ大きな同じ正方形のタイルで隙間なく埋め尽くすのに必要なタイルの枚数として適切なものを①～④から選び，番号で答えよ。**

①　21枚　　②　35枚　　③　105枚　　④　210枚

8 　**次の文は，日本の気候について述べたものである。適切なものを①～④から選び，番号で答えよ。**

①　日本の気候区分は，寒帯に属する北海道の気候，温帯に属する日本海側の気候，太平洋側の気候，中央高地の気候，瀬戸内の気候，熱帯に属する南西諸島の気候に区分される。

②　2022年現在，日本の最高気温の記録は41.1℃であり，静岡県浜松市（2020年）と埼

玉県熊谷市（2018年）で記録されている。

③ ユーラシア大陸の東にある日本は，季節風（モンスーン）の影響を受ける。夏は太平洋側から乾いて暖かい南西の風が吹き，冬はシベリア側から湿った冷たい北東の風が吹く。

④ 夏のあいだ，北西の風が寒流の日本海流の上を通って東日本に吹き寄せると，太平洋側では気温が上がりにくくなる。この風をやませという。

9 **次の文は，鎌倉時代に新しい仏教を広めた僧について述べたものである。それぞれ誰について述べたものか。適切な組合せを①〜④から選び，番号で答えよ。**

ア 法華経の題目（南無妙法蓮華経）を唱えれば，人も国も救われると説き，法華宗を開いた。

イ 一心に「南無阿弥陀仏」と念仏を唱えれば，誰でも極楽浄土に生まれ変われると説いて浄土宗を開いた。

ウ 座禅によって自分の力でさとりを開こうとする禅宗を宋から伝え，曹洞宗を開いた。

エ 踊念仏や，念仏の札を配って教えを広め，時宗を開いた。

① ア 栄西　イ 親鸞　ウ 道元　エ 法然

② ア 日蓮　イ 一遍　ウ 栄西　エ 親鸞

③ ア 親鸞　イ 法然　ウ 栄西　エ 一遍

④ ア 日蓮　イ 法然　ウ 道元　エ 一遍

10 **次の文は，選挙について述べたものである。適切なものを①〜④から選び，番号で答えよ。**

① 民主的な選挙のためには，財産や性別による差別がなく選挙権が認められること（普通選挙），公平に一人一票であること（平等選挙），投票の秘密が守られること（秘密選挙），候補者に直接投票できること（直接選挙）が必要である。

② 2015年に公職選挙法が改正され，2021年の衆議院議員選挙から「18歳選挙権」が初めて，実現した。

③ 2013年，インターネットを使った選挙運動が解禁され，演説会の様子を動画配信することは可能になったが，メールによる投票呼びかけが認められていない。

④ 日本の衆議院議員の選挙制度は，全国を一つの単位とする比例代表選挙と，都道府県を単位とする選挙区選挙とに分かれている。

11 **カーボンナノチューブの特長を説明する文章として適切なものを①〜④から選び，番号で答えよ。**

① 微生物などによって水と二酸化炭素に分解されるため，環境への影響が少ない。

② 炭素原子が網目のように結びついた構造により軽くて強く，導電性が高い。

③ 炭素繊維と樹脂が複合した強化プラスチックの一種であり，繊維の織り方で強度を変化させることができる。

④ データ量の多い情報を高速で正確に伝えることができるため，通信用ケーブルなどに使われる。

12 **単位につける接頭語のうち，ナノ（nano）の意味として適切なものを①〜④から選び，番号で答えよ。**

① 10^6　② 10^{-3}　③ 10^{-6}　④ 10^{-9}

13 **次の文の（　）にあてはまる適切な語句を①～④から選び，番号で答えよ。**

2022年９月に死去したイギリスの（　）二世女王は，1952年の即位以降，イギリス王室史上最長となる70年にわたり在位した。

① チャールズ　② ウィリアム　③ エリザベス　④ シャーロット

14 **次の作品は，「ゲルニカ」という作品名の油彩画である。この作品の作者を①～④から選び，番号で答えよ。**

① ジョルジュ・ブラック

② パブロ・ピカソ

③ アンリ・マティス

④ ポール・セザンヌ

15 **次の旋律で始まる歌唱共通教材の曲名を①～⑤から選び，番号で答えよ。**

① われは海の子　② まきばの朝　③ かくれんぼ　④ こいのぼり

⑤ スキーの歌

16 **次の文は，オリンピズムに関する日本の史実（公益財団法人日本オリンピック委員会ホームページより）である。文中の（ ア ）～（ ウ ）にあてはまる語句の適切な組合せを①～④から一つ選び，番号で答えよ。**

日本がオリンピック・ムーブメントに関わるようになったのは，（ ア ）が，1909年に（ イ ）の委員に日本人として初めて就任してからである。

近代オリンピックの創設者で，当時会長であった（ ウ ）は，スポーツによる教育改革に熱心な人物を仲間に加えることを求めており，（ ア ）の考えもオリンピックの理念と矛盾はなかった。

① ㈠織田幹雄　㈡日本オリンピック委員会　㈢ロゲ

② ㈠金栗四三　㈡世界ドーピング防止機構　㈢サマランチ

③ ㈠古橋廣之進　㈡国際スポーツ団体連合　㈢バッハ

④ ㈠嘉納治五郎　㈡国際オリンピック委員会　㈢クーベルタン

17 **物質は，単体，化合物，混合物に分類することができる。単体の物質として適切なも**

神戸市

のを①～④から選び，番号で答えよ。

① 塩化ナトリウム　② ダイヤモンド　③ 二酸化炭素　④ 炭酸水

18 植物の種子の発芽の条件として，適切でないものを①～④から選び，番号で答えよ。

① 水　② 空気　③ 日光　④ 発芽に適した温度

19 次の文の（　　）にあてはまる適切な語句を①～④から選び，番号で答えよ。

国連教育科学文化機関（　　）は，日本の各地で伝承されてきた盆踊りなど，お囃子に合わせて踊る日本の民俗芸能「風流踊」を無形文化遺産に登録することを決定した。

① ILO　② WHO　③ OECD　④ UNESCO

20 次の文が定義する語句として適切なものを①～④から選び，番号で答えよ。

企業がビジネス環境の激しい変化に対応し，データとデジタル技術を活用して，顧客や社会のニーズを基に，製品やサービス，ビジネスモデルを変革するとともに，業務そのものや，組織，プロセス，企業文化・風土を変革し，競争上の優位性を確立すること。

① EC　② IT　③ DX　④ ICT

21 次の文の（　　）にあてはまる適切な語句を①～④から選び，番号で答えよ。

令和４年９月，約66キロメートルの営業キロ数で全国の新幹線路線の中で距離が最短の西九州新幹線が武雄温泉（佐賀県武雄市）と（　　）間で部分開業した。

① 長崎　② 鹿児島　③ 福岡　④ 大分

22 次の図は，ある中学校の握力の測定結果を累積相対度数分布グラフに表したものである。このグラフより，中央値の属する階級と最頻値の適切な組合せを①～④から選び，番号で答えよ。

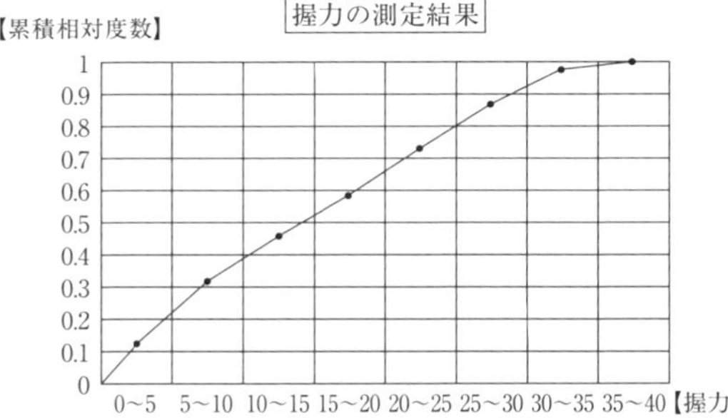

	中央値	最頻値
①	10～15	5.5
②	10～15	7.5
③	15～20	5.5
④	15～20	7.5

23 次の文の（　　）にあてはまる適切な語句を①～④から選び，番号で答えよ。

2022年９月，政府と日本銀行は，急激な円安の進行を阻止するため，（　　）の為替介入を実施した。

① 円売りドル買い　② 円売りユーロ買い　③ ユーロ売り円買い

④ ドル売り円買い

24 2022年6月の国連総会で，安全保障理事会の非常任理事国5か国の入れ替え選挙が秘密投票で行われ，日本が選出された。日本が非常任理事国に選ばれた回数として適切なものを①～④から選び，番号で答えよ。

① 3回目　② 6回目　③ 9回目　④ 12回目

25 2022年11月8日，月が天王星を隠す天王星食と同時に起きた，満月が地球の影に完全に隠れる現象を何というか。適切なものを①～④から選び，番号で答えよ。

① 皆既月食　② 金環日食　③ 部分日食　④ 星食

26 次の文は，衣類の取扱い表示とその説明である。（　　）にあてはまる適切な語句を①～④から選び，番号で答えよ。

〈説明〉

左の衣類の取扱い表示は，「干すときは，日かげの（　　）がよい」ことを示している。

① 斜め干し　② 陰干し　③ 平干し　④ つり干し

27 次の短歌のうち，「小倉百人一首」に入っていないものを①～④から選び，番号で答えよ。

① 八重むぐらしげれる宿のさびしきに　人こそ見えね秋は来にけり
② 山深み春とも知らぬ秋の戸に　絶々かかる雪の玉水
③ 白露に風の吹きしく秋の野は　つらぬきとめぬ玉ぞ散りける
④ このたびはぬさもとりあえず手向山　紅葉のにしき神のまにまに

神戸市

28 次の語の対義語を①～④から選び，番号で答えよ。

「膨張」

① 収縮　② 消滅　③ 衰亡　④ 分裂

29 次の英文を「それは秘密にしておかなくちゃいけないよ。」という意味の文にするとき，（　　）にあてはまる適切なものを①～④から選び，番号で答えよ。

You'd better keep that（　　）your hat!

① in　② on　③ over　④ under

30 次の（　　）にあてはまる適切なものを①～④から選び，番号で答えよ。

At Jeff's office
Steve：Nice place you have here!
Jeff：　Thanks. Shall we sit down?
Steve：（　　）Here's the product sample.
Jeff：　Look good!

① No regrets.　② Really!　③ Sure.　④ Take care.

31 A～Fの6人が，旅行の行き先と目的について相談した。行先は北海道か九州のどちらかで，目的は温泉，グルメ，ショッピングである。次のア～カのことがわかっているとき，確実にいえることを①～④から選び，番号で答えよ。ただし，1人で北海道と九州の両方を希望した者はいなかった。

ア　BはEと異なった行先を希望した。
イ　Bはグルメだけを希望した。

ウ　CとEは異なった行先を希望した。
エ　EとFは温泉を希望しなかった。
オ　温泉を希望した者は，全員がショッピングも希望した。
カ　九州を希望した者のうち，温泉とグルメの両方を希望した者は３人であった。

① Eはグルメを希望した。
② 北海道を希望した者は温泉を希望しなかった。
③ Fは九州を希望した。
④ 九州を希望した者は全員グルメとショッピングの両方を希望した。

32 次の英文は，Eメールのサンプルである。Eメールの内容として適切なものを①～④から選び，番号で答えよ。

(To)　nbsmeneilley@xxx.com
(From)　yamagakusei@xxx.co.jp
(Date)　Friday, August 20, 2010 9:52 A.M.
CC: (copy)
(Subject)　Advice about my paper

Dear Dr. White,

I have just received your e-mail. Thank you very much for your kind advice. I really appreciate it. I am sure that my paper will be greatly improved thanks to your valuable suggestions.

I will certainly keep you informed of the progress of my work.

Sincerely,
Sachiko Yamada

① 大学への依頼状
② 友人への感謝状
③ 上司への詫び状
④ 教授への礼状

33 A～Eの５人で徒競走をした。その結果について，A，B，C，Eの４人が次のように話していたが，この４人のうち１人だけが嘘をついていることがわかった。５人のうちだれが１位であったか。適切なものを①～④から選び，番号で答えよ。ただし，同着はいなかったものとする。

A：「私は２位だった」
B：「Dが１位だった」
C：「Dは１位ではなかった」

E：「CはAより速かった」

① B　② C　③ D　④ E

34 〔傾向〕丸山宗利『昆虫はすごい』の文章を読んで，内容に適していないものを選ぶ問題（1問）。

35 〔傾向〕川上浩司『不便益のススメ』の文章を読んで，内容に適しているものを選ぶ問題（1問）。

解答＆解説

1 解答 ③

解説 ③：「おおがい」（頁）が正しい。他に部首がおおがいの漢字は「顔」「題」などがある。

その他の選択肢の部首を含む漢字の例は次の通り。①：「いとへん」，紙　②：「ふるとり」，雑　④：「おおざと」，都

2 解答 ②

解説 その他の選択肢の意味に当てはまる四字熟語は次の通り。①：一心不乱　③：自業自得　④：付和雷同

3 解答 ③

解説 その他の選択肢の意味に当たる古語は次の通り。①：あやし　②：おとなし　④：心うし

4 解答 ④

解説 その他の選択肢の「れ」の意味は次の通り。①：尊敬　②：受身　③：受身

5 解答 ①

解説 その他の選択肢のジャンルは次の通り。②：日記文学，旅日記　③：軍記物語　④：仮名草子（イソップ物語の翻訳）

6 解答 ②

解説 全体の仕事量を1とすると，1時間あたりの機械Aの仕事量は$\frac{1}{45}$，機械Bの仕事量は$\frac{1}{30}$となる。機械Aと機械Bを一緒に使った時間をx時間とすると，全体の仕事量は，

$\left(\frac{1}{45}+\frac{1}{30}\right)\times x+\frac{1}{45}\times 3\times 5=1$　と表すことができる。これを解くと，

$\frac{1}{18}\times x+\frac{1}{3}=1$

$\frac{1}{18}\times x=\frac{2}{3}$

$x=12$

神戸市

よって，Ａ１台，Ｂ１台で仕事をした時間は12時間，途中Ａ３台で仕事をした時間が５時間なので，仕事を始めてから終わるまでにかかった時間は，
12＋5＝17［時間］

7 解答 ④

解説 180と168の最大公約数を求める。
180＝2×2×3×3×5
168＝2×2×2×3×7　　　最大公約数は2×2×3＝12
180cmの縦に12cmの正方形のタイルは15枚
168cmの横に12cmの正方形のタイルは14枚敷き詰められるので，タイルの枚数は15×14＝210［枚］

8 解答 ②

解説 ②：気象庁の記録によると，日本の最高気温の１位は41.1℃（2020年８月の静岡県浜松と，2018年７月の埼玉県熊谷）であるので正しい。

①：北海道は寒帯ではなく，亜寒帯（冷帯）。南西諸島は熱帯ではなく亜熱帯であるので誤り。③：夏に吹く季節風は太平洋からの南東の風なので，湿っている。このため，夏は高温多湿になる。また，冬は北西の風である。よって，誤り。④：やませは，夏に吹く北東の風で，日本海流（東シナ海から北上する暖流）ではなく，冷たい親潮（千島列島を南下する海流）の上を通る。よって，誤り。

9 解答 ④

解説 ・栄西（1141～1215）は，天台宗を学んだのち，２度宋に渡り，日本に臨済宗を伝えた僧。幕府の保護を受けて鎌倉に寿福寺，京都に建仁寺を建てた。
・親鸞（1173～1262）は，浄土真宗を開いた僧。師である法然の教えをすすめて，阿弥陀仏を信ずれば全ての人が救われると説いた。
・道元（1200～53）は，宋にわたって曹洞宗を日本へ伝えた僧。越前（福井県）に永平寺を建てた。禅を中心とした修業を重視し，弟子の教育に努めた。ひたすら座禅することで悟りに至る曹洞宗の修練方法は只管打坐という。
・法然（1133～1212）は，比叡山で天台宗を学び，のちに浄土宗を開いた僧。「南無阿弥陀仏」と一心に唱えれば必ず救われるという専修念仏の教えを広めた。
・日蓮（1222～82）は，天台宗などを学んだのち，法華宗（日蓮宗ともいう）を開いた僧。仏教の真髄は「法華経」にあるとし，「南無妙法蓮華経」を唱えることで人は即身成仏し世界は浄土になると説く。
・一遍（1239～89）は，浄土宗を学び，時宗を開いた僧。全国を歩いて布教したので遊行上人といわれる。踊り念仏を農民や漁民に広めた。
アは日蓮，イは法然，ウは道元，エは一遍なので，④となる。

10 解答 ①

解説 ①：普通選挙は，選挙権・被選挙権の資格を性別・身分・財産の多寡などで制限せず一定の年齢に達したものすべてに与える選挙制度である。一定の身分や財産（納税額）のある人だけに選挙権を与えるというような制限選挙はしない。平等選挙は，すべての人の一票は，同等の価値で平等に扱う。秘密選挙は，投票で不

利益を受けないよう投票内容を秘密にして，自由な投票を守る。直接選挙は，選挙権のある有権者本人が直接，候補者に投票する。「自由選挙」を含める場合もある。(本人の自由意志で投票でき棄権も認められる。選挙干渉，強制投票は認められない)

②：18歳選挙権が国政で初めて実現した選挙は，2016年７月10日投票日の第24回参議院選挙である。 ③：インターネット等の普及に鑑み，選挙運動期間における候補者に関する情報の充実，有権者の政治参加の促進等を図るため，2013年４月公職選挙法が改正されインターネットを使った選挙運動が解禁された。候補者や政党，有権者はホームページ・X（旧Twitter）やFacebookを使った選挙運動が行える。また，選挙期間中に街頭演説の動画や写真も配信できる。ただし中傷や他人を語るなりすましの危険性から，メールでの選挙活動は候補者と政党に限って認められている。 ④：衆議院の選挙は，小選挙区比例代表並立制が導入され，289議席を小選挙区制で選び，残り176議席を全国11ブロックに分けて比例代表制で選ぶ形で，小選挙区制と比例代表制を組み合わせた選挙制度である。④は参議院議員の選挙制度である。

11 解答 ②

解説 誤りの選択肢について解説する。

①は生分解性プラスチック，③は炭素繊維強化プラスチック（Carbon Fiber Reinforced Plastics, CFRP），④は光ファイバーの説明である。

12 解答 ④

解説 マイクロ＝10^{-6}，ナノ＝10^{-9}，ピコ＝10^{-12}は最低限覚えておくようにする。

13 解答 ③

解説 誤りの選択肢について解説する。

①：チャールズはエリザベス２世の長男で現国王。 ②：ウィリアムはチャールズ国王とダイアナ妃の息子で現皇太子。 ④：シャーロットはウィリアム皇太子とキャサリン妃の長女。

14 解答 ②

解説 誤りの選択肢について解説する。

①：ジョルジュ・ブラックの代表作は『レスタックの家々』『家と木』。 ③：アンリ・マティスの代表作は『豪奢，静寂，逸楽』『赤いハーモニー』。 ④：ポール・セザンヌの代表作は『サント・ヴィクトワール山』『リンゴとオレンジのある静物』。

15 解答 ④

解説 問題の４小節は，第５学年の歌唱共通教材「こいのぼり」（文部省唱歌）の冒頭である。歌唱共通教材は，小学校学習指導要領音楽の各学年において４曲ずつ示されているので，実際に聴いたり歌ったりしておこう。誤答である①②③⑤はいずれも歌唱共通教材である。学年と作詞者・作曲者等を記述する。

①：「われは海の子」第６学年（文部省唱歌） ②：「まきばの朝」第４学年（文部省唱歌/船橋栄吉（ふなばしえいきち）作曲） ③：「かくれんぼ」第２学年（林柳波（はやしりゅうは）作詞/下総皖一（しもふさかんいち）

作曲）⑤：「スキーの歌」第５学年（文部省唱歌／林柳波作詞／橋本国彦作曲）

16 解答 ④

解説 ア：嘉納治五郎（1860～1938）が，1909年にイ：国際オリンピック委員会（IOC）委員に日本人として初めて就任してから，日本はオリンピック・ムーブメントに関わるようになった。近代オリンピックの創設者は，後に「近代オリンピックの父」と呼ばれるウ：クーベルタンで，1894年６月，パリの万国博覧会に際して開かれたスポーツ競技者連合の会議で，オリンピック復興計画を議題に挙げたところ，満場一致で可決。第１回大会は，1896年，古代オリンピックの故郷オリンピアのあるギリシャで開催することも採択された。クーベルタンは，「スポーツの力を取り込んだ教育改革を地球上で展開し，これによって世界平和に貢献する」という理想を説いた。また，嘉納も「体育は身体を強くするだけではなく，自他ともに道徳的に高めることができ，さらに生涯続けることで，心身ともに若々しく活動しながら，幸福に生きることができる」と考えており，両者の理念に矛盾はなかった。

17 解答 ②

解説 単体とは１種類の元素からなる物質のことで，化合物とは２種類以上の物質が化学変化によって結びついたもの，混合物とは複数の物質が混じり合っているものである。①：塩化ナトリウム（NaCl）は化合物，②：ダイヤモンドは炭素（C）からなる単体，③：二酸化炭素（CO_2）は化合物，④：炭酸水は，水に二酸化炭素が溶けた混合物である。

18 解答 ③

解説 発芽に必要な条件は，①：水，②：空気，④：発芽に適した温度である。ただし，例えばレタスやゴボウなどは光発芽種子といい，光が当たることで発芽する。

19 解答 ④

解説 ④：国連教育科学文化機関はUnited Nations Educational, Scientific and Cultural Organization（UNESCO）で，世界の自然遺産や文化遺産を保護し，情報の自由な流れと報道の自由を促進し，かつ開発途上国のコミュニケーション能力を強化する機関である。

①：ILOはInternational Labour Organizationの略で国際労働機関。②：WHOはWorld Health Organizationの略で世界保健機関。③：OECDはOrganisation for Economic Co-operation and Developmentの略で経済協力開発機構。

20 解答 ③

解説 ③：DX（Digital Transformation）が正答となる。

①：EC（Electronic Commerce）は電子商取引。②：IT（Information Technology）は情報技術。④：ICT（Information and Communication Technology）は情報通信技術。

21 解答 ①

解説 長崎～武雄温泉間はフル規格新幹線，武雄温泉～博多間は在来線特急で運行され，武雄温泉駅のホームで乗り換える対面乗換方式（リレー方式）。

22 解答 ④

解説 累積相対度数のグラフから，中央値が含まれる階級は，累積相対度数が初めて0.5を超えた階級になるので，15～20となることが分かる。また，最頻値は最も多く出た値である，度数が最も多い階級は累積相対度数グラフのプロットされた点の差が大きい階級となるので，5～10の階級の度数が最も大きいため，最頻値はその階級に属していることとなる。そのため，5～10の階級の階級値は(10＋5)÷2＝7.5となるので，④となる。

23 解答 ④

解説 通貨当局（中央銀行）は，外国為替市場で外国通貨を売買することで為替介入を行い，為替相場の安定化や誘導をはかることがある。例えば，円高を是正するために通貨当局が円売りドル買いを行い，円安の進行を阻止するためには④：ドル売り円買いを行う。

24 解答 ④

解説 日本は1956年の国連加盟以来④：12回目の安保理入りで，国連加盟国中最多。現在の安保理の構成は，常任理事国：中国，フランス，ロシア，英国，米国。非常任理事国：アフリカ３カ国，アジア・太平洋２カ国，東欧１カ国，ラテンアメリカ・カリブ２カ国，西欧その他２カ国で，現在は，アルバニア，ブラジル，ガボン，ガーナ，UAE（2023年末まで），エクアドル，日本，マルタ，モザンビーク，スイス（2024年末まで）。

神戸市

25 解答 ①

解説 太陽―地球―月が一直線に並び，月が地球の影に隠れる現象を月食という。そのうち，①：完全に月が隠れる現象を皆既月食という。また，日食（日蝕）とは，太陽―月―地球が一直線に並び，太陽が月に隠れる現象をいい，②：太陽が月の縁に沿ってリング上にはみ出しているものを金環日食，③：太陽の一部が月に隠されているものを部分日食という。④：星食とは，月が天体を隠す現象のことである。

26 解答 ④

解説 2016（平成28）年12月１日より，新たなJIS規格として衣類に縫い付けてある「取扱い表示」が変更された。以下は自然乾燥の洗濯表示である。（消費者庁　新しい洗濯表示リーフレットより）

自然乾燥

(記号)	つり干しがよい
(記号)	日陰のつり干しがよい
(記号)	ぬれつり干しがよい
(記号)	日陰のぬれつり干しがよい
(記号)	平干しがよい
(記号)	日陰の平干しがよい
(記号)	ぬれ平干しがよい
(記号)	日陰のぬれ平干しがよい

ぬれ干しとは、洗濯機による脱水や、
手でねじり絞りをしないで干すことです。

27 解答 ②

解説 ②：新古今和歌集に収録。作者は式子内親王。

28 解答 ①

解説 その他の選択肢の対義語は次の通り。

②：「消滅」↔発生，出現　③：「衰亡」↔興隆　④：「分裂」↔統一，統合

29 解答 ④

解説 ④：「keep ～ under one's hat」で（～を秘密にしておく）という意味の熟語。

30 解答 ③

解説 「Shall we sit down?」（座りましょうか）というJeffの呼びかけに対する応答として適切なのは③：「Sure.」（分かりました）である。

①：「No regrets.」（全く後悔していない），②：「Really!」（本当ですか），④：「Take care.」（お気をつけて）は文意に合わない。

31 解答 ②

解説 ①に関して，エから，「Eは温泉を希望していない」ことが分かる。したがって，グルメかショッピングを希望している。

ア～カの条件を表にすると，

神戸市

	北海道	九州	温泉	グルメ	ショッピング
A		○(カより)	○(カより)	○(カより)	○(オより)
B		○(アより)	×(イより)	○(イより)	×(イより)
C		○(ウより)	○(カより)	○(カより)	○(オより)
D		○(カより)	○(カより)	○(カより)	○(オより)
E	○(ウより)		×(エより)		
F			×(エより)		

①に関して：Eがグルメを希望したかは，明らかではない。

②に関して：北海道を希望しているのは，Eのみか，EとFであり，どちらにしても，温泉は希望していないので，正解は②となる。

32 解答 ④

解説 メールの本文を訳すと（ちょうどメールを受信しました。親切なご助言ありがとうございます。本当に感謝します。私の論文はあなたの貴重な示唆のおかげではるかに良くなると思います。論文の進捗状況について今後もお伝えします）とあるので，正解は④：教授への令状である。

33 解答 ②

解説 Bの「Dが1位だった」とCの「Dは1位ではなかった」は，同時に両方は成立しないので，BもしくはCが嘘をついている。そのことから，AとEの発言は正しいと分かるため，Aは2位，それより速かったCは1位となる。したがって，②となる。

和歌山県

実施日	2023(令和５)年６月24日	試験時間	60分（教職教養を含む）
出題形式	マークシート式	問題数	６題（解答数20）
パターン	５教科＋環境	公開状況	問題:公開　解答:公開　配点:公開

傾向＆対策

●教職教養と一般教養をあわせて30問で合計100点となっている。●国語は，定番の長文読解で内容一致のほか，今年度はことわざ・慣用句，日本文学史について問われた。英語も例年同様，長文の空欄補充に内容一致，英文整序の問題であった。指定された語の同義語を選ぶ問題が４年続けて出題されている。●社会は，歴史・地理から基礎知識を問う問題が出題される。資料や地図を見て解答するものも頻出である。また，現代史についても出題された。環境として，地球温暖化による影響も出題。●数学は，式の計算，方程式，関数などが出題された。理科は例年，各科目から満遍なく出される。●いずれの教科も広い範囲から出題される。５教科の基礎を中心に知識を整理しておこう。

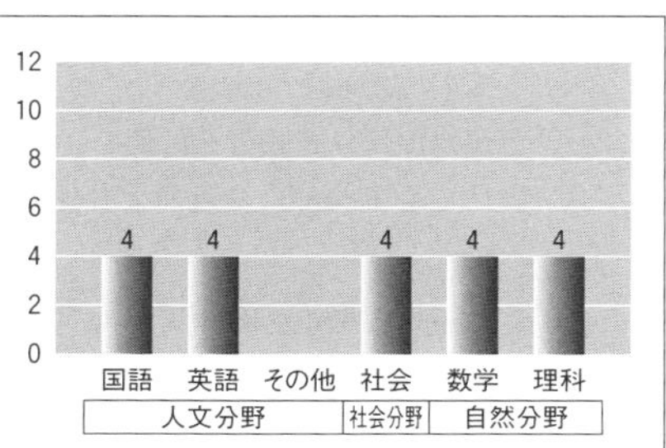

出題領域

人文分野	国語	4	英語	4	音楽	
	美術		家庭		保健体育	
社会分野	歴史(日本史)		歴史(世界史)	1	歴史(現代史)	1
	地理(日本地誌)		地理(世界地誌)	1	地理(地理用語)	
	公民(政治)		公民(経済)		公民(国際)	
	公民(倫理)		環境・情報・科学	1	時事問題	
	ローカル					
自然分野	数学	4	物理	1	化学	1
	生物	1	地学	1		

表中の数字は，解答数

全校種共通

☞解答＆解説 p.252

1 〔傾向〕山鳥重『「気づく」とはどういうことか』の文章を読んで，あとの問いに答える問題（２問）。

〔問１〕 下線部の内容として最も適切なものを選ぶ問題。

〔問２〕 本文の内容にあてはまらないものを選ぶ問題。

2 次の〔問１〕，〔問２〕に答えよ。

〔問１〕 ことわざ・慣用句とその意味の組合せとして誤っているものを，次の１～５の中から１つ選べ。

１．虻蜂捕らず……………………………あれもこれもと欲張ると，かえって何も得られず失敗することのたとえ。

２．気が置けない…………………………油断できないので十分に注意したほうがよいこと。

３．芸は身を助ける………………………身に付いた芸があれば暮らしの助けになったり役に立ったりすること。

４．山椒は小粒でもぴりりと辛い…身体は小さくても才能に優れ侮れないことのたとえ。

５．耳にたこができる……………………同じことを何回も聞かされてうんざりすること。

〔問２〕 次の説明にあてはまる近代俳句に関する人物として，最も適切なものを，下の１～５の中から１つ選べ。

芭蕉以上に与謝蕪村を評価し，知識・理屈よりも感情を，空想よりも写実を説いた。

誰にでも実践できる近代大衆俳句の方法を打ち出し，その俳句の方法が「写生」だった。

これには，明治になって入ってきた洋画のデッサン（素描）の影響が見られる。

１．向井去来

２．小林一茶

３．高浜虚子

４．河東碧梧桐

５．正岡子規

3 次の〔問１〕～〔問４〕に答えよ。

〔問１〕 次の雨温図Ａ～Ｃは，次のヨーロッパの地図中に示した都市ア～エのいずれかのものである。雨温図と都市の組合せとして，最も適切なものを，次の１～６の中から１つ選べ。なお，折れ線グラフが月平均気温，棒グラフが月降水量を示す。

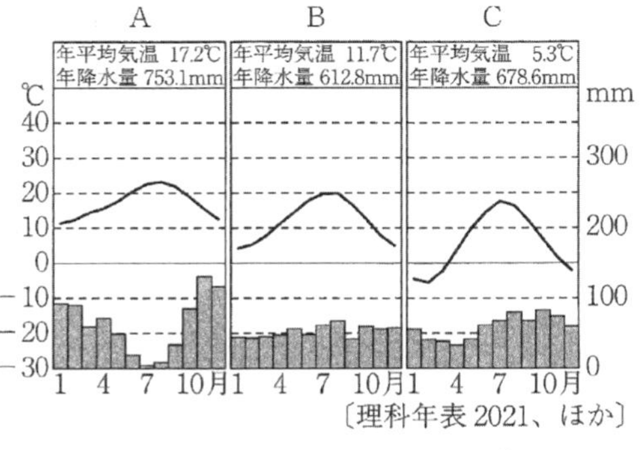

	A	B	C
1.	ア	イ	ウ
2.	イ	ウ	エ
3.	ウ	エ	ア
4.	エ	ア	イ
5.	ア	ウ	エ
6.	イ	エ	ア

〔問２〕 次の地図Ａ～Ｃに示されたルートと説明①～③の組合せとして，最も適切なものを，次の１～５の中から１つ選べ。

和歌山県

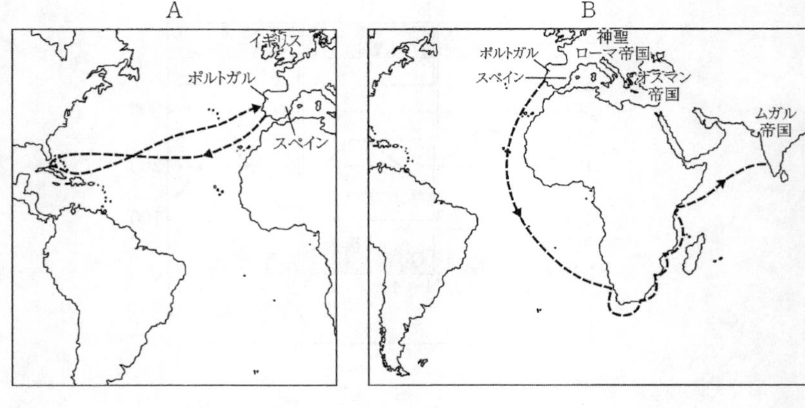

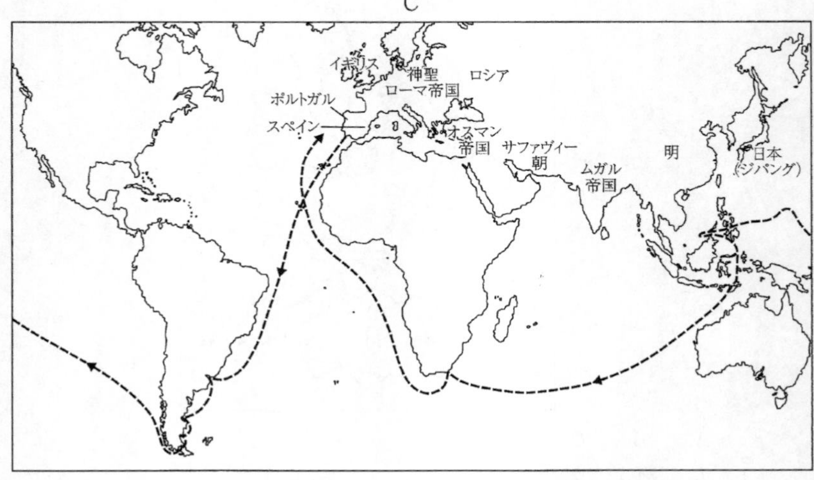

説明

① スペインは，アジア航路の探索も続け，マゼランの計画を支援した結果，彼の船隊は南アメリカの南端を経て，初の世界一周を達成した。

② スペインは，大西洋を横断してアジアに向かうコロンブスの計画を後援し，彼の船団はカリブ海の島に到着した。

③ ポルトガルは，アジア航路の開拓を目的に南大西洋へ探検隊を派遣した。ヴァスコ＝ダ＝ガマがインドに到達し，ヨーロッパとインドを直結する航路がはじめて開かれた。

1．A―①　2．B―③　3．C―②　4．A―③　5．B―②

〔問3〕 次の文は，冷戦の進展について述べたものである。文中の（ ア ）～（ ウ ）にあてはまる語句の組合せとして，最も適切なものを，次の1～5の中から1つ選べ。

アメリカは1947年，トルーマン・ドクトリンや（ ア ）を通じて自由主義勢力を結束させ，共産主義勢力の拡大を阻止する「封じ込め政策」を採用した。その後，（ イ ）を設立して西側陣営の軍事的結束を強め，西欧の経済統合も進んだ。これに対してソ連は，共産党情報局（コミンフォルム），経済相互援助会議（COMECON）を設立し，東欧諸国を中心に東側陣営の政治的・経済的結束の強化を図り，（ ウ ）の結成を通じて軍事的結束を強めた。この東西対立のなかで，1949年にドイツは東西に分断され，1961年には「ベルリンの壁」が築かれた。

	ア	イ	ウ
1．	マーシャルプラン	ワルシャワ条約機構	北大西洋条約機構（NATO）
2．	北大西洋条約機構（NATO）	マーシャルプラン	ワルシャワ条約機構
3．	マーシャルプラン	北大西洋条約機構（NATO）	ワルシャワ条約機構
4．	北大西洋条約機構（NATO）	ワルシャワ条約機構	マーシャルプラン
5．	ワルシャワ条約機構	マーシャルプラン	北大西洋条約機構（NATO）

〔問4〕 地球温暖化による影響としてあてはまるものの組合せとして，最も適切なものを，次の1～5の中から1つ選べ。

ア 地球温暖化による気温上昇に伴い，寒冷地での栽培に適する農産物の品質が向上し，収穫量が増加するとともに，北半球では農産物の栽培適地が変化している。

イ モルディブでは地球温暖化の影響によって，サンゴが繁殖し，重要な漁業資源となっている。

ウ 干ばつによって農業ができなくなった地域がある一方，豪雨による水害が頻発する地域も出てきている。

エ 海水が温められて熱膨張したり，氷河がとけたりして海面が上昇すると，広大な範囲で海岸平野やサンゴ礁の島々が水没する危険性が出てくる。

1．ア と イ　2．イ と ウ　3．ア と ウ　4．ウ と エ
5．ア と エ

4 次の〔問1〕～〔問4〕に答えよ。

〔問1〕 $\frac{2x-y}{2}-\frac{3x-2y}{4}$を計算した結果を，次の1～5の中から1つ選べ。

1．$\frac{x}{4}$　2．$\frac{x-4y}{4}$　3．x　4．$x-4y$　5．$x-y$

〔問2〕 $a=1-2\sqrt{2}$，$b=2-\sqrt{2}$のとき，$4a^2-4ab+b^2$の値を，次の1～5の中から1つ選べ。

1．6　2．10　3．18　4．36　5．50

〔問3〕 内角の大きさの和が，外角の大きさの和の8倍である多角形を，次の1～5の中から1つ選べ。

1．16角形　　2．18角形　　3．20角形　　4．22角形　　5．24角形

〔問４〕 $y-2$は$x+3$に反比例し，$x=-5$のとき，$y=4$である。このとき，比例定数の値を，次の１～５の中から１つ選べ。

1．−4　　2．−2　　3．−1　　4．2　　5．4

5 **次の〔問１〕～〔問４〕に答えよ。**

〔問１〕 電熱器に100Ｖの電圧を加えたとき，その消費電力は400Wであった。この電熱器に50Ｖの電圧を加えたときの消費電力はおよそ何Wになるか。次の１～５の中から１つ選べ。ただし，熱による抵抗値の変化はないものとする。

1．400W　　2．200W　　3．100W　　4．50W　　5．25W

〔問２〕 気体の性質について述べた文として誤っているものを，次の１～５の中から１つ選べ。

1．メタンは，無色・無臭で，都市ガスに使用される気体である。

2．一酸化炭素は，無色・無臭で，人に中毒症状を起こす気体である。

3．ヘリウムは，無色・無臭で，他の気体と反応しにくい気体である。

4．塩素は，黄緑色で刺激臭があり，漂白剤などに使用される気体である。

5．硫化水素は，赤褐色で腐卵臭があり，火山地帯でも発生する気体である。

〔問３〕 光学顕微鏡を用いて池の水を観察したところ，次の生物が観察された。この生物の名称を，下の１～５の中から１つ選べ。

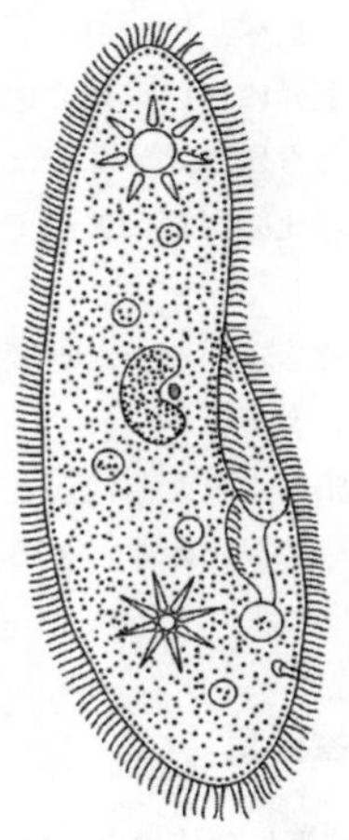

1．アメーバ　　2．ミドリムシ　　3．クラミドモナス　　4．ボルボックス

5．ゾウリムシ

〔問４〕 太陽系の天体について述べた文として，最も適切なものを，次の１～５の中から１つ選べ。

1．太陽系の惑星は地球型惑星と木星型惑星の２種類に分けられる。

2．太陽系で最大の惑星は美しい環をもつ土星である。

3．金星と火星以外の惑星は，そのまわりを回る衛星をもっている。

4．全ての地球型惑星には大気組成に酸素が含まれている。

5．太陽系では木星と土星の間に最も多く存在する小惑星も公転している。

6 次の英文を読み，下の〔問1〕～〔問4〕に答えよ。

On April 20, 2023, SpaceX launched its first test flight of Starship, the biggest rocket ever built. The 400-foot-tall, stainless steel ship took off from Starbase, a spaceport in southern Texas. No people were on board for this launch.

"I'm not saying it will get to orbit, but I am guaranteeing excitement," SpaceX founder Elon Musk said of the planned launch, in March.

As it turned out, Starship did not get into orbit. The plan was for it, to make a 90-minute trip partway around the planet. But about four minutes after liftoff, the rocket exploded. Even so, just getting the rocket off the launchpad was a major success for SpaceX.

For now, the company is focused on (A) a Starship rocket ready to take NASA astronauts to the moon by 2025, and eventually, to Mars. It has room for 100 (B)passengers.

SpaceX could make spaceflight a profitable business. Its rockets are designed to be reusable. This (C)【 to / will / expensive / send / it / less / make / everything 】 from people to satellites into space.

For at least a few minutes, people who gathered on nearby South Padre Island to watch the launch got their excitement. As Starship took off, they screamed: "Go, baby, go!"

〔問1〕 英文中の（ A ）にあてはまる語（句）として，最も適切なものを，次の1～5の中から1つ選べ。

1．get　2．got　3．getting　4．to get　5．to have got

〔問2〕 下線部（B）の語とほぼ同じ意味を持つ語を，次の1～5の中から1つ選べ。

1．architectures　2．commuters　3．clients　4．patriots
5．saliors

〔問3〕 下線部（C）について，【 】内の語を正しく並べ替えたとき，【 】内で6番目にくる語を，次の1～5の中から1つ選べ。

1．send　2．will　3．make　4．to　5．expensive

〔問4〕 Starshipに関する記述と最も一致する英文を，次の1～5の中から1つ選べ。

1．The Starship successfully completed a 90-minute trip around the planet.
2．The Starship was carrying 100 passengers during the test flight.
3．Elon Musk guaranteed the Starship would reach orbit during the test flight.
4．The Starship rocket exploded approximately four minutes after liftoff.
5．The test flight took off from a spaceport in northern Texas.

解答＆解説

2 解答 問１―２　問２―５

解説 問１　２：「気が置けない」は気兼ねがない，気を使わなくてよいという意味。

問２　５：「正岡子規」が正しい。

「明治になって入ってきた」という記述から江戸時代の俳人である１：「向井去来」，２：「小林一茶」は除ける。３：「高浜虚子」，４：「河東碧梧桐」は正岡子規の弟子に当たる。３：「高浜虚子」は日本古来の俳句の形式を尊重，４：「河東碧梧桐」は伝統を破る自由律俳句を提唱・実践したことが特徴。

3 解答 問１―１　問２―２　問３―３　問４―４

解説 問１　ア：リスボン（ポルトガル）は，地中海性気候（Cs）で，南欧に位置しているため他のヨーロッパと比較して冬でも比較的温暖。

イ：パリ（フランス）は，西岸海洋性気候（Cfb）で，偏西風による海洋の影響を受け，夏季は比較的涼しく，緯度が高いわりに冬季温暖年較差も比較的小さい。年間を通じて平均的な降水が見られる。

ウ：ヘルシンキ（フィンランド）は，亜寒帯（冷帯）（Df）。最も乾燥している時期でも雨量に大差はない。温度の平均6.1℃，平均降水量730mm。

エ：ベルン（スイス）は，年間降水量が非常に多く，最も乾燥している時期でも雨量が多い。ケッペン気候区分（Dwに近いCfb）平均気温 7.8℃，年降水量1174mm。

雨温図

Ａ：地中海性気候で地図のア：リスボン。

Ｂ：西岸海洋性気候で地図のイ：パリ。

Ｃ：亜寒帯湿潤気候で地図のウ：ヘルシンキ。

ベルンは年間降水量が1174mmなのでＢ・Ｃではない。

解答は１：Ａ―ア，Ｂ―イ，Ｃ―ウとなる。

問２　地図Ａは，コロンブスの通ったルート。コロンブス（1451～1504）は，ジェノヴァ出身。トスカネリの地球球体説を根拠に西まわりでアジア到達が可能と唱え，スペイン女王イザベルの援助を受け，1492年８月パロスを西へ出発した。約２カ月半後に現在のバハマ諸島に到達，さらにキューバ島・イスパニョーラ島も探検。

地図Ｂは，ヴァスコ・ダ・ガマの通ったルート。ヴァスコ・ダ・ガマ（1469頃～1524）は，インド航路を開いたポルトガルの航海者。1497年にリスボンを出発し，アフリカの喜望峰をまわり，インド洋を横断して，翌年にインドのカリカットに着いた。

地図Ｃは，マゼランの通ったルート。マゼラン（1480頃～1521）は，西まわりでアジアを目指したポルトガル人。スペイン王の援助を受け1519年に５隻の船で南アメリカの南の端マゼラン海峡をまわって太平洋に入り，フィリピンに到達したが原住民に殺された。部下が1522年にスペインに帰り着き，世界一周を完成した。

Ａは②，Ｂは③，Ｃは①なので，２：Ｂ—③が正しい。

問３　トルーマン・ドクトリンは，1947年アメリカ大統領トルーマンによる「封じ込め政策」の開始の表明。

封じ込め政策は，アメリカがとったソ連圏拡大阻止の外交政策。1947年にトルーマン・ドクトリンやマーシャルプランを発表し，49年に北大西洋条約機構（NATO）を結成した。

マーシャルプランは，1947年アメリカの援助によるヨーロッパの経済復興計画。共産主義化防止が目的であったため，ソ連・東欧は受け入れを拒否した。

北大西洋条約機構（NATO）は，1949年に成立した西側の集団安全保障機構。ベルリン封鎖など東西対立の激化を受け，ワシントンでアメリカ・カナダと西ヨーロッパ連合条約５カ国などの12カ国により成立した。

経済相互援助条約（COMECON）は，マーシャルプランに対抗するためソ連・東欧諸国が1949年に設立した経済協力機構。

コミンフォルムは，1947年に組織された国際的な共産党の情報交換の機関。ソ連・東欧６カ国・フランス・イタリアの共産党で組織された。

ワルシャワ条約機構は，1955年，東側諸国が調印した条約によって設立された安全保障機構。西ドイツのNATO加盟に対抗して作られ，ソ連・ポーランド・東ドイツ・チェコスロバキア・ハンガリー・ルーマニア・ブルガリアとアルバニアによって構成された。

西側：トルーマン・ドクトリン（1947年）・マーシャルプラン（1947年）→封じ込め政策→北大西洋条約機構（1949年）

東側：コミンフォルム（1947年）→経済相互援助条約（1949年）→ワルシャワ条約機構（1955年）

問４　気温上昇が長期化すると，地球はさまざまなリスクにさらされることになる。

①気温の上昇は，蒸発する水分を増加させるため激しい降雨と洪水をもたらす。

②地球温暖化は，以前から水が乏しかった地域の水不足を悪化させ，農地の干ばつのリスクを高め農産物の収穫に影響をもたらす。

③水温の上昇に伴って，水は膨張するため，海が温暖化すると海水の体積が増加する。氷床が溶けることで海面が上昇し沿岸地域と島々を脅かす。

④海中の二酸化炭素が増え，海の酸性化が進み海洋生物とサンゴ礁が危険にさらされる。

⑤北極圏の多くの地域では，氷と雪でおおわれた範囲の変化により，牧畜・狩猟・漁業による食糧供給が打撃を受ける。また，放牧のための水と牧草地を減少させることで生産高の低下を引き起こす。

⑥気候変動は，人類が直面する最大の健康上の脅威であり，大気汚染・病気・異常気象などにより，死者が増加することになり医療システムの対応が追い付かない状況も生まれる。

ア：「寒冷地での栽培に適する農産物の品質が向上し，収穫量が増加する」は誤り。 イ：「サンゴが繁殖し，重要な漁業資源となっている」は誤り。

4 **解答** 問1―1　問2―3　問3―2　問4―1

解説 問1　(与式)$=\frac{4x-2y}{4}-\frac{3x-2y}{4}=\frac{(4x-2y)-(3x-2y)}{4}=\frac{x}{4}$

問2　$4a^2-4ab+b^2=(2a-b)^2=(2-4\sqrt{2}-2+\sqrt{2})^2=(-3\sqrt{2})^2=18$

問3　n角形とすると，内角の大きさの和は，$180^\circ\times(n-2)$であり，外角の大きさの和はどんな多角形でも360°であるから，$180^\circ\times(n-2)=360^\circ\times8$が成り立つ。これを解いて，$n=18$であるから，18角形。

問4　比例定数をaとする。ただし，$a\neq0$である。$y-2$は$x+3$に反比例するから，$y-2=\frac{a}{x+3}$が成り立つ。これに，$x=-5$，$y=4$を代入すると，$a=-4$

5 **解答** 問1―3　問2―5　問3―5　問4―1

解説 問1　100Vの電圧を加えたときの電流は$\frac{400[\mathrm{W}]}{100[\mathrm{V}]}=4[\mathrm{V}]$，電熱器の抵抗は$\frac{100[\mathrm{V}]}{4[\mathrm{A}]}=25[\Omega]$である。50Vの電圧を加えたときの電流は$\frac{50[\mathrm{V}]}{25[\Omega]}=2[\mathrm{A}]$となり，この時の消費電力は$2[\mathrm{A}]\times50[\mathrm{V}]=100[\mathrm{W}]$である。

問2　5：硫化水素は無色の気体である。

問3　5：アメーバは単細胞で基本的に鞭毛や繊毛を持たず，仮足で運動する原生生物の総称。

2：ミドリムシは単細胞生物で，おおよそ紡錘形であり，2本の鞭毛を持つが，1本は非常に短く細胞前端の陥入部の中に収まっている。 3：クラミドモナスは単細胞性で，球形あるいはなめらかな楕円形であり，細胞体の前方に，昆虫の触角のようなほぼ同じ長さの2つの鞭毛を持つ。 4：ボルボックスは球体で，表面には2本の鞭毛とひとつの眼点を持つ丸い細胞が1,000～17,000個並び，群体として存在する。 5：ゾウリムシは円筒形に近く，中腹には細胞口というくぼみがややねじれるように入っており，細胞表面には約3,500本の繊毛を持っている。

問4　1については正しい。

2：太陽系最大の惑星は木星であるため誤り。 3：水星は衛星を持たず，火星は2つ衛星を持つため誤り。 4：水星にはほぼ大気が存在せず，金星の大気は二酸化炭素（96.5%）と窒素（3.5%）であるため誤り。 5：小惑星は火星と木星の間に最も多く存在するため誤り。

6 **解答** 問1―3　問2―2　問3―4　問4―4

解説 問1　前置詞の後には名詞あるいは動名詞がくるので，正解は3：gettingである。

問2　「passenger」は（乗客）という意味なので，選択肢の中でそれにもっとも近いのは2：「commuters」（通勤通学客）である。

1：「architectures」（建築），3：「clients」（顧客），4：「patriots」（愛国者），5：「saliors」（船員）。

問３　正しく並べ替えると「This (will make it less expensive to send everything) from people to satellites into space.」（これにより，人間から衛星にいたるあらゆるものを宇宙へ送る費用が安くなる）となる。「it」は「形式目的語」で後にくる不定詞以下を指す。「make it 形容詞 to do ～」で（～することを形容詞にする，させる）いう意味になる。

問４　4：「The Starship rocket exploded approximately four minutes after liftoff.」（スターシップ宇宙船は打ち上げ後およそ４分で爆発した）は３段落３文と一致。「approximately」は（およそ）という意味。

1：「The Starship successfully completed a 90-minute trip around the planet.」（スターシップ宇宙船は地球の周りを90分回るのに成功した）は３段落２，３文「The plan was for it, to make a 90-minute trip partway around the planet. But about four minutes after liftoff, the rocket exploded.」（計画は，地球を90分かけて，途中までまわるものだった。しかし，打ち上げから約４分後，ロケットは爆発した）と不一致。 2：「The Starship was carrying 100 passengers during the test flight.」（スターシップ宇宙船はテスト飛行中100人の乗客を乗せていた）は４段落の内容「For now, the company is focused on getting a Starship rocket ready to take NASA Astronauts to the moon by 2025, and eventually, to Mars. It has room for 100 passengers.」（今のところ，この会社は2025年までにNASAの宇宙飛行士を月へ，そして最終的には火星へ運ぶ準備に集中している。この宇宙船は100人の乗客を収容する広さがある）と不一致。「最初の飛行で100人の乗客を運んだ」という記述はない。 3：「Elon Musk guaranteed the Starship would reach orbit during the test flight.」（Elon Mush氏は，スターシップ宇宙船はテスト飛行で軌道に到達することを保証した）は２段落の内容「I'm not saying it will get to orbit, but I am guaranteeing excitement,」（私はこの宇宙船が軌道に到達するとは言っていない。しかし，興奮をお届けすることは保証します）と不一致。 5：「The test flight took off from a spaceport in northern Texas.」（テスト飛行はテキサス州北部の宇宙船基地から打ち上げられた）は１段落２文「The 400-foot-tall, stainless steel ship took off from Starbase, a spaceport in southern Texas.」（400フィートでステンレス製の宇宙船はテキサス州南部の宇宙船基地であるスターベースから打ち上げられた）と不一致。

岡山市

実施日	2023（令和５）年７月８日	試験時間	50分（教職教養含む）
出題形式	マークシート式	問題数	10題（解答数11）
パターン	５教科＋時事･ローカル	公開状況	問題：公開　解答：公開

傾向＆対策

●例年，試験時間50分で，教職教養９題（解答数９）・一般教養10題（解答数11）。一般教養はここ数年５教科＋時事問題の構成。●国語は頻出の長文読解で，品詞と内容一致について問われた。英語も定番の長文問題の内容一致と空欄補充（組み合わせ）と，会話文の内容一致。●社会は，昨年度は出題がなかったが，今年度は世界地誌とベトナムの略史が出題。時事問題は，電力需給ひっ迫注意法などについて出題された。ローカルは，岡山城のリニューアルオープン。●数学は２題で，いずれも昨年度と同様に，３・４個の小問の解の組み合わせを問う形式のもの。理科は２題とも，図や表を読み解いて解答する形式である。●５教科の問題演習を中心に，ニュース・新聞などで時事をまとめておこう。

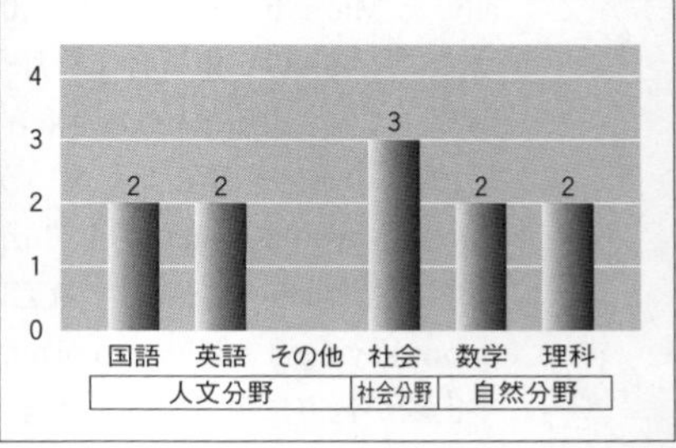

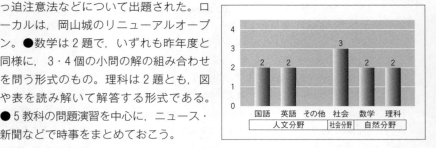

出題領域

人文分野	国語	2	英語	2	音楽	
	美術		家庭		保健体育	
社会分野※	歴史（日本史）		歴史（世界史）	1	歴史（現代史）	
	地理（日本地誌）		地理（世界地誌）	1	地理（地理用語）	
	公民（政治）		公民（経済）		公民（国際）	
	公民（倫理）		環境･情報･科学		時事問題	1
	ローカル	1				
自然分野	数学	2	物理		化学	1
	生物		地学	1		

表中の数字は，解答数

※選択肢の出題領域が複数にわたる場合は，それぞれの項目に加算するためグラフの数とは異なる

全校種共通

☞解答＆解説 p.262

1 〔傾向〕今野真二『うつりゆく日本語をよむ―ことばが壊れる前に』の文章を読んで，問いに答える問題（２問）。

⑴ 下線部のうち形容詞を選ぶ問題。

⑵ 本文の内容を説明したものとして，最も適当なものを選ぶ問題。

2 下の表は，ウクライナ，ベルギー王国，ドイツ連邦共和国のデータを示したものである。A～Cに当てはまる国の組合せとして正しいものはどれか。

	人口（万人）2018年	人口密度（人/km²）2018年	貿易額（百万ドル）2018年		穀物自給率（%）2017年	エネルギー自給率（%）2017年	1人あたりの国民総所得（ドル）2018年
			輸出	輸入			
A	8,279	232	1,562,547	1,292,833	113	37	47,450
B	1,139	373	468,643	454,714	34	27	45,430
C	4,238	70	47,335	57,187	310	66	2,660

	A	B	C
1.	ウクライナ	ドイツ連邦共和国	ベルギー王国
2.	ベルギー王国	ウクライナ	ドイツ連邦共和国
3.	ドイツ連邦共和国	ウクライナ	ベルギー王国
4.	ドイツ連邦共和国	ベルギー王国	ウクライナ
5.	ベルギー王国	ドイツ連邦共和国	ウクライナ

3 下の年表は，2023年に日本との外交関係樹立50周年となるベトナムの略史の一部をまとめたものである。年表中のA～Dに当てはまる語句の組合せとして正しいものはどれか。なお，同じ記号には同じ語句が入るものとする。

年月	略史
1884年	ベトナムが（ A ）の保護国となる
1940年９月	日本軍の（ A ）領インドシナ北部進駐
1941年７月	日本軍の（ A ）領インドシナ南部進駐
1945年９月	（ B ）が「ベトナム民主共和国」独立を宣言
1946年12月	インドシナ戦争
1954年７月	ジュネーブ休戦協定，17度線を暫定軍事境界線として南北分離
1965年２月	（ C ）軍による北爆開始
1973年１月	パリ和平協定，（ C ）軍の撤退
1973年９月	日本と外交関係樹立
1976年７月	南北統一，国名をベトナム社会主義共和国に改称
1995年７月	（ C ）との国交正常化
1995年７月	（ D ）正式加盟

岡山市

1998年11月	APEC正式参加
2007年１月	WTO正式加盟

	A	B	C	D
1．	フランス	スカルノ	ソビエト連邦	国際連合
2．	オランダ	ホー＝チ＝ミン	アメリカ	NATO
3．	スペイン	スカルノ	ソビエト連邦	ASEAN
4．	オランダ	アウンサン	アメリカ	国際連合
5．	フランス	ホー＝チ＝ミン	アメリカ	ASEAN

4 次の(1)〜(3)の各問いに対する答えの組合せとして正しいものはどれか。

(1) $\frac{4}{3}a^2 \div \frac{8}{3}a^2b^2 \times \frac{4}{5}ab^2$を計算せよ。

ア $\frac{2}{5}a^5b^4$　イ $\frac{2}{5}a$　ウ $\frac{5}{8ab^4}$

(2) 下の表は，yがxに反比例する関係を表したものである。xの値が３から６まで増加するとき，変化の割合を求めよ。

x	…	−1	0	1	…
y	…	3	×	−3	…

ア $\frac{1}{6}$　イ −3　ウ 6

(3) 下の図は長方形状の紙テープを線分PQで折り曲げてできる図形を表している。このとき，∠xの大きさを求めよ。

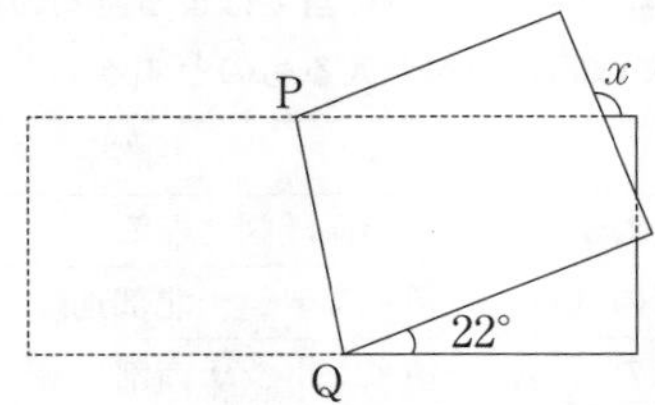

ア 118°　イ 158°　ウ 112°

	(1)	(2)	(3)
1．	ア	ア	イ
2．	ア	ウ	ア
3．	イ	ア	ウ
4．	イ	ウ	ア
5．	ウ	イ	イ

5 Aさんは，自分の家からBさんの家に行くためにバスを使う。バスは，昼の時間帯では，時速30kmで移動するが，Bさんの家の周辺は信号も多いので，Aさんの家からBさんの家までの距離の４分の１は時速15kmで移動する。朝の時間帯では，時速30kmで

岡山市

移動するが，昼の時間帯より交通量が多くなるので，Ａさんの家からＢさんの家までの距離の２分の１は時速15kmで移動する。そのため，昼の時間帯よりも６分到着が遅れる。

Ａさんの家からＢさんの家までの距離を求めるために，裕太さんと恵子さんは，次のような会話をしている。（ ① ）（ ② ）に入る式の組合せとして正しいものはどれか。ただし，Ａさんの家とＢさんの家はバス停の前にあるものとする。

裕太さん：Ａさんの家からＢさんの家までの距離を$x$kmとして考えてみよう。

恵子さん：昼の時間帯は，$x$kmの４分の３が時速30km，４分の１が時速15kmだから，Ａさんの家からＢさんの家までかかる時間は（ ① ）時間になるね。

裕太さん：朝の時間帯は，昼の時間帯よりも６分到着が遅れるよね。

恵子さん：昼の時間帯と，朝の時間帯で方程式をたてると（ ② ）になるね。

裕太さん：（ ② ）を解けば，Ａさんの家からＢさんの家までの距離が出るね。

① ア $\frac{1}{24}x$　　イ $\frac{1}{20}x$　　ウ $\frac{1}{20}x+\frac{1}{10}$

② ア $35x=30x+6$　　イ $\frac{1}{20}x=\frac{1}{24}x+\frac{1}{10}$　　ウ $\frac{1}{20}x=\frac{1}{24}x+6$

	①	②
1．	ア	ア
2．	ア	イ
3．	イ	ア
4．	ウ	イ
5．	ウ	ウ

岡山市

6 **塩化ナトリウム，ミョウバン（結晶），硝酸カリウムの０℃～100℃までの溶解度を表したグラフからわかることとして，正しいものはどれか。**

① 40℃の水100ｇには，塩化ナトリウム，硝酸カリウム，ミョウバンの順に多く溶ける。

② 60℃の水100ｇに，３種類の物質をそれぞれ別々にできるだけ溶かし，その後，20℃まで水の温度を下げた時に出てくる結晶の質量が最も多いのは，ミョウバンである。

③ 20℃の水100ｇに，３種類の物質をそれぞれ別々にできるだけ溶かしたとき，質量パーセント濃度が最も大きいのは，塩化ナトリウムである。

④ 40℃の水100ｇにできるだけミョウバンを溶かし，その水溶液から20ｇの結晶を取り出すためには，20℃以上冷やすと取り出すことができる。

⑤ 水の温度を下げる方法で結晶を取り出すことに適さないのは，塩化ナトリウムである。

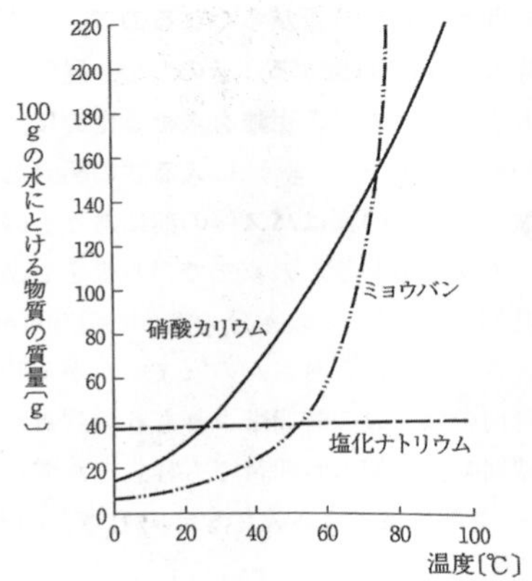

1．①と②
2．③と⑤
3．①と⑤
4．②と③
5．④と⑤

7 太陽の光と地球と月の位置関係（A～H）を模式的に表した図の説明として，間違っているものはどれか。

① 月が太陽と重なり，太陽がかくされる現象を日食といい，それが起こることがあるのは，Gの位置のときである。
② 月がEの位置にあるときに，地球から見える月のことを，上弦の月という。
③ 満月が南中するのは，真夜中ごろである。
④ 月食が起こった日から約14日後に，月はAの位置にある。

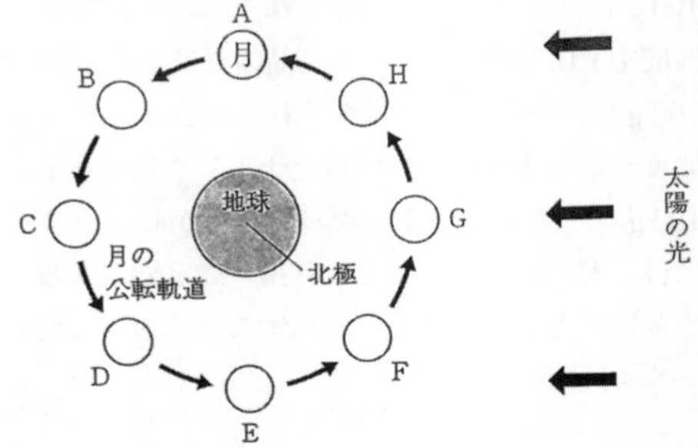

1．①と②
2．③と④
3．①と③
4．②と④
5．①と④

8 〔傾向〕株式会社　河合出版『リスニングの素　改訂版』の英文の内容に関して，(1),

岡山市

(2)の各問いに対する答えの組合せとして正しいものを選ぶ問題（１問）。

9 次の〔対話〕は，Ａさんと駅員Ｂさんのものである。〔対話〕と〔時刻表〕の内容に関する〔問い〕の答えとして正しいものはどれか。

〔対話〕

A：Excuse me. May I ask you some questions?

B：Sure.

A：I am a stranger here. Since my smartphone has died, I have no idea how to go to Springfield.

B：Look at this timetable for the Trinity and Albany Railroad. We are now at Riverside. Oh, if you talked to me five minutes earlier, you could take Local Train. But you can make it to the next Afternoon Express.

A：I don't care. I'm not in a hurry. There are just two minutes difference in arrival time between the Local Train and Afternoon Express. In addition, I will see my mother at 17:30. I have plenty of time.

B：I see.

A：By the way, I can see some kind of event outside the station. What is that?

B：We hold an annual festival now. I recommend that if you don't mind killing your time there.

A：That sounds good.

B：If you take 3021F at 17:11, you will arrive in time for 17:30. Enjoy the festival!

A：Thank you. I will.

〔時刻表〕

train number	71M	63E	14M	9031F	8023M	3021F	2344M
destination	Albany	Albany	Albany	Albany	Springfield	Albany	Albany
train type	Local	Morning Express	Local	Afternoon Express	Local	Afternoon Express	Local
Stations							
Trinity	8:30	9:15	11:45	12:05	15:00	16:45	18:15
Allston	8:46	—	12:01	—	15:16	—	18:31
Newton	8:55	—	12:10	—	15:25	—	18:40
Riverside	9:06	—	12:21	12:31	15:36	17:11	18:51
Ashland	9:12	—	12:27	—	15:42	—	18:57
Oak Street	9:24	—	12:39	—	15:54	—	19:09
Springfield	9:34	—	12:49	12:47	16:04	17:27	19:19
Chester	9:41	—	12:56	—		—	19:26
Albany	9:55	10:02	13:10	13:04		17:44	19:40

〔問い〕 What time is it now?

1．12:21

2．12:26

3．12:31

4．12:36

岡山市

5．17:30

10 **次の文は，令和４年度中に報道されたニュースの一部である。ニュースの内容が正しいものを○，誤っているものを×としたとき，その組合せとして正しいものはどれか。**

A　2022年，FIFAワールドカップがカタールで開催された。今回初めてアフリカで行われた。当地の厳しい暑さを避けて11月から12月にかけて開催された。

B　2022年６月，経済産業省は厳しい電力需給状況を踏まえ，東京電力管内に電力需給ひっ迫注意報を発令した。政府はより厳しい需給が見通される冬に向けて原子力発電所の運転再開など，最大限の供給力確保に向けて万全の取組を進めていく考えを示した。

C　2022年11月，岡山城は「令和の大改修」を終え，リニューアルオープンした。「歴史を伝える城，集う城」をテーマに，周辺の文化施設とも連動し，市街地への回遊性を高めている。

	A	B	C
1．	○	○	×
2．	×	○	○
3．	○	×	○
4．	○	×	×
5．	×	×	○

解答＆解説

2 解答　4

解説　ウクライナ，ベルギー王国，ドイツ連邦共和国の３国内での順位は以下の通り。（丸数字は順位を表す）

ウクライナ	人口4238万人②	人口密度③	貿易額③	穀物自給率①
ベルギー王国	人口1139万人③	人口密度①	貿易額②	穀物自給率③
ドイツ連邦共和国	人口8279万人①	人口密度②	貿易額①	穀物自給率②

国土面積，人口共に少ない国はベルギー。工業生産，農業生産ともに多く，貿易額が多いのはドイツ。穀物自給率が高い農業国はウクライナである。以上の特徴から，Aはドイツ連邦共和国，Bはベルギー王国，Cはウクライナである。よって，４となる。

3 解答　5

解説　1847年４月15日，フランス軍艦がダナンを艦砲射撃し，フランスの侵略が始まる。1884年８月，清仏戦争（1884年８月～85年４月）が勃発。1885年６月，天津条約で，清は宗主権を放棄すると共に，癸未条約と甲申条約で定めたフランスのアンナンとトンキンへの保護権限を承認した。（A）1940年，ナチス・ドイツのフランス侵攻により，フランスは北部を占領され，日本軍が北部仏印進駐。（A）

1941年，タイ王国とフランスの間にタイ・フランス領インドシナ紛争が発生した。日本政府は東京条約でこれを仲裁した直後に南部仏印進駐（A）を決行。米英蘭との対立を深めて太平洋戦争に突入し，仏印は南方作戦（マレー作戦，マレー沖海戦，タイ進駐）における日本軍の策源地となった。

1945年９月２日，ベトナム民主共和国の樹立を宣言，ホー・チ・ミン（B）が初代国家主席兼首相に就任。1946年フランスに対する独立戦争（第一次インドシナ戦争，1946年～1954年）が始まる。1954年５月ジュネーヴ会議が開かれ，フランスは７月にジュネーヴ協定を結んでベトナムから撤退し，独立戦争は終結した。同時に，北緯17度線で国土がベトナム民主共和国（北ベトナム）とベトナム国（南ベトナム）に分断される。1962年２月，アメリカ合衆国の軍事介入によるベトナム戦争（第二次インドシナ戦争）が始まる。

1965年２月，アメリカが北ベトナムの爆撃（北爆）を開始（C），本格的な戦争に突入する。1968年１月，南ベトナム全土での解放戦線・北ベトナムのテト攻勢により，アメリカは大打撃を受ける。1973年１月，南北ベトナム政府および臨時革命政府ならびにアメリカの４者が，パリ和平協定に調印する。1973年，日本との国交が樹立される。1975年４月30日，北ベトナムと解放戦線が春の大攻勢を行うと，南ベトナムのズオン・バン・ミン大統領は全面降伏する。サイゴンは陥落し，ベトナム共和国は崩壊。南ベトナム共和国の名の下に北ベトナムが実権を掌握し，ベトナム戦争は終結した。

1976年４月，南ベトナム消滅による南北統一，初の南北統一選挙が行われた。1976年７月２日，ベトナム民主共和国をベトナム社会主義共和国に改名。1995年７月，クリントン・アメリカ大統領が，国家の承認と外交関係樹立を発表。（C）７月，東南アジア諸国連合（ASEAN）が加盟（D）を認め，周辺諸国との関係も改善した。

4 解答 3

解説 (1) （与式）$=\frac{4a^2}{3}\times\frac{3}{8a^2b^2}\times\frac{4ab^2}{5}=\frac{2}{5}a$ よって，イである。

(2) 反比例の式は，$y=\frac{-3}{x}$であるから，$x=3$のとき，$y=-1$であり，$x=6$のとき，$y=-\frac{1}{2}$である。したがって，変化の割合は，$\frac{-\frac{1}{2}-(-1)}{6-3}=\frac{1}{6}$であるから，アである。

(3) 折り曲げても長方形の向かい合う辺は平行であるから，∠APB=22°であり，∠PBA=90°であるから，三角形の内角の和より，∠PAB=68°となる。したがって，$x=180°-68°=112°$であるから，ウである。

5 解答 2

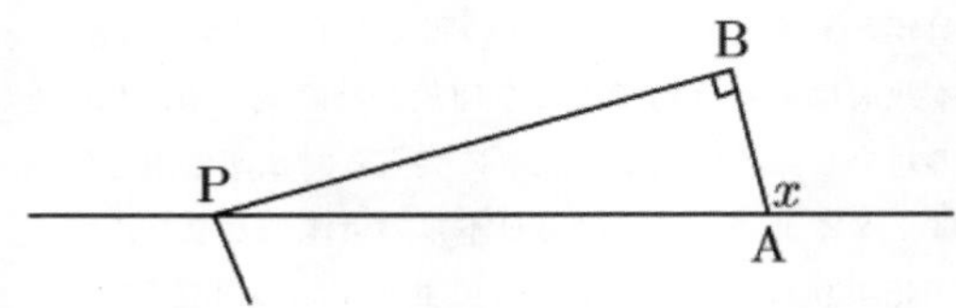

解説 ① $\dfrac{\frac{3}{4}x}{30}+\dfrac{\frac{1}{4}x}{15}=\dfrac{1}{40}x+\dfrac{1}{60}x=\dfrac{1}{24}x$より，答えはアである。

② ①と同様に，朝の時間帯でかかった時間は，$\dfrac{\frac{1}{2}x}{30}+\dfrac{\frac{1}{2}x}{15}=\dfrac{1}{60}x+\dfrac{1}{30}x=\dfrac{1}{20}x$となる。（昼の時間帯でかかった時間）＋6分＝（朝の時間帯でかかった時間）であるから，$\dfrac{1}{24}x+\dfrac{6}{60}=\dfrac{1}{20}x$より，答えはイである。

6 解答 2

解説 ①：40℃の水100gには，グラフより，硝酸カリウム，塩化ナトリウム，ミョウバンの順に多く溶けるので誤り。②：塩化ナトリウムは温度によって溶解度はあまり変わらないため，硝酸カリウムとミョウバンで比較する。60℃の水100gには，硝酸カリウムが約110g，ミョウバンは約58g，20℃の水100gには硝酸カリウムが約32g，ミョウバンは約10g溶けるので，温度による溶解度の差が大きいのは硝酸カリウムである。したがって誤り。③：20℃の水100gに溶ける質量は，塩化ナトリウムが約38g，硝酸カリウムが約32g，ミョウバンが約10gなので，溶けている質量は塩化ナトリウムが最も多い。したがって正しい。④：40℃の水100gには，ミョウバンは約22g溶けており，0℃のときは約10gなので，20g取り出すことは不可能である。したがって誤り。⑤：塩化ナトリウムの溶解度は，温度によってほとんど変化しないため，温度を下げる方法ではなく，水を蒸発させて結晶を取り出す。したがって正しい。よって，2：③と⑤となる。

7 解答 4

解説 ①：日食とは，太陽が月に隠される現象である。このとき，太陽―月―地球と一直線に並んでいるので，月はGの位置にある。したがって正しい。②：月がEの位置にあるときは，地球からは左半分が光って見える。これは下弦の月であるので誤り。③：満月は，月がCの位置のときに見える。真夜中に南中するので正しい。④：月食は，太陽―地球―月と一直線に並んでいるときにできる。このときの月の位置はCであり，この約14日後には，月はGの位置にあるので，誤り。よって，4：②と④となる。

9 解答 2

解説 2回目のBの発言と3回目のAの発言を訳すと，B：「Look at this timetable for the Trinity and Albany Railroad. We are now at Riverside. Oh, if you talked to me five minutes earlier, you could take Local Train. But you can make it to the next Afternoon Express.」（Trinity駅からAlbany駅までの時刻表を見てみましょう。私たちは今Riverside駅にいます。もしあなたが5分早く私に話しかけて

岡山市

いれば，各駅停車に乗ることができたのですが。でも次の午後の特急には間に合います)，A：「I don't care. I'm not in a hurry. There are just two minutes difference in arrival time between the Local Train and Afternoon Express. In addition, I will see my mother at 17：30. I have plenty of time.」(大丈夫です。急いでいません。さらに，各駅停車と午後の特急のSpringfieldへの到着時間は２分しか違いません。17時30分に母に会う予定ですので，時間はたっぷりあります)となる。これらの発言から以下のことが分かる。Springfieldへの到着時間が２分しか違わないのはLocal Train 12時49分とAfternoon Express 12時47分である。だとすると，両方の電車がRiverside駅に到着するのは，それぞれLocal Trainが12時21分，Afternoon Expressが12時31分である。また，Bが「Oh, if you talked to me five minutes earlier, you could take Local Train.」(ああ，５分早く私に話しかけていれば，各駅停車に乗ることができたのですが)と言っていて，この各駅停車は12時21分Riverside発なので，この会話の時刻はその５分後ということになる。よって，正解は２：12時26分となる。

10 解答 2

解説 A：「2022年，FIFAワールドカップがカタールで開催された。今回初めてアフリカで行われた。」とあるが，カタールは中東で，アジアの一部である。また2010年に南アフリカで開催されている。

山口県

実施日	2023(令和５)年７月８日	試験時間	50分（教職教養を含む）
出題形式	選択＋記述式	問題数	１題（解答数４）
パターン	環境・時事	公開状況	問題：公開　解答：公開　配点：公開

傾向&対策 ●解答数は教職教養37，一般教養４。これまで一般教養は，大問１つで複数領域の時事問題が出題されていたが，近年はこれに加えて主要教科である社会の地歴・公民からも出題されることもある。●時事問題は，こども家庭庁発足，出生数，文化庁京都移転，食品ロスからの出題。過去には宇宙ステーションや世界遺産，ノーベル賞なども問われており注意が必要。●ローカル問題はかつて毎年出題されていたが，昨年度より出題されていない。以前は山口県の人権推進指針や公共施設についての出題があった。●解答数は少ないものの，記述解答もあるので，油断は禁物。全体を通して教育に関連する問題が多い。社会科を中心に，時事，ローカルともに教育関連情報を整理しておこう。

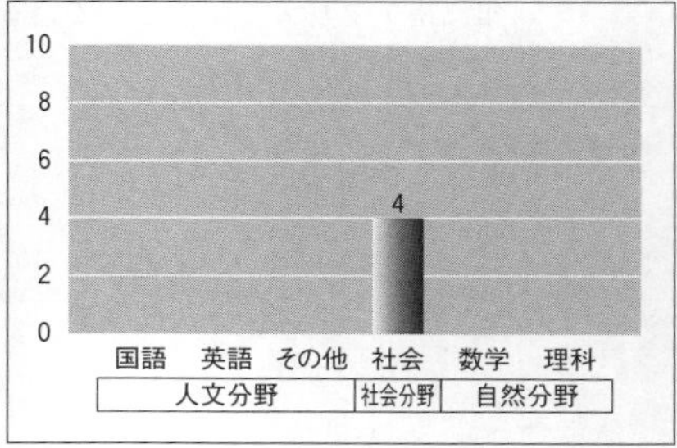

出題領域

分野	領域	数	領域	数	領域	数
人文分野	国語		英語		音楽	
	美術		家庭		保健体育	
社会分野	歴史(日本史)		歴史(世界史)		歴史(現代史)	
	地理(日本地誌)		地理(世界地誌)		地理(地理用語)	
	公民(政治)		公民(経済)		公民(国際)	
	公民(倫理)		環境・情報・科学	1	時事問題	4
	ローカル					
自然分野	数学		物理		化学	
	生物		地学			

表中の数字は，解答数
※選択肢の出題領域が複数にわたる場合は，それぞれの項目に加算するためグラフの数とは異なる

全校種共通

☞解答＆解説 p.267

1 **以下の(1)～(4)の各問いに答えよ。**

(1) 次の省庁に関する文の（　　）に入る適切な語句を答えよ。

2021年９月のデジタル庁以来の省庁設置となる（　　）は厚生労働省や内閣府に分かれていた保育や貧困対策などの担当部署が移管され，2023年４月に発足した。

(2) 次の人口に関する文の（　　）に入る適切な語句を下の語群から選び，記号で答えよ。

令和３年の日本の出生数は（　　）万1622人で，前年より２万9213人減少し，明治32年の人口動態調査開始以来最少となった。出生率（人口千対）は6.6で前年の6.8より低下し，合計特殊出生率は1.30で前年の1.33より低下した。（令和３年（2021）人口動態統計（確定数）の概況，厚生労働省より）

ア　81　　イ　21　　ウ　151　　エ　201

(3) 次の文化庁に関する文の（　　）に入る適切な都市名を答えよ。

芸術文化の振興，文化財の保存・活用，国際文化交流の振興等を使命とする文化庁は，外交や国会対応，関係省庁との調整や政策企画立案などの業務についても現在と同等以上の機能とすることを前提とし，（　　）に移転を行った。

(4) 次の環境に関する文の（　　）に入る適切な語句を下の語群から選び，記号で答えよ。

「食品ロス」についてのFAO（国際連合食糧農業機関）の報告書によると，世界では食料生産量の（　　）に当たる約13億トンの食料が毎年廃棄されている。日本でも１年間に約612万トン（2017年度推計値）もの食料が捨てられており，これは東京ドーム５杯分とほぼ同じ量で，日本人１人当たり，お茶碗１杯分のごはんの量が毎日捨てられている計算になる。

ア　３分の１　　イ　10分の１　　ウ　50分の１　　エ　100分の１

解答＆解説

1 **解答** (1) **こども家庭庁**　(2)―**ア**　(3) **京都**　(4)―**ア**

解説 (1) こども家庭庁は，政府で所管する子どもを取り巻く行政分野のうち，従来は内閣府や厚生労働省が担っていた事務の一元化を目的に内閣府の外局として設立された。

(2) わが国の年間の出生数は，第１次ベビーブーム期には約270万人，第２次ベビーブーム期の1973年には約210万人であったが，1975年に200万人を割り，2016年には100万人を割り込み，それ以降，毎年減少し続けている。

(3) 文化庁は2023年３月27日から文化庁長官をはじめとする一部職員が，大型連休明けの５月15日には大半の職員が京都での業務を開始した。

(4) 出題文では2017年度の推計値が約612万トンだが，2021年度は約523万トン（家庭から約244万トン，事業者から約279万トン）である。

香川県

実施日	2023(令和５)年７月16日	試験時間	60分（教職教養を含む）
出題形式	マークシート式	問題数	34題（解答数34）
パターン	５教科＋音楽･美術･家庭･保体･時事	公開状況	問題：公開　解答：公開　配点：公開

傾向＆対策 ●例年，一般教養が教職教養よりもやや比重が高い。今年度は，総解答数50のうち，34が一般教養である。●国語は頻出である漢字と，四字熟語，文学史，和歌。英語は会話文・英文の空欄補充と並べ替えが頻出で，今年度も出題された。また，音楽・美術・家庭・保体も例年出題がある。●社会も各科目からで，環境問題や時事に関連した複合的な問題がよくみられる。かつて必出のローカル問題は，今年度も出題がなかった。●数学は計算問題と図形が頻出。今年度は一筆書きの問題が出題された。理科は各科目から満遍なく出される。●５教科に加え，実技教科の基礎と，時事・ローカルの情報を整理しておこう。また，試験時間60分で解答数50なので，効率よく解答できるようにしておこう。

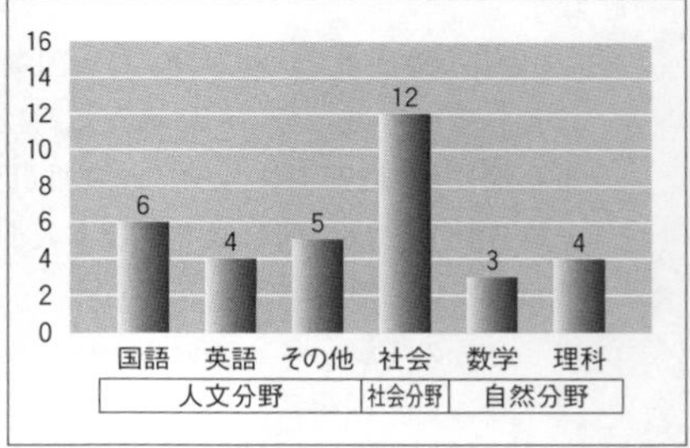

出題領域

人文分野	国語	6	英語	4	音楽	1
	美術	2	家庭	1	保健体育	1
社会分野	歴史(日本史)	1	歴史(世界史)	1	歴史(現代史)	
	地理(日本地誌)		地理(世界地誌)		地理(地理用語)	1
	公民(政治)		公民(経済)	2	公民(国際)	1
	公民(倫理)		環境･情報･科学		時事問題	6
	ローカル					
自然分野	数学	3	物理	1	化学	1
	生物	1	地学	1		

表中の数字は，解答数

全校種共通

☞解答＆解説 p.274

1 2023年５月８日に新型コロナウイルスの感染症法上の位置付けが２類感染症から５類感染症に変更された。次の①～④の感染症のうち，感染症法上の位置付けが２類感染症に分類されるものはどれか。一つ選べ。

① エボラ出血熱　② 細菌性赤痢　③ 麻しん　④ 結核

2 フランス，米国，英国，ドイツ，日本，イタリア，カナダの７か国並びに欧州連合（EU）の首脳が参加して毎年開催される国際会議Ｇ７サミット（主要国首脳会議）が2023年５月19日から21日まで日本で開催された。この開催地はどこか。次の①～④から一つ選べ。

① 沖縄県名護市　② 広島県広島市　③ 三重県志摩市　④ 北海道洞爺湖町

3 次の文は，世界とわが国の人口について説明しようとしたものである。文中の（　）内に共通してあてはまる数字として最も適切なものはどれか。あとの①～④から一つ選べ。

国連人口基金（UNFPA）の「世界人口白書2023」によると，2022年に世界人口が（　）億人を超え，史上最多となった。

一方，わが国では，厚生労働省が2023年６月に発表した人口動態統計（概数）によると，2022年の出生数が，1899年の統計開始以来，初めて（　）万人を割り込んだ。

① 60　② 80　③ 100　④ 120

4 2023年４月に北大西洋条約機構（NATO）の31か国目の加盟国となった国はどこか。次の①～④から一つ選べ。

① フィンランド　② カナダ　③ ノルウェー　④ デンマーク

5 次の①～④の文のうち，下線部の漢字が正しく使われているものはどれか。一つ選べ。

① 威敬の念を抱く。　② 敵の牙城に迫る。　③ 子どもの頑具を買う。

④ 致密な作業を行う。

6 次の①～④の漢字の読みとして正しいものはどれか。一つ選べ。

① 漸次（ざんじ）　② 平衡（へいきん）　③ 敷設（ふせつ）

④ 席巻（せっかん）

7 次の①～④の語の送り仮名のうち，正しいものはどれか。一つ選べ。

① いきどおる（憤おる）　② いさぎよい（潔い）　③ あかるい（明かるい）

④ あぶない（危い）

8 次の①～④の文のうち，下線部の四字熟語が正しく使われているものはどれか。一つ選べ。

① 付和雷同せずに，自分の意見を主張する。

② 議論が紛糾して場内が唯唯諾諾となる。

③ 目の前に広がる泰然自若な風景に息をのむ。

④ 思いもよらない失敗に虚心坦懐でその場に立ちすくむ。

9 次の①～④のうち，作品とその作者の組合せとして正しいものはどれか。一つ選べ。

① 高瀬舟—芥川龍之介　② 父帰る—壺井栄　③ それから—夏目漱石

④　伊豆の踊子—志賀直哉

10　**次の和歌は何句切れの和歌か。あとの①～④から一つ選べ。**

月見ればちぢに物こそかなしけれわが身ひとつの秋にはあらねど

①　初句切れ　②　二句切れ　③　三句切れ　④　句切れなし

11　**次のA～Dの文のうち，アメリカの大統領制について正しく述べたものはどれとどれか。その組合せとして適切なものを，あとの①～④から一つ選べ。**

A　大統領は，連邦議会が選任した大統領選挙人を通じた間接選挙によって選ばれる。

B　大統領は，連邦議会による大統領の不信任決議に対し，議会を解散する権限をもっている。

C　大統領は，連邦議会に対する法案提出権をもたないが，連邦議会が可決した法案に対する拒否権をもっている。

D　大統領は，連邦議会に対し，口頭や文書で報告・勧告をおこなう教書送付権をもっている。

①　AとB　②　AとC　③　BとD　④　CとD

12　**右の図は，縦軸に価格（P），横軸に数量（Q）をとり，需要曲線をD，供給曲線をSとし，完全競争市場における，ある商品（X）の価格と数量の関係を示したものである。次の①～④のうち，図中の供給曲線Sが供給曲線S_1にシフト（数量がQ_0からQ_1に増加，価格がP_0からP_1に下落）する場合の要因を述べたものはどれか。一つ選べ。**

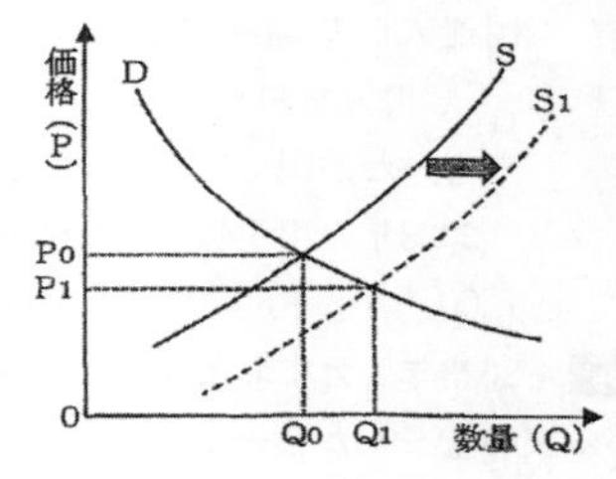

①　ある商品（X）の生産に必要な原材料の不足や原材料費の値上げ

②　ある商品（X）の生産に関する技術革新や生産に必要な原材料費の値下げ

③　消費者の所得の上昇やある商品（X）の人気の上昇にともなう買い手の増加

④　消費者の所得の減少やある商品（X）の人気の下落にともなう買い手の減少

13　**鎌倉時代の文化は，武家を中心とした新しい文化が花開く一方，新仏教が数多く誕生した。右の図は，京都の市屋道場で一遍が弟子たちと念仏をとなえながら，鉦（かね）を打ち，床を踏みながら踊っている様子を表したものである。一遍は，善人・悪人や信心の有無を問うことなく，すべての人が救われるという念仏の教えを説き，念仏札を配り，踊念仏によって多くの人々に教えを広めながら各地を布教して歩いた。この一遍を開祖とする新仏教の宗派は何か。次の①～④から一つ選べ。**

①　臨済宗　②　曹洞宗　③　時宗　④　日蓮宗

14　**神聖ローマ帝国内のボヘミア（ベーメン）王国で即位した親王のカトリック化政策に対して，1618年にプロテスタント貴族がおこした反乱を発端に，ドイツを主戦場にヨー**

香川県

ロッパ諸国が参戦した。この長期化・複雑化した国際的宗教戦争（三十年戦争）を終結させるために1648年に結ばれた講和条約は何と呼ばれるか。次の①～④から一つ選べ。

① ウェストファリア条約　② ヴェルサイユ条約　③ マーストリヒト条約

④ ポーツマス条約

15 次の①～④の文のうち，ケッペンの気候区分について正しく述べたものはどれか。最も適切なものを一つ選べ。

① サバナ気候区は，ほとんどが赤道周辺に分布し，年中多雨で，気温が高く，多種類の常緑広葉樹からなる密林に覆われている。

② 地中海性気候区は，中緯度の大陸西岸などに分布し，夏の乾燥する特色をいかしたオリーブなどの果樹栽培が盛んである。

③ ステップ気候区は，北極海沿岸とチベット高原などに分布し，短い夏には気温が上がり，低木・草・コケ類などがまだらに育つ。

④ 氷雪気候区は，大陸の東部と黒海沿岸などに分布し，夏は冷涼，冬は温暖で，気温の年間差が小さく，落葉広葉樹が生育する。

16 次の会話文の（　　）内に入る英文として最も適切なものは，あとの①～④のうちのどれか。一つ選べ。

A：I like eating fruits.

B：(　　)

A：I like oranges the best of all fruits.

① Which do you like fruits?　② Which are you like fruits?

③ Which fruits do you like?　④ Which fruits are you like?

17 次の英語は，あとの①～④の語のいずれかを説明したものである。その語はどれか。一つ選べ。

material often made in thin sheets from the pulp of wood used for writing, drawing, or printing on, or as wrapping material

① ink　② pencil　③ picture　④ paper

18 次のア～エの英文を一続きの会話文になるように並べ替えたとき，どのような順になるか。あとの①～④から最も適切なものを一つ選べ。

ア Turn it off and then turn it on again.

イ Yes. It always works for me.

ウ This PC froze up again.

エ Are you sure that will solve the problem?

① エ→ウ→ア→イ　② エ→ア→イ→ウ　③ ウ→エ→イ→ア

④ ウ→ア→エ→イ

19 次の英文のア，イの（　　）内にあてはまる語の組合せとして最も適切なものは，あとの①～④のうちのどれか。一つ選べ。

Bonsai is an art form where trees and mosses are planted in a small pot and (ア) to express a part of nature. Every two or three years you should take out the content from the pot, take care of the root, and put it in the pot again to pre-

香川県

vent it (イ) growing too large.

① ア made イ from　② ア making イ from

③ ア made イ for　④ ア making イ for

20 1から50までの整数のうち，2でも3でも割り切れない数は何個あるか。次の①～④から一つ選べ。

① 15個　② 16個　③ 17個　④ 18個

21 右の図を，点Aを出発点として一筆で書く方法は何通りあるか。次の①～④から一つ選べ。

① 2通り　② 4通り　③ 6通り

④ 8通り

22 ある博物館では，大人1人の入館料は子ども1人の入館料より400円高い。大人1人の入館料と子ども1人の入館料の比が5：3であるとき，大人1人の入館料はいくらか。次の①～④から一つ選べ。

① 800円　② 1000円　③ 1200円　④ 1400円

23 右の図のように，10Ωの抵抗2つを並列につなぎ，2.0Vの電池を接続した回路がある。電池の内部抵抗や導線の抵抗は無視できるものとする。次の文は，この回路について説明しようとしたものである。文中のア，イの（　）内にあてはまる値の組合せとして正しいものは，あとの①～④のうちのどれか。一つ選べ。

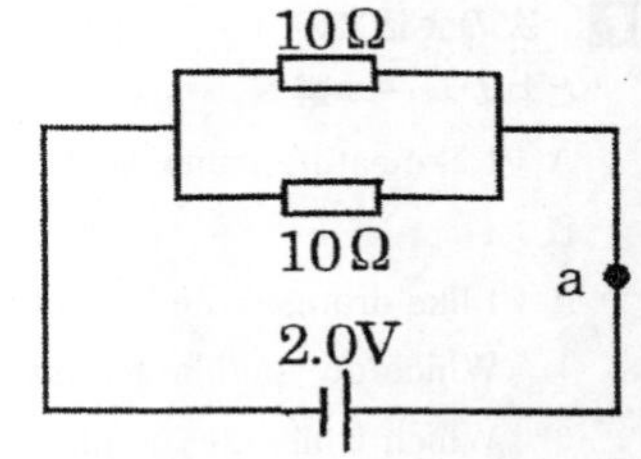

回路全体の抵抗の値は，(ア) Ωである。点aを流れる電流の値は (イ) Aになる。

① ア 20 イ 0.10　② ア 20 イ 0.40

③ ア 5.0 イ 0.10　④ ア 5.0 イ 0.40

香川県

24 空気は，いろいろな種類の気体が混じった混合物である。空気中の水蒸気を除いたとき，空気の組成で体積の割合が最も大きい気体は窒素であるが，3番目に大きい気体は何か。次の①～④から一つ選べ。

① アルゴン　② 水素　③ 二酸化炭素　④ 酸素

25 人体に入ると害をおよぼす病原体には様々な大きさのものがある。次の①～④のうち，大きさが最も小さいものはどれか。一つ選べ。

① コレラ菌　② アニサキス　③ サルモネラ菌

④ インフルエンザウイルス

26 木星について述べた次の①～④の文のうち，誤っているものはどれか。一つ選べ。

① 木星は太陽系で最も大きい惑星である。　② 木星は自ら光を発している。

③ 木星の自転周期は地球より短い。　④ 木星には固体の表面がない。

27 ギターを弾くときの奏法で，弦を弾く方の手を上下させて和音を演奏する奏法を何というか。次の①～④から一つ選べ。

① アポヤンド奏法　② アル・アイレ奏法　③ ストローク奏法

④ アルペッジョ奏法

28 水墨画は，墨だけで描く絵であるが，墨の濃淡や線の強弱，ぼかしやかすれなど，さまざまな技法によって豊かな表現が生まれる。最初に描いた墨が乾いてから，墨を重ねて描くことによって重厚感などを出す技法を何というか。次の①～④から一つ選べ。

① 積墨法　② 没骨法　③ 三墨法　④ 運筆法

29 漢字は中国の殷時代に占い等の内容を記録した篆書に始まり，時代とともにさまざまな書体に変遷し，草書，行書，楷書に至っている。秦・漢時代に発達したある書体は，現代においても日本銀行券の紙幣の文字や新聞の題字等にも使用されている。この書体を何というか。次の①～④から一つ選べ。

① 臨書　② 隷書　③ 倣書　④ 帛書

30 スポーツにおいて，陸上競技，競泳，器械運動などのように，競争する相手から直接影響を受けることが少なく，安定した環境のなかで用いられる技術に対して，球技や武道などのように，たえず変化する状況のなかで用いられる技術のことを何というか。次の①～④から一つ選べ。

① アクティブスキル　② パッシブスキル　③ クローズドスキル
④ オープンスキル

31 人に優しい情報システムとは，人が機械に合わせるのではなく，機械が人に合わせるシステムであると考えられる。次の文は，人に優しく工夫されたWebページの例を説明しようとしたものである。文中の（　　）内にあてはまる語句は何か。あとの①～④から一つ選べ。

Webページでは，画像などのテキスト以外の要素には，同等の役割を果たす代替テキストを付けることで，目の不自由な人に対しても音声読み上げソフトウェアで情報を伝えるなどの工夫が行われている。このように，どんな人でも使えるように意識して作られたWebページを（　　）の高いWebページという。

① アクセシビリティ　② ユーザビリティ　③ サスティナビリティ
④ レスポンシビリティ

32 農業について述べた次の①～④の文のうち，誤っているものはどれか。一つ選べ。

① 1次産業としての農林漁業と，2次産業としての製造業，3次産業としての小売業等の事業との総合的かつ一体的な推進を図り，地域資源を活用した新たな付加価値を生み出す取組を6次産業化という。
② IoT，AI，ロボット技術などの先端技術を活用する農業をスマート農業という。
③ 同じ場所で同じ作物を1年に2回栽培することを二毛作といい，同じ場所で異なる2種類の作物を1年の異なる時期に栽培することを二期作という。
④ 電灯照明を利用し成長の促進や抑制を行い，開花時期を調整し出荷時期をコントロールする栽培方法を電照栽培という。

33 厚生労働省は，2025年を目途に，高齢者の尊厳の保持と自立生活の支援の目的のもと，重度な要介護状態となっても住み慣れた地域で自分らしい暮らしを人生の最後まで続けることができるよう，住まい・医療・介護・予防・生活支援が一体的に提供されるシステムの構築を推進している。このシステムを何と呼ぶか。次の①～④から一つ選べ。

① 全国総合マネジメントシステム　② 地域総合マネジメントシステム

③　全国包括ケアシステム　　④　地域包括ケアシステム

34　**多重債務に陥ると，個人の力では解決できない場合が多い。多重債務者は，消費生活センターや金融庁の窓口，弁護士などに相談し，借金を整理する必要がある。次の表はその主な方法を説明しようとしたものである。表中のX，Y，Zの（　　）内にあてはまる方法の組合せとして正しいものは，次の①〜④のうちのどれか。一つ選べ。**

①　X—自己破産　Y—任意整理　Z—個人再生
②　X—個人再生　Y—任意整理　Z—自己破産
③　X—任意整理　Y—自己破産　Z—個人再生
④　X—自己破産　Y—個人再生　Z—任意整理

方法	方法の説明
（Ｘ）	裁判所の監督下で自分の財産を失う代わりに借金をなかったことにする
（Ｙ）	司法書士や弁護士が間に入って返済条件の軽減をはかる
特定調停	裁判所が間に入って，貸し主と話をして，返済条件の軽減をはかる
（Ｚ）	裁判所を通じて債務を減らし，残金を分割で支払う

解答＆解説

香川県

1　解答　④

解説　④：結核は２類，①：エボラ出血熱は１類，②：細菌性赤痢は３類，③：麻しんは５類である。

2　解答　②

解説　誤りの選択肢について解説する。

①：沖縄県名護市は2000年の「九州・沖縄サミット」，③：三重県志摩市は2016年の「伊勢志摩サミット」，④：北海道洞爺湖町は2008年の「北海道洞爺湖サミット」の会場となった。

3　解答　②

解説　国連人口基金は，2022年11月に世界の人口が80億人に達したと見込まれると発表した。また，2023年６月厚生労働省公表の2022年人口動態統計月報年計（概数）では，出生数が77万747人となり，過去最少を更新した。

4　解答　①

解説　フィンランドは，ロシアのウクライナ侵攻を踏まえ，2022年５月にスウェーデンとともにNATOへの加盟申請を行い，2023年３月にトルコ議会での承認を終えたことでフィンランドの加盟が決定した。また，トルコが，その加盟に難色を示してきたスウェーデンについてもようやく加盟容認に転じ，2023年９月現在，スウェーデンのNATO加盟も実現する見通しとなっている。

5　解答　②

解説　誤りの選択肢の正しい漢字は次の通り。

①：畏敬の念　③：玩具　④：緻密

6 解答 ③

解説 誤りの選択肢の正しい読みは次の通り。

①：ぜんじ　②：へいこう　④：せっけん

7 解答 ②

解説 誤りの選択肢の正しい送り仮名は次の通り。

①：憤る　③：明るい　④：危ない

8 解答 ①

解説 誤りの選択肢の正しい意味は次の通り。

②：「唯唯諾諾」はなんでも賛成して異を唱えないこと。 ③：「泰然自若」は落ち着いていてゆったりしている様子。 ④：「虚心坦懐」は思い込みなどがなく，さっぱりとした心持ち。

9 解答 ③

解説 誤りの選択肢の正しい作者は次の通り。

①：『高瀬舟』は森鷗外作。 ②：『父帰る』は菊池寛作。 ④：『伊豆の踊子』は川端康成作。

10 解答 ③

解説 区切れは何句目で内容が切れているかを探す。この場合，「かなしけれ」の後で切れている。

11 解答 ④

解説 誤りの選択肢の文について解説する。

A：大統領選挙人は，州ごとの有権者による選挙によって選出される。 B：議会は大統領不信任の議決をすることができない。また，大統領も議会を解散する権限をもたない。

12 解答 ②

解説 供給曲線のシフトであるから売り手側，つまり生産者側の変化である。ということは①か②であると考えられる。供給曲線Sから供給曲線S_1にシフトするのは供給量が増加するときである。①のように原材料が不足したり原材料費が値上げしたりすると供給量は減少する。②のように技術革新が起こったり原材料費が値下げされたりすると供給量は増加する。よって，②が正しい。

13 解答 ③

解説 誤りの選択肢について解説する。

①：臨済宗の開祖は栄西である。 ②：曹洞宗の開祖は道元である。 ④：日蓮宗の開祖は日蓮である。

14 解答 ①

解説 誤りの選択肢について解説する。

②：ヴェルサイユ条約は，ドイツと連合国の間で1919年に調印された第一次世界大戦の講和条約である。 ③：マーストリヒト条約は1992年に調印されたヨーロッパ連合（EU）設立の条約である。 ④：ポーツマス条約は，1905年に調印された日露戦争の講和条約である。

15 解答 ②

解説 誤りの選択肢について解説する。

①：熱帯雨林気候区についての記述である。③：ツンドラ気候区についての記述である。④：前半（大陸の東部と黒海沿岸などに分布）は温暖湿潤気候区についての記述，後半（夏は冷涼，冬は温暖で，気温の年間差が小さく，落葉広葉樹が生育）は西岸海洋性気候区についての記述である。

16 解答 ③

解説 疑問詞の適切な形を問う問題。会話から答えは（あなたはどの果物が好きなのですか）となるが，それを適切に表現しているのは③：「Which fruits do you like?」である。

①・②：「Which」と「fruits」が離れているので不可。④：文の動詞が一般動詞の「like」で疑問文の場合は「are」ではなく「do」になるので不可。

17 解答 ④

解説 説明文を訳すと（この物質はしばしば木材パルプから薄いシート状に作られ，文字を書いたり，絵を描いたり，印刷したりするため，あるいは包装材料として利用される）となるので，正解は④：「paper」（紙）である。

18 解答 ④

解説 選択肢の文の日本語訳は以下の通り。ア：「Turn it off and then turn it on again.」（いったん消してからまたつけてみてください），イ：「Yes. It always works for me.」（はい。私はいつもそれでうまくいっています），ウ：「This PC froze up again.」（このパソコンがまたフリーズしました），エ：「Are you sure that will solve the problem?」（それで問題が解決するのは本当ですか）となる。意味が通るように並べ替えると④：ウ→ア→エ→イとなる。

19 解答 ①

解説 （ ア ）は，関係副詞「where」以下の文の構造を把握すれば正解が分かる。「where［trees and mosses are］planted in a small pot and（ ア ）(to express a part of nature)」。［ trees and mosses are］が過去分詞「planted」と（ ア ）の共通部分なので，（ ア ）にも過去分詞がくるはず，したがって正解は「made」となる。訳すと（自然の一部を表現するために，木や苔が小さな鉢の中に植えられて作られる）となる。

（ イ ）は，動詞「prevent」の語法を問う問題。「S prevent O from Ving」という形で（SはOが～するのを妨げる）となる。

20 解答 ③

解説 2の倍数は50÷2＝25より，25個。

3の倍数は50÷3＝16.6…より，16個。

2と3の最小公倍数である6の倍数は50÷6＝8.3…より，8個。

よって，1～50までの整数のうちで2または3で割り切れる数の個数は，25＋16－8＝33［個］になる。したがって，2でも3でも割り切れない数の個数は50－33＝17［個］

香川県

21 解答 ②

解説 はじめに，点Aの左側の上下，右側の上下どれから書くか4通りある。さらに，点Aに戻ってきてから反対側の上下の書き方が2通り。したがって，4×2=8［通り］

22 解答 ②

解説 大人の入館料をx円とすると，子どもの入館料は$(x-400)$円。この入館料の比が5：3なので，

$x:(x-400)=5:3$　内項の積と外項の積が等しいことから，$3x=5(x-400)$

これを整理すると，

$3x=5x-2000$,

$2x=2000$より，$x=1000$［円］となる。

23 解答 ④

解説 2つの抵抗を並列につないだときの合成抵抗は，$\frac{1}{10}+\frac{1}{10}=\frac{2}{10}=\frac{1}{5}$　したがって，アは5.0Ωである。点aを流れる電流の値は，$\frac{2.0[\mathrm{V}]}{5.0[\Omega]}=0.4[\mathrm{A}]$　したがって，イは0.40であるので④となる。

24 解答 ①

解説 空気の組成で最も体積の割合が大きいのは窒素の78%，2番目が④：酸素の21%で，3番目が①：アルゴンの0.93%である。②：水素は0.00005%，③：二酸化炭素は0.03%である。

25 解答 ④

解説 ④：インフルエンザウイルスはウイルスなので，電子顕微鏡を使わないと観察できない。

①：コレラ菌と③：サルモネラ菌は細菌の仲間で，顕微鏡で観察することができる。②：アニサキスは寄生虫の多細胞生物なので，目視できる。

26 解答 ②

解説 ②：木星は自ら光は発していない。

①：木星は太陽系で最も大きい惑星であるので正しい。③：木星の自転周期は約10時間で地球より短いので正しい。④：木星の表面は気体に覆われているので正しい。

27 解答 ③

解説 誤りの選択肢について解説する。いずれもギターの弦を弾く方の指の奏法である。

①：アポヤンド奏法は，弦を弾いた指を隣の弦に当てて止める奏法である。しっかりした音が出るので，旋律や響かせたい低音で用いられる。②：アル・アイレ奏法は，弦を弾いたら，そのまま弾いた指が弦から離れる奏法である。やわらかい音が出る。④：アルペッジョ奏法は，和音の音を分散して演奏する奏法である。

28 解答 ①

解説 誤りの選択肢について解説する。

②：没骨法（もっこつほう）は輪郭線を引かずに水墨や彩色の広がりがある面によって絵を描いていく技法。 ③：三墨法は筆に墨をつけ，水，淡墨～濃墨のグラデーションを作る技法。 ④：運筆法は筆の軸を紙に対してどう当てるかの使い方を示したもの。

29 **解答** ②

解説 誤りの選択肢について解説する。

①：臨書は名品とされる古典作品を手本に真似て書くこと。 ③：倣書は手本の書風を真似て手本にはない字や文を新たに書くこと。 ④：帛書（はくしょ）は帛と呼ばれた絹布に書かれた書を指す。

30 **解答** ④

解説 ④：オープンスキルは外的要因に左右される状況下で発揮される技能で，バレーボールやサッカーなどの球技や柔道で用いられる。

③：クローズドスキルは，オープンスキルとは反対に外的要因に左右されない状況下で発揮される技能で，体操や水泳，陸上競技などに用いられる。 ①：アクティブスキルとは自分で動いて発揮できる技術のことである。 ②：パッシブスキルは反射的に自然にできる技術のことである。

31 **解答** ①

解説 ①：アクセシビリティ（accessibility）は「利用のしやすさ」「便利であること」などと訳される。情報システムの世界では，「利用者が機器・サービスを円滑に利用できる」という場合に使われ，高齢者や障害の有無などにかかわらず，すべての人が手軽にアクセスできるWebページが求められている。

②：ユーザビリティ（usability）は「使いやすさ」を意味するが，すべての人が対象ではなく，「ユーザビリティが高い」というのは特定のユーザーにとって満足度が高いことを表している。 ③：サスティナビリティ（sustainability）は「持続可能性」を意味し，地球上に存在しているすべてのものが環境や経済，社会などの観点から，多様性と生産性を失うことなく継続することができる概念である。 ④：レスポンシビリティ（responsibility）は責任や義務の意味だが，レスポンシビリティの高いWebデザインとは，どんな大きさの画面，スマホでもPCでも見やすく工夫されたデザインのこと。

32 **解答** ③

解説 ③：同じ場所で同じ作物を１年に２回栽培することを二期作，同じ場所で異なる２種類の作物を１年の異なる時期に栽培することを二毛作。説明文は二期作と二毛作が入れ替わっている。

①：「６次産業」の６は，農林漁業本来の１次産業だけでなく，２次産業（工業・製造業），３次産業（販売業・サービス業）を取り込むことで「１次産業の１」×「２次産業の２」×「３次産業の３」の掛け算から「６」を付けたものである。

33 **解答** ④

解説 ④：地域包括ケアシステムは，いわゆる団塊の世代が75歳以上の後期高齢者となる2025年を目途に，介護保険の保険者である市町村や都道府県などが中心となり，地域の自主性や主体性に基づき，地域の特性に応じて構築していくことが目標。地域包括ケアシステムは，おおむね30分以内に必要なサービスが提供される日常生活圏域（具体的には中学校区）を単位として想定されている。

34 解答 ①

解説 裁判所などの公的機関を利用せず，業者と直接交渉して債務の支払方法について合意を目指す方法が「任意整理」。新しい救済手段として2001年４月１日より導入されたのが「個人再生」である。仮に借金が500万円あり，このうち200万円なら５年間で返済できるという再生計画案を立て，これが裁判所によって認可され，５年間できっちりと返済すれば，残りの300万円が免除されるという方法である。

高知県

実施日	2023(令和５)年６月17日	試験時間	60分（教職教養を含む）
出題形式	マークシート式	問題数	４題（解答数４）
パターン	２教科(理社)＋時事	公開状況	問題：公開　解答：公開　配点：公開

傾向＆対策

●教職教養も含め総問題数は29題で，このうち一般教養は４題と，教職教養の比重が大きくなっている。また，新型コロナウイルス感染症対策の観点から一昨年までは，教職・一般教養の試験の実施がなかったが，昨年より復活している。●今年度の一般教養では，日本史から１題，公民（国際）から１題，地学から１題，時事問題から１題が出題された。どの問題も時事問題に関連している。●時事問題は，「無形文化遺産の保護に関する条約」からの出題であった。●試験の前年に起こった時事問題を中心にして，環境，情報，科学分野についても広く学習をしておこう。また，教職教養を含めた試験時間は60分で，総解答数は40なので，効率よく解答できるようにしておこう。

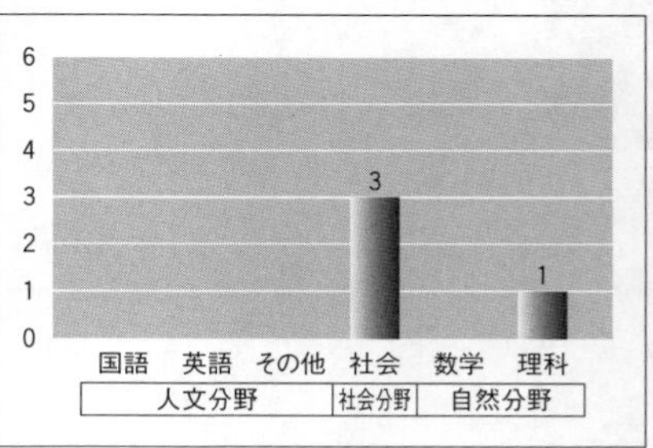

出題領域

人文分野	国語		英語		音楽	
	美術		家庭		保健体育	
社会分野	歴史(日本史)	1	歴史(世界史)		歴史(現代史)	
	地理(日本地誌)		地理(世界地誌)		地理(地理用語)	
	公民(政治)		公民(経済)		公民(国際)	1
	公民(倫理)		環境・情報・科学		時事問題	4
	ローカル					
自然分野	数学		物理		化学	
	生物		地学	1		

表中の数字は，解答数

※選択肢の出題領域が複数にわたる場合は，それぞれの項目に加算するためグラフの数とは異なる

全校種共通

☞解答＆解説 p.282

1 次の文中の（　　）に該当する語句として正しいものを，下の１～５から一つ選びなさい。

日本の鉄道が1872（明治５）年10月14日に（　　）～横浜間で開業して，2022（令和４）年で150年を迎えた。

1　東京　　2　浅草　　3　品川　　4　新橋　　5　新宿

2 UNHCRは，1950（昭和25）年に設立され，近年では，アフリカ，中東，アジアで発生した難民危機への対応を行うとともに，紛争で家を追われた国内避難民，無国籍者への支援等も行っている。また，ウクライナにおける紛争や情勢不安の影響を受け，1994（平成６）年から今日にいたるまで，現地当局，パートナー団体，地元の組織と連携しながら，保護や人道支援を必要としている人々のサポートを現場で行っている。UNHCRの日本語名称として正しいものを，下の１～５から一つ選びなさい。

1　世界保健機関　　2　国際連合ボランティア計画

3　国際連合児童基金　　4　国連難民高等弁務官事務所

5　国際移住機関

3 我が国の無形文化遺産として「無形文化遺産の保護に関する条約」に基づく代表一覧に2022（令和４）年に掲載されたものを，次の１～５から一つ選びなさい。

1　和食：日本人の伝統的な食文化

2　伝統的酒造り

3　風流踊

4　那智の田楽

5　結城紬

4 次の文中の（ ① ）～（ ③ ）に該当する語句の組み合わせとして正しいものを，下の１～５から一つ選びなさい。

2022（令和４）年11月８日夕方から宵にかけて，（ ① ）月食が起こった。この（ ① ）月食では，日本全国で，部分食の始まり（月の欠け始め）から部分食の終わり（月の欠け終わり）までを見ることができた。月食は，月が地球の影に入ることによって起こるが，この月食は，地球の影（本影）によって（ ② ）が隠される「（ ① ）月食」であった。

また，今回の月食では，月食の最中に，小笠原諸島を除く日本のほとんどの場所で，月が（ ③ ）を隠す「（ ③ ）食」が起こった。

1　①皆既　②月全体　③天王星

2　①部分　②月の一部　③海王星

3　①皆既　②月全体　③海王星

4　①部分　②月全体　③海王星

5　①皆既　②月の一部　③天王星

解答＆解説

1 解答 4

解説 1872（明治５）年東京の新橋・横浜間に鉄道が開通し，当時は陸蒸気（おかじょうき）と呼ばれた。その後も，鉄道の開通は1874（明治７）年に大阪・神戸間，1877（明治10）年に京都・大阪間と進み，1889（明治22）年に東海道線が全通した。

2 解答 4

解説 ４：国連難民高等弁務官事務所。UNHCR（The Office of the United Nations High Commissioner for Refugees） 1951年，スイスのジュネーブに設立。母国を追われて難民となった人々に食糧支援など国際的な保護を与える機関。

１：世界保健機関。ＷＨＯ（World Health Organization）1948年に設立。世界の人々の健康の増進を図るための国際連合の専門機関。本部はスイスのジュネーブ。 ２：国際連合ボランティア計画。ＵＮＶ（United Nations Volunteers）世界の平和と開発を支援するために，ボランティアリズムを推進する国連機関。地球規模のボランティアリズムを啓発。ボランティアリズムを開発計画に統合するためのパートナーとの連携，そしてボランティアの動員を通じて世界平和と開発に貢献している。 ３：国際連合児童基金。UNICEF（United Nations Children's Fund） 1946年に設立。現在は発展途上国の児童への食糧・医療品・医療などの長期的な援助や子ども（児童）の権利条約の普及活動をしている国連機関。本部はニューヨーク。 ５：国際移住機関。IOM（International Organization for Migration） 国連の関連機関で，人道的かつ秩序ある，すべての人々の利益となる移住の促進を主導する政府間機関。1951年の設立以来，IOMは移住の分野を専門とする政府間機関として，政府や政府間組織，NGOのパートナーと緊密に連携して活動。

3 解答 3

解説 無形文化遺産の保護に関する条約（無形文化遺産保護条約）は，平成15（2003）年10月のユネスコ総会において採択。わが国からは22件の無形文化遺産が記載されている（2023年7月現在）。 ３：風流踊（ふりゅうおどり）は，衣裳や持ちものに趣向をこらして，歌や笛・太鼓・鉦（かね）などの囃子（はやし）に合わせて踊る民俗芸能。各地域に伝わり，除災や死者供養，豊作祈願，雨乞いなど，人々の祈りが込められている。岩手県盛岡市の永井の大念仏剣舞，神奈川県三浦市のチャッキラコ，岐阜県郡上市の郡上踊など全41件の国指定の重要無形文化財で構成。

１：和食：日本人の伝統的な食文化は2013年，２：伝統的酒造りは未記載，４：那智の田楽は2012年，５：結城紬は2010年に記載。

4 解答 1

解説 月食とは，太陽―地球―月と一直線に並び，月が地球の影に入って欠けて見える現象である。一部が欠ける月食を部分月食，月全体が欠ける月食を皆既月食という。なお，2022年11月8日の月食は皆既月食であり，その最中に月が天王星を隠す現象も起こった。

高知県

福岡県／福岡市／北九州市

実施日	2023(令和５)年７月９日	試験時間	50分（教職教養を含む）
出題形式	ＯＣＲ式	問題数	６題（解答数６）
パターン	３教科（国英理）＋時事	公開状況	問題:公開　解答:公開　配点:公開

傾向＆対策　●例年，一般教養の割合は少なく，教職教養は解答数19，一般教養は解答数６。昨年度は５教科のみの出題だったが，今年度は数学と地歴公民がなくなり，時事問題が出題された。内容はフレックス・タイム制や働き方改革関連法など，近年の雇用や労働環境の変化に関するもの。●国語は，定番の四字熟語と，ことわざ・慣用句。いずれも意味を問う問題である。英語も例年通り，会話文の空欄補充が出題。●地歴公民は，今年度の出題はなかったが，公民からの出題が定番で日本国憲法は頻出。●数学と理科は基本的に１題ずつの出題が多いが，今年度は理科の物理からの出題のみだった。●５教科の基礎学力を高める学習は必須で，過去に出題のあった白書や施策などの公的な資料を確認しておきたい。

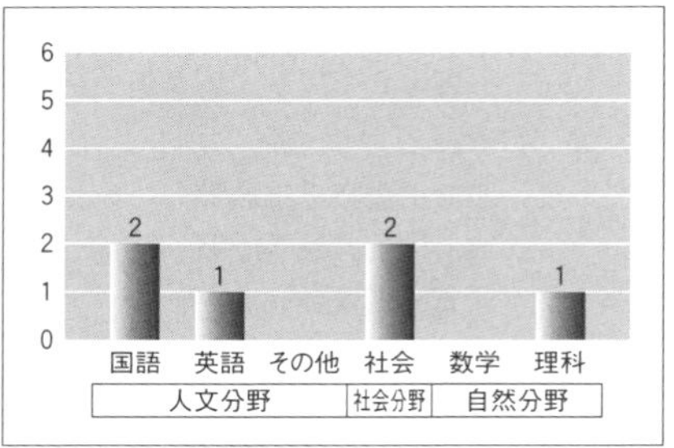

出題領域

人文分野	国語	2	英語	1	音楽	
	美術		家庭		保健体育	
社会分野	歴史（日本史）		歴史（世界史）		歴史（現代史）	
	地理（日本地誌）		地理（世界地誌）		地理（地理用語）	
	公民（政治）		公民（経済）		公民（国際）	
	公民（倫理）		環境・情報・科学		時事問題	2
	ローカル					
自然分野	数学		物理	1	化学	
	生物		地学			

表中の数字は，解答数

全校種共通

☞解答＆解説 p.286

1 次のア～オの四字熟語の意味を選んだとき，正しい組合せを選びなさい。

ア　森羅万象

a　自然に任せて作為のないこと。

b　俗世間を離れた，平和な世界。

c　宇宙に存在する，全てのもの。

イ　天衣無縫

a　性格が無邪気で飾り気やわざとらしさがないこと。

b　昔から今までに，一度も起こったことがないこと。

c　自分ほど優れている者はいないとうぬぼれること。

ウ　深謀遠慮

a　付きもせず離れもしない関係を保つこと。

b　はるか先のことまでじっくり考えること。

c　黙っていても相手に気持ちが通じること。

エ　捲土重来

a　先人が陥った失敗をそのまま繰り返すこと。

b　苦しみのあまり，あちこち転がり回ること。

c　一度敗れた者が，再び勢いを盛り返すこと。

オ　自家撞着

a　自分の力以上に威勢のいいことを言うこと。

b　同じ人の言動や文章が前後で食い違うこと。

c　真理を曲げて時勢に迎合しようとすること。

	ア	イ	ウ	エ	オ
①	c	c	c	b	a
②	b	a	c	a	b
③	a	b	b	b	a
④	c	a	b	c	b
⑤	a	c	a	c	c

2 次のことわざ・慣用句とその意味の組合せとして，誤っているものを選びなさい。

	ことわざ・慣用句	意味
①	雨後のたけのこ	同じような物事が次から次に現れ出ること。
②	判官びいき	弱い立場の人や不遇な人に同情し，味方すること。
③	水を向ける	仲の良い二人が仲たがいを起こすように仕向けること。
④	馬が合う	相性が良く，行動をともにしやすいこと。
⑤	悪銭身につかず	不正な手段で得た金は浪費して残らないこと。

3 斜面を転がるボールが転がり始めてからx(秒)で移動する距離をy(m)とすると，xとyの間には$y=3x^2$という関係が成り立つ。転がり始めて2秒後から5秒後までの平均の速さ（m/秒）を求め，正しい答えを選びなさい。

①	3	②	7	③	12	④	18	⑤	21

4 次の(1)～(4)の各文は，日本における雇用や労働環境の変化に関するものである。文中の（ア）～（エ）に当てはまる語句の正しい組合せを選びなさい。

(1) 労働時間のあり方は徐々に変化しており，始業・終業の時間を自分が設定する（ア）制を採用する企業も増えている。

(2) 2018年には（イ）法が成立し，残業時間の上限規制や最低5日間の有給休暇取得義務が定められた。

(3) 2020年の新型コロナウイルスの感染拡大により，ビデオ会議などを使って自宅などで勤務する（ウ）が広まった。

(4) 近年，女性の社会参加が進み，共働き世帯が増える中で，（エ）などにより一人あたりの労働時間を減らし，労働者間のバランスを図ることを考えなければならない。

	ア	イ	ウ	エ
①	フレックス・タイム	育児・介護休業	ディーセント・ワーク	ワーキングプア
②	変形労働時間	育児・介護休業	ディーセント・ワーク	ワーキングプア
③	変形労働時間	働き方改革関連	テレワーク	ワーキングプア
④	フレックス・タイム	働き方改革関連	テレワーク	ワークシェアリング
⑤	フレックス・タイム	働き方改革関連	ディーセント・ワーク	ワークシェアリング

5 オートファジーに関する研究でノーベル生理学・医学賞を2016年に受賞した人物を選びなさい。

①	利根川 進	②	山中 伸弥	③	大村 智	④	大隈 良典	⑤	本庶 佑

6 次の対話文は，友人AとBの会話である。文中の（ア）～（エ）に入る適当なものをそれぞれa～cから選んだとき，正しい組合せを選びなさい。

A：Hi,（ア）?

B：Yes, my hometown is a really great town.

A：What is great about your town?

B：（イ）. There are three movie theaters and a lot of malls and stores.

A：Wow, you can find anything you want there.

B：Right, and the thing I like is you can eat any type of food in my hometown.

A：（ウ）.

B：Great! You can enjoy a variety of food there. For example, there are Chinese, Korean, French, and Italian restaurants. They are all good.

A：Sounds nice! What about nature?

B：We don't have hills and mountains, so（ エ ）.

A：Then, can you see them only in a zoo?

B：Yes. Anyway, my hometown is a great place to live in.

ア	a．have you ever been to my birthplace b．can you tell me about your hometown c．is it true you visited your uncle last week
イ	a．I never go out during the day b．I don't know about it very much c．There are a lot of things to do
ウ	a．I really like Asian and European food b．This is one of the best restaurants I've visited c．Please cook them for me next weekend
エ	a．we go for a walk with my pet dogs every other day b．I recommend you go skiing or snowboarding in winter c．we cannot see animals like deer and squirrels in my town

	ア	イ	ウ	エ
①	a	c	b	b
②	b	a	b	a
③	b	c	a	c
④	c	a	a	a
⑤	c	b	c	c

解答＆解説

1 解答 ④

解説 ア：「森羅万象」―c：（宇宙に存在する，全てのもの。「森羅」は無限に連なるもの）　イ：「天衣無縫」―a：（性格が無邪気で飾り気やわざとらしさがないこと。天人の衣は縫い目がないことから）　ウ：「深謀遠慮」―b：（はるか先のことまでじっくり考えること。「遠慮」は遠くまで見通した考え）　エ：「捲土重来」―c：（一度敗れた者が，再び勢いを盛り返すこと。一度敗れた軍が土ぼこりを上げて来襲した故事から）　オ：「自家撞着」―b：（同じ人の言動や文章が前後で食い違うこと。「撞着」はぶつかること）

2 解答 ③

解説 ③：「水を向ける」は，話題を振ってさりげなく発言を促すこと。

3 解答 ⑤

解説 $y=3x^2$に当てはめて考える。２秒後に球は，スタート地点から$3\times2^2=12$[m]の位置にある。５秒後には，$3\times5^2=75$[m]の位置にある。よって，２秒後から５

秒後までの平均の速さは，$\frac{75-12[\mathrm{m}]}{5-2[\mathrm{s}]}=21[\mathrm{m/s}]$である。

4 解答 ④

解説 (1) 始業や終業の時間を自分で決められるのはフレックス・タイム制である。変形労働時間制は，繁忙期と閑散期がある場合，その時期に合わせて労働時間を調整できる制度。

(2) 働き方改革関連法は，「長時間労働の是正」「正規・非正規間の格差解消」「多様で柔軟な働き方の実現」という３つの柱を掲げ，残業時間の上限規制や最低５日間の有給休暇の取得義務が定められている。育児・介護休業法は，男女にかかわらず出産・育児・介護といったライフイベントと仕事を両立するために制定。

(3) テレワークは，ICT（情報通信技術）を利用し，時間や場所を有効に活用できる柔軟な働き方で，Tele（離れて）とWork（仕事）を組み合わせた造語。ディーセント・ワークとは「働きがいのある人間らしい仕事」で，SDGsや働き方改革と関係し，「生きがいを持って安心して働ける環境づくり」を目指している。ディーセント・ワークを推進することで，所得格差だけでなく，長時間労働やハラスメントの課題も解決できるようになると期待されている。

(4) ワークシェアリングとは，これまで一人で担当していた仕事を複数人で分けること。長引く不況で失業率が上昇した1970年代のヨーロッパで生まれた概念だが，多様な働き方を導入することによって，個々の労働者のニーズにも答えられるという利点がある。ワーキングプアは，正社員やフルタイムで働いていても，生活保護の水準以下しか収入が得られない就労者を指す。

5 解答 ④

解説 ④：大隅良典は，生物が細胞内で不要なたんぱく質を分解し再利用する「オートファジー（自食作用）」の仕組みを解明し2016年生理学・医学賞受賞。

①：利根川進は多様な抗体を生成する遺伝的原理の解明で1987年生理学・医学賞を受賞。 ②：山中伸弥はさまざまな細胞に成長できる能力を持つiPS細胞の作製で2012年生理学・医学賞受賞。 ③：大村智は線虫の寄生によって引き起こされる感染症に対する新たな治療法に関する発見で2015年生理学・医学賞受賞。 ⑤：本庶佑は免疫チェックポイント阻害因子の発見とがん治療への応用で2018年生理学・医学賞受賞。

6 解答 ③

解説 ア：最初の発言でＢは「Yes, my hometown is a really great town.」（はい，私の故郷は本当に良いところです）と答えているので，（ ア ）に入る適切な発言はｂ：「can you tell me about your hometown」（あなたの故郷について教えてくれますか）である。

ａ：「have you ever been to my birthplace」（私の生まれ故郷に行ったことがありますか），ｃ：「is it true you visited your uncle last week」（先週叔父さんの家を訪問したのは本当ですか）は文意に合わない。

イ：「What is great about your town?」（あなたの故郷のどこが素晴らしいので

すか）と問われたBは（ イ ）のあとで「There are three movie theaters and a lot of malls and stores.」（映画館が３つあり，ショッピングモールやお店がたくさんあります）と答えているので，（ イ ）に入る適切な発言はｃ：「There are a lot of things to do」（いろんなことができます）である。

ａ：「I never go out during the day」（私は日中に決して外出しません），ｂ：「I don't know about it very much」（私はそれについてあまり多くのことを知りません）は文意に合わない。

ウ：（ ウ ）の前でBは「the thing I like is you can eat any type of food in my hometown.」（私が気に入っているのは，私の故郷ではどんな種類の食べ物でも食べられる点です）と述べているので，（ ウ ）の内容は食べ物に関するものになるはず。したがって正解はａ：「I really like Asian and European food」（私はアジアやヨーロッパの料理がとても好きです）である。

ｂ：「This is one of the best restaurants I've visited」（ここは私がこれまで行った中で最高のレストランです），ｃ：「Please cook them for me next weekend」（来週私にそれらを調理してください）は文意に合わない。

エ：（ エ ）の後でAは「Then, can you see them only in a zoo?」（では，動物園でのみそれらを見ることができるのですか）と尋ねているので，（ エ ）は動物に関する内容になるはず。したがって正解はｃ：「we cannot see animals like deer and squirrels in my town」（私の故郷では鹿やリスを見ることはできません）となる。

ａ：「we go for a walk with my pet dogs every other day」（私たちは一日おきにペットの犬と散歩します），ｂ：「I recommend you go skiing or snowboarding in winter」（冬にはスキーやスノーボードに行くのがおすすめです）は文意に合わない。

佐賀県

実施日	2023(令和5)年7月9日	試験時間	50分(教職教養を含む)
出題形式	選択式	問題数	3題(解答数19)
パターン	5教科+音楽・時事・ローカル	公開状況	問題:公開　解答:公開　配点:公開

傾向&対策 ●例年，教職教養に比重が置かれ，教職教養8題(解答数31)，一般教養3題(解答数19)。また，ローカル問題が複数出題される。●国語は，漢字の読み書きと季語。英語は英文の空欄補充が定番となっている。●社会は，もっともはやく起こった乱を問う問題。時事問題は5類感染症，こども家庭庁について問われた。●ローカルは地誌や時事と絡めたものが多く，県木，2023年4月に開通した横断橋の名称，佐賀の人物，佐賀県ゆかりのプロスポーツチームなど。●数学は曜日を求める問題。理科は化学からの問題。●4教科をメインに，佐賀県の地誌・著名人・文化などを確認するとともに，試験時間50分で教職教養を含めた総解答数は50なので，時間配分を意識した学習をしよう。

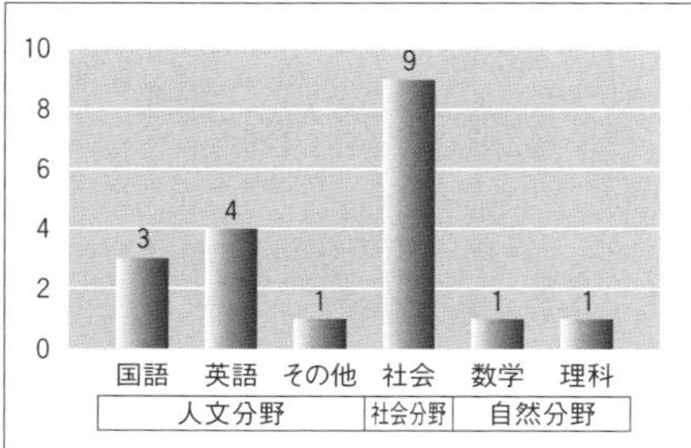

出題領域

人文分野	国語	3	英語	4	音楽	1
	美術		家庭		保健体育	
社会分野	歴史(日本史)	1	歴史(世界史)		歴史(現代史)	
	地理(日本地誌)		地理(世界地誌)		地理(地理用語)	
	公民(政治)		公民(経済)		公民(国際)	1
	公民(倫理)		環境・情報・科学		時事問題	2
	ローカル	5				
自然分野	数学	1	物理		化学	1
	生物		地学			

表中の数字は，解答数

佐賀県

全校種共通

☞解答＆解説 p.291

1 **次の(1)～(9)の各問いに答えなさい。**

(1) 次の①，②の下線部のカタカナにあてはまる漢字を次の(ア)～(エ)から１つ選び，その記号で答えよ。

① シコウ錯誤を重ねる

(ア) 思行　(イ) 施行　(ウ) 試行　(エ) 試考

② 社会ホショウ制度を整備する

(ア) 保証　(イ) 保障　(ウ) 補償　(エ) 補証

(2) 次の(ア)～(エ)から夏の季語を１つ選び，その記号で答えよ。

(ア) 椿　(イ) 牡丹　(ウ) 朝顔　(エ) 大根

(3) 次の(ア)～(エ)の中でもっともはやく起きた出来事を１つ選び，その記号で答えよ。

(ア) 島原の乱　(イ) 承久の乱　(ウ) 保元の乱　(エ) 応仁の乱

(4) 2024年２月29日は木曜日である。2025年２月28日は何曜日か。次の(ア)～(エ)から１つ選び，その記号で答えよ。

(ア) 木曜日　(イ) 金曜日　(ウ) 土曜日　(エ) 日曜日

(5) 元素記号「Sn」で表される元素名は何か。次の(ア)～(エ)から１つ選び，その記号で答えよ。

(ア) スズ　(イ) 鉛　(ウ) 亜鉛　(エ) 鉄

(6) 次の(ア)～(エ)から管楽器でないものを１つ選び，その記号で答えよ。

(ア) オーボエ　(イ) クラリネット　(ウ) コントラバス　(エ) トロンボーン

(7) 「WTO」で表される国際連合の専門機関の名称は何か。次の(ア)～(エ)から１つ選び，その記号で答えよ。

(ア) 世界保健機関　(イ) 世界気象機関　(ウ) 世界観光機関　(エ) 世界貿易機関

(8) 感染症法で新型コロナウイルス感染症（COVID-19）と同じ５類感染症に位置付けられている感染症は何か。次の(ア)～(エ)から１つ選び，その記号で答えよ。

(ア) 狂犬病　(イ) 麻しん　(ウ) コレラ　(エ) 結核

(9) 全てのこどもが将来にわたって幸福な生活を送ることができる社会の実現を目指し，こども政策を総合的に推進することを目的として2023年４月に発足した政府機関を何というか。次の(ア)～(エ)から１つ選び，その記号で答えよ。

(ア) 家庭こども庁　(イ) 家庭こども省　(ウ) こども家庭庁　(エ) こども家庭省

2 **次の(1)～(4)の（　）に入る最も適切なものを下の(ア)～(エ)からそれぞれ１つずつ選び，その記号で答えなさい。**

(1) Could you (　　) me a hand with this baggage?

(ア) take　(イ) show　(ウ) keep　(エ) give

(2) Hurry up, (　　) you will be late for the meeting.

(ア) so　(イ) if　(ウ) or　(エ) but

(3) I was sitting in the room when I heard my name (　　).

(ア) call　(イ) to call　(ウ) calling　(エ) called

(4) You had better change (　　) at the next station.

(ア) train　(イ) trains　(ウ) a train　(エ) the train

3 **次の(1)〜(5)の各問いに答えなさい。**

(1) 佐賀県の県木（けんぼく）に指定されている木はどれか。次の(ア)〜(エ)から１つ選び，その記号で答えよ。

(ア) クス　(イ) スギ　(ウ) ツツジ　(エ) ツバキ

(2) 2023年４月18日に開通した佐賀市のSAGAアリーナ側と佐賀市文化会館側をつなぐ横断橋の名称はどれか。次の(ア)〜(エ)から１つ選び，その記号で答えよ。

(ア) 未来橋　(イ) 飛躍橋　(ウ) 開運橋　(エ) 栄光橋

(3) 1884年に現在の神埼市千代田町に生まれ，「次郎物語」の作者で知られている人物はどれか。次の(ア)〜(エ)から１つ選び，その記号で答えよ。

(ア) 大隈重信　(イ) 下村湖人　(ウ) 鍋島直正　(エ) 佐野常民

(4) 唐津市の産学官連携事業で完全養殖に成功した水産物はどれか。次の(ア)〜(エ)から１つ選び，その記号で答えよ。

(ア) サケ　(イ) サバ　(ウ) サンマ　(エ) タラ

(5) 佐賀バルーナーズが所属するプロスポーツリーグの通称はどれか。次の(ア)〜(エ)から１つ選び，その記号で答えよ。

(ア) Ｂリーグ　(イ) Ｊリーグ　(ウ) Ｔリーグ　(エ) Ｖリーグ

解答＆解説

1 **解答** (1)①―(ウ)　②―(イ)　(2)―(イ)　(3)―(ウ)　(4)―(イ)　(5)―(ア)
(6)―(ウ)　(7)―(エ)　(8)―(イ)　(9)―(ウ)

解説 (1) ①「試行錯誤」は，いろいろ試してみて間違っていたら直す方策。
他の選択肢の使い方の例は，(イ)：法律の施行
②「社会保障」は，国民の生活を守るための制度。
他の選択肢の使い方の例は，(ア)：元本を保証　(ウ)：交通事故の補償金

(2) 夏の季語は(イ)：「牡丹」。
他の選択肢の季語は次の通り。 (ア)：「椿」は春　(ウ)「朝顔」は秋　(エ)：「大根」は冬

(3) (ウ)：保元の乱は，崇徳上皇と弟の後白河天皇が対立，これに藤原忠道と弟頼長の争いがからんで1156年に京都で起こった内乱。
(ア)：島原の乱は，1637〜38年，キリシタン農民らの一揆。 (イ)：承久の乱は，1221年，朝廷の勢力を取り戻そうとして，後鳥羽上皇が起こした戦い。 (エ)：応仁の乱は，1467〜77年，細川勝元と山名持豊（宗全）の勢力争いに，将軍の相続争いがからんで，細川側，山名側に分かれて11年の間にわたって行われた争乱。

(4) 2024年２月29日は木曜日，2024年３月１日から2025年２月28日までは365日。

月		火	水	木	金	土	日
2/25		2/26	2/27	2/28	3/1	3/2	3/3
3/4		3/5	3/6	3/7	3/8	3/9	3/10
3/11		3/12	3/13	3/14	3/15	3/16	3/17
3/18		3/19	3/20	3/21			

表からは，7の倍数が木曜日になることが分かる。

365日後である2月28日が何曜日かを求める。365÷7＝52あまり1で，木曜日の次の日になるので，求める曜日は(イ)：金曜日。

(5)　Snは(ア)：「スズ」である。

(イ)：「鉛」はPb，(ウ)：亜鉛はZn，(エ)：鉄はFeである。

(6)　正答の(ウ)：「コントラバス」は弦楽器である。

(ア)：「オーボエ」は木管楽器，(イ)：「クラリネット」は木管楽器，(エ)：「トロンボーン」は金管楽器である。

(7)　(エ)：世界貿易機関。WTO（World Trade Organization）　世界貿易の秩序形成を目的とした国際的な貿易機関。1994年，マラケシュ会議で合意され1995年に設立された。従来のモノの貿易からサービス貿易や知的財産権問題なども扱う。本部はスイスのジュネーブ。

(ア)：世界保健機関。WHO（World Health Organization）　1948年に設立。世界の人々の健康の増進を図るための国際連合の専門機関。本部はスイスのジュネーブ。　(イ)：世界気象機関。WMO（World Meteorological Organization）　気象業務の国際協力を推進する機関で，1951年に国連の専門機関となった。世界各国の気象業務の連携・データの標準化などで，気象情報の効率的な交換をはかっている。　(ウ)：世界観光機関。UNWTO（World Tourism Organization）　観光分野における主導的な国際機関として経済成長，包摂的な発展，持続可能な開発の推進力として観光を促進し世界全体の知見と観光政策の質を向上させるために先頭に立ち，観光部門に対する支援を行っている。本部はスペインのマドリード。

(8)　(イ)：「麻しん」（はしか）は新型コロナウイルス感染症（COVID-19）と同じ5類感染症。

(ア)：「狂犬病」は4類感染症，(ウ)：「コレラ」は3類感染症，(エ)：「結核」は2類感染症。1類感染症は感染力が強く重篤で危険性が極めて高い感染症で，原則として入院が必要。2類感染症は罹患した場合の重篤性から判断して危険性が高い感染症で，状況に応じて入院が必要。3類感染症は罹患した場合の重篤性から判断して危険性は高くないが，特定の職業への就業によって集団発生を起こし得る感染症。4類感染症は動物，飲食物等を介してヒトに感染する感染症。5類感染症は国が感染症発生動向調査を行い，必要な情報を一般国民や医療関係者に提供・公開していくことで発生・拡大を防止すべき感染症。発生状況の収集・分析とその結果の公表・提供が必要となる。全数把握と定点把握がある。

(9)　こども家庭庁は，子育てや少子化，児童虐待，いじめなど子どもを取り巻く社会問題に対して本質的な対策を進め解決するために内閣府に設置された組織。子どもを中心に考え，子どもの権利を守り，子どもと家庭の福祉や健康向上，少子化対策をシームレスで進めるのが基本的な考え方。

2 解答 (1)—(エ)　(2)—(ウ)　(3)—(エ)　(4)—(イ)

解説 (1) 「give 人 a hand」で，（人に手を貸す，助ける）という意味の熟語。

(2) 「命令文, or S V～」で，（…しなさい，さもないと～する）という意味の熟語。

(3) 「I heard my name (　　)」を訳すと（私は自分の名前が（　　）のを聞いた）となる。名前は（呼ばれる）と受身的になるので過去分詞を選ぶ。したがって，正解はエ：calledとなる。

(4) 「change trains at ～」は（～で電車を乗り換える）という意味の熟語。電車を乗り換えるので「trains」と複数形にする。

3 解答 (1)—(ア)　(2)—(エ)　(3)—(イ)　(4)—(イ)　(5)—(ア)

解説 (1) 佐賀県の県木は(ア)：「クス」。

県花はクスの花，県鳥はカササギ。

(2) 佐賀県では，SAGA2024国スポ・全障スポ（国民スポーツ大会・全国障害者スポーツ大会）の開催を契機に，新たな価値を創造するエリアとしてSAGAアリーナをはじめとするSAGAサンライズパークを整備。その一環として，SAGAサンライズパークと佐賀市文化会館をつなぐ(エ)：栄光橋が整備された。

(3) (イ)：下村湖人は，1884年に現在の佐賀県神埼市千代田町で生まれた小説家，および社会教育家。県内の中学校で教師を務めたあと，里子に出された少年の成長を描いた自伝的な小説『次郎物語』を執筆し広く知られるようになった。

(ア)：大隈重信は佐賀藩士の子として生まれ，明治政府では大蔵卿，外務大臣，農商務大臣などを歴任し，1898年に板垣退助と共に隈板内閣を組閣，総理大臣になる。半年で下野するが，1914年には再び総理大臣に就任。さまざまな功績を残している。　(ウ)：鍋島直正は佐賀藩の10代目藩主となり，藩財政改革をはじめ諸改革に取り組む。洋式鉄製大砲を製造するなど，軍備の強化に務めた。維新後は初代開拓長官などを歴任した。　(エ)：佐野常民は佐賀藩士の子として生まれ，緒方洪庵の下で学ぶ。維新後，大蔵卿，元老院議長などを歴任。西南戦争の際に傷病兵を救済する必要性を感じ「博愛社」を設立する。博愛社は後に日本赤十字社と名称を変更し，佐野は初代日本赤十字社社長となった。

(4) ブランド名「唐津Qサバ」として売り出している。

(5) 佐賀バルーナーズは2018年に創設されたプロバスケットボールチームで，(ア)：Bリーグに所属する。

(イ)：Jリーグはサッカーで，佐賀県内ではサガン鳥栖が所属。　(ウ)：Tリーグは卓球で，九州地方では女子の九州アスティーダが所属。　(エ)：Vリーグはバレーボールで，佐賀県内では女子の久光スプリングスが所属。

長崎県

実施日	2023(令和５)年７月９日	試験時間	50分（教職教養を含む）
出題形式	マークシート式	問題数	３題（解答数15）
パターン	５教科	公開状況	問題:公開　解答:公開　配点:公開

傾向&対策　●教職教養と一般教養あわせて50問で50点。試験時間50分となっている。50問のうち，一般教養は３題（解答数15）という構成で，教職教職の比重が大きい。●国語は漢字や熟語が頻出で，今年度は熟語と，ことわざの意味を問う問題。英語は，英文の空欄補充と英文整序が定番である。●社会は，今年度は世界史と地理，公民からの出題であった。以前は出題されていたローカル問題は，昨年度に引き続き，今年度も出題されなかった。●数学は図形，理科は昨年同様，物理・化学・生物から出題された。誤りを選択する問題は頻出である。●５教科の基礎を押さえるとともに，これまで出題されていたローカル問題の対策として，長崎県の地誌や他県との比較などは確認をしておきたい。

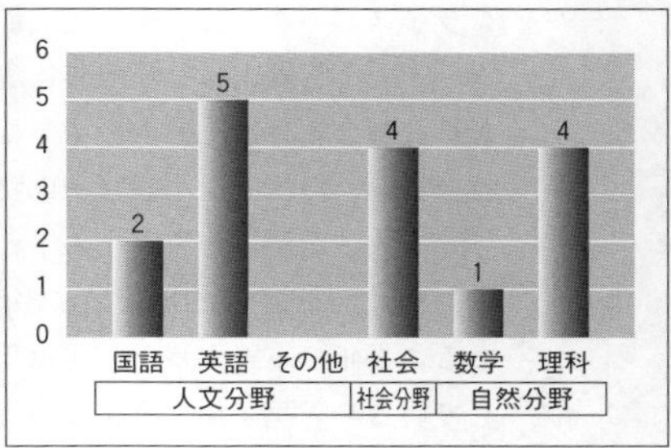

出題領域

人文分野	国語	2	英語	5	音楽	
	美術		家庭		保健体育	
社会分野	歴史(日本史)		歴史(世界史)	1	歴史(現代史)	
	地理(日本地誌)	1	地理(世界地誌)		地理(地理用語)	
	公民(政治)	1	公民(経済)		公民(国際)	
	公民(倫理)		環境・情報・科学		時事問題	
	ローカル					
自然分野	数学	1	物理	2	化学	1
	生物	2	地学			

表中の数字は，解答数

全校種共通

☞解答＆解説 p.297

1 **次の各問いについて，後の①～④の中から最も適当なものをそれぞれ1つずつ選び，番号で答えなさい。**

問1　次の熟語のうち，「既存」と同じ構成の熟語はどれか。

①増減　②予想　③平然　④臨海

問2　「中途半端で役に立たないこと」という意味のことわざはどれか。

①ぬれ手で粟　②仏つくって魂入れず

③帯に短したすきに長し　④のれんに腕押し

問3　次のグラフは，日本の農業総産出額（国内で生産された農産物の売り上げ相当額のこと，最終生産物の生産量×価格であらわす）を示している。グラフ内のAに当てはまる農産物はどれか。

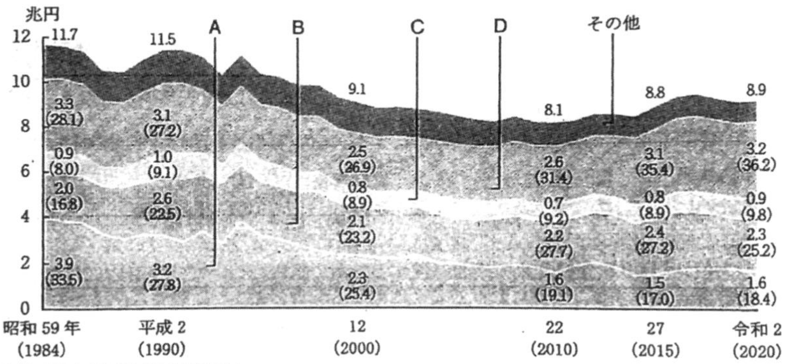

資料：農林水産省「生産農業所得統計」
注：1)「その他」は，麦類，雑穀，豆類，いも類，花き，工芸農作物，その他作物，加工農産物の合計
2)（　）内は，産出額に占める割合（%）

①野菜　②畜産　③米　④果実

問4　次の文は，20世紀初頭に起きた世界恐慌について述べたものである。文中の下線部①～④のうち，誤っているものはどれか。

1929年10月24日の「暗黒の木曜日」と呼ばれるニューヨークのウォール街にある証券取引所で起きた株価の大暴落をきっかけにアメリカで恐慌が起き，世界中に広まった。1933年にアメリカの大統領になった①チャーチルは，②ニューディール政策と呼ばれる対策を行った。その柱は農産物の生産量を調整する③農業調整法（AAA）や産業を統制する④全国産業復興法（NIRA）であった。

問5　次の文は，裁判員制度について述べたものである。文中の下線部①～④のうち，正しいものはどれか。

国民に身近で速くて頼りがいのある司法の実現をめざし，①1948年から司法制度改革が行われた。裁判に国民の良識を反映させ，主権者としての国民の意識を高めることを目的に，②一般の裁判員が職業裁判官と刑事裁判を行う裁判員制度が導入された。③裁判員は一事件につき原則12人で対応する。なお，④裁判も評議も公開される。

2　次の各問いについて，後の①～④の中から最も適当なものをそれぞれ１つずつ選び，番号で答えなさい。

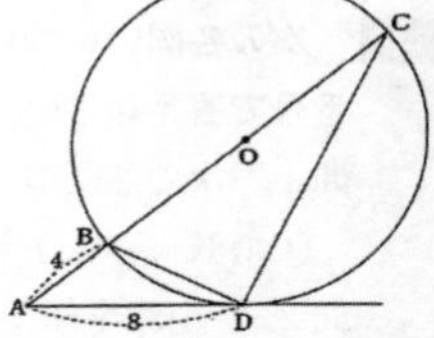

問１　図のようにＯを中心とする円と直線AOとの交点をＢ，Ｃとし，Ａから引いた接線との接点をＤとする。AB＝4，AD＝8のとき，円Ｏの直径はいくらか。

①12　②$12\sqrt{3}$　③16　④$16\sqrt{3}$

問２　次の説明文のうち，誤っているものはどれか。

①ふつうのプラスチックは，電気を通さない絶縁体であるが，加工の過程で金属や黒鉛の粉末を加えると，電気を導くようになるものがあり，導電性樹脂と呼ばれる。

②対流が起こるのは，気体や液体の中に温度差を生じると，高温の部分は膨張して密度が大きくなって押し上げられ，低温の部分がその後ろへ流れてくるためである。

③GPS（Global Positioning System）によって，地上のどこにいても現在の位置を知ることができるようになった。GPSでは，４つ以上のGPS衛星からの電波が到着するまでの時間差から，受信点の位置（緯度，経度，高度）を割り出すことができる。

④弱毒化した病原体をワクチンとして接種すると，白血球の一種は，ワクチンを取り込み，複合体を形成する。この複合体の働きによって，ワクチンに対する抗体をつくる細胞と，ワクチンの情報を記憶する細胞とが生じる。このときのワクチンのように，抗体をつくる原因となった物質を抗原という。

問３　限界暗期よりも短い暗期で花芽を形成する長日植物はどれか。

①キク　②アサガオ　③サツマイモ　④アブラナ

問４　周期表の14族元素のうち，レアメタル（希少金属）に指定されているものはどれか。

①Si（ケイ素）　②Ge（ゲルマニウム）　③Sn（スズ）　④Pb（鉛）

問５　日本においてジャガイモの発芽抑制への利用が認められているものはどれか。

①赤外線　②可視光線　③紫外線　④放射線

3　次の各問いに答えなさい。

問１　次の(1)，(2)の英文において，（　　）に適するものを，後の①～④の中からそれぞれ１つずつ選び，番号で答えよ。

(1)　Don't speak ill of others (　　) their backs.

①against　②behind　③from　④on

(2)　We have to put up (　　) inconveniences for a while.

①at　②of　③to　④with

問２　次の各英文の（　　）に共通して入る英単語はどれか。後の①～④の中から１つ選び，番号で答えよ。

Turn left at the first (　　).

The summer vacation is just around the (　　).

①bypass　②corner　③line　④section

問３　次の英語のことわざと同じ意味をもつ日本のことわざはどれか。後の①～④の中から１つ選び，番号で答えよ。

Out of sight, out of mind.

①去る者は日々に疎し。　②転ばぬ先の杖。

③窮すれば通ず。　④百聞は一見に如かず。

問４　次の英会話において意味が通じるように英単語を並べかえたとき，［　］内で５番目にくる英単語はどれか。①～⑦から１つ選び，番号で答えよ。ただし，文頭にくる語も小文字で示している。

A：Excuse me.［①time　②this　③to　④get　⑤what　⑥does　⑦train］Osaka?

B：It arrives at 11:05.

解答＆解説

1 解答　問１―②　問２―③　問３―③　問４―①　問５―②

解説　問１　「既存」は「既に存る」で，前の漢字が後の漢字を修飾する構成。②：「予想」も「予め想う」で同じ構成となる。

①：「増減」は，反対の意味の漢字の構成　③：「平然」は，似た意味の漢字の構成　④：「臨海」は，動詞の後に目的語を置く構成

問２　「中途半端で役に立たないこと」は，③：「帯に短したすきに長し」

他の選択肢の意味は次の通り。①：「ぬれ手で粟」は，たやすく大きな利益を得ること　②：「仏つくって魂入れず」は，形ばかりで肝心なところが抜けている様子　④：「のれんに腕押し」は，働きかけてものらりくらりかわされる様子

問３　A―米，B―野菜，C―果実，D―畜産

農業総産出額は，近年，米，野菜，肉用牛等における需要に応じた生産の取組が進められてきたこと等を主たる要因として増加傾向で推移してきた。米は，昭和59（1984）年，総産出額の33.5％を占めていたが，令和２（2020）年，18.4％となっている。

問４　①：1933年に就任した大統領はフランクリン＝ローズヴェルトで，チャーチルは誤り。チャーチルは，イギリス首相。戦後は「鉄のカーテン演説」で反ソ政策を唱えた。

1929年10月，ニューヨーク株式市場（ウォール街）での株価の暴落からアメリカ合衆国は空前の恐慌に襲われた。1932年の選挙で民主党のフランクリン＝ローズヴェルトが大統領に当選し（就任は1933年），ニューディール（新規まき直し）と呼ばれる経済復興政策を実施した。まず銀行の救済をはかるとともに，金の流出を防ぐため金本位制から脱退した。また農業調整法（AAA）で農業生産を調整し，農産物の価格を引き上げて農民の生活を安定させ，全国産業復興法（NIRA）では工業製品の価格協定を公認して，産業の復興を促した。

問５　②が正しい。

①：1948年は誤り。③：裁判員12人は誤り。④：評議も公開されるは誤り。

長崎県

1999（平成11）年，司法制度改革審議会が設置され，21世紀の日本の司法制度について議論された。司法制度改革の主なものは，裁判員制度導入，法科大学院の設置，迅速な裁判の実施のための裁判迅速化法（2003年），犯罪被害者等基本法（2004年），司法支援センター設立，被疑者段階で国選弁護人を選任すること（2006年）などが主な内容である。

裁判員の構成は裁判官３名，裁判員６名が原則であり，例外として被告人が有罪を認めている場合は裁判官１名，裁判員４名となる。

裁判は，公開の法廷で行うことを原則としている（日本国憲法第82条第１項）。原則として裁判は公であるが，評議は非公開。

法廷で見聞きしたことに基づいて被告人が有罪か無罪か，有罪だとしたらどのような刑にすべきかを裁判員と裁判官がお互いの考えを述べ合って議論する。これを評議と言う。最終的な結論が出たら裁判官が判決を作成し，その内容を全員で確認する。評議は非公開で行われる。

2 **解答** 問１―①　問２―②　問３―④　問４―②　問５―④

解説 問１　△ABD∽△ADCで，AB：AD＝8：AC　いま，AB＝4，AD＝8なので，4：8＝8：AC　よって，AC＝64÷4＝16　直径BC＝AC－4なので，16－4＝12

問２　②：対流によって気体や液体の中に温度差が生じると，高温の部分は膨張して密度が小さくなる。出題文では密度が大きくなるとしているので，この部分が誤り。

問３　長日植物は，昼が長くなるときに花芽を形成するので，春に花が咲く植物である④：アブラナが正解である。

①：秋に花が咲くキクは短日植物である。②・③：夏に咲くアサガオとサツマイモは短日植物である。

問４　14族元素には，C（炭素），Si（ケイ素），Ge（ゲルマニウム），Sn（スズ），Pb（鉛）がある。そのうち，レアメタルは②：Ge（ゲルマニウム）である。ゲルマニウムは半導体である。

問５　日本では，④：放射線であるγ線の照射による発芽抑制が認められている。

3 **解答** 問１⑴―②　⑵―④　問２―②　問３―①　問４―⑦

解説 問１　⑴「behind one's back」で（人のいないところで）という意味の熟語。

⑵「put up with」で（我慢する）という意味の熟語。

問２　共通して入る語句は②：「corner」である。１文目「Turn left at the first corner.」は，（最初の角を左に曲がりなさい）という意味。２文目「The summer vacations is just around the corner.」は，（夏休みがもうすぐやってくる）という意味。「just around the corner」は（もう間もなく）という意味の熟語。

問３　「Out of sight, out of mind.」は（見えないものは忘れ去られていく）という意味なので，正解は①：「去る者は日々に疎し。」である。

問４　正しく並べ替えると「(What time does this train get to) Osaka?」（この電車は何時に大阪に着きますか）となる。「get to 場所」は（場所に着く）という意味の熟語。

大分県

実施日	2023(令和5)年7月9日	試験時間	50分(教職教養を含む)
出題形式	選択式	問題数	1題(解答数10)
パターン	5教科+環境	公開状況	問題:公開　解答:公開　配点:公開

傾向&対策

●教職教養5題(解答数40)，一般教養1題(解答数10)で，教職教職の大問数が1題増加した。一般教養より教職教養の比重が大きくなっている。●国語は，敬語と漢字の書き順。これまでは，対義語や俳句の作者，漢詩，文学史なども出題されていて，傾向がつかみにくい。英語は，会話文の空欄補充が定番。●社会は，歴史・地理から。図表を見て解答する問題も出され，今年度は日本の輸出品目の組み合わせが問われた。●数学は，2次関数と図形。理科は年度によって科目が異なり，今年度は物理からであった。ちなみに昨年度は化学からの出題。●5教科構成で，基礎学力が問われる。過去に出ていたローカル情報も押さえておきたい。教職教養を含めた問題数が多いので，時間配分を意識。

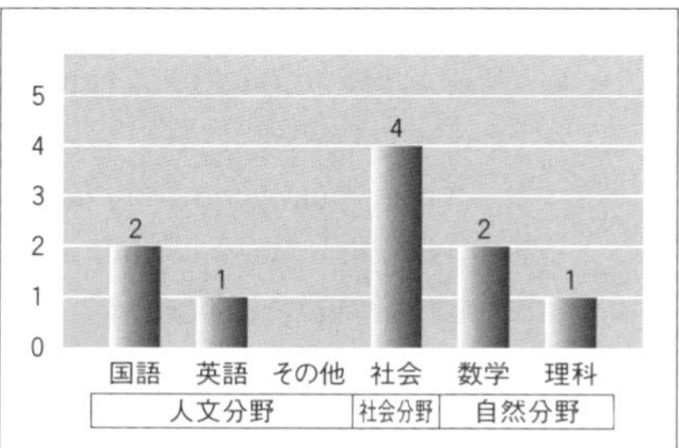

出題領域

人文分野	国　語	2	英　語	1	音　楽	
	美　術		家　庭		保健体育	
社会分野	歴史(日本史)	1	歴史(世界史)	1	歴史(現代史)	
	地理(日本地誌)	1	地理(世界地誌)		地理(地理用語)	
	公民(政治)		公民(経済)		公民(国際)	
	公民(倫理)		環境・情報・科学	1	時事問題	
	ローカル					
自然分野	数　学	2	物　理	1	化　学	
	生　物		地　学			

表中の数字は，解答数

全校種共通

☞解答＆解説 p.302

1 次の(1)～(10)の問いに答えよ。

(1) 次の敬語の使い方のうち，正しいものを，次の１～５のうちから一つ選べ。

1 先生のお宅には私からいらっしゃる予定です。

2 皆様，私が作った彫刻を拝見してください。

3 お客様がお持ちした荷物をお調べいたします。

4 私の畑で採れた野菜です。どうぞいただいてください。

5 これをご利用になる場合には，私までおっしゃってください。

(2) 次の漢字の太線（濃い）部分は何画目に書くか。下の１～５のうちから一つ選べ。

垂

1 ３画目　　2 ４画目　　3 ５画目　　4 ６画目

5 ７画目

(3) 次の英文を読み，（　　）に入る文として，最も適当なものを，下の１～５のうちから一つ選べ。

A：Have you finished your homework, Sara?

B：Yes. I finished it last night.

A：Good.（　　）

B：Well, I had to read one chapter for my history class and write an essay for my English class.

1 What would you like to do?

2 When did you have to do?

3 Where did you work?

4 Why did you finish it?

5 How much did you have?

(4) 次の円グラフは，日本の輸出品目を示している。［あ］～［う］に入る品目の正しい組合せを，下の１～５のうちから一つ選べ。

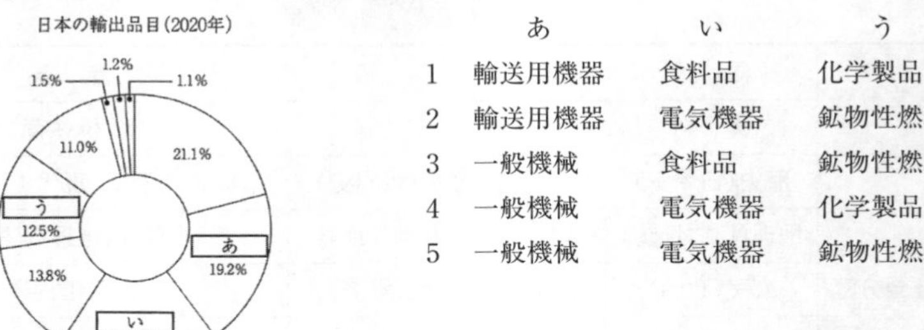

	あ	い	う
1	輸送用機器	食料品	化学製品
2	輸送用機器	電気機器	鉱物性燃料
3	一般機械	食料品	鉱物性燃料
4	一般機械	電気機器	化学製品
5	一般機械	電気機器	鉱物性燃料

(5) 次の文中の下線部の語句に該当するものとして誤っているものを，下の１～５のうちから一つ選べ。

バイオマスとは，生物資源（bio）の量（mass）を表す概念で，「再生可能な，生物由来の有機性資源で化石資源を除いたもの」です。太陽エネルギーを使って水と二酸化炭素から生物が光合成によって生成した有機物であり，私たちのライフサイクルの中で生命と太陽エネルギーがある限り持続的に再生可能な資源です。

1　食品廃棄物　　2　稲わら　　3　さとうきび　　4　なたね　　5　天然ガス

(6)　奈良時代の人々に課せられた税や負担のうち，稲を納めることの名称として正しいものを，次の1～5のうちから一つ選べ。

1　租　　2　調　　3　庸　　4　雑徭　　5　兵役

(7)　次の表は，17世紀から18世紀にかけてヨーロッパに広がった「社会契約説」を比較したものである。表中のA～Cに入る思想家の正しい組合せを，下の1～5のうちから一つ選べ。

	自然状態	社会契約	政治的態度
A	万人の万人に対する戦いの状態	自然権を完全に放棄する→主権者に絶対服従	専制君主制を擁護する立場 主権在君
B	自由・平等と平和が，比較的保たれている状態	自然権を一時的に信託する→抵抗権・革命権をもつ	名誉革命を理論づける 主権在民
C	自由・平等と平和が，理想的に保たれている状態	自然権を一般意志として生かす→自治	フランス革命に影響を与える 主権在民を徹底

	A	B	C
1	ホッブズ	ルソー	ロック
2	ホッブズ	ロック	ルソー
3	ルソー	ホッブズ	ロック
4	ルソー	ロック	ホッブズ
5	ロック	ホッブズ	ルソー

(8)　図のように，関数$y=x^2$のグラフ上に2点A，Bがあり，そのx座標は，それぞれ，－1，2である。△OABの面積として最も適当なものを，次の1～5のうちから一つ選べ。

1…2　　2…3　　3…4　　4…5　　5…6

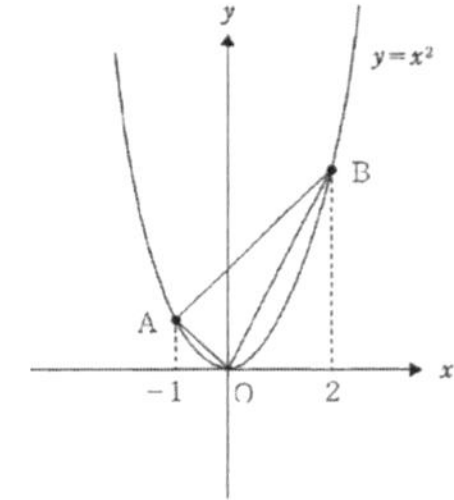

(9)　図のように，AB＝5，BC＝12，AD＝12，∠ABC＝90°の三角柱ABC－DEFがある。辺BE上に点K，辺CF上に点Lを，それぞれ，

BK：KE＝2：1，CL：LF＝1：2

となるようにとる。

3点A，K，Lを含む平面でこの三角柱を切断し2つの立体に分けるとき，立体AKL－DEFの体積として最も適当なものを，次の1～5のうちから一つ選べ。

1　150　　2　180　　3　210　　4　240

5　270

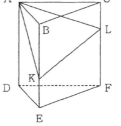

⑽　図のように，質量２kgの物体を斜面に沿って1.3m引き上げたときの仕事〔Ｊ〕の値を，下の１～５のうちから一つ選べ。物体と斜面との摩擦は考えないものとする。ただし，100ｇの物体にはたらく重力の大きさを１Ｎとする。

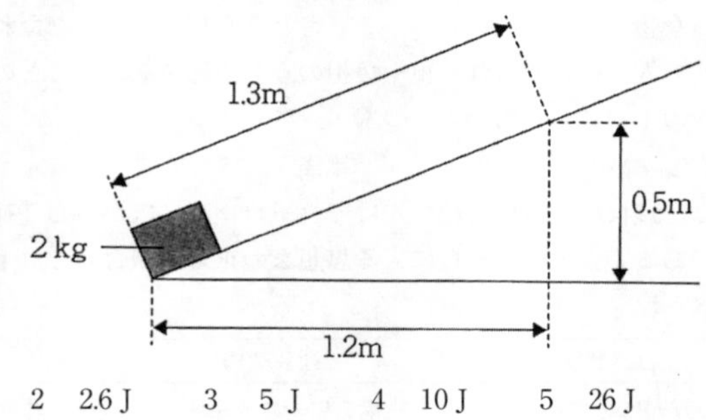

１　1.0Ｊ　　２　2.6Ｊ　　３　５Ｊ　　４　10Ｊ　　５　26Ｊ

解答＆解説

1　**解答**　⑴―５　⑵―１　⑶―５　⑷―４　⑸―５　⑹―１　⑺―２　⑻―２　⑼―４　⑽―４

解説　⑴　誤りの選択肢について解説する。

１：「いらっしゃる」は「私」の動作なので尊敬語は誤り。正しくは「うかがう，まいる」　２：「拝見してください」は「皆様」の動作なので謙譲語は誤り。正しくは「ご覧ください」　３：「お持ちした」は「お客様」の動作なので謙譲語は誤り。正しくは「お持ちになった」　４：「いただいてください」は「相手」の動作なので謙譲語は誤り。正しくは「お召し上がりください」

⑵　３画目に長い横棒を書いてから，縦棒を書く。

⑶　(　　)のあとでBは「I had to read one chapter for my history class and write an essay for my English class.」(歴史の宿題で１章を読まなければならなかったし，英語の宿題でエッセイを書かなければならなかった）と答えているので，Aは宿題の分量ないしは具体的な内容を尋ねたはず。したがって正解は５：「How much did you have?」(宿題はどれくらいあったのですか）である。

１：「What would you like to do?」(何がしたいですか)，２：「When did you have to do?」(いつしなければならなかったのですか)，３：「Where did you work?」(どこで働きましたか)，４：「Why did you finish it?」(なぜそれを終えたのですか）は文意に合わない。

⑷　輸出品目別にみると輸送用機器が輸出全体の21.1％，一般機械が19.2％，電気機器が18.7％と上位３品目で約６割を占めている。このような輸送用機器・一般機械・電気機器の上位３品目が輸出額の約６割を占める品目構造は過去５年を見ても変化はない。１位の輸送用機器のうち，自動車は14％を占めている。２位は一般機械，３位は電気機器（うち半導体電子部品も含む)，４位その他，５位

大分県

化学製品，６位原料別製品，７位原料品，８位食料品，９位鉱物性燃料となっている。

よって，４：あ　一般機械　　い　電気機器　　う　化学製品となる。

(5)　バイオマスは出題文にあるように生物由来の資源だが，バイオマスをメタン発酵させることで生み出される可燃性のガスはバイオガスという。バイオガスは再生可能なエネルギー源だが，５：天然ガスは再生不可能なエネルギー源である。

(6)　１：租は，田地に課される税。稲で徴収。

２：調は，諸国の産物を朝廷に納めるもの。繊維製品や海産物，鉄などが課され，中央の財源に充てられた。　３：庸は，労働力提供の代納物の意味。　４：雑徭は，国司が農民を年60日を限度に使役できる労役。　５：兵役は，正丁の３～４人に１人の割合で兵士となり，各地の軍団に交代に服務するという義務。

(7)　２：A　ホッブズ　　B　ロック　　C　ルソーが正しい。

A:「ホッブズ」の思想は，自由は全ての人間が生まれながらに持っている自然の権利（自然権）である。しかし，政治的な社会成立以前の自然状態においては，必然的に各人は各人にとって敵となり「万人の万人に対する戦い」が生じる。国家が成立したのである限り国家は絶対的な権力を持ち人々はこれに無条件に従うべきであるとした。国家権力の絶対性を主張するホッブズの思想は結果的に絶対王政を擁護することになった。

B:「ロック」の思想は，政府は各人の自然権を守るための手段であって，主権はあくまでも人民にある。ロックはこのように考え，政府が権力を濫用する場合には人民にはそれに抵抗する権利（抵抗権），それを取りかえる権利（革命権）があるとした。

C:「ルソー」は，全ての人民が直接政治に参加する直接民主制の国家を理想と考えた。彼の考えはロックによって明確にされた人民主権という方向をさらに徹底化したものということができ，フランス革命やフランス人権宣言に大きな影響を与えた。

(8)　点A（－１，１），点B（２，４）なので，直線ABの方程式は，$y=x+2$，直線ABとy軸の交点をCとすると，点Cの座標は（0，2）となる。△OABの面積をy軸で分けて，OCを底辺，点A，点Bからそれぞれy軸に下ろした垂線の長さを高さとすると，△AOCが$2\times1\div2=1$，△BOCが$2\times2\div2=2$なので，△OAB$=1+2=3$

(9)　三角柱の体積は，$5\times12\times\frac{1}{2}\times12=360$

これから頂点がA，底面がBKLCの四角錐A－BKLCの体積を引いたものが立体AKL－DEFの体積となる。四角形BKLCは台形だから，四角錐A－BKLCの体積は，$(4+8)\times12\times\frac{1}{2}\times5\times\frac{1}{3}=120$　よって，求める体積は，$360-120=240$

(10)　物体を持ち上げる仕事では，道具や斜面を使っても変わらない。したがって，図のような斜面を使って２kgの物体を斜面に沿って1.3m引き上げる仕事は，２

kgの物体を0.5mの高さまで持ち上げる仕事と同じになる。よって，20［N］×0.5［m］＝10［J］

大分県

鹿児島県

実施日	2023(令和5)年7月9日	試験時間	50分（教職教養を含む）
出題形式	選択＋記述式	問題数	11題（解答数23）
パターン	5教科＋環境	公開状況	問題：公開　解答：公開　配点：公開

傾向&対策 ●試験時間が50分で教職教養11題（解答数27），一般教養11題（解答数23）と，教職教養の割合がやや高い。●国語は，四字熟語と古文の出題。頻出の漢字，長文読解の出題はなかった。また，過去7年連続で出題された，公務に関わる文書作成の際の適切な語句選びを問う問題の出題もなかった。英語は会話文の空欄補充が定番。●社会は，歴史・地理・公民の基本的な知識が幅広く問われた。ローカル問題は，年度によって出たり出なかったりする。●数学は，図形問題が頻出。式の計算と集合からも出題された。理科は例年，各科目から1～2問出される。●5教科の学習のほか，これまで出題されているローカル情報の整理，公務に関わる文書作成の知識を確立しよう。

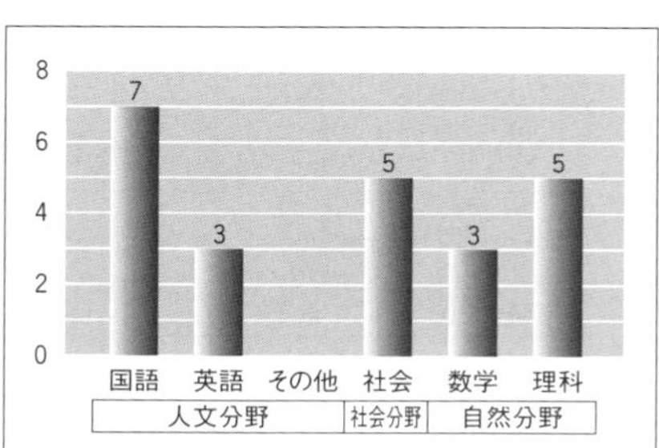

出題領域

分野	科目	数	科目	数	科目	数
人文分野	国語	7	英語	3	音楽	
	美術		家庭		保健体育	
社会分野	歴史（日本史）	1	歴史（世界史）		歴史（現代史）	
	地理（日本地誌）	1	地理（世界地誌）		地理（地理用語）	
	公民（政治）	2	公民（経済）		公民（国際）	
	公民（倫理）		環境・情報・科学	1	時事問題	
	ローカル					
自然分野	数学	3	物理	1	化学	1
	生物	1	地学	2		

表中の数字は，解答数

全校種共通

☞解答＆解説 p.309

1 次の会話文を読んで，後の問に答えよ。

生徒：　今年はいよいよ，「かごしま国体」が開催されますね。

先生：　そうだね。10月７日に，ａ鹿児島県知事や鹿児島県にゆかりのある著名人も出席する総合開会式が開催される予定なんだ。過去にはｂ1972年に鹿児島県で国体が開催されたことがあって，今回で２回目なんだよ。

生徒：　知っています。前回の国体に祖父が選手として出場しており，そのときのことをよく話してくれました。

先生：　それはすごいね。ところで，国民体育大会という名称は，来年2024年のｃ佐賀県での大会から変更されるのは知っているかな。

生徒：　新聞で知りました。2024年からは国民スポーツ大会という名称に変わるみたいですね。

先生：　そのとおり。それでは，2023年，2024年と九州で大会が開催されるけど，2025年の大会はどこの都道府県で開催されるか知っているかな。

生徒：　確か，ｄ滋賀県だったと思います。

先生：　よくそこまで知っていたね。国体は毎年開催されているスポーツの祭典で，ｅ地方の活性化につながる場合もあるよ。

問１　下線部ａに関連して，知事の被選挙権の年齢と任期の組合せとして正しいものを，次のア～エから一つ選び，記号で答えよ。

	ア	イ	ウ	エ
年齢	満25歳以上	満30歳以上	満25歳以上	満30歳以上
任期	４年	６年	６年	４年

問２　下線部ｂに関連して，1972年に日本で起こった出来事として最も適当なものを，次のア～エから一つ選び，記号で答えよ。

ア　東京オリンピックが開催され，東海道新幹線が開通した。

イ　日中共同声明が調印され，中華人民共和国との外交関係が樹立された。

ウ　バブルがはじけて地価と株価が暴落し，不況におちいった。

エ　PKO協力法が成立し，自衛隊の海外派遣が可能となった。

問３　下線部ｃに関連して，佐賀県の複数の干潟は，「特に水鳥の生息地として国際的に重要な湿地に関する条約」に登録されている。その条約の一般的な呼称として正しいものを，次のア～ウから一つ選び，記号で答えよ。

ア　バーゼル条約　　イ　ワシントン条約

ウ　ラムサール条約

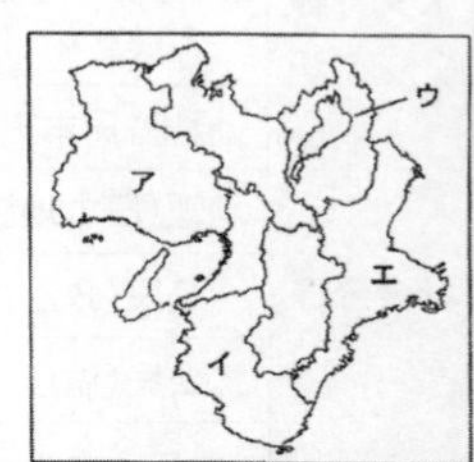

図　近畿地方の略地図

問４　下線部ｄに関連して，滋賀県の位置として正しいものを，右の図のア～エから一つ選び，記号で答えよ。

問５　下線部ｅに関連して，次の文章は地方の財政について説明したものである。①と②に入る語句の組合せとして正しいものを，下のア～カから一つ選び，記号で答えよ。

鹿児島県

地方税の収入における，地域間の財政格差を減らすため，国からは（ ① ）が配分される。これは使い道を指定されることなく自由に使うことができる一般財源である。このほか，特定の行政活動に使うことを目的として，国から（ ② ）が提供される。

	ア	イ	ウ	エ	オ	カ
①	地方交付税	地方債	国庫支出金	地方交付税	地方債	国庫支出金
②	地方債	国庫支出金	地方交付税	国庫支出金	地方交付税	地方債

2 **$-6^2-12\div2$を計算したときの答として正しいものを，次のア～エから一つ選び，記号で答えよ。**

ア　−42　　イ　−24　　ウ　12　　エ　30

3 **正八角形の対角線の本数として正しいものを，次のア～エから一つ選び，記号で答えよ。**

ア　8本　　イ　20本　　ウ　28本　　エ　40本

4 **自然数全体の集合をU，3の倍数である数の集合をA，12の倍数である数の集合をBとするとき，これらの集合の関係として正しいものを，次のア～エから一つ選び，記号で答えよ。**

ア　$A\cap B=U$　　イ　$A\cap B=A$　　ウ　$A\cup B=U$　　エ　$A\cup B=A$

5 **次の文章の①～③に入る語句として最も適当なものを，下のア～オからそれぞれ一つ選び，記号で答えよ。**

1　インターネットは情報の海だ。有益な情報と無益な情報とを見極めて（ ① ）する能力が求められる。

2　あの人から聞いた治療法は本当に効果があるのだろうか，と（ ② ）で試してみた。

3　睡眠不足と成績低下との（ ③ ）を確かめたほうがよさそうだ。

ア　問答無用　　イ　取捨選択　　ウ　因果関係　　エ　半信半疑　　オ　右往左往

6 **次の文章を読んで，後の問に答えよ。**

月日は①百代の過客にして，行きかふ年もまた旅人なり。舟の上に生涯を浮かべ，馬の口とらへて老いを迎ふる者は，日々旅にして旅をすみかとす。古人も多く旅に死せるあり。予もいづれの年よりか，片雲の風にさそはれて，②漂泊の思ひやまず，海浜にさすらへて，去年の秋，江上の破屋に蜘蛛の古巣をはらひて，やや年も暮れ，春立てる霞の空に，白河の関越えむと，そぞろ神の物につきて心をくるはせ，道祖神の招きにあひて，取るもの手につかず，股引の破れをつづり，笠の緒付けかへて，三里に灸すゆるより，松島の月まづ心にかかりて，住めるかたは人に譲りて，杉風が別墅に移るに，

草の戸も住み替はる代ぞ雛の家

面八句を庵の柱に懸け置く。　　（『おくのほそ道』）

問1　『おくのほそ道』の作者として正しいものを，次のア～エから一つ選び，記号で答えよ。

ア　松尾芭蕉　　イ　兼好法師　　ウ　紫式部　　エ　清少納言

問2　『おくのほそ道』のジャンルとして正しいものを，次のア～エから一つ選び，記号で答えよ。

ア　作り物語　　イ　随想日記　　ウ　和歌集　　エ　俳諧紀行文

問３　下線部①「百代の過客」の意味として最も適当なものを，次のア～エから一つ選び，記号で答えよ。

ア　百人の客　　イ　多くの友人　　ウ　永遠の旅人　　エ　長期の滞在者

問４　下線部②「漂泊の思ひやまず」の意味として最も適当なものを，次のア～エから一つ選び，記号で答えよ。

ア　海や川の上を漂っていたいという思いがやまなくて

イ　あてのない旅に出たいという思いがやまなくて

ウ　友人の家を泊まり歩きたいという思いがやまなくて

エ　着物をきれいに洗いたいという思いがやまなくて

7　**次の表の調理器具のうち，ホームベーカリーと電気ポットを，流せる電流の上限が15 Aである６個口のテーブルタップに同時につないで使用している。さらに他の器具を同時につなぐとき，流せる電流の上限を超えずに安全に使用できるものとして最も適当なものを，下のア～ウから一つ選び，記号で答えよ。ただし，使用電圧は100 Vで，表のとおりの電力を消費するものとする。**

表

調理器具	コーヒーメーカー	ミキサー	ホームベーカリー	電気ポット
消費電力（W）	650	300	430	700

ア　コーヒーメーカーのみ使用できる。

イ　ミキサーのみ使用できる。

ウ　コーヒーメーカーとミキサーのどちらも使用できる。

8　**塩化アンモニウムと水酸化カルシウムを混合し，アンモニアの気体を集める実験を行った。アンモニアの気体を集める方法として最も適当なものを，次のア～ウから一つ選び，記号で答えよ。**

ア　上方置換法　　イ　下方置換法　　ウ　水上置換法

9　**アジサイの葉の一部をカミソリの刃で薄く切って，プレパラートをつくり，顕微鏡で観察した。右の図はその様子をスケッチしたものである。**

図中のA～Dは，気孔，道管，師管，葉肉細胞のいずれかである。図中のA～Dについて正しく説明しているものを，次のア～エから一つ選び，記号で答えよ。

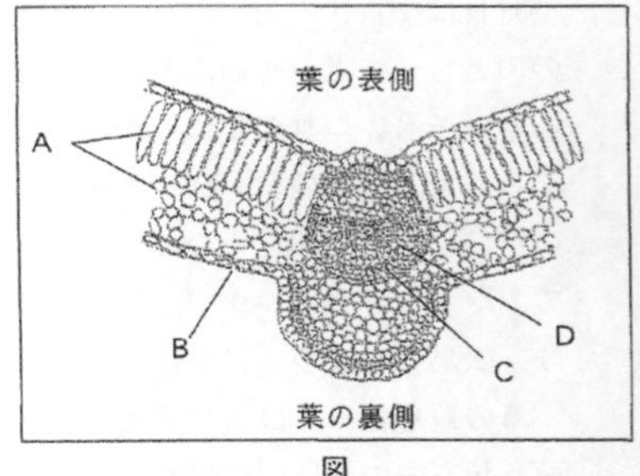

図

ア　Aでは光が当たるかどうかに関係なく，呼吸が行われている。

イ　Bではつねに水蒸気や酸素を出し，二酸化炭素を取り込んでいる。

ウ　Cは根で吸い上げた水を運ぶ通路である。

エ　Dは光合成でつくられた糖を運ぶ通路である。

10　**新生代，中生代，古生代それぞれの地質年代に堆積した地層群について，後の問に答えよ。**

問１　次のア～ウを，地層が形成された順に並べかえ，解答欄に合わせて記号で答えよ。

ア　新生代　　イ　中生代　　ウ　古生代

問２　次のア～エの生物のうち，中生代の地層のみから化石として発見される可能性があるものをすべて選び，記号で答えよ。

ア　アンモナイト　　イ　サンヨウチュウ　　ウ　ティラノサウルス

エ　メタセコイア

11　**次の１～３の会話の（　　）に入る最も適当なものを，次のア～エからそれぞれ一つずつ選び，記号で答えよ。**

1　Teacher：Let's start the class.　Hiromi, what is the date today?

Hiromi　：Wednesday!

Teacher：(　　)!　Listen to me carefully again.　What is the "date" today?

Hiromi　：Ah…, July 14th?

Teacher：That's it!

ア　It's your turn　　イ　Well done

ウ　You're a good listener　　エ　Very close

2　A：I'd like to do the volunteer work at the National Sports Festival.

B：Wow, that's wonderful!

A：The problem is, I'm not very good at sports.

B：(　　).　This is a good opportunity, and it will give you a valuable experience!

ア　I agree with you　　イ　It doesn't matter

ウ　It's definitely important　　エ　It sounds exciting

3　A：Have you ever heard of "SDGs"?　There are 17 goals.　They show the global issues about poverty, health, climate, peace and justice and so on.　What do you think about that?

B：(　　), this is an urgent issue.

ア　If I were there　　イ　For example

ウ　In my opinion　　エ　That's too bad

解答＆解説

1　解答　問１―エ　　問２―イ　　問３―ウ　　問４―ウ　　問５―エ

解説　問１　県知事の被選挙権は30歳以上，任期は４年。

【任期について】

衆議院議員，都道府県・市町村議会議員，知事及び市町村長は４年，参議院議員は６年。

【被選挙権について】

衆議院議員満25歳以上，参議院議員満30歳以上，都道府県知事満30歳以上，都道府県議会議員満25歳以上，市町村長満25歳以上，市町村議会議員満25歳以上。

問２　イ：「日中共同声明調印」は，1972年。

ア：「東京オリンピック開催」は，1964年。　ウ：「バブル経済崩壊」は，1991年。　エ：「PKO協力法成立」は，1992年。

問３　ウ：ラムサール条約は，正式名称「特に水鳥の生息地として国際的に重要な湿地に関する条約」で，渡り鳥などの生息地として重要度の高い湿地を登録し，保護を義務付けることで水鳥を保護することを目的にした条約。

ア：バーゼル条約は，水銀やカドミウムなどの有害廃棄物の輸出を規制する条約。1989年スイスのバーゼルで開催された国連環境計画の会議で採択された。イ：ワシントン条約は，正式名称「絶滅のおそれのある野生動植物の種の国際取引に関する条約」で，オランウータンやゴリラなどの絶滅のおそれのある野生動植物の保護を図るための条約。

問４　滋賀県は，ウの位置にあり，県の面積の６分の１を琵琶湖が占める。

その他の選択肢の都道府県は以下の通り。　ア：兵庫県　イ：和歌山県　エ：三重県

問５　①：「地方交付税」は，全国一律で行われるべき住民サービスを提供できるように財政不足の地方公共団体に国税の一部を交付するもの。使途は指定されない。

②：「国庫支出金」は，国から委任された事務を行うための補助金。使途を指定して支給するもの。国庫支出金の対象や補助率は国が定める。

「地方債」は，地方公共団体が 財政上の必要から発行する債券。財政収入の不足や公共事業公共投資などのための借入金である。

2 解答 ア

解説 $-6^2-12\div 2=-36-6=-42$

3 解答 イ

解説 正八角形は１つの頂点から別の頂点には５本の対角線が出ている。これは対角線が向かった先の頂点からも出ているので，重複していることになる。したがって，$5\times 8\div 2=20$［本］

4 解答 エ

解説 U：自然数全体　A：３の倍数　B：12の倍数

12の倍数は全て３の倍数に含まれる。12の倍数と３の倍数を合わせたものは，３の倍数なので，$A\cup B=A$

5 解答 ①―イ　②―エ　③―ウ

解説 １　イ：「取捨選択」は，要不要を見極め選ぶこと。

２　エ：「半信半疑」は，信じる気持ちと疑う気持ちが半々であること。

３　ウ：「因果関係」は，原因と結果の関係。

ア：「問答無用」は，論議をしても何の利益もないこと。　オ：「右往左往」は，うろたえて，あちらに行ったりこちらに行ったりすること。

6 解答 問１―ア　問２―エ　問３―ウ　問４―イ

解説 問1　他の選択肢の代表作は次の通り。　イ：兼好法師,『徒然草』　ウ：紫式部,『源氏物語』　エ：清少納言,『枕草子』

問2　他の選択肢の代表作は次の通り。　ア：作り物語,『竹取物語』　イ：随想日記,『枕草子』　ウ：和歌集,『古今和歌集』

問3　「はくたいのかかく」と読む。(「はくたい」は「ひゃくだい」「ひゃくたい」とも読み,「かかく」は「かきゃく」とも読む。)「百代」は途絶えることなく,何代も続いていくこと。または,いつまでも続くことのたとえ。「過客」は旅人のこと。

問4　「漂泊」は,漂いさすらうようなあてのない旅。

7 **解答** イ

解説 各調理器具に流れる電流は,$\dfrac{\text{消費電力[W]}}{100\text{[V]}}$で表され,コーヒーメーカーは6.5A,ミキサーは3.0A,ホームベーカリーは4.3A,電気ポットは7.0Aである。テーブルタップの残りの電流量は$15-(4.3+7.0)=3.7$[A]なので,イ：ミキサーのみ使用できる。

8 **解答** ア

解説 アンモニアは空気よりも軽く,水に溶けやすい気体であるため,ア：上方置換法で捕集する。

9 **解答** ア

解説 Aは葉肉細胞,Bは気孔,Cは師管,Dが道管である。葉肉細胞は呼吸と光合成を行う。気孔は光合成や呼吸で必要な気体や,生成した気体である酸素,二酸化炭素の出入りを行う。師管は養分,道管は水が通る。したがって,アとなる。

10 **解答** 問1　ウ→イ→ア　　問2　ア,ウ

解説 問1　地質時代は古い順に先カンブリア時代,古生代,中生代,新生代となる。したがってウ→イ→アとなる。

問2　アンモナイト,恐竜は中生代の地層から,サンヨウチュウは古生代の地層から,メタセコイアは新生代の地層から化石として発見される。したがって,ア：アンモナイト,ウ：ティラノサウルスとなる。

11 **解答** 1―エ　　2―イ　　3―ウ

解説 1　「Wednesday!」(水曜日です)と答えた生徒のヒロミさんに対して,先生は「Listen to me carefully again.　What is the “date” today?」(もう一度質問をよく聞いてください。今日の日付は何ですか)と再度質問し直している。ということは,生徒の答えは間違っていることになる。選択肢の中で「答えは間違っています」に近い内容はエ：「Very close」(惜しいです)である。

ア：「It's your turn」(あなたの番です),イ：「Well done」(よくできました),ウ：「You're a good listener」(聞き上手ですね)は文意に合わない。

2　国民体育大会でボランティアをしようとしているAが「The problem is, I'm not very good at sports.」(スポーツが苦手なのが問題です)と発言し,それに対してBは「This is a good opportunity, and it will give you a valuable experience!」(それはよい機会になりますね。あなたにとって価値のある経験になります)と答えている。その間を入るBの発言として適切なのはイ:「It doesn't matter」(大した問題ではありません)である。

ア:「I agree with you」(あなたに賛成です),ウ:「It's definitely important」(それはとても重要です),エ:「It sounds exciting」(わくわくしますね)は文意に合わない。

3 SDGs(持続可能な開発目標)について意見を問われたBは「this is an urgent issue.」(これは緊急の問題だ)と答えているので,この発言の前にくる言葉として適切なのはウ:「In my opinion」(私の意見では)である。

ア:「If I were there」(もし私がそこにいれば),イ:「For example」(例えば),エ:「That's too bad」(それは残念ですね)は文意に合わない。

沖縄県

実施日	2023(令和５)年７月９日	試験時間	50分(教職教養を含む)
出題形式	マークシート式	問題数	午前：４題（解答数15） 午後：４題（解答数15）
パターン	午前：５教科＋時事・ローカル 午後：５教科＋時事・ローカル	公開状況	問題：公開　解答：公開　配点：公開

傾向＆対策　●今年も午前・午後の２部制で実施。●国語は，午前は類義語と文学史，午後は故事成語などであった。英語は定番の長文読解と会話文，ことわざ・短文の空欄補充であった。●社会は各科目からであるが基本的な内容である。ローカル問題，時事問題も例年通り出題されている。ローカルは，頻出の沖縄県ゆかりの人物について。●数学は，グラフによる図形の面積比など。理科は，基本的に各科目から出題された。●５教科をメインに，県地誌と時事問題の対策をしておこう。

【午前】

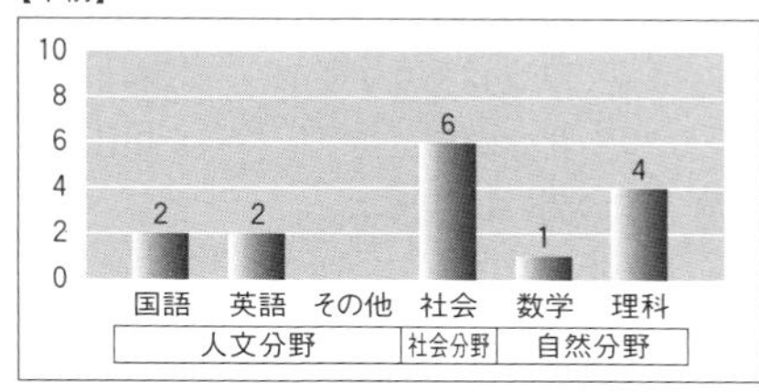

【午後】

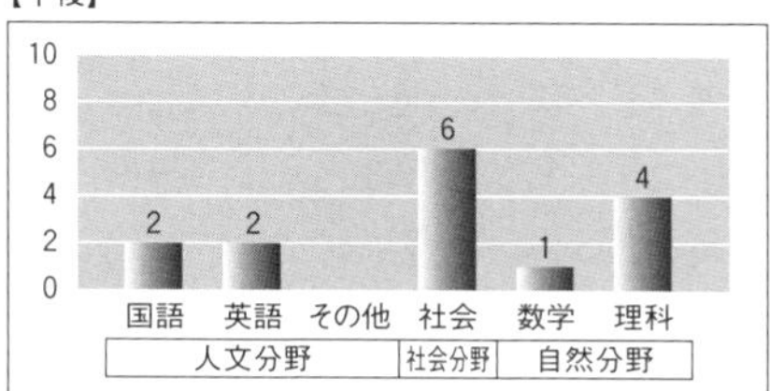

出題領域

分野	領域	午前	午後	領域	午前	午後	領域	午前	午後
人文分野	国語	2	2	英語	2	2	音楽		
	美術			家庭			保健体育		
社会分野	歴史(日本史)	1	2	歴史(世界史)		1	歴史(現代史)		
	地理(日本地誌)	1		地理(世界地誌)	1	1	地理(地理用語)		1
	公民(政治)	2		公民(経済)			公民(国際)	1	
	公民(倫理)		1	環境・情報・科学			時事問題	1	1
	ローカル	1	1						
自然分野	数学	1	1	物理	1	1	化学	1	1
	生物	1	1	地学	1	1			

表中の数字は，解答数 午前｜午後

※選択肢の出題領域が複数にわたる場合は，それぞれの項目に加算するためグラフの数とは異なる

全校種共通・午前

☞解答＆解説 p.322

1 下の問いに答えよ。

(1) 類義語の組み合わせとして最も適当なものを，次の①から⑤までの中から一つ選び，記号で答えよ。

① 精読 ― 濫読　② 思慮 ― 分別　③ 過失 ― 故意

④ 質素 ― 奢侈　⑤ 創造 ― 模倣

(2) 次の近代文芸思潮・作家・作品の組み合わせとして正しいものを，次の①から⑤までの中から一つ選び，記号で答えよ。

	近代文芸思潮	作家	作品
①	写実主義	― 坪内逍遥	―『浮雲』
②	浪漫主義	― 島崎藤村	―『舞姫』
③	白樺派	― 有島武郎	―『或る女』
④	プロレタリア文学	― 芥川龍之介	―『鼻』
⑤	新感覚派	― 田山花袋	―『蒲団』

2 下の問いに答えよ。

(1) 次の英文を，「うわべだけでは人や物の中身を判断できない」ということわざの意味の文にするとき，(　　) にあてはまる語句の組み合わせとして最も適当なものを，次の①から⑤までの中から一つ選び，記号で答えよ。

You can't (A) a book by its (B).

① A consider　B top

② A examine　B surface

③ A judge　B cover

④ A read　B look

⑤ A see　B appearance

(2) 次の英文の内容と合致しないものを，次の①から⑤までの中から一つ選び，記号で答えよ。

Mr. and Mrs. Davis had four children. One Saturday Mrs. Davis said to her husband, 'The children haven't got any lessons today, and you're free too. There's *a fun-fair in the park. Let' all go.'

Her husband was doubtful about this. 'I want to finish some work,' he said.

'Oh, forget about it and come to the fair!' his wife said.

So Mr. and Mrs. Davis took the children to the fun-fair. Mr. Davis was forty-five years old, but he enjoyed the fun-fair more than the children. He hurried from one thing to another, and ate lots of sweets and nuts.

One of the children said to her mother, 'Daddy's behaving just like a small child, isn't he, Mummy?'

Mrs. Davis was quite tired of following her husband around by now, and she answered, 'He's worse than a small child, Mary, because he's got his own money!'

*a fun-fair in the park＝遊園地

① Mr. Davis and his children did not work on Saturday.

② At first Mr. Davis was not eager to go to the fun-fair.

③ Mr. Davis behaved like a small child in the fun-fair.

④ Mrs. Davis got tired in the fun-fair.

⑤ Mr. Davis did not like the fun-fair because he was a rich man and wanted something better than that.

3 下の問いに答えよ。

(1) 日本の室町時代の対外関係についての記述として最も適当なものを，次の①から⑤までの中から一つ選び，記号で答えよ。

① 日明貿易は，日本側に大きな利益をもたらし，輸入された銅銭は日本の貨幣流通に大きな影響を与えた。

② 朝鮮との交易は，16世紀まで活発に行われ，朝鮮からは大量の生糸が輸入され，民衆の衣料として広く用いられた。

③ 日明貿易は，足利義持によって一時中断されたが，その後，足利義政の時に再開された。

④ 倭寇の活動が活発になったことで，朝鮮軍が倭寇の本拠地と考えていた平戸を襲撃した応永の外寇によって，日朝貿易は一時中断することになった。

⑤ 北海道南部に進出した和人の圧迫に対し，たえかねたアイヌは，15世紀半ばに，大首長シャクシャインを中心に蜂起した。

(2) 国家の領域と領土問題についての記述として最も適当なものを，次の①から⑤までの中から一つ選び，記号で答えよ。

① 領海基線から200海里までの海域（領海を除く）を排他的経済水域といい，沿岸国が海底資源や水産資源を利用する権利が認められている。

② 日本の領海と排他的経済水域の合計は約447万㎢で世界第1位である。

③ 人為（数理）的国境の例として，エジプトとリビアの北緯22度，エジプトとスーダンの東経25度の経緯線が用いられている。

④ 北海道の北東部にある歯舞群島，色丹島，国後島，択捉島が北方領土とよばれ，日本は北方領土と千島列島の返還を求めて，ロシアと交渉を続けている。

⑤ 南アジアのカシミール地方では，インドとバングラデシュ間で，領土をめぐり現在も武力衝突が起きている。

(3) 2022年には，沖縄の本土復帰50年を契機に，東京国立博物館特別展「琉球」が開催されたほか，国学院大学，法政大学でも，沖縄に関する展示が行われた。国学院大学で教鞭をとった人物で，1920年代に二度，沖縄を訪れて『沖縄採訪手帖』を著し，沖縄研究に関わるとともに，歌人としても知られる人物として正しいものを，次の①から⑤までの中から一つ選び，記号で答えよ。

① 西田幾多郎　② 折口信夫　③ 柳田国男　④ 津田左右吉

⑤ 和辻哲郎

(4) 日本の安全保障に関わる記述として適当でないものを，次の①から⑤までの中から一つ選び，記号で答えよ。

① 日本の防衛政策は，相手から武力攻撃を受けたときにはじめて防衛力を行使する専守防衛を原則としている。

② 2015年に安全保障関係法が成立し，平和安全法制の枠組みとして整備されたが，集団的自衛権の行使は容認されていない。

③ 自衛隊の最高指揮監督権をもつ内閣総理大臣をはじめ，防衛大臣を含む閣僚は文民でなければならない。

④ 日米安全保障条約は，日本の安全保障政策の軸の一つであり，日本の領域内での日米いずれか一方への武力攻撃に対する共同防衛が明記されている。

⑤ 唯一の被爆国である日本は，核兵器を「もたず，つくらず，もちこませず」という非核三原則を国是としてきた。

(5) 労働者の権利と労働問題に関わる記述として適当でないものを，次の①から⑤までの中から一つ選び，記号で答えよ。

① 日本の労働時間は減少傾向にあり，海外との格差は縮小している。

② 日本では，産業別労働組合が大半を占め，労使一体的な関係が続いている。

③ 女性の労働環境を整えるため，労働基準法や男女雇用機会均等法の改正，育児・介護休業法の制定などが行われている。

④ 正規労働者でも，裁量労働制やフレックスタイム制など，働き方が多様化している。

⑤ 労働環境を改善するために，長時間労働の抑制，同一労働同一賃金の実現などを柱とした働き方改革関連法が成立した。

(6) 2022年に発生したロシアによるウクライナへの侵攻時のウクライナ大統領名と，ウクライナの位置の組み合わせとして正しいものを，次の①から⑤までの中から一つ選び，記号で答えよ。

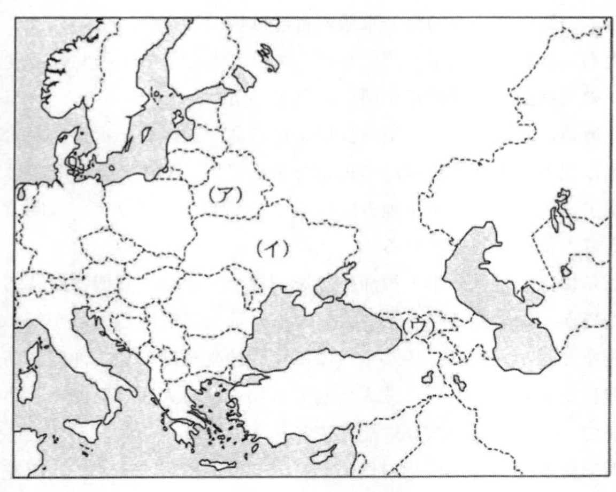

沖縄県

	ウクライナ大統領名	ウクライナの位置
①	ルカシェンコ	（ア）
②	ゼレンスキー	（イ）
③	ポロシェンコ	（イ）
④	ゼレンスキー	（ウ）
⑤	ポロシェンコ	（ウ）

4 下の問いに答えよ。

(1) ある変圧器において，一次コイルの巻き数は20巻，二次コイルの巻き数は100巻である。一次コイル側に12Vの電圧を加えたとき，二次コイルに生じる起電力V_2はいくらか。最も適当なものを，次の①から⑤までの中から一つ選び，記号で答えよ。なお，変圧器および，コイルを含む導線でのエネルギーの損失はないとする。

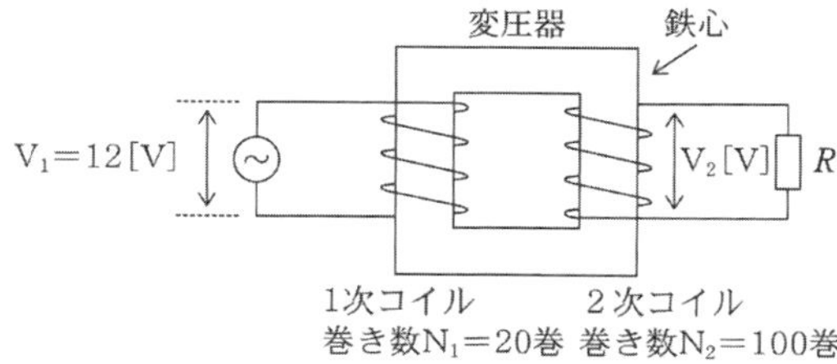

① 6V　② 12V　③ 36V　④ 48V　⑤ 60V

(2) 化学の基本法則の一つに，「化合物を構成する元素の質量の比は常に一定である」という法則がある。この法則名，発見者，発見年の組み合わせとして最も適当なものを，次の①から⑤までの中から一つ選び，記号で答えよ。

	法則名	発見者	発見年
①	質量保存の法則	ラボアジェ	1774年
②	定比例の法則	プルースト	1799年
③	定比例の法則	ドルトン	1799年
④	倍数比例の法則	プルースト	1803年
⑤	倍数比例の法則	ドルトン	1803年

(3) 一般的な哺乳類・鳥類・は虫類・両生類・魚類の共通性について述べた文として最も適当なものを，次の①から⑤までの中から一つ選び，記号で答えよ。

① 哺乳類・鳥類・は虫類は恒温動物であるが，両生類・魚類は変温動物である。
② 哺乳類・鳥類・両生類は肺呼吸を行うが，水中にすむ魚類・は虫類はえら呼吸を行う。
③ 哺乳類・鳥類・は虫類は体内受精であるが，両生類・魚類は体外受精である。
④ 哺乳類・両生類は胎生であるが，鳥類・は虫類・魚類は卵生である。
⑤ 哺乳類は体表に毛があり，鳥類は羽毛があり，は虫類・両生類・魚類はうろこでお

おわれている。

(4) 地球の大気に関連して説明したものとして正しいものを，次の①から⑤までの中から一つ選び，記号で答えよ。

① 表面が冷えたころの原始地球の大気の二酸化炭素の割合は現在より少なかった。

② 火山活動によっても水蒸気は増えるが，二酸化炭素は増えない。

③ 水蒸気は温室効果ガスであるが，メタンは温室効果ガスではない。

④ 大部分の縞状鉄鉱層は陸上に進出した植物の活動によって形成された。

⑤ 海水中に溶けた二酸化炭素は，海水中のカルシウムイオンと結合して炭酸カルシウムになる。

(5) 関数$y=\dfrac{3}{x}$のグラフ上に，x座標がそれぞれ１，３である２点A，Bがある。２点A，Bを通る直線とx軸との交点をC，原点をOとするとき面積比△AOB：△BOCを，次の①から⑤までの中から一つ選び，記号で答えよ。

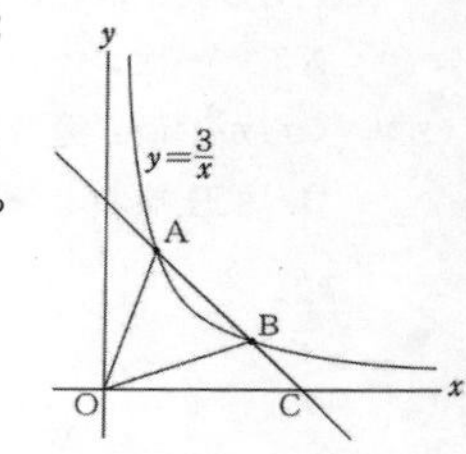

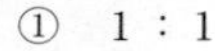
① 1：1　② 2：1　③ 3：2

④ 4：3　⑤ 5：4

全校種共通・午後

1 下の問いに答えよ。

(1) 次の故事成語の読みと意味の組み合わせが正しいものを，次の①から⑤までの中から一つ選び，記号で答えよ。

	故事成語		読み		意味
①	守株	—	しゅしゅ	—	最後の大事な仕上げのこと。
②	他山の石	—	たざんのいし	—	自分には関係のないことだと思って関心を示さないこと。
③	杞憂	—	きよう	—	心配する必要のないことをあれこれ心配すること。
④	捲土重来	—	かんどじゅうらい	—	一度失敗した者が，非常な勢いで盛り返すこと。
⑤	塞翁が馬	—	さいおうがうま	—	人生の禍福は転々として簡単に予測できないこと。

(2) 次の文中に誤字が含まれていないものを，次の①から⑤までの中から一つ選び，記号で答えよ。

① 深刻な事態に直面していながら，彼の気嫌はすこぶる良い。

② 職人の手作業を近くで見られるとあって，生徒たちは興味津津だ。

③ 行事の縮少はやむを得ないとしても，その弊害は考慮しておく必要がある。

④ この案件については，もはや一刻の猶余もなく早急に対応しなければならない。

⑤ 世界的な金融不安もあって，民衆は銀行の窓口に殺倒した。

2 下の問いに答えよ。

(1) 次の英文を,「何事が起ころうとも君の力になるよ。」という意味の文にするとき,( ) にあてはまる語として最も適切なものを, 次の①から⑤までの中から一つ選び, 記号で答えよ。

I will ( ) you whatever happens.

① stand about
② stand by
③ stand in with
④ stand on
⑤ stand up

(2) 次の英文を読み, (A) から (E) に入る語の組み合わせとして最も適当なものを, 次の①から⑤までの中から一つ選び, 記号で答えよ。

One of the most important things for a happy life is doing work that is interesting. One famous man who (A) in an interesting profession was Tony Sarg. He started to make *marionettes when he was a young boy and soon became so good at putting on marionette shows that he (B) a small theater of his own. He specialized in children's shows, but he also put on plays for grownups, too. As a matter of fact, older people sometimes seemed to (C) the plays more than children. As Tony Sarg (D) older, his interest in his profession became deeper and deeper. With his marionettes he put on operas, comedies, tragedies – anything that he thought people would (C). By the time he was an old man, his simple hobby had (E) into a highly polished art, and Tony Sarg had become famous as the 'marionette man.'

*marionette(s) =あやつり人形

①	A	worked	B	built	C	tempt	D	kept	E	made
②	A	engaged	B	built	C	tempt	D	grew	E	made
③	A	worked	B	built	C	enjoy	D	kept	E	developed
④	A	engaged	B	opened	C	enjoy	D	grew	E	developed
⑤	A	worked	B	opened	C	tempt	D	kept	E	developed

3 下の問いに答えよ。

(1) ナポレオンの政治や動向についての記述として適当でないものを, 次の①から⑤までの中から一つ選び, 記号で答えよ。

① ローマ教皇と宗教協約を結んで, カトリック教会と和解した。
② 近代市民社会の原理をまとめた民法典を制定した。
③ トラファルガー沖の海戦で勝利し, イギリスに進出した。
④ ロシアに遠征したが, ロシア軍の焦土作戦によって敗北した。
⑤ 大陸封鎖令によって, ヨーロッパ諸国とイギリスの通商を禁止した。

(2) 都市問題についての記述として最も適当なものを, 次の①から⑤までの中から一つ選び, 記号で答えよ。

① 先進国の大都市中心部では，地価の上昇や居住環境の悪化が進み，人口が郊外へ流出するスプロール現象，郊外では，住宅や工場が無秩序に建設され，ドーナツ化現象が起こった。

② 衰退していた旧市街が，新しい施設や高層住宅の建設により再評価され，比較的裕福な人々が都心に回帰したが，これにより，これまで住んでいた人が住めなくなることはほとんどない。

③ アメリカのポートランドのような，都市中心部に行政や商業施設，住宅などを集め，公共交通の利便性を高めるとともに中心市街地の活性化を図っている都市を，プライメートシティという。

④ 発展途上国の大都市では，都市内部の空き地や鉄道・幹線道路沿いなどを占拠してスラムが形成され，インフォーマルセクターとよばれる不安定な仕事に就いている人々がいる。

⑤ メキシコシティは，高原の盆地に位置し，汚れた空気が拡散しにくく，スモッグがたびたび発生するため，市街地への自動車の乗り入れを制限するとともに，公共交通機関の整備と安価な住宅の供給を自国の資金と技術で進めている。

(3) 18世紀末ごろから，開国を迫る外国船が日本近海に現れるようになり，琉球にも姿を見せるようになった。この時，琉球を訪れるとともに，琉米修好条約を結んだ人物として最も適当なものを，次の①から⑤までの中から一つ選び，記号で答えよ。

① ハリス　② ラクスマン　③ プチャーチン　④ ビッドル

⑤ ペリー

(4) 現代の日本における生命倫理に関わる記述として最も適当なものを，次の①から⑤までの中から一つ選び，記号で答えよ。

① 体外受精によって得られた胚を検査する着床前診断については，日本では自由に行うことが認められている。

② 遺伝的に同じ個体であるクローンを生み出す技術も発達し，技術面や安全性の課題に加え，倫理的な問題が指摘されているが，法規制などは実施されていない。

③ 病院での過度な延命治療を拒否して，本人の意思や家族の同意の下，人為的な手段によって死期を早めさせる尊厳死を望む人々が増えている。

④ 生殖医療の進歩は子どもを授かることができなかった人に希望を与え，夫婦以外の女性に妊娠・出産をかわってもらう代理母出産も実施されるようになった。

⑤ 2010年の改正臓器移植法では，本人の意思が不明でも家族の承諾によって臓器提供ができるようになった。

(5) 次の文章に該当する人物名として最も適当なものを，下の①から⑤までの中から一つ選び，記号で答えよ。

明治期になると，西洋の文化や制度，生活様式が取り入れられるようになり，彼は「東洋になきものは，有形において数理学，無形において独立心」と考えた。独立とは一身の独立と国家の独立のことであり，この独立自尊の精神と実学を学ぶことの重要性を主張した。

① 福沢諭吉　② 森有礼　③ 中江兆民　④ 西周　⑤ 新島襄

(6) 日本で行われた国葬について，皇族及び，2022年に行われた安倍晋三氏以外で，戦後国葬が行われた人物として最も適当なものを，次の①から⑤までの中から一つ選び，記号で答えよ。

① 佐藤栄作　② 吉田茂　③ 大平正芳　④ 小渕恵三　⑤ 中曽根康弘

4 下の問いに答えよ。

(1) 深さ15mの水中における圧力はいくらか。最も適当なものを，次の①から⑤までの中から一つ選び，記号で答えよ。ただし，大気圧の大きさを1.0×10^5Paとし，水による圧力は，水深10mで大気圧と等しいものとする。

① 1.2×10^5Pa　② 1.5×10^5Pa　③ 2.5×10^5Pa　④ 1.5×10^6Pa

⑤ 1.6×10^5Pa

(2) ベンゼンの性質として誤っているものを，次の①から⑤までの中から一つ選び，記号で答えよ。

① 特有のにおいをもつ無色の液体である。

② 揮発性が高く，有害である。

③ 水よりも重く，水にはほとんど溶けない。

④ 引火しやすく，空気中では多量のすすを出して燃える。

⑤ 有機化合物をよく溶かす。

(3) 次の生物アからオのうち，単細胞生物の組み合わせとして最も適当なものを，次の①から⑤までの中から一つ選び，記号で答えよ。

ア アオサ　イ 乳酸菌　ウ ゾウリムシ　エ ユードリナ

オ ボルボックス

① ア・イ　② イ・ウ　③ ウ・エ　④ エ・オ　⑤ ア・オ

(4) 地球型惑星と木星型惑星について説明したものとして正しいものを，次の①から⑥までの中から一つ選び，記号で答えよ。

① 地球型惑星には，多くの衛星がある。

② 木星型惑星には，リングがある。

③ 地球型惑星は，半径が小さいため密度は小さい。

④ 木星型惑星は，主にガスでできているため質量は小さい。

⑤ 水星，金星，地球，火星，小惑星は，地球型惑星とよばれている。

⑥ 木星，土星，天王星，海王星，冥王星は，木星型惑星とよばれている。

(5) 同じ長さの2本の針金がある。そのうちの1本の針金を4つに折って正方形Aを作る。もう1本の針金は，16cm切り取り4つに折って正方形Bを作り，残った針金を4つに折って正方形Cを作る。できた3つの正方形の面積を比べたところ，正方形Aの面積は，正方形Bと正方形Cの面積の合計より$40cm^2$だけ大きかった。もとの針金1本の長さを，次の①から⑤までの中から一つ選び，記号で答えよ。

① 21cm　② 24cm　③ 30cm　④ 36cm　⑤ 45cm

解答&解説

全校種共通・午前

1 解答 (1)―②　(2)―③

解説 (1) 他の選択肢の組み合わせは次の通り。①：対義語　精読：「じっくり丁寧に読む」と，濫読「手当たり次第にたくさん読む」 ③：対義語　過失「わざとではない過ち」と，故意「意図したこと」 ④：対義語　質素「ぜいたくせず，つつましいこと」と，奢侈「ぜいたくなこと」 ⑤：対義語　創造「独自につくりだすこと」と，模倣「まねすること」

(2) 他の選択肢の正しい組み合わせは次の通り。①：写実主義―坪内逍遥―『小説神髄』など 『浮雲』は二葉亭四迷作。 ②：浪漫主義―国木田独歩など―『武蔵野』など 島崎藤村は自然主義。作品は『夜明け前』など 『舞姫』は森鷗外作。 ④：プロレタリア文学―小林多喜二など―『蟹工船』など 『鼻』は芥川龍之介作。 ⑤：新感覚派―横光利一など―『日輪』など。『蒲団』は田山花袋作。

2 解答 (1)―③　(2)―⑤

解説 (1) 「judge A by B」で「BでAを判断する」という意味の熟語。

(2) ⑤：「Mr. Davis did not like the fun-fair because he was a rich man and wanted something better than that.」(Davis氏は遊園地が好きではなかった，なぜなら彼はお金持ちなので，遊園地に行くよりももっといいことを望んだ）は本文中に該当箇所がない。

①：「Mr. Davis and his children did not work on Saturday.」(Davis氏と彼の子どもたちは土曜日には働かなかった）は第4段落1文目「So Mr. and Mrs. Davis took the children to the fun-fair.」(Davis夫妻は子どもたちを遊園地に連れて行った）と一致。遊園地に家族で行ったので，彼と彼の子どもは働かなかった。 ②：「At first Mr. Davis was not eager to go to the fun-fair.」(最初，Davis氏は遊園地に行くのに熱心ではなかった）は第2段落1文目「Her husband was doubtful about this.'I want to finish some work,' he said.」(彼女の夫＝Mr. Davisはこれ（遊園地に行くこと）に疑問を抱いてこう言った。「私は仕事を終えたい」）と一致。 ③：「Mr. Davis behaved like a small child in the fun-fair.」(Davis氏は遊園地で小さな子どものように行動した）は第5段落1文目「One of the children said to her mother, 'Daddy's behaving just like a small child,isn't he, Mummy?'」(子どもの一人が母親に言った「お父さんはまるで小さな子どものように行動しているね」）と一致。 ④：「Mrs. Davis got tired in the fun-fair.」(Davis夫人は遊園地で疲れてしまった）は第6段落1文目「Mrs. Davis was quite tired of following her husband」(Davis夫人は夫の後についていき，とても疲れた）と一致。

3 解答 (1)―①　(2)―①　(3)―②　(4)―②　(5)―②　(6)―②

解説 (1) 誤りの選択肢について解説する。②：輸入品に生糸が多かったのは日明貿

沖縄県

易である。朝鮮からの輸入品で多かったのは綿布（木綿）であり，木綿の輸入は日本人の生活に大きな影響を与えた。また，朝鮮は16世紀前後から貿易を厳しく制限し，1510年の三浦の乱以降日朝貿易は衰えた。③：足利義持によっていったん中止されたのは正しいが，日明貿易の利益に着目して貿易を再開したのは，6代将軍の足利義教である。④：応永の外寇とは，1419年に朝鮮が倭寇の本拠地とみなした対馬を，200隻あまりの軍船で襲った事件である。⑤：15世紀半ばのアイヌの大規模蜂起は，大首長コシャマインを中核として起こされた。総首長シャクシャインによる蜂起は江戸時代に起こされたものである。

(2) 誤りの選択肢について解説する。②：日本の領海と排他的経済水域の面積の合計が約447万㎢であることは正しいが，世界第1位ではなく，第6位である。③：エジプトとリビアの国境が東経25度の経線，エジプトとスーダンの国境が北緯22度の緯線を用いた人為的国境となっている。④：日本が返還を求めているのは北方領土のみである。千島列島のウルップ島以北は第二次世界大戦後のサンフランシスコ平和条約で放棄している。⑤：カシミール地方の帰属をめぐって対立しているのは，インドとパキスタンである。

(3) ②：折口信夫は歌人・国文学者だが，近代の学問の枠組みにとらわれずに，民俗学や芸能史にまたがる研究を行った。

①：西田幾多郎は近代日本の代表的哲学者。③：柳田国夫は日本民俗学の創始者。④：津田左右吉は歴史学者。『古事記』『日本書紀』の研究を行い，古代史の科学的解明に貢献したが，1940年，国粋主義者から天皇の権威をおかす不敬と非難され，出版法違反で起訴された。⑤：和辻哲郎は近代日本の代表的倫理学者。

(4) ②：戦後の歴代内閣は，集団的自衛権は保有しているが行使できないという解釈を示してきたが，安倍晋三内閣は「容認」に憲法解釈を変更して集団的自衛権の行使を認め，有事の際の外国軍隊との協力を法律に盛り込み，戦後日本の安全保障政策が大きく転換することとなった。

(5) ②：日本の労働組合は企業別組合が中心である。

(6) ロシアによるウクライナ侵攻時のウクライナ大統領はゼレンスキーである。

ルカシェンコはベラルーシ共和国大統領，ポロシェンコはゼレンスキーの前のウクライナ大統領。

ウクライナの位置は（イ）である。

（ア）はベラルーシ，（ウ）はジョージアである。

4 **解答** (1)—⑤　(2)—②　(3)—③　(4)—⑤　(5)—②

解説 (1) $\frac{V_1}{V_2}=\frac{N_1}{N_2}$ より，$\frac{12}{V_2}=\frac{20}{100}$　$V_2=\frac{12\times 100}{20}=60$ [V]

(2) ②：「化合物を構成する元素の質量の比は常に一定である」という法則は定比例の法則といい，1799年にフランスのプルーストが発見した。

①：ラボアジェの質量保存の法則とは，「化学反応において，反応前後の物質の質量は反応後の質量と等しい」という法則。③・⑤：ドルトンは「2種類の

元素A，Bが化合して，いくつかの異なる化合物を作るとき，一定質量のAとBの質量の間には簡単な整数比が成り立つ」という倍数比例の法則を発見した。

(3) ③：陸上で卵や子を産む哺乳類，鳥類，は虫類は体内受精で，水中で産卵する両生類と魚類は体外受精をするので正しい。

①：は虫類は恒温動物ではなく，変温動物である。②：は虫類は肺呼吸を行う。両生類は子はえらと皮膚，親は肺と皮膚で呼吸する。④：胎生は哺乳類のみ。鳥類，は虫類，両生類，魚類は卵生である。⑤：両生類はうろこではなく，粘液に覆われた皮膚をもつ。

(4) ⑤：海水中に溶けた二酸化炭素は，カルシウムイオンと結びついて，水に溶けにくい炭酸カルシウムになる。サンゴの骨格や貝類の殻をつくる材料になっている。

①：原始地球の大気は，二酸化炭素の割合が現在よりも多かった。②：火山活動によって，二酸化炭素は大量に放出される。③：メタンも温室効果ガスである。④：縞状鉄鉱層は，海中のシアノバクテリアがつくった酸素と海水中の鉄が反応して形成された地層である。

(5) 点A：$x=1$なので，$y=3$，点B：$x=3$なので，$y=1$

△AOBと△BOCは，それぞれ底面をAB，BCとみると，高さは同じ三角形になるので，面積比は底辺の長さの比となる。ABとBCの長さの比は，y座標の比になるので，$3-1:1=2:1$

沖縄県

全校種共通・午後

1 解答 (1)―⑤　(2)―②

解説 (1) 他の選択肢は正しくは次の通り。①：守株（意味）一度幸運を経験して味をしめ，同じ幸運を待ち続けること。②：他山の石（意味）自分に関係のないところのつまらない物事でも，自分を磨く材料になると考えること。③：杞憂（読み）きゆう　④：捲土重来（読み）けんどちょうらい

(2) 他の選択肢は正しくは次の通り。①：機嫌　③：縮小　④：猶予　⑤：殺到

2 解答 (1)―②　(2)―④

解説 (1) 「君の力になるよ」に該当する熟語は②：「stand by」（援助する，力になる）である。

①：「stand about」は（ぼんやり立っている），③：「stand in with」は（共謀する），④：「stand on」（～の上に立つ），⑤：「stand up」は（立ち上がる，起立する）という意味の熟語。

(2) （A）「engage in」で（～に従事する，携わる）という意味の熟語。

（B）は「built」（建てた）でも「opened」（開いた）のどちらでも問題はない。

（C）「enjoy」（楽しむ）が正解。「tempt」は（人を誘惑する，～する気にさせる）という意味なので，内容的に合わない。

（D）「grew older」で（年をとる）という意味の熟語。

（E）「develop into」で（進化する，～に発展する）という意味。「make into」は「make A into B」という形で（AをBにする）という意味の熟語。

3 解答 (1)—③　(2)—④　(3)—⑤　(4)—⑤　(5)—①　(6)—②

解説 (1)　③：ナポレオンはトラファルガー沖の海戦で再度ネルソンが率いるイギリス海軍に敗れている。

(2)　誤りの選択肢について解説する。①：大都市中心部の人口が郊外へ流出する現象がドーナツ化現象で，近郊圏で住宅や工場が無秩序に広がり，虫食い状に都市化が進む現象がスプロール現象である。②：都市の内部や都心周辺での再開発により高級化現象（ジェントリフィケーション）が進むと，高所得者層の都心回帰は起こるが，古くからの住民は，地価高騰などによってその土地に住めなくなる傾向がある。③：プライメートシティとは，その国で人口が第1位となっている大都市で，2位以下の諸都市との格差が不均衡に大きい一極集中型の都市のことで，メキシコシティやバンコクなどがその例である。⑤：メキシコシティでは，深刻な大気汚染対策として，ナンバープレートによる市街地への侵入規制などを行っている。また住宅問題対策として比較的安価な住宅の供給も行っているが，これらの資金は海外からの援助に依存している。

(3)　⑤：ペリーは，1954年に日本と日米和親条約を締結した後，琉球王府との間にも，薪水の供給など日米和親条約に近い内容の琉米修好条約を結んでいる。

(4)　誤りの選択肢について解説する。①：日本では，着床前診断は臨床研究段階で，まだ完全に安全性や有効性が確定しているわけではなく，発展途上にある技術とされているので，「自由に行うことが認められている」とした設問は誤り。②：クローン人間の作製については各国で禁止され，日本でも2000（平成12）年のクローン技術規制法で禁止されている。

③：日本では法律上，尊厳死が認められていないので，念入りに手続きを踏んで進めた場合であっても医師が訴えられる可能性があり，増えているとはいえない。④：代理母出産は出産のリスクを第三者に負わせるだけでなく，民法では代理母出産で生まれてくる子どもを想定していないため，法律上の親子関係が複雑になるなどの問題があり，実施されている状況にはない。

(5)　「独立自尊」は①：福沢諭吉の思想の核心である。主著『学問のすゝめ』の中でも「一身独立して一国独立す」と述べ，「一身独立」と「一国独立」を不可分のものと説いた。

(6)　②：吉田茂は昭和時代の外交官・政治家。太平洋戦争中は新英米派として軍部と対立し，戦後は1946～54年まで日本自由党・民主自由党・自由党の総裁を務め，その間延べ7年間政権を握り対米協調政策を堅持し，日本国憲法の公布，経済再建などにあたり，サンフランシスコ平和条約締結で独立を回復した。戦後初となった吉田茂元首相の国葬以来，総理大臣経験者の国葬は55年間行われてこなかった。

4 解答 (1)—③　(2)—③　(3)—②　(4)—②　(5)—④

解説 (1)　水圧は，水深が深くなるほど比例して大きくなる。したがって，水深10mで

1.0×10^5Paなので，水深15mでは，$1.5\times1.0\times10^5$Paである。なお，水深０mのとき，水面には大気圧がかかっているため，$1.0\times10^5+1.5\times10^5=2.5\times10^5$［Pa］

(2)　ベンゼンは，無色で，特有のにおいがある有毒の液体である。また，沸点が低いため揮発性が高く，引火しやすい。水にほとんど溶けず，有機化合物をよく溶かす。③：ベンゼンは水よりも軽いので，誤り。

(3)　イ・ウ：乳酸菌とゾウリムシは，１つの細胞からなる単細胞生物である。

ア：アオサの仲間は，単細胞生物から多細胞生物までさまざまである。 エ・オ：ユードリナとボルボックスは単細胞生物が集まった細胞群体である。したがって，②：イ・ウが正解。

(4)　②：木星型惑星にはリングがあるので正しい。

①：多くの衛星をもつのは，木星型惑星である。 ③：地球型惑星は半径が小さく，密度は大きい。 ④：木星型惑星は主にガスでできているが，質量は大きい。⑤：小惑星は地球型惑星には含まれない。 ⑥：冥王星は準惑星で，木星型惑星には含まれない。

(5)　正方形Aの一辺を$x$cmとすると，針金の長さは$4x$，正方形xの面積はx^2cm^{2}となる。正方形Bの面積は$(16\div4)^2=16$［cm^2］，正方形Cをつくる針金の長さは$4x-16$cmより，面積は$\left(\frac{4x-16}{4}\right)^2$cm^{2}である。

したがって$x^2=16+\left(\frac{4x-16}{4}\right)^2+40=16+(x-4)^2+40=x^2-8x+72$　$8x=72$

$x=9$　よって，もとの針金の長さは$4\times9=36$［cm］

沖縄県

■読者の皆さんへ――お願い――

時事通信出版局教育事業部では，本書をより充実させ，これから教員を目指す人の受験対策に資するため，各県の教員採用試験の試験内容に関する情報を求めています。

①受験都道府県市名と小・中・高・養・特の別
（例／東京都・中学校・国語）
②論文・作文のテーマ，制限時間，字数
③面接試験の形式，時間，質問内容
④実技試験の実施内容
⑤適性検査の種類，内容，時間
⑥受験の全般的な感想，後輩へのアドバイス

ご提出にあたっては，形式，用紙などいっさい問いませんので，下記の住所またはメールアドレスにお送りください。また，下記サイトの入力フォームからもお送りいただけます。

◆〒104-8178　東京都中央区銀座 5 -15- 8
時事通信ビル 8 F
時事通信出版局　教育事業部　教員試験係
workbook@book.jiji.com
◆時事通信出版局　教員採用試験対策サイト
https://book.jiji.com/research/

〈Hyper 実戦シリーズ③〉

一般教養の過去問

発行日　2024年 1 月15日
編　集　時事通信出版局
発行人　花野井道郎
発行所　株式会社　時事通信出版局
発　売　株式会社　時事通信社
〒104-8178
東京都中央区銀座 5-15-8
販売に関する問い合わせ　電話　03-5565-2155
内容に関する問い合わせ　電話　03-5565-2164
印刷所　株式会社　太平印刷社

Printed in Japan

ISBN978-4-7887-1942-2　C2337